40주제로 이해하는 한국사 사료 독해

신주백 · 김보름 · 김정현 · 노성태 · 류형진 · 원종환 · 이순일 · 정경호 · 조철호

씨마스

Introduction

    고등학교 '한국사' 교과서는 우리 역사가 형성·발전 되어 온 과정을 세계사의 흐름 속에서 파악하고, 이를 오늘날 우리의 삶에 비추어 살펴봄으로써 현대 사회에 대한 이해를 높이고 역사적 통찰력을 키우는 과목이다. 이와 같은 '한국사'를 깊이 있게 이해하기 위해서는 먼저 과거의 사건, 인물, 구조, 변화 등 역사적 사실의 객관적 이해가 필요하다.

    역사적 사실 이해에 바탕이 되는 기본 자료가 바로 '사료'이다. 하지만 '한국사' 교과서를 접하는 학생들은 대체로 '사료' 자체를 매우 어렵게 여긴다. '사료'는 그 시대의 모습을 가장 객관적으로 이해하는 기본 자료임에도 '사료'에 포함된 용어나 개념이 너무 난해하여 학생들은 이것에 접근하기조차 어렵게 느끼고 있다.

    '40주제로 이해하는 한국사 사료 독해'는 학생들의 이러한 어려움을 해결하여 '한국사'에 대한 깊이 있는 이해를 돕고, 역사 관련 다양한 '사료'를 탐구하고 해석하는 과정을 통해 스스로 문제의식을 가지고 비판적인 사고 능력을 기르도록 하는 데 주안점을 두고 개발되었다.

    2015 교육과정의 '한국사'는 시간의 흐름에 따라 4개의 대주제로 나누고, 대주제별로 몇 개의 소주제를 배치하였다. 따라서 이 책은 2015 교육과정의 단원 구성에 따라 40개의 주제를 정하고, 그 주제와 관련된 '사료'를 선정하여 학생들이 이해하기 쉬운 용어로 바꾸어 제시하였고, 각 '사료'와 관련된 시대적 배경이나 주요 개념을 알기 쉽게 풀이하였다.

2015 교육과정에 따른 대주제는 다음과 같다.

Ⅰ 전근대 한국사의 이해
Ⅱ 근대 국민 국가 수립 운동
Ⅲ 일제 식민지 지배와 민족 운동의 전개
Ⅳ 대한민국의 발전

　이 책의 취지는 '한국사'의 역사적 사실에 대한 폭 넓은 지식을 바탕으로 비판적 사고력과 합리적 판단력을 키우며, 아울러 학습자 스스로 다양한 '사료'를 활용하여 우리 역사를 객관적으로 이해함으로써 현대 사회를 살아가는 데 필요한 민주 시민으로서의 자질을 기르는데 있다.

　이 책은 오랜 기간 학교 현장에서 학생들과 함께 생활하며 고민을 같이해 오신 선생님들이 참여하여 학생들이 이해하기 쉬운 용어로 풀이하였다. 학생들이 이 책을 통해 우리 역사를 깊이 있게 이해하고 재미있게 공부하는 데 도움이 되었으면 하는 바람이다.

지은이 일동

01 고대 국가의 성립과 통치 체제

KEY WORD

군장 사회
권력을 가진 군장(부족장)이 다수의 촌락 또는 공동체를 다스리는 정치 형태로, 군장 국가는 보통 국가라고도 한다.

연맹체 국가
여러 연맹 국가 또는 연맹 왕국을 대배한 물이 독립성을 지닌 여러 지역 집단이 연합하여 이루어진 국가이다.

중앙 집권 국가
강력한 왕권 아래 여러 개의 정치 집단이 하나로 통합된 형태로 일원적인 율령 체제, 관등제, 지방 통치 조직을 갖춘 국가를 의미한다.

주제 열기

고조선을 비롯한 초기 국가는 대체로 여러 정치 집단이 연합한 연맹체 국가로 출발하였으나, 고구려, 백제, 신라만이 중앙 집권 국가로 발전하였다. 연맹체 국가와 중앙 집권 국가의 통치 체제는 어떤 차이가 있을까?

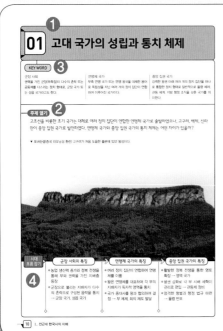

▼ 오녀산성(중국 라오닝성) 고구려가 처음 도읍한 졸본에 있던 성이다.

군장 사회의 특징	연맹체 국가의 특징	중앙 집권 국가의 특징
• 농업 생산력 증가로 정복 전쟁을 통해 부와 권력을 가진 지배층 등장	• 여러 정치 집단이 연합한 연맹체 이룸	• 활발한 정복 전쟁을 통한 영토 확장 → 영역 국가
• 군장으로 불리는 지배자가 다수의 촌락으로 구성된 읍락을 통치 → 군장 국가, 성읍 국가	• 왕은 연맹체를 대표하며 각 부의 지배자가 독자적 영역을 통치	• 왕권 강화, 왕에 의한 일원적 관리로 편입
	• 각 국(국가)들의 회의 합의제로 국정 → 부 체제, 회의 제도 발달	• 엄격한 형률과 행정 법규 마련 → 율령 반포

01 고조선의 건국

옛날에 환인의 서자 환웅이 자주 천하 환경에 뜻을 두었다. 아버지가 이를 알고 삼위태백을 내려다보니 널리 인간을 이롭게 할 만하므로 천부인 세 개를 주어 내려가 다스리게 하였다. 환웅은 무리 3천을 이끌고 태백산 꼭대기의 신단수 아래로 내려와서 이곳을 신시라 불렀다. 환웅이 풍백, 우사, 운사를 거느리고 곡식, 생명, 질병, 형벌, 선악 등 인간의 3백 60여 가지를 주관하며 세상을 다스렸다. ······ 이때 곰 한 마리와 호랑이 한 마리가 같은 굴에 살면서 환웅에게 사람이 되기를 원했다. 이에 환웅은 신령스러운 쑥 한 타래와 마늘 스무 개를 주면서 말했다. '너희들이 이것을 먹고 백일 동안 햇빛을 보지 않으면 사람의 형체를 얻을 수 있으리라'고 하였다. ······ 곰은 삼칠일 만에 여자의 몸을 얻었으나, 호랑이는 사람의 몸을 얻을 수 없었다. ······ 환웅이 잠시 사람으로 변하여 그녀와 혼인하였다. 웅녀가 아들을 낳으니, 그 이름을 단군왕검이라 하였다. 요임금이 즉위한 지 50년에 경인년에 평양성으로 도읍을 옮기고 비로서 조선이라고 하였다.
— '삼국유사'

02 고조선의 사회

백성들에게 금하는 법 8조가 있었다. 대개 사람을 죽인 자는 즉시 죽이고, 남에게 상처를 입힌 자는 곡식으로 갚는다. 도둑질을 한 자가 남자면 그 집의 노(사내종), 여자면 비(계집종)로 삼는다. 단, 용서를 받고자 하는 자는 한 사람마다 50만 전을 내게 한다. 비록 용서를 받아도 풍속에 이를 부끄럽게 여겨 혼인을 하고자 해도 짝을 구할 수 없다. 이러해서 백성은 도둑질을 하지 않아 대문을 닫고 사는 일이 없었다.
— '한서'

03 고조선의 정치

옛날에 주가 쇠하고 연이 스스로 높여 왕이라 칭하면서 동쪽으로 땅을 빼앗으려 하자, 조선후도 또한 왕이라 칭하고 군사를 일으켜 연을 쳐서 주 왕실을 높이려고 하였다. 그러나 그 나라 대부 예가 간언하므로 그만두었다.
— '삼국지'

장량(순체)이 ······ 급히 조선을 공격하였다. 조선상 노인, 상 한음, 장군 왕겹 등이 서로 모의하기를 ······ 모두 도망하여 한에 항복하였다. 노인은 도중에 죽었다.

04 초기 국가의 성립

(부여) 구릉과 넓은 못이 많아서 동이 지역 중 가장 넓고 평탄한 곳이다. 토질은 오곡이 자라기에 적당하지만, 오과는 나지 않는다.
— '삼국지'

(고구려) 요동의 동쪽 1천 리 밖에 있다. 남쪽은 조선·예맥, 동쪽은 옥저, 북쪽은 부여와 경계를 접하고 있다. ······ 큰 산과 깊은 골짜기가 많고 넓은 들은 없어 산골짜기에 의지하여 살면서 산골의 물을 식수로 한다. 좋은 전지(농경지)가 없으므로 부지런히 농사를 지어도 식량이 충분하지 못하다. ······ 사람들의 성질은 흉악하고 급하며, 노략질하기를 좋아한다.
— '삼국지'

(옥저) 고구려 개마대산의 동쪽에 있다. 동쪽은 넓은 바다에 맞닿아 있고, 그 지형은 동서는 좁고, 남북으로는 길어 1천 리 정도나 된다. 북쪽은 읍루·부여, 남쪽은 예맥과 접하여 있다.
— '삼국지'

(동예) 남쪽으로는 진한, 북쪽으로는 고구려와 옥저에 접했고, 동쪽으로는 큰 바다에 닿았으니, 오늘날 조선의 동쪽이 모두 그 지역이다. 호수는 2만이다.
— '삼국지'

(삼한) 동쪽과 서쪽은 바다로 한계를 삼고, 남쪽은 왜와 접경한다. 면적이 사방 4천 리쯤 된다. 한에는 세 종족이 있으니, 하나는 마한이고 둘째는 진한 셋째는 변한인데, 진한은 옛 진국이다.
— '삼국지'

05 부여의 정치와 사회

옛 부여의 풍속에 장마와 가뭄이 연이어 오곡이 익지 않을 때, 그때마다 왕에게 허물을 돌려서 '왕을 마땅히 바꾸어야 한다.'라거나 혹은 '왕은 마땅히 죽어야 한다.'라고 하였다.
— '삼국지'

나라에는 군왕이 있다. 여섯 가축의 이름으로 관직명을 정하여 마가·우가·저가·대사자·사자가 있다. 부락에는 호인이 있으며, 하호라 불리는 백성은 모두 노복이 되었다. 제가들은 별도로 사출도를 다스렸는데, 큰 곳은 수천 가이며 작은 곳은 수백 가였다.
— '삼국지'

형벌은 엄하고 사람을 죽인 사람은 사형에 처하고, 그 집안사람을 처벌하고 재산을 몰수하여 노비로 삼는다. 도둑질하면 12배를 변상케 했다. 남녀간에 간음한 짓을 하거나 부인이 투기하면 모두 죽였다.
— '삼국지'

06 고구려의 정치와 사회

나라에는 왕이 있고, 벼슬로는 상가·대로·패자·고추가·주부·우태·승·사자·조의·선인이 있으며, 신분의 높고 낮음에 따라 각각 등급을 두었다. ······ 대가들도 스스로 사자·조의·선인을 두었다.
— '삼국지'

혼인할 때 구두로 미리 정하고, 여자의 집에서 몸채 뒤편에 작은 별채를 짓는데, 그 집을 서옥이라 부른다. ······ 아들을 낳아서 장성하면 (남편은) 아내를 데리고 (자기) 집으로 돌아간다.
— '삼국지'

07 옥저의 정치와 사회

호수는 5천 호인데, 대군왕은 없으며 읍락에는 각각 대를 잇는 우두머리가 있다. ······ 토질은 비옥하며, 산을 등지고 바다를 향해 있어 오곡이 잘 자라며 농사짓기에 적합하다.
— '삼국지'

나라가 작고 큰 나라의 틈바구니에서 핍박을 받다가 결국 고구려에 복속되었다. 고구려는 그 지역 사람 중에서 대인을 두고 사자로 삼았으며, 상으로 하여금 다스리게 하고 조세를 거두어들였다.
— '삼국지'

여자의 나이가 10살이 되기 전에 혼인을 약속하며, 남자 집에서는 (여자를) 맞이하여 길러 아내로 삼는다. (여자가) 성인이 되면 다시 친정으로 돌아가게 한다. 돈을 지불한 후 다시 남자 집으로 돌려보낸다. ······ 사람이 죽으면 시체는 모두 가매장을 하되, 겨우 형체가 덮일 만큼 묻었다가 가죽과 살이 모두 썩은 다음에 뼈만 추려 곽 속에 안치한다.
— '삼국지'

08 동예의 정치와 사회

대군장이 없고 한대 이래로 후·읍군·삼로라는 관직을 두어서 하호를 통치하였다.

낙랑의 단궁이 그 지역에서 나온다. 바다에서는 반어의 껍질이 나오며, 땅은 기름지고 부녀로써 표범이 많다. 또 과하마가 나는데 후한의 환제 때 헌상하였다.

산천을 중요시하여 산과 내마다 구분이 있어 함부로 들어가지 않는다. 부락을 함부로 침범하면 벌로 소 말을 부과하는데, 이를 책화라 한다. ······ 또 동성끼리는 결혼하지 않는다.
— '삼국지'

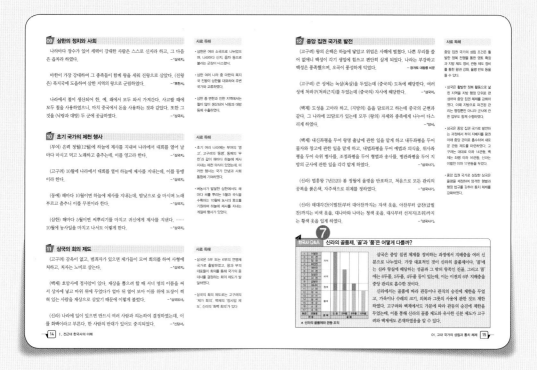

❶ 소주제: 한국사의 교과 내용을 2015 교육과정에 따라 4개 대주제로 나누고, 대주제별로 10개의 소주제를 선정하여 모두 40개 소주제를 배치하였습니다.

❷ 주제 열기: 소주제와 관련된 시각 자료와 전체 흐름을 알 수 있는 도입글을 질문과 함께 제시함으로써 학생들의 학습 동기를 유발하였습니다.

❸ KEY WORD: 소주제와 관련 있는 주요 용어와 개념을 학생들의 눈높이에 맞추어 알기 쉽게 풀이하였습니다.

❹ 시대 흐름 잡기: 소주제에서 학습할 내용을 구조화하여 시대의 흐름 속에서 파악할 수 있도록 정리하였습니다.

❺ 사료 읽기: 소주제와 관련하여 학생들이 탐구해야 할 다양한 사료를 엄선하여 시간 순으로 제시하였습니다.

❻ 사료 독해: 제시된 사료를 학생 스스로 분석하고 해석할 수 있도록 사료와 관련된 주요 개념과 배경 지식을 설명하였습니다.

❼ 한국사 Q&A: 학생들이 공부하면서 궁금해 하거나 더 알고 싶어 하는 내용을 읽기 자료와 함께 소개하여 깊이 있는 학습이 될 수 있게 하였습니다.

Contents

II 근대 국민 국가 수립 운동

IV 대한민국의 발전

01 고대 국가의 성립과 통치 체제

주제 열기

고조선을 비롯한 초기 국가는 대체로 여러 정치 집단이 연합한 연맹체 국가로 출발하였으나, 고구려, 백제, 신라만이 중앙 집권 국가로 발전하였다. 연맹체 국가와 중앙 집권 국가의 통치 체제는 어떤 차이가 있을까?

▼ **오녀산성**(중국 라오닝성 환런) 고구려가 처음 도읍한 졸본에 있던 왕성이다.

시대 흐름 잡기

군장 사회의 특징
- 농업 생산력 증가와 정복 전쟁을 통해 부와 권력을 가진 지배층 등장
- 군장으로 불리는 지배자가 다수의 촌락으로 구성된 읍락을 통치 → 군장 국가, 성읍 국가

연맹체 국가의 특징
- 여러 정치 집단이 연합하여 연맹체를 이룸
- 왕은 연맹체를 대표하며 각 부의 지배자가 독자적 영역을 통치
- 국가 중대사를 왕과 협의하여 결정 → 부 체제, 회의 제도 발달

중앙 집권 국가의 특징
- 활발한 정복 전쟁을 통한 영토 확장 → 영역 국가
- 왕권 강화로 각 부 지배 세력이 관리로 편입 → 관등제 정비
- 엄격한 형벌과 행정 법규 마련 → 율령 반포

01 고조선의 건국

옛날에 환인의 서자 환웅이 자주 인간 세상에 뜻을 두었다. 아버지가 이를 알고 삼위태백을 내려다보니 널리 인간을 이롭게 할 만하므로 천부인 세 개를 주어 내려가 다스리게 하였다. 환웅은 무리 3천을 이끌고 태백산 꼭대기의 신단수 아래로 내려와서 이곳을 신시라 불렀다. 환웅이 풍백, 우사, 운사를 거느리고 곡식, 생명, 질병, 형벌, 선악 등 인간의 3백 60여 가지를 주관하며 세상을 다스렸다. 이때 곰 한 마리와 호랑이 한 마리가 있어 같은 굴에 살면서 환웅에게 사람이 되기를 원했다. 이에 환웅은 신령스러운 쑥 한 타래와 마늘 스무 개를 주면서 말하길 '너희들이 이것을 먹고 백일 동안 햇빛을 보지 않으면 사람의 형체를 얻을 수 있으리라'라고 하였다. …… 곰은 삼칠일 만에 여자의 몸을 얻었으나, 호랑이는 사람의 몸을 얻을 수 없었다. …… 환웅이 잠시 사람으로 변하여 그녀와 혼인하였다. 웅녀가 아들을 낳으니 그 이름을 단군왕검이라 하였다. 요임금이 즉위한 지 50년인 경인년에 평양성으로 도읍을 옮기고 비로서 조선이라고 하였다.
— 「삼국유사」

사료 독해

「동국통감」에 전하는 기록에 따르면 기원전 2333년에 단군왕검이 고조선을 건국하였다고 한다. 이는 우리 역사가 중국 못지않게 오래되었음을 강조하기 위해 설정한 건국 연대이다. 여기서 '단군왕검'은 제사장(단군)과 정치적 지배자(왕검)를 뜻하는 말이다. 이를 통해 당시 고조선이 제정일치 사회였음을 알 수 있다.

02 고조선의 사회

백성들에게 금하는 법 8조가 있었다. 대개 사람을 죽인 자는 즉시 죽이고, 남에게 상처를 입힌 자는 곡식으로 갚는다. 도둑질을 한 자가 남자면 그 집의 노(사내종), 여자면 비(계집종)로 삼는다. 단, 용서를 받고자 하는 자는 한 사람마다 50만 전을 내게 한다. 비록 용서를 받아도 풍속에 이를 부끄럽게 여겨 혼인을 하고자 해도 짝을 구할 수 없다. 이러해서 백성은 도둑질을 하지 않아 대문을 닫고 사는 일이 없었다.
— 「한서」

군을 설치하고 초기에는 관리를 요동에서 뽑아 왔는데, 이 관리가 백성이 문단속하지 않는 것을 보았다. 장사하러 온 자들이 밤에 도둑질하니 풍속이 점차 야박해졌다. 지금은 금지하는 법이 많아져 60여 조목이나 된다.
— 「한서」

사료 독해

- 8조 금법의 내용 중 '50만 전'에 관한 기록은 「한서」를 지은 반고의 관점이 반영되었다. 당시 한나라에는 50만 전을 내면 사형죄를 한 등급 감해 주는 제도가 있었다. 반고는 이를 근거로 고조선에서도 50만 전을 내면 죄를 면할 수 있다고 본 것으로 여겨진다.
- 고조선이 멸망하고 한사군이 설치된 후 점차 풍속이 야박해지면서 8조 금법도 60여 조목으로 늘어났다.

03 고조선의 정치

옛날에 주가 쇠하고 연이 스스로 높여 왕이라 칭하면서 동쪽으로 땅을 빼앗으려 하자, 조선후도 또한 왕이라 칭하고 군사를 일으켜 연을 쳐서 주 왕실을 높이려고 하였다. 그러나 그 나라 대부 예가 간언하므로 그만두었다. — 「삼국지」

좌장군(순체)이 …… 급히 조선을 공격하였다. 조선상 노인, 상 한음, 장군 왕겹 등이 서로 모의하기를 …… 모두 도망하여 한에 항복하였는데, 노인은 도중에 죽었다.
— 「사기」

사료 독해

고조선 건국 초기에는 왕의 지위가 불안정하였으나 기원전 4세기에 이르러 왕권이 강화되었다. 기원전 3세기에는 부자 상속의 왕위 계승을 이루었으며, 왕 밑에 대부, 상, 상군 등의 관직을 두었다. 이후 고조선은 한의 침략을 받아 기원전 108년에 멸망하였다.

04 초기 국가의 성립

(부여) 구릉과 넓은 못이 많아서 동이 지역 중 가장 넓고 평탄한 곳이다. 토질은 오곡이 자라기에 적당하지만, 오과는 나지 않는다.   -「삼국지」

(고구려) 요동의 동쪽 1천 리 밖에 있다. 남쪽은 조선·예맥, 동쪽은 옥저, 북쪽은 부여와 경계를 접하고 있다. …… 큰 산과 깊은 골짜기가 많고 넓은 들은 없어 산골짜기에 의지하여 살면서 산골의 물을 식수로 한다. 좋은 전지(농경지)가 없으므로 부지런히 농사를 지어도 식량이 충분하지 못하다. …… 사람들의 성질은 흉악하고 급하며, 노략질하기를 좋아한다.   -「삼국지」

(옥저) 고구려 개마대산의 동쪽에 있다. 동쪽은 넓은 바다에 맞닿아 있다. 그 지형은 동서로는 좁고, 남북으로는 길어 1천 리 정도나 된다. 북쪽은 읍루·부여, 남쪽은 예맥과 접하여 있다.   -「삼국지」

(동예) 남쪽으로는 진한, 북쪽으로는 고구려와 옥저에 접했고, 동쪽으로는 큰 바다에 닿았다. 오늘날 조선의 동쪽이 모두 그 지역이다. 호수는 2만이다.   -「삼국지」

(삼한) 동쪽과 서쪽은 바다로 한계를 삼고, 남쪽은 왜와 접경한다. 면적이 사방 4천 리쯤 된다. 한에는 세 종족이 있으니, 하나는 마한이고 둘째는 진한 셋째는 변한인데, 진한은 옛 진국이다.   -「삼국지」

05 부여의 정치와 사회

옛 부여의 풍속에 장마와 가뭄이 연이어 오곡이 익지 않을 때, 그때마다 왕에게 허물을 돌려서 '왕을 마땅히 바꾸어야 한다.'라거나 혹은 '왕은 마땅히 죽어야 한다.'라고 하였다.   -「삼국지」

나라에는 군왕이 있다. 여섯 가축의 이름으로 관직명을 정하여 마가·우가·저가·구가·대사자·사자가 있다. 부락에는 호민이 있으며, 하호라 불리는 백성은 모두 노복이 되었다. 제가들은 별도로 사출도를 다스렸는데, 큰 곳은 수천 가이며 작은 곳은 수백 가였다.   -「삼국지」

형벌은 엄하여 사람을 죽인 사람은 사형에 처하고 그 집안사람은 처벌하고 재산을 몰수하여 노비로 삼는다. 도둑질을 하면 12배를 변상케 했다. 남녀 간에 음란한 짓을 하거나 부인이 투기하면 모두 죽였다.   -「삼국지」

06 고구려의 정치와 사회

나라에는 왕이 있고, 벼슬로는 상가·대로·패자·고추가·주부·우태·승·사자·조의·선인이 있으며, 신분의 높고 낮음에 따라 각각 등급을 두었다. …… 대가들도 스스로 사자·조의·선인을 누었다. — 「삼국지」

혼인할 때 구두로 미리 정하고, 여자의 집에서 몸채 뒤편에 작은 별채를 짓는데, 그 집을 서옥이라 부른다. …… 아들을 낳아서 장성하면 (남편은) 아내를 데리고 (자기) 집으로 돌아간다. — 「삼국지」

사료 독해

• 고구려에는 왕 아래 상가, 대로, 패자, 고추가 등의 관직이 있었으며, 부의 지배자들은 왕과 별도로 관리를 두었다.

• 혼인할 때 신랑이 신부 집으로 가서(장가) 작은 집(서옥)을 짓고 살다가 아이를 낳은 후 자신의 집으로 데려오는(시집) 풍습이 있는데, 이를 '서옥제'라 한다.

07 옥저의 정치와 사회

호수는 5천 호인데, 대군왕은 없으며 읍락에는 각각 대를 잇는 우두머리가 있다. …… 토질은 비옥하며, 산을 등지고 바다를 향해 있어 오곡이 잘 자라며 농사짓기에 적합하다. — 「삼국지」

나라가 작고 큰 나라의 틈바구니에서 핍박을 받다가 결국 고구려에 복속되었다. 고구려는 그 지역 사람 중에서 대인을 두고 사자로 삼았으며, 상으로 하여금 다스리게 하고 조세를 거두어들였다. — 「삼국지」

여자의 나이가 10살이 되기 전에 혼인을 약속하고, 남자 집에서는 (여자를) 맞이하여 클 때까지 길러 아내로 삼는다. (여자가) 성인이 되면 다시 친정으로 돌아가게 한다. 돈을 지불한 후 다시 남자 집으로 돌아온다. …… 사람이 죽으면 시체는 모두 가매장을 하되, 겨우 형체가 덮일 만큼 묻었다가 가죽과 살이 모두 썩은 다음에 뼈만 추려 곽 속에 안치한다. — 「삼국지」

사료 독해

• 옥저에는 왕이 없고, 읍락마다 군장이 다스렸으며, 토질이 비교적 비옥하여 농사짓기에 적합하였다.

• 옥저는 고구려와 낙랑을 비롯한 주변 국가의 핍박을 받다가 결국 고구려에 복속되었다.

• 옥저에는 어린 여자아이를 데려다 키우다가 성인이 된 후 아내로 삼는 '민며느리제'의 풍습이 있었다. 또한 사람이 죽으면 뼈를 추려 큰 곽에 안치하는 '골장제'의 풍습이 있었다.

08 동예의 정치와 사회

대군장이 없고 한대 이래로 후·읍군·삼로라는 관직을 두어서 하호를 통치하였다. — 「삼국지」

낙랑의 단궁이 그 지역에서 나온다. 바다에서는 반어의 껍질이 나오며, 땅은 기름지고 무늬 있는 표범이 많다. 또 과하마가 나는데 후한의 환제 때 헌상하였다. — 「삼국지」

산천을 중요시하여 산과 내마다 구분이 있어 함부로 들어가지 않는다. …… 부락을 함부로 침범하면 벌로 노비와 소·말을 부과하는데, 이를 책화라 한다. …… 또 동족끼리는 결혼하지 않는다. — 「삼국지」

사료 독해

• 동예에는 왕이 없고 후, 삼로, 읍군 등으로 불리는 군장이 다스렸다.

• 동예는 바다와 접해 있어서 해산물이 풍부하고 단궁(활), 과하마(말), 반어피(바다 표범 가죽) 따위의 특산물이 있었다.

• 동예에는 읍락 공동체의 전통이 많이 남아 있어서, '책화'와 '족외혼'의 풍습이 있었다.

09 삼한의 정치와 사회

나라마다 장수가 있어 세력이 강대한 사람은 스스로 신지라 하고, 그 다음은 읍차라 하였다.
— 『삼국지』

마한이 가장 강대하여 그 종족들이 함께 왕을 세워 진왕으로 삼았다. (진왕은) 목지국에 도읍하여 삼한 지역의 왕으로 군림하였다.
— 『후한서』

나라에서 철이 생산되어 한, 예, 왜에서 모두 와서 가져간다. 사고팔 때에 모두 철을 사용하였으니, 마치 중국에서 돈을 사용하는 것과 같았다. 또한 그 것을 (낙랑과 대방) 두 군에 공급하였다.
— 『삼국지』

사료 독해

• 삼한은 여러 소국으로 나뉘었으며, 나라마다 신지, 읍차 등으로 불리는 군장이 다스렸다.

• 삼한 여러 나라 중 마한의 목지국 진왕이 삼한을 대표하여 주변 국가와 교류하였다.

• 삼한 중 변한과 진한 지역에서는 철이 많이 생산되어 낙랑과 대방 등에 수출하였다.

10 초기 국가의 제천 행사

(부여) 은력 정월(12월)에 하늘에 제사를 지내며 나라에서 대회를 열어 날마다 마시고 먹고 노래하고 춤추는데, 이를 영고라 한다.
— 『삼국지』

(고구려) 10월에 나라에서 대회를 열어 하늘에 제사를 지내는데, 이를 동맹이라 한다.
— 『삼국지』

(동예) 해마다 10월이면 하늘에 제사를 지내는데, 밤낮으로 술 마시며 노래 부르고 춤추니 이를 무천이라 한다.
— 『삼국지』

(삼한) 해마다 5월이면 씨뿌리기를 마치고 귀신에게 제사를 지낸다. …… 10월에 농사일을 마치고 나서도 이렇게 한다.
— 『삼국지』

사료 독해

• 초기 여러 나라에는 부여의 '영고', 고구려의 '동맹', 동예의 '무천'과 같이 해마다 하늘에 제사 지내는 제천 의식이 있었는데, 이러한 행사는 국가 안녕과 사회 통합에 기여하였다.

• 벼농사가 발달한 삼한에서도 해마다 씨를 뿌리는 5월과 곡식을 수확하는 10월에 농사의 풍요를 기원하며 하늘에 제사를 지내는 계절제 행사가 있었다.

11 삼국의 회의 제도

(고구려) 감옥이 없고, 범죄자가 있으면 제가들이 모여 회의를 하여 사형에 처하고, 처자는 노비로 삼는다.
— 『삼국지』

(백제) 호암사에 정사암이 있다. 재상을 뽑으려 할 때 서너 명의 이름을 써서 상자에 넣고 바위 위에 두었다가 얼마 뒤 열어 보아 이름 위에 도장이 찍혀 있는 사람을 재상으로 삼았기 때문에 이렇게 불렀다.
— 『삼국유사』

(신라) 나라에 일이 있으면 반드시 여러 사람과 의논하여 결정하였는데, 이를 화백이라고 부른다. 한 사람의 반대가 있어도 중지되었다.
— 『신당서』

사료 독해

• 삼국은 5부 또는 6부의 연맹체 국가로 출발하였고, 왕과 부의 대표들이 회의를 통해 국가의 중대사를 결정하는 회의 제도가 발달하였다.

• 삼국의 회의 제도로는 고구려의 '제가 회의', 백제의 '정사암 제도', 신라의 '화백 회의'가 있다

12 중앙 집권 국가로 발전

(고구려) 왕의 은택은 하늘에 닿았고 위엄은 사해에 떨쳤다. 나쁜 무리를 쓸어 없애니 백성이 각기 생업에 힘쓰고 편안히 살게 되었다. 나라는 부강하고 백성은 풍족했으며, 오곡이 풍성하게 익었다.
– 광개토 대왕릉 비문

(고구려) 큰 성에는 녹살(욕살)을 두었는데 (중국의) 도독에 해당한다. 여러 성에 처려구(처려근지)를 두었는데 (중국의) 자사에 해당한다. – 『삼국지』

(백제) 도성을 고마라 하고, (지방의) 읍을 담로라고 하는데 중국의 군현과 같다. 그 나라에 22담로가 있는데 모두 (왕의) 자제와 종족에게 나누어 다스리게 하였다. – 『양서』

(백제) 내신좌평을 두어 왕명 출납에 관한 일을 맡게 하고 내두좌평을 두어 물자와 창고에 관한 일을 맡게 하고, 내법좌평을 두어 예법과 의식을, 위사좌평을 두어 숙위 병사를, 조정좌평을 두어 형벌과 송사를, 병관좌평을 두어 지방의 군사에 관한 일을 각각 맡게 하였다. – 『삼국사기』

(신라) 법흥왕 7년(520) 봄 정월에 율령을 반포하고, 처음으로 모든 관리의 공복을 붉은색, 자주색으로 위계를 정하였다. – 『삼국사기』

(신라) 태대각간(이벌찬)부터 대아찬까지는 자색 옷을, 아찬부터 급찬(급벌찬)까지는 비색 옷을, 대나마와 나마는 청색 옷을, 대사부터 선저지(조위)까지는 황색 옷을 입게 하였다. – 『삼국사기』

사료 독해

중앙 집권 국가의 성립 조건은 활발한 정복 전쟁을 통한 영토 확장과 지방 제도 정비, 관등 제도 정비를 통한 왕권 강화, 율령 반포 등을 들 수 있다.

• 삼국은 활발한 정복 활동으로 넓힌 지역을 지방 행정 단위로 편성하여 중앙 집권 체제를 강화하였다. 이때 지방으로 파견된 관리는 행정뿐만 아니라 군사에 관한 업무도 함께 수행하였다.

• 삼국은 중앙 집권 국가로 발전하는 과정에서 부의 지배자를 왕권 아래 중앙 관리로 흡수하여 새로운 관등 제도를 마련하였다. 고구려는 대대로 이하 14관등, 백제는 좌평 이하 16관등, 신라는 이벌찬 이하 17관등을 두었다.

• 중앙 집권 국가로 성장한 삼국은 율령을 제정하여 엄격한 형벌과 행정 법규를 갖추어 통치 체제를 강화하였다.

한국사 Q&A 신라의 골품제, '골'과 '품'은 어떻게 다를까?

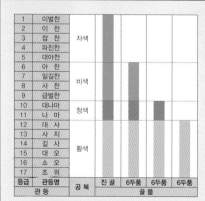

등급	관등명	공복	골품			
1	이벌찬	자색	진골	6두품	6두품	6두품
2	이 찬					
3	잡 찬					
4	파진찬					
5	대아찬					
6	아 찬	비색				
7	일길찬					
8	사 찬					
9	급벌찬					
10	대나마	청색				
11	나 마					
12	대 사	황색				
13	사 지					
14	길 사					
15	대 오					
16	소 오					
17	조 위					

▲ 신라의 골품제와 관등 조직

삼국은 중앙 집권 체제를 정비하는 과정에서 지배층을 여러 신분으로 나누었다. 가장 대표적인 것이 신라의 골품제이다. '골'에는 신라 왕실에 해당하는 성골과 그 밖의 왕족인 진골, 그리고 '품'에는 6두품, 5두품, 4두품 등이 있는데, 이는 이전의 6부 지배층을 중앙 관리로 흡수한 것이다.

신라에서는 골품에 따라 관등이나 관직의 승진에 제한을 두었고, 가옥이나 수레의 크기, 의복과 그릇의 사용에 관한 것도 제한하였다. 고구려와 백제에서도 가문에 따라 관등의 승진에 제한을 두었는데, 이를 통해 신라의 골품 제도와 유사한 신분 제도가 고구려와 백제에도 존재하였음을 알 수 있다.

02 삼국 항쟁과 고대 사회의 발전

KEY WORD

녹읍
관리에게 녹봉 대신 일정 지역에서 세금을 거둘 수 있는 권리를 준 제도이다. 경우에 따라 일부 특산물을 징수하거나 필요한 노동력을 징발하는 권리를 부여하기도 하였다.

신라 촌락 문서
통일 신라 시대 서원경(충북 청주) 근처 4개 촌락의 인구 수, 소와 말·뽕나무·잣나무·호두나무의 수, 논과 밭의 면적 등을 3년에 한 번씩 조사하여 상세히 기록한 문서이다.

정전
농민이 농사 짓던 땅의 소유권을 인정한 것으로 보고 있으나, 실제로 토지를 지급하였다는 견해도 있다.

주제 열기

삼국 간의 치열한 항쟁 끝에 신라가 삼국 통일을 완수하고, 대조영이 고구려 유민과 말갈족을 이끌고 발해를 건국함으로써 남북국의 형세를 이루었다. 고대 사회의 각 신분별 생활 모습은 어떠하였을까?

▲ 삼국 통일을 완수한 문무대왕릉(경북, 경주)

시대 흐름 잡기	삼국의 발전	신라의 삼국 통일	통일 신라와 발해
	◦백제: 고이왕, 체제 정비 → 근초고왕, 영토 확장(4세기) ◦고구려: 소수림왕, 체제 정비 → 광개토 대왕과 장수왕, 영토 확장(5세기) ◦신라: 내물왕과 법흥왕, 체제 정비 → 진흥왕, 영토 확장(6세기)	◦나·당 동맹 결성 → 백제 멸망(660), 고구려 멸망(668) ◦신라의 대당 전쟁 → 삼국 통일 완수(676) ◦대조영이 고구려 유민과 말갈족을 이끌고 발해 건국(698)	◦통일 신라: 신문왕의 왕권 강화 → 통치 체제 개편(9주 5소경), 관료전 지급, 정전 지급(성덕왕) ◦발해: 문왕 때 당 문물 수용 → 3성 6부, 5경 15부 62주, 고구려 유민과 말갈족의 이중 지배 체제

01 백제와 고구려의 영토 확장

(근초고왕) 26년(371)에 고구려가 군사를 동원하여 공격해 왔다. 왕이 이를 듣고 패하에 복병을 배치하고 그들이 오기를 기다렸다가 불시에 공격하여 고구려 군사가 패배하였다. 겨울에 왕이 태자와 함께 정예군 3만 명을 거느리고 고구려에 침입하여 평양성을 공격하였다. 고구려 왕 사유(고국원왕)가 힘을 다해 싸워 이를 막았으나 날아오는 화살에 맞아 죽었다. — 『삼국사기』

(광개토 대왕) 10년(400)에 왕이 보병과 기병 5만 명을 보내 신라를 구원하게 하였다. (고구려군이) 남거성을 통해 신라성에 이르렀는데, 그곳에 왜가 가득하였다. 관군이 도착하자 왜적이 퇴각하였다. 그 뒤를 급히 추격하여 임나가라의 종발성에 이르니 성이 곧 항복하였다. …… 예전에는 매금(신라왕)이 몸소 고구려에 와 일을 논의한 적이 없었는데, …… 매금이 …… 조공하였다. — 『삼국사기』

사료 독해

• 백제는 3세기 고이왕 때 국가 체제를 정비한 후 마한과 목지국을 병합하여 한반도 중부 지역의 중심 세력으로 부상하고, 이후 4세기 중후반 근초고왕 때 들어서면서 본격적으로 주변 지역으로 세력을 확대해 갔다.

• 고구려는 4세기 후반 소수림왕 때 국가 체제를 정비한 후 4~5세기 광개토 대왕 때 영토를 급속히 확장할 수 있었는데, 이는 광개토 대왕 비문에 잘 나타나 있다.

02 고구려의 평양 천도와 남진 정책

(장수왕) 15년(427) 평양으로 도읍을 옮겼다. — 『삼국사기』

(개로왕) 21년(475) 가을 9월에 고구려 왕 거련(장수왕)이 군사 3만 명을 이끌고 왕도 한성을 포위하였다. 왕은 성문을 닫고 나가 싸우지 않았다. 고구려인이 군사를 네 방향으로 나누어 협공하였고, 또한 바람을 타고 불을 놓아 성문을 불태웠다. (이에) 인심이 대단히 불안해져서 혹 나가서 항복하려는 자도 있었다. …… (개로왕이) 기병 수십을 거느리고 성문을 나가 서쪽으로 도망쳤다. 고구려 군사가 쫓아가 그를 살해하였다. — 『삼국사기』

사료 독해

• 고구려는 장수왕 때 평양으로 천도하고, 남진 정책을 추진하였다. 이에 위기감을 느낀 백제(비유왕)와 신라(눌지왕)는 나·제 동맹을 맺었다.

• 고구려에 한성을 빼앗긴 백제는 도성을 웅진(공주)으로 옮기고 중흥을 도모하였다.

03 백제의 부흥과 신라 진흥왕의 영토 확장

(성왕) 28년(548) 봄 정월에 왕이 장군 달기를 보내 군사 1만 명을 거느리고 고구려의 도살성을 공격하여 이를 함락시켰다. 3월에 고구려 군사가 금현성을 포위하였다. — 『삼국사기』

(진흥왕) 15년(554) …… 백제 왕 명농(성왕)이 가량과 함께 관산성을 공격하였다. 군주인 각간 우덕과 이찬 탐지 등이 역습하여 싸웠으나 전세가 불리하였다. 신주 군주인 김무력이 군사를 이끌고 나아가 교전을 벌였고, 비장인 삼년산군의 고간 도도가 재빠르게 공격하여 백제왕을 죽였다. 이에 여러 군사가 승기를 타면서 크게 이겼는데, 좌평 4명과 군사 2만 9천 6백명을 죽였고 말은 되돌아 간 것이 없었다. — 『삼국사기』

사료 독해

• 성왕은 웅진에서 사비(부여)로 천도하여 백제 중흥의 기틀을 마련하였고 신라, 가야와 연합하여 고구려를 공격해 한성 지역(6군)을 회복하였다.

• 백제 성왕은 회복한 한강 유역을 신라에게 빼앗기자 신라의 관산성을 공격하다 오히려 신라군의 습격을 받아 전사하였다. 이처럼 삼국은 한강 유역을 확보하기 위해 치열한 항전을 벌였다.

04 고구려와 수·당의 전쟁

을지문덕이 군사를 내어 사면에서 수나라 군을 습격하여 쳐부수었다. …… 살수에 이르러 수나라 군대가 반쯤 건너자, 을지문덕이 군사를 내보내 그 후 군을 공격하였다. …… 수나라 9군의 장수와 병졸이 도망쳐 돌아갔다. …… 처음 요수를 건넜을 때 9군의 군사가 35만 5천 명이었는데, 요동성에 돌아온 것은 단지 2천 7백 명이었다. — 「삼국사기」

보장왕 4년(645) 여러 장수가 안시성을 급히 공격하였다. …… 토산을 쌓기를 밤낮으로 쉬지 않았으니, 60일 동안 인력을 들인 것이 50만 명이었고 토산의 정상은 성에서 몇 길 떨어져 아래로 성 안을 내려다볼 수 있었다. …… 토산이 무너지며 성을 눌러서 성이 무너졌다. …… 여러 장수에게 명하여 안시성을 공격하였지만 3일 동안 이길 수 없었다. …… 황제는 요동이 일찍 추워지고 …… 군량이 떨어지므로 철군하도록 명하였다. — 「삼국사기」

사료 독해

• 6세기 후반 중국을 통일한 수가 주변 여러 나라를 압박하였다. 이후 고구려는 수 문제와 수 양제의 침략을 막아냈다. 사료는 수 양제의 침략을 막아 낸 을지문덕의 살수 대첩에 관한 기록이다.

• 수를 이어 당이 건국되자 당 태종이 대군을 이끌고 고구려의 주요 군사 거점지를 차례로 함락시키고 그 기세를 몰아 안시성을 공격하였다. 하지만 당 태종은 안시성을 함락시키지 못하고 철군하였다.

05 신라의 골품 제도

신라에서 사람을 등용하는데 골품을 따지기 때문에 진실로 그 족속이 아니면, 비록 큰 재주와 뛰어난 공로가 있어도 그 한계를 뛰어넘을 수 없다. — 「삼국사기」

6두품의 방은 길이와 너비가 21자를 넘지 못하고 장식 기와를 덮지 못하며, 겹처마와 중복·공아·현어 등을 시설하지 못하며, 금·은·놋쇠·백랍·오채로 장식하지 못한다. 중간 계단과 이중 계단은 설치하지 못하고, 계단 돌은 갈지 못하며, 담장은 8자를 넘지 못하고, 또한 들보와 마룻도리를 시설하지 못하며, 석회도 바르지 못한다. …… 겹문과 사방문은 설치하지 못하며, 마구간은 말 5마리를 넣을 수 있게 한다. — 「삼국사기」

사료 독해

• 신라의 골품 제도는 크게 골제와 (두)품제로 나뉜다. 골제는 성골과 진골, 두품제는 6두품에서 1두품까지 신분을 나뉬었다. 진골은 관직 진출에 제한이 없었으나, 6두품 이하 신분은 관직 진출에 일정한 한계가 있었다.

• 신라에서는 골품에 따라 거주하는 집의 크기나 장식, 지붕이나 계단, 담장의 높이까지도 규제하였다.

06 삼국의 노비

(고구려의) 형법은 모반한 사람과 반역자는 사형에 처하고, 그 집안의 재산은 몰수하며, 가족은 관아의 노비로 만들었다. 도둑질을 한 사람에게는 10여 배를 징수하였다. 만약 가난하여 징수할 것이 없거나, 빚을 진 사람에게는 모두 그 아들이나 딸을 노비로 주어 보상하게 하였다. — 「주서」

(백제) 근초고왕 24년(369) …… 태자가 군사를 거느리고 지름길로 가서 치양에 이르러서는 고구려군을 급습해 쳐부수었다. 5천 여 명을 사로잡았는데 이들을 장수와 병졸들에게 나누어 주었다. — 「삼국사기」

사료 독해

• 노비는 흔히 '종'이라고도 불렀는데, 노는 사내종, 비는 계집종을 의미한다. 삼국 시대에는 전쟁 포로를 노비로 삼았는데, 전쟁 포로는 왕을 비롯하여 귀족과 참전 군사들에게 분배되었다.

07 신라의 삼국 통일과 왕권 강화

전쟁에서 산 자와 죽은 자에게 모두 상을 내리고, 내외의 관직과 작위를 골고루 나눠 주었고, 무기를 녹여 농기구를 만들어 백성을 인수의 터전에 살게 하였다. 세금을 가볍게 하고 요역을 덜어 주니, 집집마다 넉넉하게 되어 민생이 안정되고 국내에 근심이 없어졌다. - 「삼국사기」

대왕(문무왕)이 나라를 다스린 지 21년 만에(681) 돌아가시니, 그 유언을 따라 동해 가운데 큰 바위 위에 장사 지냈다. 왕이 평소에 항상 지의법사에게 이르기를, "짐은 죽은 뒤에 호국대룡이 되어 불법을 받들고 나라를 수호하고자 한다."라고 하였다. - 「삼국유사」

신문왕 원년(681) 8월 16일에 교서를 내렸다. …… "역적의 우두머리 흠돌·흥원·진공 등은 벼슬이 재능으로 오른 것이 아니요, 실로 은혜로운 특전으로 관직에 오른 것이다. …… 흉악하고 간사한 자들을 불러들이고 궁중의 근시들과 서로 결탁하여 화가 안팎으로 통하게 하였으며, 나쁜 무리가 서로 도와 날짜와 기한을 정하여 반란을 일으키려고 하였다. …… 지금은 이미 요망한 무리가 숙청되어 멀고 가까운 곳에 우려할 것이 없으니, 소집하였던 병마들을 빨리 돌려 보내고 사방에 포고하여 이 뜻을 알게 하라!"라고 하였다. - 「삼국사기」

사료 독해

• 첫 번째 사료는 삼국 통일을 완수한 문무왕에 관한 기록이다. 문무왕은 당과 벌인 전쟁을 승리로 이끌고 마침내 삼국 통일을 이루었다.

• 두 번째 사료는 죽어서 큰 용이 되어 나라를 지키고자 했던 문무왕의 호국 정신과 문무왕을 동해 바다에 장사 지냈다는 사실을 보여 주는 문헌 기록이다.

• 세 번째 사료는 삼국 통일 후 신문왕 때 왕의 장인인 김흠돌이 권력 장악을 위해 반란을 일으켰으나 실패하였다는 기록이다. 신문왕은 김흠돌을 처형하고, 이 사건과 연루된 귀족 세력을 철저히 탄압하면서 왕권 강화의 계기로 삼았다.

08 신라의 식읍과 녹읍

법흥왕 19년(532)에 금관국의 왕 김구해가 왕비와 세 명의 아들, 즉 큰아들 노종, 둘째 아들 무덕, 막내아들 무력을 데리고 나라의 창고에 있던 보물을 가지고 와서 항복하였다. 왕이 예로써 대접하고 상등의 벼슬을 주었으며, 본국을 식읍으로 삼게 하였다. - 「삼국사기」

신문왕 7년(687) 5월에 교서를 내려 문무 관료들에게 토지를 차등 있게 주었다. …… 신문왕 9년(689) 봄 정월에 중앙과 지방 관리들의 녹읍을 폐지하고 해마다 조를 차등 있게 주고 이를 법으로 삼았다. - 「삼국사기」

성덕왕 21년(722) 가을 8월에 처음으로 백성들에게 정전을 지급하였다. - 「삼국사기」

경덕왕 16년(757) 3월에 중앙과 지방의 여러 관리에게 매달 주던 녹봉을 없애고 다시 녹읍을 주었다. - 「삼국사기」

사료 독해

• 식읍은 공신이나 왕족에게 내리던 토지와 가호로, 봉작과 함께 상속할 수 있었다. 녹읍은 고위 관리에게 녹봉 대신 군현에서 세금을 거둘 수 있는 권리를 준 제도이다. 녹읍과 식읍은 조세와 함께 노동력을 징발할 수 있었으며, 경우에 따라 일부 특산물도 징수할 수 있었다.

• 정전은 백성에게 실제로 토지를 준 것이 아니라 조상 때부터 농사지어 오던 땅을 나라에 등록하여 그 소유를 법으로 인정한다는 것으로 보고 있다.

09 신라 촌락 문서

이 현의 사해점촌을 조사해 보니, 지형은 산과 평지로 이루어져 있으며, 마을의 둘레는 5천 7백 25보, 공연의 수는 합하여 11호가 된다. 계연은 4, 나머지 3이다. 이 가운데 중하연 4호, 하상연 2호, 하하연 5호이다. 마을의 모든 사람을 합치면 147명이며, 그 중 3년 전부터 살아온 사람과 3년 사이에 태어난 자를 합하면 145명이 된다.

정(장정) 29명(노비 1명 포함), 조자 7명(노비 1명 포함), 추자 12명, 소자 10명이며, 3년 사이에 태어난 소자 5명, 제공 1명이다. 여자는 정녀 42명(여종 5명 포함), 조여자 9명, 소여자 8명이며, 3년동안 태어난 소여자 8명(여종 1명 포함), 제모 2명, 노모 1명 등이다. 3년 사이에 이사 온 사람은 둘인데, 추자 1명, 소자 1명이다.

가축으로는 말 25마리가 있으며, 전부터 있던 말이 22마리, 3년 사이에 더해진 말이 3마리이다. 소는 모두 22마리인데, 전부터 있던 소가 17마리, 3년 사이에 더해진 소 5마리이다.

논은 전부 102결 2부 4속인데, 관모전이 4결, 내시령답이 4결, 연수유답이 94결 2부 4속이며, 그중 촌주가 직위로 받은 논이 19결 70부가 포함되어 있다. 밭은 전부 62결 10부 5속인데 모두 연이 받은 것이다.

뽕나무는 1천 4그루인데, 3년 사이에 심은 뽕나무가 90그루, 전부터 있던 뽕나무가 914그루이다. 잣나무는 모두 120그루이고, 3년 사이에 심은 잣나무가 34그루, 전부터 있던 잣나무가 86그루이다. 호두나무는 모두 112그루이고, 3년 사이에 심은 것이 38그루, 전부터 있던 호두나무는 74그루이다.

사료 독해

통일 신라 시대 서원경(충북 청주) 근처 4개 촌락 가운데 첫 번째 촌인 사해점촌의 경제 상황을 기록한 문서로 '신라 장적' 또는 '신라 촌락 문서'라고도 한다. 이 문서에는 촌락의 지형과 넓이, 3년에 한 번씩 조사한 촌락의 인구 수, 소와 말, 뽕나무와 잣나무, 호두나무의 수, 논과 밭의 면적 등이 상세하게 기록되어 조세 수취와 경제 제도 연구에 귀중한 자료로 활용되고 있다.

10 신라 귀족의 호화로운 생활

재상의 집에는 항상 녹이 끊이지 않았고, 부리는 사람이 3천 명이고, 갑옷과 병기, 소, 말, 돼지의 숫자도 이와 비슷하다.　　　　　　　　－『신당서』

신라의 전성기에 서울에는 17만 8천 9백 36호, 1천 3백 60방, 55리, 35개의 금입택이 있었다.　　　　　　　　　　　　　　　　　　－『삼국유사』

헌강왕 6년(880) 9월 9일에 왕이 좌우의 신하들과 함께 월상루에 올라가 사방을 둘러보았는데, 백성의 집들이 서로 이어져 있고 노래와 음악 소리가 끊이지 않았다. 왕이 시중 민공을 돌아보고 말하기를, "내가 듣건대 지금 민간에서는 기와로 덮고 짚으로 잇지 않으며, 숯으로 밥을 짓고 나무를 쓰지 않는다고 하니 사실인가?"라고 물었다. 민공이 "신도 일찍이 그와 같이 들었습니다."라고 대답하였다.　　　　　　　　　　　　　　　－『삼국사기』

사료 독해

이 사료는 신라 전성기 수도 금성의 모습과 귀족들의 부유하고 호화스러운 생활을 잘 보여 주는 기록이다. 금입택은 귀족들이 금으로 치장한 저택을 일컫는 말이다. 당시 귀족들은 금성 근처에 대저택을 짓고 살면서 지방에 넓은 토지를 소유하고, 산이나 섬에 목장을 가지고 있는 경우도 있었다. 또한 언제나 무장하여 사병으로 이용할 수 있는 노비를 수백에서 수천 명씩 거느리고 있었다.

11 발해의 건국과 주민 구성

대조영은 본래 고구려의 별종이다. 고구려가 멸망하자 대조영은 가족을 이끌고 영주로 옮겨 와 살았다. 696년에 거란 이진충이 반란을 일으켰다. 대조영은 말갈족장 걸사비우와 함께 각각 무리를 이끌고 동쪽으로 망명하였다. …… 당의 측천무후는 장군 이해고를 시켜 대조영과 걸사비우 무리를 토벌하게 하였다. 이해고는 먼저 걸사비우를 무찌르고 대조영을 뒤쫓았다. 이에 대조영은 고구려 유민과 말갈 사람을 연합하여 대항하였다. …… 마침내 대조영은 무리를 이끌고 동쪽으로 가서 계루부의 옛 땅을 차지하고 동모산에 성을 쌓고 살았다. 대조영이 굳세고 용맹스러워 말갈 및 고구려 유민들이 점점 모여들었다. …… 그 땅은 영주의 동쪽 2천 리 밖에 있으며, 남쪽은 신라와 서로 접하고 있다. 월희 말갈에서 동북쪽으로는 흑수 말갈에 이르는데, 사방이 2천 리 이며, 편호는 10여만 명이고, 정예병은 수만 명이다. 풍속은 고구려와 거란과 같고, 문자와 전적도 상당히 있다.

- 『구당서』

(발해는) 사방이 2천 리 이며, 주와 현 및 객사와 역참이 없고 곳곳에 촌락이 있는데 모두 말갈 부락이다. 그 백성은 말갈이 많고 토인이 적다. 모두 토인으로 촌장을 삼는데, 큰 촌장은 도독이라 하고, 그 다음 촌장은 자사라고 하며, 그 아래는 백성들이 모두 수령이라 한다.

- 『유취국사』

사료 독해

- 이 사료는 발해를 건국한 시조인 대조영이 고구려의 후예임을 밝히고, 발해를 건국해 가는 과정을 보여 준다. 고구려 유민과 말갈족이 세운 발해는 왕족과 귀족들이 지배층을 이루고, 그 아래 평민과 부곡, 노비가 피지배층을 이루었다.

- 발해는 주요 성과 역, 큰 포구 등 교통 중심지와 농경이 발달한 지역의 주민만 중앙에서 관리를 파견하여 직접 다스렸다. 지방 행정의 말단에는 말갈인의 촌락이 있었는데, 말갈 추장인 수령이 자치적으로 다스렸다.

한국사 Q&A 신라 말 성주 혹은 장군 등으로 불렸던 호족은 어떤 사람들이었을까?

▲ 신라 말의 호족

호족은 신라 하대에 새롭게 등장한 지방 세력으로, 고려 초 사회를 주도한 중심 세력이다. 신라 하대에 들어 중앙에서 진골 귀족 간에 왕위 쟁탈전이 빈번하게 일어나면서 중앙 정부의 지방 통제력은 약해졌고, 동시에 지방에서 세력 기반을 다진 호족의 수는 더욱 늘어났다.

호족은 지방에서 독자적인 세력을 형성하여 중앙 정부의 지배로부터 독립하려는 성향이 강하였다. 이들 중에는 중앙에서 몰락해 지방으로 내려간 귀족들도 있지만, 대체로 지방에 토착 기반을 가진 촌주나 토호 출신이 많았다.

또한, 기훤, 양길, 궁예 등과 같이 농민이나 초적을 규합한 세력, 장보고나 왕건처럼 대외 무역으로 기반을 쌓은 해상 세력, 견훤처럼 변방의 장수로 있던 군사 세력도 있었다.

신라 하대의 진성 여왕 때 이르러 농민 반란이 지속적으로 발생하면서 전국이 혼란한 상태에 놓이자, 각지에서 이른바 '호족의 시대'를 열었다.

03 고대 국가의 종교와 사상

천신 신앙
하늘 또는 하늘에 있는 초인적인 신격을 믿는 신앙이다. 고대 국가에서는 건국 시조를 하늘과 연결하여 신성시하였다.

불교의 수용
삼국이 중앙 집권 국가로 성장할 무렵 전해진 불교는 국왕의 권위를 뒷받침하고 사회의 정신적 통합에 기여하였다.

유학의 발달
충·효의 가치를 중시하는 유학은 삼국 시대이래 고대 국가의 통치 이념으로 자리를 잡았다.

도교의 수용
중국 고대부터 전해오는 민간 신앙과 신선 사상에 노자와 장자의 도가 사상이 결합하여 성립한 종교이다.

주제 열기

신라 예술의 걸작으로 평가받고 있는 석굴암 본존불은 통일 신라 시대 사람들이 이상적으로 생각한 부처의 모습을 형상화한 것으로 부처가 깨달음을 얻는 순간을 묘사하고 있다. 불교와 유학을 비롯한 고대 국가의 종교와 사상은 당시 사회에서 어떤 역할을 하였을까?

▶ 경주 석굴암 본존불(경북 경주)

시대 흐름 잡기

초기 국가의 종교와 사상
- 천신 신앙: 건국 시조가 하늘의 선택을 받은 사람이라는 선민의식 반영
- 제천 행사: 국왕이 제천 행사를 주관하며 왕의 권위를 높이고 연맹체의 통합을 추구

삼국의 종교와 사상
- 불교: 왕의 권위를 뒷받침하고 사회의 정신적 통합에 기여
- 유학: 충·효의 가치를 중시 → 고대 국가의 통치 이념
- 도교: 불로장생을 추구하는 신선 사상이 민간에 유행

신라와 발해의 종교와 사상
- 불교: 원효와 의상 → 불교 교리의 체계화, 불교의 대중화
- 유학: 신문왕의 국학 설치, 원성왕의 독서삼품과 실시
- 도당 유학생: 통일 신라와 발해의 유학 수준을 높임.

북쪽 탁리국왕의 여종이 임신을 하였다. 왕이 그를 죽이려고 하자 시비가 말하기를 "크기가 달걀만 한 기운이 하늘에서 제게 내려와 임신을 하였습니다." …… 왕은 (아이가) 하늘의 아들이 아닐까 의심하고, 그 어미로 하여금 거두도록 하고 노비로 삼아 길렀다. 이름을 동명이라고 하였다. 동명이 활을 잘 쏘자 왕은 나라를 빼앗길까 두려워하여 그를 죽이고자 하였다. 동명은 달아나 남쪽 엄호수에 이르렀다. 활로 물을 치니, 물고기와 자라가 떠올라 다리를 만들었다. 동명이 건너자 물고기와 자라가 흩어져 추격병은 이를 건널 수 없었다. 동명이 도읍을 정하고 부여의 왕이 되었다. ─ 『논형』

(금와왕이) 태백산 남쪽 우발수에서 여자를 만났는데, …… "저는 하백의 딸로 이름은 유화라고 합니다. 어느 날 …… 한 남자가 스스로 천제의 아들 해모수라면서 웅심산 아래에서 저를 유혹하고는 곧바로 가 버려 돌아오지 않았습니다."라고 하였다. …… 왕이 이상히 여기고 그녀를 궁실 가운데 깊이 가뒀는데, 햇빛이 비춰 몸을 움직여 피하여도 햇살이 따라와 그녀를 비췄다. 그녀가 임신하여 하나의 알을 낳았다. …… 알을 감싸서 따뜻한 곳에 두었더니 한 남자 아이가 껍질을 깨고 나왔는데 영특하고 잘생겼다. 나이가 겨우 일곱 살이었을 때 남달리 뛰어나 스스로 활과 화살을 만들어 쏘았는데 백발백중이었다. 부여의 속어에 활을 잘 쏘는 이를 주몽이라고 하였으므로 이를 이름으로 삼았다. ─ 『삼국사기』

(신라의) 시조는 성이 박씨이고 이름은 혁거세이다. …… 고허촌장 소벌공이 양산 기슭을 바라보다가 나정 근처의 숲속에서 말이 울고 있어서 가서 보니 문득 말은 보이지 않고 단지 큰 알만 있었는데, 그 속에서 어린아이가 나와서 거둬 길렀다. 나이가 10여 세에 이르자 영리하고 지혜로우며 어른스러웠다. 6부 사람들은 출생이 신비하고 기이하여 그를 받들어 존경하였는데, 이때에 이르러 그를 임금으로 세웠다. ─ 『삼국사기』

"하늘이 명하기를, 너희는 모름지기 산봉우리 꼭대기의 흙을 파면서, '거북아 거북아, 머리를 내밀어라. 만일 내밀지 않으면 구워 먹으리.'라고 노래를 부르면서 발을 구르고 춤추어라. 그러면 대왕을 맞이하게 되어 기뻐서 춤추게 될 것이다."라고 하였다. 9간 등이 모두 그 말과 같이 하였다. 얼마 지나지 않아 자주색 줄이 하늘에서 드리워져 땅에 닿아 있었다. 줄의 끝을 찾아보니 금으로 된 상자가 있었다. 열어 보니 황금알 6개가 있었는데 둥근 것이 해와 같았다. …… 10여 일 후 사람들이 다시 모여 상자를 열어 보니 6개의 알이 변하여 동자가 되어 있었는데 용모가 매우 훤칠하였다. ─ 『삼국유사』

부여를 비롯한 초기 국가는 대체로 하늘에서 내려온 신성한 존재가 나라를 세웠다는 건국 이야기를 전하고 있다. 이와 같은 건국 이야기는 나라를 세운 건국 시조가 하늘의 선택을 받은 사람이라는 선민의식이 반영되어 있다.

- 첫 번째 사료는 부여를 건국한 동명성왕의 탄생 이야기로, 후대의 많은 사서에도 동일한 구조의 이야기가 전해진다.

- 두 번째 사료는 『삼국사기』에 전하는 고구려 주몽의 건국 이야기이다. 천제의 아들 해모수와 하백의 딸 유화 부인 사이에서 태어난 주몽은 하늘의 신과 물의 신의 손자로 신성한 혈통임을 강조하고 있다.

- 세 번째 사료는 『삼국사기』에 전하는 신라의 건국 이야기이다. 혁거세의 건국 이야기는 기본적으로 알에서 태어났다는 점과 하늘에서 내려온 것으로 여겨지는 말이 혁거세의 탄생을 알리는 점이 특징이다. 이는 혁거세가 신성한 인물임을 뒷받침해 주는 근거이다.

- 네 번째 사료는 『삼국유사』에 전하는 금관가야의 건국 이야기이다. 학계에서는 '6가야 연맹'을 형성한 후대의 경험이 건국 이야기에 반영되었거나, 혹은 금관가야가 다른 가야와의 연맹 관계를 설명하기 위해 당초 알이 1개였지만 어느 시점부터 6개로 늘어난 것으로 이해하고 있다.

02 삼국의 불교 수용과 공인

(소수림왕) 2년(372) 여름 6월, 진왕 부견이 사신과 승려 순도를 보내 불상과 경전을 전하였다. 왕이 사신을 보내 회사하고 방물을 바쳤다.

4년(374), 승려 아도가 왔다.

5년(375) 봄 2월, 처음으로 초문사를 창건하고 순도를 두었으며, 또한 이불란사를 창건하고 아도를 두니, 이것이 해동 불법의 시초였다. ─ 『삼국사기』

(침류왕) 1년(384) 9월 호승 마라난타가 진나라에서 오자, 왕이 궁중으로 맞아들여 우대하고 공경하였다. 불교가 이때부터 시작되었다.

2년(385) 봄 2월 한산에 절을 창건하고 승려 10명에게 도첩을 주었다. ─ 『삼국사기』

"(신라) 법흥대왕 즉위 14년(527)에 이차돈이 불법을 위하여 제 몸을 희생하였다."라고 하였으니, …… 이 해에 낭지 법사가 또한 처음으로 영취산에 머물며 불법을 열었으니, 곧 불교의 흥하고 쇠하는 것도 반드시 원근에서 서로 동시에 감응한다는 것을 이 일로 해서 믿을 수 있다. ─ 『삼국유사』

사료 독해

불교 수용 이전의 고대 종교와 신앙은 주로 샤머니즘이었는데, 샤머니즘은 지역적 특색이 강하였다. 이에 비해 삼국이 수용한 불교는 호국 불교로서 국왕 중심의 정치를 뒷받침하였다.

• 첫 번째 사료는 고구려가 소수림왕 때 전진으로부터 불교를 받아들였음을 전하고 있다.

• 두 번째 사료는 백제가 4세기 후반 침류왕 때 불교를 수용하였음을 전하고 있다.

• 세 번째 사료는 신라 법흥왕 때 귀족들의 반발을 무마하고 이차돈의 순교로 불교가 공인되었음을 말해 준다.

03 삼국의 교육 제도

(고구려의) 습속은 책을 매우 좋아하여 보잘 것 없는 집에 이르기까지 거리마다 큰 집을 짓고 이를 경당이라고 부르는데, 아직 혼인하지 않은 자제는 이곳에서 밤낮으로 독서하고 활쏘기를 익힌다. ─ 『구당서』

임신년 6월 16일 두 사람이 함께 맹세하여 쓴다. 하늘 앞에 맹세하노니, 지금부터 3년 이후에 충과 도를 체득하고 과실이 없기를 맹세한다. 만약 이 일을 그르치면 하늘로부터 큰 죄를 받을 것을 맹세한다. …… 또 따로 이보다 앞서 신미년 7월 22일 크게 맹세하였는데, 『시경』·『상서』·『예기』·『춘추전』을 차례로 습득하기를 맹세하되 3년으로 하였다. ─ 『임신서기석』

"나라에 미묘한 도가 있으니, (이를) 일러 풍류라고 한다. 가르침의 근원은 화랑의 역사에 자세히 실려 있는데, 실로 곧 삼교를 포함하여 많은 백성을 교화하는 것이다. 장차 집에 들어와서는 효를 행하고 나가서는 나라에 충성을 하는 것이 노나라 사구(공자)의 가르침이요, (주어진 여건 속에서) 자연 그대로 일을 하면서도 말없이 가르침을 실천하는 것이 주나라 주사(노자)의 근본이요, 모든 악을 만들지 말고 모든 선을 받들어 행하는 것이 축건태자(석가모니)의 가르침이다." ─ 최치원, 「난랑비」 서문

사료 독해

• 고구려는 소수림왕 때 태학을 설치하여 귀족 자제에게는 유학을 가르쳤고, 지방에 경당을 두어 평민 자제에게 독서와 활쏘기 등을 익히게 하였다. 백제에서도 일찍이 오경박사를 두고 태학에서 귀족 자제에게 유학을 가르쳤다.

• 임신서기석은 두 사람이 3년 동안 함께 유학을 공부하고, 그것을 몸소 실천할 것을 맹세한 비문으로, 이를 통해 통일 이전 신라에서도 유학이 널리 보급되었음을 알 수 있다.

• 유교·불교·도교 사상을 바탕으로 한 신라의 화랑도는 화랑을 우두머리로 한 청소년 수련 단체로서 많은 인재를 배출해 신라의 삼국 통일에 기여하였다.

04 삼국의 도교 수용

보장왕 2년(643) 3월 연개소문이 왕에게 아뢰기를, "삼교는 비유하자면 솥의 발과 같아서 하나라도 없어서는 안 됩니다. 지금 유교와 불교는 모두 흥하는데 도교는 아직 성하지 않으니, 이른바 천하의 도술을 갖추었다고 할 수 없습니다. 엎드려 청하오니 당에 사신을 보내 도교를 구하여 와서 사람들을 가르치게 하소서."라고 하였다. 왕이 매우 그러하다고 여기고 표를 올려서 (도교를) 요청하였다. (당) 태종이 도사와 숙달 등 8명을 보내고, 이와 함께 노자의 『도덕경』을 보내 주었다. 왕이 기뻐하여 불교 사찰을 빼앗아 이들을 머물도록 하였다.

　　　　　　　　　　　　　　　　　　　　　　　　　　－『삼국사기』

을사년(525) 8월 12일 영동대장군 백제 사마왕(무령왕)은 상기의 금액으로 매주(땅을 지배하는 신)인 토왕, 토백, 토부모, 상하 2천 석 이상의 여러 관리에게 문의하여 신지(서남쪽 방향 토지)를 매입해서 능묘를 만들었기에 문서를 작성하여 명확한 증험으로 삼는다.

　　　　　　　　　　　　　　　　　　　　　　　　　　－ 무령왕릉지석

김인문은 태종 무열왕의 둘째 아들이다. 어려서 학문에 나아가 유가의 책을 많이 읽었고, 겸하여 『장자』·『노자』·불교의 설도 널리 읽었다. 또한 『예서』와 활쏘기·말타기·향악을 잘하였는데, 행동 법도가 익숙하였으며 식견과 도량이 넓어 당시 사람들이 추앙하였다.

　　　　　　　　　　　　　　　　　　　　　　　　　　－『삼국사기』

- 고구려는 7세기경 연개소문이 도교를 수용해야 한다고 주장하여 당으로부터 도교를 수용하였다. 하지만 고구려의 고분 벽화를 통해 이미 4~5세기부터 도교와 관련된 신선 사상이 전해졌음을 알 수 있다.

- 무령왕릉 지석은 백제에서 도교와 관련된 사상을 수용하였음을 보여 준다. '토왕', '토백', '토부모'는 땅을 지배하는 신으로, 이들의 이름이 도교로부터 유래했음을 보여 준다.

- 태종 무열왕의 둘째 아들인 김인문(문무왕) 역시 어려서부터 유가의 책은 물론이고 장자와 노자의 설까지 널리 읽었다고 전하는 사료를 통해서 당시 신라에도 도교의 주요 경전이 전해졌음을 알 수 있다.

05 통일 신라의 국학과 독서삼품과

국학은 예부에 속하였는데, 신문왕 2년(682)에 설치하였다. …… 교수하는 법은 『주역』·『상서』·『모시』·『예기』·『춘추좌씨전』·『문선』 등으로 나누어 이를 업으로 삼도록 하였다. 박사나 조교 1명이 혹은 『예기』·『주역』·『논어』·『효경』으로써, 혹은 『춘추좌씨전』·『모시』·『논어』·『효경』으로써, 혹은 『상서』·『논어』·『효경』·『문선』으로 가르쳤다. …… 무릇 학생은 관등이 대사 이하에서 관등이 없는 자에 이르기까지 나이는 15세에서 30세까지인 사람을 모두 입학시켰다. 9년을 기한으로 하되 …… 미숙한 자는 비록 9년이 넘어도 재학을 허락하였다.

　　　　　　　　　　　　　　　　　　　　　　　　　　－『삼국사기』

(국학의) 여러 학생은 글을 읽어 세 등급으로 벼슬길에 나아갔다. 『춘추좌씨전』이나 『예기』, 『문선』을 읽어 그 뜻을 통달하고 아울러 『논어』와 『효경』에도 밝은 자를 상(上)으로 하였고, 『곡례』·『논어』·『효경』을 읽은 자를 중(中)으로 하였고, 『곡례』·『효경』을 읽은 자를 하(下)로 하였다. 만약 오경과 삼사와 제자백가의 책을 아울러 통달한 자는 등급을 넘어 발탁하였다.

　　　　　　　　　　　　　　　　　　　　　　　　　　－『삼국사기』

- 통일 신라 시대에 국학이 정식으로 설치되고 제도적으로 완비된 것은 신문왕 2년(682)의 일이다. 삼국 통일 후 신라는 왕권 강화를 위해 유교적 정치 이념이 요구되었고, 국학은 이러한 시대적인 요구에 따라 설치되었다.

- 원성왕 4년(788)에 시행한 독서삼품과는 국학 졸업생을 대상으로 국학에서 배운 학과에 대해 시험을 보는 졸업 시험 제도임과 동시에, 그 결과에 따라 졸업생을 관리로 등용하는 인재 선발 제도였다.

06 신라의 6두품 출신 유학자

문무왕이 말하기를 "강수는 문장을 잘 지어 능히 당과 고구려·백제 두 나라에 편지로 뜻을 다 전하였으므로 우호를 맺음에 성공할 수 있었다. 나의 선왕이 당에 군사를 청하여 고구려와 백제를 평정한 것은 비록 군사적 공로라고 하지만, 또한 문장의 도움이 있었기 때문인즉 강수의 공을 어찌 소홀히 여길 수 있겠는가?"라고 하고, 사찬의 관등을 주고 봉록을 매년 2백 섬으로 올려 주었다.

– 『삼국사기』

사료 독해

이 사료는 설총·최치원과 함께 신라 3대 문장가로 꼽히는 강수의 행적을 담고 있는 기록이다. 강수가 6두품이었다는 점에서 당시 6두품 출신 유학자의 활동을 보여 주는 사례이기도 하다.

07 신라와 발해의 불교

진평왕이 왕위에 올랐다. 이름은 백정(석가모니의 아버지 이름)이고 진흥왕의 태자 동륜의 아들이다. …… 왕비는 김씨 마야 부인(석가모니의 어머니 이름)으로 갈문왕 복승의 딸이다. 왕은 태어날 때부터 기이한 용모였고, 신체가 장대하고 뜻이 깊고 굳세었으며, 지혜가 밝아서 사리에 통달하였다.

– 『삼국사기』

(정혜) 공주는 우리 대흥보력효감금륜성법대왕(大興寶曆孝感金輪聖法大王)의 둘째 딸이다. 생각하건대 고왕, 무왕의 조상들과 아버지 문왕은 왕도를 일으키고 무공에서 커다란 업적을 남겼다고 능히 말할 수 있으니, 만일 이들이 때를 맞추어 정사를 처리하면 그 밝기가 일월이 내려 비치는 것과 같고, 기강을 세워 정권을 장악하면 그 어진 것이 천지가 만물을 포용하는 것과 같았다.

– 정혜공주 묘지

사료 독해

• 신라의 진평왕은 왕이 곧 부처라는 '왕즉불' 사상을 내세워 자신의 이름을 석가모니의 아버지 이름을 따 '백정'이라 하고, 왕비도 석가모니 어머니의 이름을 따 '마야 부인'이라 하였다.

• 발해의 문왕은 정혜공주 묘지에 자신을 '금륜성법대왕'이라 표현하였는데, 여기서 '금륜'은 불법으로 세상을 다스린다는 전륜성왕을 뜻한다.

08 원효의 사상과 아미타 정토 신앙

일심(一心)이란 사람의 마음, 즉 사람의 주관적인 의식을 가리키지 않는다. 그것은 세계의 원을 이루면서 자연과 사회와 사람을 뛰어넘는 절대적인 정신을 가리킨다.

– 원효, 『십문화쟁론』

원효가 이미 계율을 잃어버려 설총을 낳은 이후 속인의 옷으로 바꾸어 입고 스스로 소성거사라고 하였다. 우연히 광대들이 놀리는 큰 박을 얻었는데, 그 모양이 괴이하여 그 모양대로 도구를 만들었다. 그리고 『화엄경』의 '일체에 걸림 없는 사람은 한길로 생사를 벗어난다.'라는 구절을 따다 '무애'라고 이름 지었으며, 노래를 지어 세상에 퍼뜨렸다. 일찍이 이것을 가지고 온 마을에서 노래하고 춤추며 교화하고 음영하여 돌아오니 가난하고 무지몽매한 무리까지도 모두 부처의 호를 알게 되었고, 모두 나무아미타불(아미타부처에게 귀의함)을 칭하게 되었으니, 원효의 법화가 크다.

– 『삼국유사』

사료 독해

• 『십문화쟁론』은 마음이 모든 것의 근거이고 바탕이며, 모든 것은 마음에서 비롯된다는 일심 사상과 여러 종파 간에 교리를 둘러싼 대립과 논쟁을 그치게 하려는 화쟁 사상을 담은 원효의 대표적인 저서이다.

• 원효는 화쟁 사상을 바탕으로 여러 불교 종파의 교리를 연구하여 체계화하였고, 아미타 정토 신앙을 내세워 불교의 대중화에도 힘썼다.

09 의상의 화엄 사상

(의상이) 『법계도서인』을 저술하고 아울러 간략한 주석을 붙여 일승(一乘)의 요긴한 알맹이를 모두 포괄하였으니 1천 년을 두고 볼 귀감이 되어 저마다 다투어 보배로 여겨 지니고자 하였다.　　　　　　　　　　　－ 『삼국유사』

하나 가운데 일체의 만물이 다 들어 있고, 만물 속에는 하나가 자리 잡고 있으니, 하나가 곧 일체의 만물이고, 만물은 곧 하나에 귀속되어 있는 것이다. 한 작은 티끌 속에서 시방(十方)이 있는 것이요, 한 찰나가 곧 영원이다. 양에 있어서 셀 수 없이 많은 것이 있지만 그것은 실은 하나이며, 공간은 시방으로 너르게 되어 있지만 그것이 한 작은 티끌 속에 포함되어 있으며, 시간에 있어서 영원한 것도 한 찰나이다.　　　　　－ 의상, 『화엄일승법계도』

사료 독해

• 의상은 당에서 화엄학을 공부하고 돌아와 화엄종을 창시한 신라의 고승이다.
• 의상은 그가 저술한 『화엄일승법계도』를 중심으로 화엄 사상을 강의하였다. 본질적인 면에서 현상 세계의 모든 대립물은 차별이 없다고 보는 화엄의 세계관을 체계화한 그의 사상은 통일 직후 신라 사회의 통합에 기여하였다.

10 신라 말기의 선종

처음에 도의 대사가 …… 그 선(禪)의 이치를 설하였다. 당시 사람들은 경전의 가르침과 관법을 익혀 정신을 보존하는 법을 숭상하고 있어, (참선)의 종(宗)은 아직 이르지 아니하여 허망하게 여기고 존숭하지 않음이 달마가 양(梁)의 무제에게 받아들여지지 못한 것과 같았다. …… 그러므로 달마는 당(唐)의 제1조가 되었고 우리나라는 곧 도의 대사를 제1조, 염거선사를 제2조로 삼고 우리 스님을 제3조로 한다.　　　　　　　　　　－ 장흥 보림사 보조선사탑비

사료 독해

선종 9산의 하나인 가지산문의 제3조 보조 선사 체징의 비문인 장흥 보림사 보조 선사탑비는 도의 선사에서 시작된 가지산문의 개창과 발전, 선종 사상의 흐름을 보여 주는 사료이다.

한국사 Q&A　신라 말 유행한 풍수지리설은 사회에 어떠한 영향을 끼쳤을까?

▲ 선각국사 도선 진영(순천 선암사)

도선은 신라 말부터 고려 초에 걸쳐 활동하면서 풍수지리설을 체계화한 인물이다. 풍수지리설은 산과 물의 형세를 살펴 도읍지·주택·묘지 등을 선정하는 일종의 지리학으로, 선정한 곳이 쇠퇴하고 왕성함과 순하고 거스름에 따라 인간이나 국가의 길흉화복에 많은 영향을 끼친다고 한다.

풍수지리설은 신라 말 이후 미래의 길흉화복을 예언하는 도참설과 연결되면서 정치적으로 이용되는 경우가 많았다. 신라 말 풍수지리설이 널리 전파되면서 지방 호족은 이를 자신의 존재를 합리화하는 데 이용하였다. 도선이 예언하였다는 태조 왕건의 탄생과 건국 설화 역시 이와 같은 경우이다.

고려를 건국한 태조 왕건은 북방 정책을 추진하며 서경(평양) 지역을 왕실의 세력 기반으로 확보하고자 하였다. 그 결과 훈요 10조에는 평양을 중시하는 사상이 반영되어 있다. 또한, 풍수지리설은 고려 시대에 불교의 사찰 건립과 관련하여 성행하였고, 조선 시대에는 유교의 효 사상과 결합된 못자리와 관련하여 민간에 널리 퍼졌다.

04 고려의 통치 체제와 대외 관계

KEY WORD

2성 6부
고려의 가장 중심이 되는 정치 기구로 당의 3성 6부제를 모방하였지만 고려의 실정에 맞게 개편하였다.

도병마사
고려 귀족 정치의 특징을 보여 주는 독자적인 제도로 고려 후기에는 권력의 핵심 기관이 되었다.

해동 천하
대외적으로는 중국과 사대 관계를 유지하면서 내부적으로는 고려를 중국과는 다른 독자적인 세계로 인식하는 천하관이다.

시무 28조
최승로가 성종에게 올린 국가 정책 건의서로 유교 통치 이념 강조, 지방관 파견, 불교 관련 행사 억제 등을 주요 내용으로 한다.

주제 열기

후삼국을 통일한 태조 왕건은 발해의 유민까지 수용하여 민족의 재통합을 이루었다. 성종은 최승로의 시무 28조를 받아들여 통치 체제를 정비하였다. 이후 고려는 세 차례에 걸친 거란의 침입을 물리쳤으며, 12세기에는 여진족을 정벌하여 동북 9성을 쌓았다. 고려의 통치 체제와 대외 관계는 어떤 특징이 있을까?

▲ 태조 왕건릉(경기 개성)

시대 흐름 잡기

고려의 후삼국 통일
- 신라 말의 사회 혼란 → 후삼국 성립(견훤의 후백제, 궁예의 후고구려)
- 왕건의 고려 건국 → 후삼국 통일, 발해 유민 포용
- 태조 왕건의 호족 통합 → 광종과 성종의 통치 체제 정비

고려의 통치 체제
- 당과 송의 제도를 받아들이되 고려의 실정에 맞게 2성 6부를 기본 체제로 운영
- 고려의 독자적인 제도인 도병마사의 설치와 운영을 통해 귀족 합의제적 정치 운영

고려의 대외 관계
- 건국 초: 서경 중시, 북진 정책 추진 → 거란과 적대 관계
- 10~11세기: 세 차례에 걸친 거란의 침입 격퇴
- 12세기: 윤관의 여진 정벌 → 여진의 금 건국 후 사대 관계

01 태조 왕건의 정책과 훈요 10조

거란이 군사를 크게 일으켜 홀한성을 포위하고 발해를 멸망시켜 동단국이라 고쳐 불렀다. 발해국의 세자 대광현과 장군 신덕, 예부경 대화균, 균로사정 대원균, 공부경 대복예, 좌우위장군 대심리, 소장 모두간, 검교개국남 박어, 공부경 오흥 등이 나머지 무리를 이끌고 오니, 전후로 도망쳐 온 자가 수만 호였다. 왕은 이들을 매우 후하게 대접하였는데, 대광현에게는 왕계라는 성명을 내려 주고 종실의 적에 붙여서 그 선대의 제사를 받들게 하고, 그를 보좌하던 사람들에게도 모두 작위를 내려 주었다.　　　　　　　　 － 『고려사절요』

(태조 원년 9월) 신하들에게 말하기를, "옛 도읍인 평양이 황폐해진 지 비록 오래되었으나 터는 아직도 남아 있다. 하지만 가시밭이 우거져 오랑캐, 즉 여진인이 그 사이에서 돌아다니며 사냥하다가 변방을 침략하기도 하니 해로움이 크다. 마땅히 백성을 옮겨 이곳을 채우고 변방을 굳게 지켜 대대손손 이롭게 하라."라고 하였다. 그리고 드디어 평양을 대도호로 삼고는 사촌 동생 왕식렴과 광평시랑 열평을 보내 이곳을 지키게 하였다.　　　　　 － 『고려사』

짐이 듣건대 순임금은 역산에서 농사를 짓다가 마침내 요임금으로부터 양위를 받았고, 한 고조는 패택에서 일어나 드디어 한 왕조를 일으켰다고 한다. 짐도 또한 미천한 가문에서 일어나 그릇되게 사람들의 추대를 받아 여름에는 더위를 두려워하지 않고 겨울에는 추위를 피하지 않았으며 몸과 마음을 다하여 노력한 지 19년 만에 삼한을 통일하였다. 외람되게 왕위에 있은 지 25년이 되니, 몸은 이미 늙었으나 후손들이 사사로운 정에 치우치고 욕심을 함부로 부려 나라의 기강을 어지럽힐까 크게 걱정된다. 이에 훈요(訓要)를 지어 후세에 전하니 바라건대 아침저녁으로 살펴 길이 귀감으로 삼기 바란다.　　　　　　　　 － 『고려사』

02 고려의 독자적 천하관 – 해동 천하

광종 원년(950년) 정월, 광덕(光德)이라고 연호를 제정했다.　　　　 － 『고려사』

해동 천자이신 지금의 황제에 이르러 부처님과 하늘이 도우시니, 교화가 널리 퍼져 세상이 다스려지도다. 남만과 북적이 스스로 내조하여, 온갖 예물을 우리 천자 섬돌 아래 바치는도다.　　　　　　　　 － 『고려사』

우리 황상(皇上)인 문종 임금께서 천조에 오르시던 병술년 봄 정월에 이르러 ……　　　　　　　　 － 칠장사 혜소 국사비

• 첫 번째 시료는 고려를 건국하고 후삼국을 통일한 태조 왕건이 거란에게 멸망한 발해의 유민이 고려로 망명해 오자 이들을 후하게 대우했다는 내용이다. 이는 당시 고구려의 계승자를 자처하며 국호를 '고려'라고 하였던 고려인이 발해를 동족이 건국한 나라로 파악하고 있었음을 보여 준다.

• 두 번째 사료에서는 태조 왕건은 고구려의 옛 수도인 평양을 정치적·군사적으로 중시하고, 이를 발판으로 삼아 고구려의 옛 영토를 수복하겠다는 의지를 다졌다. 태조 왕건은 평양을 고려의 수도인 개경과 짝하는 도읍이란 의미로 서경이라 불렀다.

• 세 번째 사료는 태조 왕건이 자신의 정치적 경험을 바탕으로 후대 왕들이 경계해야 할 내용을 정리한 훈요 10조이다. 이는 왕조 운영을 위해 불교, 유교, 풍수지리설, 민간 신앙 등을 폭넓게 받아들이라는 뜻으로, 다양성을 인정하고 통합의 원리를 제시한 것이다.

고려는 황제국 체제를 지향하였다. 대외적으로는 중국에 사대 관계를 취하였으나 내부적으로는 공공연하게 황제를 칭하였다. 이런 인식은 고려 초기부터 무신 정권 때까지 이어졌다.

03 최승로의 시무 28조

　최승로가 글을 지어 바쳤는데, 그 대략은 다음과 같다. …… 우리 태조께서 나라를 통일한 후에 외관을 두고자 하였으나, 대개 초창기에 일이 번잡하여 미처 할 겨를이 없었습니다. 지금 보건대 지방의 호족들이 항상 국가의 일이라고 속이고 백성을 수탈하니 백성이 그 명령을 견뎌내지 못하므로 외관을 두기를 청합니다. 비록 모든 지역에 한꺼번에 다 보낼 수는 없더라도 먼저 10여 주·현을 묶어 하나의 관청을 두고 관청마다 두세 명의 관원을 두어 백성 다스리는 일을 맡기소서. …… 천하의 세속 풍습은 각각 그 지역의 성질을 따르는 것이기 때문에 전부 고치기는 어렵습니다. 예·악·시·서의 가르침과 군신·부자의 도리는 마땅히 중국을 본받아 비루한 풍속을 고쳐야 하지만, 그 밖의 거마·의복 제도는 그 나라의 풍속대로 하여 사치와 검소를 알맞게 하되 굳이 중국과 같이 할 필요는 없습니다. …… 불교를 행하는 것은 몸을 닦는 근본이며 유교를 행하는 것은 나라를 다스리는 근원이니, 몸을 닦는 것은 다음 생을 위한 밑천이며 나라를 다스리는 것은 곧 지금의 할 일입니다. 오늘날은 지극히 가깝고 다음 생은 지극히 머니, 가까운 것을 버리고 먼 것을 구하는 일이 또한 그릇된 것이 아닙니까.

－『고려사』

04 2성 6부와 도병마사 설치

　문하부는 나라의 온갖 사무를 관장한다. 문하부의 낭사는 간쟁과 봉박을 담당한다. 국초에 내의성이라 불렀는데 …… 문종 15년(1061) 중서문하성으로 고쳤다. 충렬왕 원년(1275) 상서성을 합하여 첨의부로 하였으며, …… 공민왕 5년(1356) 다시 중서문하성이라 부르고 별도로 상서성을 세웠으며, 11년에 다시 도첨의부로 고쳤고, 18년에는 문하부로 고쳤다.

－『고려사』

　상서성. 성종 원년(982) 광평성을 어사도성으로 고쳤으며, 14년 상서도성으로 고쳤다. 문종이 상서령 1인 종1품으로, 좌우복야는 각 1인 정2품으로, 지성사는 1인 종2품으로, 좌우승은 각 1인 종3품으로, 좌우사랑중은 각 1인 정5품으로, 좌우사원외랑은 각 1인 정6품으로, 도사 2인 종7품으로, 연속은 주사 4인, 영사 6인, 서령사 6인, 기관 20인, 산사 1인, 직성 2인으로 정하였다.

－『고려사』

　국가가 도병마사를 설치하여 시중·평장사·참지정사·정당문학·지문하성사로 판사를 삼고, 판추밀 이하로 사를 삼아, 큰일이 있을 때 회의하였기 때문에 합좌라는 이름이 붙게 되었다. …… 뒤에 도평의사로 고쳤고, 혹은 식목도감사라 일컫기도 하였다.

－『익재집』

05 고려의 지방 제도 - 지방관 파견, 사심관과 기인 제도

삼한이 처음 평정되고 통일되어 아직 행정 구역을 정리할 여유가 없었다. …… 성종이 다시 주·부·군·현과 관방(關防)·역참(驛站)·강하(江河)·포구(浦口)의 명칭을 고쳐 전국을 10도로 나누고 12주에 각각 절도사를 두었다. …… 이후 전국을 5도 양계로 정하여 양광·경상·전라·교주·서해도와 동계·북계라 하였다.

- 「고려사」

태조 18년(935)에 신라왕 김부가 와서 항복하자 신라국을 없애고 경주라 하고 김부를 경주의 사심관으로 임명하여 부호장 이하 관직 등을 주관토록 하였다. 이에 여러 공신도 또한 이를 본받아 본주의 사심관으로 삼으니, 사심관은 여기에서 비롯하였다.

- 「고려사」

국초에 향리의 자제를 뽑아 개경에서 인질을 삼고 또 해당 지방의 일과 그에 대한 고문에 대비토록 했는데, 이를 기인이라 하였다.

- 「고려사」

사료 독해

• 성종 때 중앙 집권 체제를 강조한 최승로의 건의를 받아들여 지방관을 파견하였다.

• 사심관은 고려 시대 특수 관직의 하나로, 지역 연고와 기반이 있는 관리을 사심관으로 임명하여 지방 세력을 통제하려 한 제도이다.

• 기인 제도는 태조 때 지방 향리의 자제들을 선발하여 개경에 인질로 잡아 둠으로써 지방 세력을 견제, 회유하기 위해 둔 제도였다.

06 고려의 지방 제도 - 주현과 속현, 향·부곡·소

전조(고려 왕조)는 전국에 주·부·군·현을 설치하고 속현·향·소·부곡을 두었다. 임내가 많은 군현은 1주에 10여 현이나 되었고 임내 가운데 큰 것은 주읍 호수보다 많은데도 한두 명의 호장이 주관하니 폐단이 이루 말할 수 없다. 근래 병합할 만한 군현은 병합하고 관을 설치할 수 있는 곳에는 수령을 두었으나 모두 혁파되지 않았다.

- 「조선왕조실록」

신라가 주군을 설치할 때 전장과 호구가 현을 이룰 규모가 아니면 향이나 부곡을 설치하여 소재 읍에 속하게 하였다. …… 고려 때 또 소라고 칭하는 것이 있었는데, 금소(금)·은소(은)·동소(구리)·철소(철)·사소(비단실)·주소(비단)·지소(종이)·와소(기와)·탄소(땔감)·염소(소금)·묵소(벼루)·곽소(향)·자기소(도자기)·어량소(물고기)·강소(생강)의 구별이 있어 각각 그 물건을 공급하였다.

- 「신증동국여지승람」

사료 독해

• 고려는 지방에 주·부·군·현을 두고 관리를 파견하였는데, 지방관을 파견하지 않은 속현은 향리들이 다스리게 하였다.

• 고려의 특수 행정 구역은 주로 농업에 종사하는 향·부곡, 특정 물품을 생산하는 소가 있다. 향·부곡·소의 지역 주민들은 전쟁 포로이거나 반란 지역의 주민으로, 대체로 양인 신분으로 보는 것이 일반적이다.

07 고려의 군사 제도 - 2군 6위, 주현군과 주진군

목종 5년에 6위 직원을 두었다. 뒤에 응양·용호 2군을 두어 6위의 위에 있게 하였다.

- 「고려사」

도적이 서해도에서 일어나자, 호부원외랑 박소를 보내 주현병을 동원해 이를 공격하여 없앴다.

- 「고려사」

사료 독해

고려의 군사 제도는 2군 6위의 중앙군과 주현군이나 주진군으로 조직한 지방군이 있었다. 주현군은 평상시에는 농업에 종사하며 지역 방어와 군사 훈련에 참가하였다.

08 고려의 교육 제도 - 과거와 음서

삼국 시대 이전에는 과거법이 없었고 고려 태조가 먼저 학교를 세웠으나 과거로 인재를 뽑는 데까지는 이르지 못하였다. 광종이 쌍기의 의견을 받아들여 과거로 인재를 뽑자, 이때부터 학문을 숭상하는 풍습이 일어나기 시작하였다. …… 비록 이름 있는 경대부라도 반드시 과거를 거쳐 벼슬에 나아간 것은 아니었다. 과거 외에도 숨은 인재의 추천, 문음에 의한 서용, 성중애마(궁궐과 관청을 지키는 관리)의 선발 배치, 남반·잡로 등이 있어 벼슬에 나아가는 길이 한 가지만은 아니었다.

― 『고려사』

사료 독해

고려 시대의 관직 진출 방법에는 과거 외에도 천거, 음서(문음), 왕의 총애에 의한 직접 발탁 등이 있었다. 그러나 가장 일반적인 관직 진출 방법은 과거와 음서를 통한 것이었다.

09 거란과의 관계 - 서희의 외교 담판, 강감찬의 귀주 대첩

(태조) 25년 10월 거란이 사신을 보내 낙타 50필을 선사하였다. 왕은 "거란이 일찍이 발해와 화친을 이어 오다가 돌연히 발해를 의심하고는 두 마음을 품어 맹약을 어기고 멸망시켰다. 이는 매우 도리에 어긋난 일이니 화친하여 국교를 맺을 바가 되지 못한다."라고 하고는 드디어 외교 관계를 끊었다.

― 『고려사』

소손녕이 서희에게 말하기를 "그대 나라는 신라 땅에서 일어났고 고구려 땅은 우리의 소유인데 그대들이 침범해왔다. 또 (고려는) 우리와 국경을 접하고 있는데 바다를 넘어 송을 섬겼으므로 이제 군사를 이끌고 온 것이다. 만일 땅을 떼어서 바치고 통교한다면 무사할 것이다."라고 하였다. 서희가 말하기를, "아니다. 우리나라가 곧 고구려의 옛 땅이다. 그러므로 국호를 고려라 하고 평양에 도읍하였으니 만일 국토의 경계로 말한다면 상국(거란)의 동경은 전부 우리 지역 안에 있는데 어찌 영토를 침범한 것이라 하는가? 그리고 압록강의 안팎 또한 우리의 지역인데 지금 여진이 그 사이에 도둑질하여 차지하고는 교활하게 대처하고 있어 길의 막힘이 바다를 건너는 것보다 더 심하니 조빙의 불통은 여진 때문이다. 만일 여진을 내쫓고 우리 옛 땅을 되찾아 성과 요새를 쌓고 도로를 만들면 어찌 외교하지 않겠는가?

― 『고려사』

거란의 소배압이 침략할 때 군사를 10만 명이라 하였다. 당시 강감찬은 …… 군사 20만 8천 3백 명을 거느리고 영주에 주둔하게 하였다. …… 흥화진에 이르러 기병 1만 2천 명을 뽑아 산골짜기 안에 병사를 숨기고 큰 줄로 소가죽을 꿰어 성 동쪽의 큰 개천을 막아서 기다리다가, 적이 이르자 막고 있던 물줄기를 터뜨리고 복병을 일으켜 크게 이겼다. …… 아군이 기세를 타고 용기백배하여 격렬히 공격하니 거란병이 패하여 …… 살아서 돌아간 자가 겨우 수천 명이니 거란이 패한 것이 이보다 심한 적이 없었다.

― 『고려사』

사료 독해

• 916년 건국한 거란은 중국으로의 진출하기 전 먼저 고려를 안심시키기 위해 922년(태조 5년)에 고려로 낙타와 말을 보내며 화친을 꾀하였다. 반면 926년에 거란은 발해를 멸망시켰다. 이에 따라 고려와 거란은 국경을 접하였다. 발해의 왕족과 귀족들은 고려로 망명하였으며, 태조는 거란의 야욕을 파악하면서 외교 관계를 단절하였다.

• 거란은 송을 공격하기 전에 후방의 안정성을 확보하게 위해 고려를 공격하였다. 이때 서희는 거란의 침략 의도가 송과의 외교 단절에 있다고 파악하고 직접 담판을 통해 압록강 동쪽의 6개 고을(강동 6주)을 얻었다.

• 고려는 강감찬의 귀주 대첩으로 거란의 3차 침입을 물리친 이후 군사력을 바탕으로 거란에 대한 사대 관계를 재정립하고 독자적인 힘으로 평화를 유지해 나갔다. 귀주 대첩의 승리는 당시 고려-거란-송-여진 등으로 구성된 동북아시아 질서에서 고려의 위상을 높이는 데 기여하였다.

10 여진과의 관계 – 윤관의 여진 정벌, 금과의 사대 관계

(윤관이) 아뢰기를 …… "신의 패한 바는 적은 기병이고 우리는 보병이어서 가히 대적할 수 없었기 때문입니다."라고 하였다. 이에 건의하여 처음으로 별무반을 세우고 문무 산관과 이서로부디 상인과 노비 빛 수·부·군·현에 이르기까지 무릇 말을 가진 자는 다 신기군으로 삼았고, 말이 없는 자는 신보군·도탕군·경궁군·정노군·발화군 등에 속하게 했다. 나이 20세 이상인 남자 가운데 과거 시험을 보는 자가 아니면 다 신보군에 소속시키고, 서반과 모든 진·부의 군인은 4계절마다 훈련시키고, 또 승도를 뽑아 항마군으로 삼았다. 마침내 군사를 훈련하고 곡식을 저축하여 다시 군대를 일으킬 것을 도모하였다. …… 의주의 통태진·평융진 등 지방에 성을 쌓았는바 이미 축성한 함주·영주·웅주·길주·복주·공험진을 합하면 이것이 북계의 9성이다. 이곳에는 모두 남녘 지방의 백성들을 옮겨 채웠다.
　　　　　　　　　　　　　　　　　　　　　　　　　　　　　　－「고려사」

인종 4년(1126) 모든 관리들을 소집해 금을 상국으로 대우하는 일의 가부를 의논하게 하자 모두 불가하다고 했으나 이자겸과 척준경만이 찬성하고 나섰다. "금이 과거 소국일 때, 요와 우리나라를 섬겼습니다. 그러나 지금 금은 급격히 세력을 떨쳐 요와 송을 멸망시켰으며, …… 우리와는 국경이 맞물려 있으니 형편상 상국으로 대우하지 않을 수 없습니다. 뿐만 아니라 작은 나라가 큰 나라를 섬기는 것은 선왕 때부터 전해온 외교원칙이니 사신을 보내어 먼저 예를 차리는 것이 옳습니다."
　　　　　　　　　　　　　　　　　　　　　　　　　　　　　　－「고려사」

사료 독해

- 고려는 변방의 안정을 위해 여진족에게 관작 등을 수여하여 회유하였다. 그러나 12세기 이후 고려는 여진과 충돌하였다. 고려는 윤관의 건의로 별무반을 조직하여 여진 정벌에 나서 점령한 지역에 9개의 성을 쌓아 지키게 하였다.(동북 9성 축조) 이후 여진이 고려에 조공을 바치며 고려를 침략하지 않겠다는 약속을 하는 조건으로 9개의 성에서 군대와 양민을 철수시켰다.

- 고려가 여진에게 동북 9성을 돌려준 이후 여진은 금을 건국하고, 세력을 확대하여 요를 멸망시키고 송을 강남 지방으로 쫓아냈다. 이 과정에서 고려와 마찰을 빚게 되자 금은 사대 관계를 요구하였다.

한국사 Q&A 해동 천하의 세계관 – 고려는 황제국일까?

▲태조 왕건상(경기 개성 출토) 머리에 황제가 쓰는 통천관을 쓰고 있다.

고려는 중국에 대해 외교적으로는 제후의 입장을 취하였으나 내부적으로는 황제 국가로서의 제도를 갖춘 이중적인 체제였다. 고려가 유지된 당시 중국은 송, 요(거란), 금(여진), 원(몽골), 명 왕조가 이어졌다. 고려는 국왕이 즉위하면 중국에 형식상 책봉을 요청하고 조공을 바쳤다. 그러나 이는 단지 외교상 의례적인 관계였을 뿐, 실질적인 구속력은 거의 없었다. 오히려 내부적으로 황제국 체제를 지향하였으며 이를 잘 보여주는 것이 제왕 제도의 운영이다.

고려는 왕족이나 공신들에게 공, 후, 백, 자, 남이라는 5등급의 작위를 수여하였다. 이 가운데 공작, 후작, 백작을 수여받은 왕족 및 명예직이나 고려 최고 관직인 사도, 사공을 받은 신하를 제왕이라고 하였다. 그리고 왕에 대한 호칭도 전하가 아닌 폐하를 쓰고, 왕 스스로도 짐이라고 하였다. 또한, 하늘에 대한 제사를 직접 지내기도 하였다. 그 외에도 복장이나 의식 등에서도 중국과 대등하게 하였다.

05 고려의 변천과 대몽 항쟁

KEY WORD

무신 정변
1170년 무신에 대한 차별 대우에 반발하여 정중부를 비롯한 무신 세력이 문신을 제거하고 권력을 잡은 사건으로, 이들 간의 오랜 권력 다툼 끝에 최충헌이 집권하였다.

권문세족
원 간섭기에 새로 등장한 지배층으로 기존의 문벌 가문과 무신 정권기 성장한 세력, 원 간섭기에 성장한 세력들로 구성되었다. 외교적으로 친원적 경향을 보였다.

신진 사대부
공민왕의 개혁 과정에서 성장하였다. 지방 향리 출신이 많았으며, 성리학을 연구하고 주로 과거를 통해 관직으로 진출하였다.

주제 열기

13세기 이후 몽골은 세계적인 대제국을 건설하였고, 이 과정에서 고려 역시 몽골의 침략을 받았다. 고려는 몽골과 오랜 항전을 통해 국가 체제는 유지했으나 몽골과 강화 후 내정 간섭을 받았다. 몽골의 침입과 원의 간섭에 고려는 어떻게 대응하였을까?

△ 처인성 전투(경기도 용인)

시대 흐름 잡기

문벌 사회의 동요
- 문벌: 음서와 공음전을 통해 대대로 권력과 경제력 독점
- 이자겸의 난과 묘청의 난 → 문벌 사회 동요
- 무신 정변: 무신에 대한 차별 대우 → 무신 세력 집권

몽골의 침입과 간섭
- 40여 년간 6차례의 침입 → 강화도로 천도, 대몽 항쟁 전개
- 몽골과 강화 → 개경 환도, 삼별초의 저항
- 원의 내정 간섭 → 권문세족 등장, 몽골과 문화 교류

공민왕의 개혁 정치
- 반원 자주 정책 → 쌍성총관부 공격, 친원 세력 제거
- 왕권 강화 정책 → 전민변정도감 설치, 정방 폐지
- 신진 사대부의 성장 → 성리학 수용, 사회 개혁 추구

01 이자겸의 난

이자겸은 중서령 이자연의 손자요 경원백 이호의 아들인데, 문음으로 합문지후가 되었다. …… 예종이 이자겸의 둘째 딸을 왕비로 삼은 후 급속히 벼슬이 올라 참지정사·상서좌복야 관직과 주국 훈위를 받고 개부의동삼사 수사도 중서시랑 동중서문하평장사가 되었다. 얼마 지나지 않아서 수태위로 승진하고 익성공신 칭호를 수여받았다. …… 이자겸은 십팔자(이씨)가 왕이 된다는 비기를 듣고는 왕위를 빼앗으려고 계획하여 떡에 독을 넣어 왕(인종)에게 먹게 하려 했다. 왕비가 몰래 왕에게 알리고 그 떡을 까마귀에게 던져 주었더니 까마귀가 그 자리에서 죽었다. 또 독약을 보내고 왕비를 시켜 왕에게 드리게 하였는데 왕비가 그릇을 들고 일부러 넘어져 엎질러 버렸다. 그 왕비는 바로 이자겸의 넷째 딸이다. …… 척준경과 이공수가 협의하여 이자겸과 그 처자들을 팔관보에 가두고 …… 이자겸은 얼마 후 영광에서 죽었다.

- 『고려사』

- 고려 전기에 부와 권력을 독점한 소수 문벌 가문과 신진 관료 사이의 내부 갈등으로 일어난 사건이다.

- 이자겸은 예종과 인종의 외척이 되어 권력을 잡고 왕 위에 군림하려 하였다. 이에 위협을 느낀 인종이 이자겸을 제거하려 하자, 이자겸이 반란을 일으켰으나 척준경에 의해 제거되었다(1126). 이 사건은 문벌 사회의 분열을 촉진하는 계기가 되었다.

02 묘청의 서경 천도 운동과 김부식의 정벌

묘청은 서경의 승려로, …… 일관 백수한이 검교소감으로 서경 분사에 있으면서 묘청을 스승이라 불렀다. …… 묘청 등이 왕에게 건의하기를, "우리가 보건대 서경 임원역의 땅은 음양가들이 말하는 대화세이니 만약 이곳에 궁궐을 세우고 도읍을 옮기면 국가의 혼란을 막을 수 있으며, 금이 공물을 바치고 스스로 항복할 것이며, 36개 나라가 모두 신하가 될 것입니다."라고 하였다. 왕이 드디어 서경으로 가서 수행한 재상 재추들에게 명령하여 묘청과 백수한을 데리고 임원역으로 가서 지세를 보게 하고 김안을 시켜 궁궐을 새로 짓게 하였다. …… 국호를 대위라 하고, 연호는 천개라 하였으며, 그 군대를 천견충의군이라 하였다. 그리고 관속을 배치하였는데 양부에서 각 주군의 수령에 이르기까지 모두 서경 사람으로 임명하였다.

- 『고려사』

신 부식 등은 아뢰옵니다. 지난 을묘년(1135) 봄 정월에 서경이 반역을 꾀하므로 신 등은 엎드려 명령을 받들고 정벌하러 나갔으나, 지리가 험하고 성이 견고하여 오랫동안 평정하지 못하였습니다. 그래서 겨울 10월부터 성 서남쪽에 흙과 나무를 쌓아 올려 산을 만들고, 포차를 그 위에 줄지어 세워 두고 큰 돌을 날리니 부딪치는 곳은 다 무너졌습니다. 계속해서 크게 공격하니 성문과 성곽이 모두 부서졌습니다. 그리고 금년(1136) 2월 새벽을 기하여 몰래 군사를 끌고 쳐들어가니 적은 달아나고 저항하지 못하였습니다. …… 신 등은 성으로 들어가 성안을 정리하고 군사와 백성을 안심시키고 위로하였습니다. 왕의 군사는 정벌은 있으나 전쟁은 없는 것이니, 하늘의 위엄이 미치는 곳은 그날로 누그러지는 것입니다.

- 『동문선』

- 이자겸의 난 이후 김부식 등이 새로운 문벌 가문으로 부상했지만, 인종은 또 다른 문벌 가문의 부상이 탐탁지 않았다. 이때 묘청 등이 풍수지리설을 내세워 서경(평양)으로 도읍을 옮기고, 개경의 보수적인 문벌 가문을 누르는 한편, 왕권을 강화하는 정책을 시행하려 하였다. 이에 김부식을 중심으로 한 개경 세력은 서경 천도를 반대하였다.

- 서경 천도 계획이 수포로 돌아가자 묘청 등은 1135년에 국호를 대위, 연호를 천개라 짓고, 군대를 천견충의군이라 부르며 반란을 일으켰다. 이에 인종은 김부식을 평서원수로 삼아 반란군을 진압하게 하였으나 묘청 등은 1년여의 항전 끝에 김부식이 이끄는 정부군에 의해 진압되었다(1135). 하지만 이 사건은 문벌 사회의 갈등과 모순이 밖으로 드러난 것으로 이후 왕실의 권위는 추락하였다.

03 무신 정변

내시 김돈중이 나이는 어리지만 기백이 대단하여 촛불로 정중부의 수염을 태우니 정중부가 그를 치고 모욕을 주었다. 김돈중의 아버지 김부식이 노하여 왕께 아뢰어 정중부를 곧장 치고자 하니 왕이 허락하였다. 그러나 정중부의 사람됨을 남다르게 여겨 몰래 도망시켜 피하도록 하였는데, 정중부는 이로 말미암아 김돈중을 싫어하였다. …… 대장군 이소응은 무인이기는 하나 얼굴이 수척하고 힘도 약하여 어떤 사람과 수박희를 하다가 이기지 못하고 달아났다. 한뢰가 갑자기 앞으로 나서며 이소응의 뺨을 때리자 이소응이 섬돌 아래로 떨어졌다. 왕과 모든 신하가 손뼉을 치면서 크게 웃었으며 임종식과 이복기도 이소응을 모욕하였다.

– 「고려사」

(의종 24년) 왕이 보현원에 행차하고자 하여 시종하는 신하들을 불러 술을 나누었다. …… 왕이 보현원 문에 들고 군신이 물러날 무렵에 이고 등이 임종식·한뢰 등을 죽였다. 국왕을 호종한 문관과 대소 신료 및 환관이 모두 해를 입었다. 또 개경에 있는 문신 50여 명을 죽인 후, 정중부 등이 왕을 환궁시켰다. …… 기묘일에 왕은 거제현으로 쫓겨났으며 태자는 진도현으로 추방되었다. 이날 정중부, 이의방, 이고 등이 군사를 거느리고 왕의 아우인 익양공 왕호를 왕위에 앉혔다. 그 후 명종 3년(1173) …… 10월 경신일에 이의민이 곤원사의 북쪽 연못가에서 왕(의종)을 죽였다.

– 「고려사」

04 몽골의 침입과 대몽 항쟁

고종 12년(1225) 정월, 몽골 사신이 서경을 떠나 압록강을 건너면서 국가의 공식 예물인 수달 가죽만 챙기고 나머지 비단필 등의 물품은 모조리 들판에 버리고 갔는데 이들이 도중에 도적에게 살해되는 사건이 발생했다. 몽골에서는 도리어 우리를 의심해 결국 국교가 단절되고 말았다.

– 「고려사」

김윤후는 고종 때 사람이다. 일찍이 승려가 되어 백현원에 살았는데 몽골병이 오자 처인성으로 난을 피하였다. 몽골의 장수 살리타이가 쳐들어와서 처인성을 공격하자, 김윤후가 그를 활로 쏴 죽였다. …… 뒤에 충주산성 방호별감이 되었다. 몽골병이 와서 성을 포위한 지 무릇 70여 일 만에 군량미가 거의 다 떨어졌다. 김윤후가 사졸을 설득하고 독려하여 말하기를, "만일 힘써 싸울 수 있다면 귀천을 가리지 않고 모두 관작을 줄 것이니 너희는 불신하지 말라." 하였다. 드디어 관청 소속 노비들의 명부를 가져다 불살라 버리고 또 빼앗은 소와 말을 나누어 주니 사람들이 모두 죽음을 무릅쓰고 적진에 나아갔다.

– 「고려사」

05 강화도 천도와 개경 환도

최우가 재상들을 자신의 집으로 모아 천도할 일을 의논하였다. …… 이날 최우가 왕에게 속히 궁궐을 떠나 서쪽 강화도로 행차할 것을 주청하였는데, 왕이 망설이면서 결정하지 못하였다. 최우가 녹봉을 실어 나르는 수레 1백여 량을 빼앗아 집안의 재물을 강화도로 옮기니 도성 안의 민심이 흉흉해졌다. 최우가 담당 관리들에게 명을 내려 날짜를 정하여 개경의 5부 백성을 보내도록 하고, 성안에 방을 붙여 이르기를, "시간을 지체하여 출발할 기일에 미치지 못하는 자는 군법으로 논하리라."라고 하고, 또 사자를 여러 도로 보내어 백성을 섬이나 산성으로 옮기도록 했다.　　　　　 － 「고려사절요」

원종 11년(1270) 5월, 왕이 상장군 정자여와 대장군 이분희를 먼저 보내 나라 안의 신료들에게 다음과 같은 유시를 내렸다. "황제께서 …… 말씀하셨다. '경이 귀국하거든 고려 사람들을 잘 설득해 모두 옛 도읍으로 이주시켜 예전처럼 평안히 살게 되면 우리 군대는 즉시 귀환할 것이다. ……' 따라서 지금부터는 출륙을 예전처럼 하지 말고 문무 양반부터 마을의 백성에 이르기까지 다들 처자식을 데리고 나오도록 하라."라고 하였다.　　　　 － 「고려사」

사료 독해

• 몽골의 1차 침입 때 진권자인 최우는 강화도로 천도를 결정하였다. 하지만 백성들에게는 산성과 섬으로 도망가라고 명령만 내렸을 뿐, 그에 대한 대책은 아무것도 마련해 주지 않았다. 그리하여 강화도로 피신한 지배층과 달리 백성들은 전쟁의 고통과 피해를 입을 수밖에 없었다.

• 몽골과의 전쟁이 장기화되자 고려 내부에서 강화를 주장하는 세력들이 집권자 최의를 제거하였다. 그 후 몽골과 강화를 맺은 뒤 개경으로 환도하였다.

06 삼별초의 항쟁

처음 최우가 나라 안에 도적이 많은 것을 염려하여 용사를 모아 매일 밤 순행하여 폭행을 막게 하였다. 그 까닭으로 야별초라 불렀다. 도적이 여러 도에서 일어났으므로 별초를 나누어 파견하여 붙잡게 하였다. 그 군대 수가 많아져 좌별초·우별초로 나누었다. 또 몽골군에 잡혔다가 도망해 온 고려인으로 한 부대를 만들어 신의군이라 불렀고, 좌우별초와 더불어 삼별초가 되었다. － 「고려사」

원종 11년(1270), 도읍을 다시 개경으로 옮기면서 관민들에게 정한 날짜 내로 모두 복귀하라는 방을 내걸었는데, 삼별초가 딴 마음을 품고 복종하지 않았다. 왕이 김지저를 강화도로 보내 삼별초를 폐지한 후 그 명단을 가져오게 하자, 삼별초는 명단이 몽골에 알려질까 두려워 반역할 마음을 더욱 품게 되었다. …… 배중손과 노영희 등은 삼별초를 이끌고 시랑에 무여서 승화후 온을 협박하여 왕으로 삼고 관부를 설치했는데, 대장군 유존혁과 상서좌승 이신손을 좌우 승선으로 임명하였다. …… 적은 진도로 들어가서 근거지로 삼고 인근 고을을 노략질하였으므로 왕이 김방경에게 명령하여 토벌케 하였는데, 이듬해 김방경은 몽골 원수 흔도 등과 함께 삼군을 통솔하고 적을 격파하였다. 적은 모두 처자를 버리고 멀리 도망쳤으며, 적장 김통정은 패잔병을 거느리고 탐라(제주도)로 들어갔다.　　　　 － 「고려사」

사료 독해

• 최우가 치안 유지를 위해 둔 야별초가 이후에 좌별초와 우별초로 나뉘고, 여기에 몽골과 벌인 항전에서 포로로 잡혔다 탈출한 사람들로 조직된 신의군을 더하여 삼별초라 하였다.

• 원종 때 몽골과 강화를 맺고 개경으로 환도하였다. 그러나 삼별초는 이에 불복하고 항쟁을 계속하였다. 이는 무신 정권의 잔여 세력이 왕권 강화와 친정 체제 구축을 시도하는 정부에 대한 도전이었다. 삼별초군은 본거지를 진도로 옮기고, 항몽 투쟁과 반정부적 태도를 분명히 하였다. 이후 진도를 잃은 삼별초의 남은 무리는 다시 탐라(제주도)로 본거지를 옮겨 계속 항쟁하였다.

07 원의 내정 간섭

원종 15년(1274), 원에서 총관 차쿠를 보내 전함 3백 척의 건조를 감독하게 하는 한편, 기술자와 일꾼 및 일체 물품의 공급을 죄다 우리에게 부담지었다. — 「고려사」

(원의) 조서에 이르기를, "고려에서는 여러 왕씨가 동성 간에 결혼하는데 이것은 무슨 도리인가? 이미 우리와 더불어 한 집안이 되었으니 우리와 서로 통혼해야 한다. …… 또 우리 태조 황제(칭기즈 칸)가 13개국을 정복할 때 그 나라 왕들이 앞다투어 아름다운 여인과 좋은 말, 희귀한 보배들을 바쳤다는 것은 익히 들은 바 있을 것이다. 그리고 왕이 아직 왕으로 되기 전에는 태자라고 하지 않고 세자라고 부르며, 국왕의 명령을 그 전에는 성지(聖旨)라고 했던 것을 이제 와서는 선지(宣旨)라고 하고, 관직 칭호로서 우리 조정과 같은 것은 역시 그와 마찬가지로 고쳐야 한다." — 「고려사」

사료 독해

• 개경 환도 후 원은 정동행성을 설치하고 일본 정벌에 고려를 강제로 참여시켰다.

• 몽골은 고려에 부마국이 될 것을 강요하면서 관제를 부마국에 맞게 고치도록 강요하였다. 고려는 몽골의 제후국으로 지위가 격하되어 몽골에서 파견한 다루가치의 정치 간섭과 고려에 주둔한 몽골군 지휘관들의 내정 간섭을 받았다.

08 권문세족의 등장

유청신은 초명이 비며, 장흥부 고이부곡인이다. …… 몽골어를 익혀 여러 차례 원에 사신으로 가서 잘 응대하였다. 이로 말미암아 충렬왕의 총애를 받아 낭장에 임명되었다. — 「고려사」

민환은 불량배를 각 도에 나누어 파견해서 역참에 둔 말을 타고 다니며 가혹하게 거두어들여, 산해세를 징수하거나 무당과 장인에게 공포를 징수하기도 하니, 백성들이 고통을 견디지 못하였다. …… 왕이 노하여 민환을 내쫓았으나 얼마 가지 않아서 왕의 부름을 받고 다시 총애를 받았다. — 「고려사절요」

사료 독해

• 원 간섭기의 고려에서는 친원적인 성격의 권문세족이 등장하였다. 이들 가운데는 원과의 관계 속에서 성장한 경우도 있었다.

• 권문세족은 높은 관직을 독점하고 지위를 세습하였으며, 대규모 농장과 노비를 소유하였다.

09 신진 사대부의 성장

우리 동방은 비록 해외에 떨어져 있어도 대대로 중화를 흠모하여 문학에 종사하는 유학자들이 앞뒤로 줄을 이었다. …… 근세에 이르러서는 계림의 익재 이제현과 같은 뛰어난 유학자가 나와서 처음으로 고문의 학설을 제창하였는데, …… 오늘날에는 목은 이색이 …… 성명과 도덕의 설(성리학)을 깊이 연구하였다. 그리고 동방, 즉 고려로 돌아와서는 여러 학생을 교육하고 여러 정책에 시정 개혁에 관한 문건도 올렸다. 이색의 가르침을 접하고서 크게 실력을 꽃피운 사람으로는 오천의 정공 달가(정몽주)와 경산의 이공 자안(이숭인), 진양의 하공 대림(하륜), 반양의 박공 성부(박상충), 영가의 김공 경지(김구용), 밀양의 박공 자허(박의중), 영가의 권공 가원(권근), 무송의 윤공 소종(윤소종) 등이 있다. — 이숭인, 「도은집」

사료 독해

정도전은 「도은집」 서문에서 신진 사대부의 학맥을 정리하였다. 먼저 이제현은 뛰어난 유학자로서 고문의 학설을 제창하였고, 이곡과 이인복이 그 뒤를 이었다. 또 이색은 원에 유학하여 성리학을 연구하고, 귀국해서는 여러 학생을 교육하였는데, 이들이 고려 말의 대표적인 신진 사대부로 성장하였다고 설명하고 있다.

10 공민왕의 반원 자주 개혁 정책

왕이 지정(원 순제의 연호)의 사용을 중지시키면서 다음과 같은 교서를 내렸다. …… "근래에 나라의 풍속이 일변해 오직 권세만을 추구하게 되었으니, 기철의 일당이 임금조차도 무시하고 마구 위세를 부려 나라의 법도를 뒤흔드는 일이 벌어졌다. …… 최근 다행히 조종 영령 덕분에 기철 등을 처단할 수 있었다.
　　　　　　　　　　　　　　　　　　　　　　　　　　　　　－「고려사」

동북면병마사 유인우가 쌍성을 함락하였다. 총관 조소생과 천호 탁도경은 도주하고 …… 각 주와 …… 여러 진을 수복하였다. 고종 무오년에 원에 빼앗겼던 함주 이북의 지방을 수복한 것이다.
　　　　　　　　　　　　　　　　　　　　　　　　　　　　　－「고려사」

신돈이 전민변정도감을 둘 것을 청원하고 스스로 판사가 되어, 각 처에 알리는 포고문을 붙였다. "이제 도감을 두어 이를 가려 정비하고, 개경은 15일, 여러 지방은 40일을 기한하여 잘못을 알고 고치는 자는 묻지 않을 것이며, 기한을 지나 일이 발각되는 자는 조사하여 다스릴 것이다. 그러나 망령되어 고소하는 자는 도리어 죄를 줄 것이다."라고 명령이 나오자 권세 있는 호부 다수가 빼앗은 전민을 그 주인에게 돌려주므로 안팎이 기뻐하였다.　－「고려사」

사료 독해

· 공민왕은 고려의 자주성을 회복하기 위해 원·명 교체기를 틈타 친원 세력인 기철 일파를 제거하였다.

· 공민왕은 원에게 빼앗겼던 쌍성총관부를 공격하여 철령 이북 땅을 되찾고, 고려의 관제와 복식을 회복하였다.

· 공민왕은 권문세족의 경제력을 약화시키기 위해 신돈을 등용하여 전민변정도감을 설치하였다. 신돈은 권문세족이 불법으로 빼앗은 토지를 본래의 주인에게 돌려주고, 억울하게 노비가 된 사람을 양민으로 풀어 주었다.

한국사 Q&A　삼별초의 항쟁은 어떻게 전개되었을까?

삼별초는 몽골의 침략에 맞선 항몽 부대이면서 최씨 무신 정권의 사병 성격이 강하였다. 몽골과의 항전이 장기화되자, 고려 정부는 몽골과 강화를 맺고 개경으로 환도하였다. 그러나 삼별초는 이에 불복하고 잔여 세력을 모아 봉기하였다. 배중손이 이끄는 삼별초군은 1천 여 척의 함선을 타고 진도로 이동하였다.

삼별초가 진도에 세운 정부는 일본에 사신을 보내 구원을 요청하는 등 또 하나의 정부로서 인정받고자 하였다. 이후 삼별초는 전라도와 경상도 일원을 제압하며 세력을 크게 떨치기도 하였다. 이에 고려 조정은 몽골에 원군을 요청하였다. 1270년 김방경 등이 이끄는 여·몽 연합군이 진도를 공격하다가 대패하였다. 여·몽 연합군은 이듬해 다시 진도에 상륙하여 용장산성을 공격하였다. 이때 승화후 온과 배중손이 전사하고 용장산성은 함락되었다. 진도를 잃은 삼별초의 남은 무리는 본거지를 다시 제주도로 옮겨, 김통정을 중심으로 항쟁을 계속하였다.

1273년 여·몽 연합군 1만여 명이 제주도의 삼별초군을 포위하고 공격하였다. 삼별초군은 끝까지 저항하였으나, 김통정은 산속으로 도피하다가 죽고 나머지도 전사하거나 포로가 됨으로써 3년여에 걸친 항쟁은 끝났다.

▲ 삼별초 항쟁 기록화(제주 항파두리성기념관)

06 고려의 사회와 사상

주제 열기

고려 사회는 귀족, 중류층, 평민, 천민의 신분 구조로 이루어졌으며, 다양한 문화와 사상이 공존하는 개방성과 역동성을 가진 사회였다. 고려 사회의 변천에 따라 사람들의 생활 모습은 어떻게 달라졌을까?

▲ 「아집도대련」(일부, 삼성미술관 리움)

시대 흐름 잡기

고려 전기의 문벌
- 개경에 거주하며 여러 대에 걸쳐 고위 관직에 오른 가문
- 음서와 공음전의 혜택 → 부와 권력 축적 → 호화 생활
- 문벌 사회의 동요: 이자겸의 난, 묘청의 서경 천도 운동

원 간섭기의 권문세족
- 무신 정변 후 등장한 무인과 관료 + 원 간섭기의 친원 세력
- 원과의 관계 속에서 비호를 받으며 부와 권력 축적
- 불법적인 토지 겸병 → 대규모 농장과 노비 소유

고려 말의 신진 사대부
- 고려 말 공민왕의 개혁 추진 과정에서 성장한 신진 관료
- 학문적 소양을 갖춘 지방 중소 지주층 → 과거로 관직 진출
- 성리학 수용 → 권문세족의 폐단을 비판하며 사회 개혁 추구

01 전시과와 공음전

태조 23년(940) 처음으로 역분전을 정했는데, 후삼국을 통일할 때 공로가 컸던 신하와 군사에게 관계(관직의 품계)를 고려하지 않고 그 사람의 성품과 행동의 선악, 공로의 크고 작음, 고려 왕실에 대한 충성도를 기준으로 차등을 두어 지급하였다.　　　　　　　　　　　　　　　－「고려사」

고려의 토지 제도는 대개 당의 제도와 비슷하였다. 개간된 토지의 수효를 총괄하고 기름지거나 메마른 토지를 구분하여 문무백관으로부터 부병(군인), 한인에까지 일정한 과에 따라 모두 농사지을 땅(전지)를 주고, 또 등급에 따라 땔나무를 베어 낼 땅(시지)을 주었다. 이를 전시과라고 한다. 죽은 다음에는 모두 나라에 반납하였다. 군인은 나이 20세가 되면 비로소 땅을 받고, 60세가 되면 반환하였다. 자손이나 친척이 있으면 땅을 물려받게 하고, 없으면 감문위에 귀속되었다. 70세 이후에는 구분전을 지급하고, 나머지 땅은 반환하였다. 죽은 다음에 후계자가 없는 자와 전사한 자의 아내에게도 모두 구분전을 지급하였다.　　　　　　　　　　　　　　　－「고려사」

문종 3년 5월에 공음 전시법을 제정하였는바, 1품은 문하시랑평장사 이상에게 전지 25결과 시지 15결을 주며, 2품은 참지정사 이상에게 전지 22결과 시지 12결을 주고, …… 이것을 자손에게 전해 내려가게 하였다.　　　－「고려사」

02 농민 생활과 농업 장려 정책

나라의 강토가 동해에 닿아 있는데, 큰 산과 깊은 골짜기가 많아 험준하고 평지가 적다. 이 때문에 농토가 산간에 많이 있는데, 그 지형의 높고 낮음으로 인하여 경작하기가 매우 힘들며 멀리서 보면 사다리나 계단과도 같다. …… 백성이 8세가 되면 관에 문서를 내어 밭을 분배받되 결수에 차이가 있다. …… 그 땅에는 메조·옻 기장·조·참깨·보리·밀 등이 있다. 쌀은 멥쌀이 있으나 찹쌀은 없고, 쌀알이 특히 크고 맛이 달다. 소에 매다는 쟁기나 농기구는 중국과 많이 비슷하거나 크게 다르지 않으므로 생략하고 싶지 않다.　　　　　　　　　　　　　　　－「선화봉사고려도경」

성종 5년(986) 5월에 교하기를, "국가는 백성으로써 근본을 삼고 백성은 먹는 것으로써 하늘을 삼는다. …… 너희 12목과 여러 주와 진의 수령들은 모두 지금부터 가을까지 마땅히 잡다한 일을 그만두고 오직 권농에만 힘쓰라. 내가 장차 각지에 사자를 보내 점검하여 전야의 황폐함과 개간된 상태, 목과 수령의 근면함과 태만함을 가지고 근무 성적을 평가할 것이다."라고 하였다.　　－「고려사」

03 고려의 수취 제도

태조가 즉위(918)한 지 34일 만에 뭇 신하를 보고 탄식하여 말하기를, "요즈음 세를 심하게 거둬 조가 1결당 6섬에 이르러 백성이 살 수 없으니, 이를 심히 불쌍히 여기며 지금 마땅히 10분의 1법을 써서 전(밭) 1부에 조 3되를 내게 하라."라고 하였다. ─「고려사」

나이 16세가 되면 정(丁)으로 삼아 비로소 국역에 복무하고 60세가 되면 역을 면해 준다. 주군에서 해마다 호구를 헤아려 호적을 만들어 호부에 바치면, 병사를 징발하고 역을 조절하여 뽑는 일은 호적으로 정하였다. ─「고려사」

예종 3년 2월에 왕이 명령을 내리기를, "경기의 주·현에서는 상공 이외에도 요역이 많고 무거워서 백성들이 이를 고통으로 여기어 날이 갈수록 점점 도망을 친다. 주관하는 관청에서는 그 공물과 부역의 다소에 대하여 해당 계수관들에게 물어 적당히 정하여 시행하도록 하라. 동·철·자기·종이·먹 등 여러 소에서 별공으로 바치는 물품의 징수가 극도로 과중하므로 장인들이 고통을 견디지 못하여 도피한다. 해당 관청에서는 각각의 소에서 바치는 별공, 상공 물품의 다소를 적당히 정하여 보고하고 결재를 받도록 하라."라고 하였다. ─「고려사」

사료 독해

• 후삼국 시대의 혼란을 거치면서 백성들의 조세 부담이 커지자, 고려 태조 왕건은 민생 안정을 위해 토지에 부과하는 조세를 수확량의 1/10로 줄이는 정책을 실시하였다.

• 고려의 수취 제도는 조세 이외에 성인 남성의 노동력을 징발하는 각종 요역과 가호마다 지방 특산물을 바치게 하는 공물 등이 있었다.

• 조세는 수확량의 1/10로 정하였으나, 세금을 걷을 때 정해진 액수보다 훨씬 많은 액수를 받았다. 조세 외에도 각종 요역과 공물 등 부가세를 많이 거두어들여 백성들에게는 큰 부담이 되었다.

04 문벌과 권문세족

김돈중 등은 절(관란사) 북쪽 초목이 거의 없는 산에 인근 백성을 모아 소나무·측백나무·삼나무·회나무와 기이한 화초를 심고 단을 쌓아 어실(왕이 묵는 숙소)을 삼았는데, 금벽으로 꾸미고 섬돌은 모두 기이하게 생긴 돌을 썼다. 어느 날 왕이 절에 행차하자 김돈중 등은 절의 서대에서 잔치를 베풀었는데 장막과 그릇 등이 매우 사치스러웠으며 음식도 극히 진귀한 것으로 차렸다. 왕은 …… 김돈중과 김돈시에게 백금 3정, 한정에게는 2정, 나견(비단) 각각 10필과 단사(비단실) 70근을 하사하였다. ─「고려사」

조인규는 풍모가 아름답고 근엄했으며 전해 오는 기록들을 두루 통달하였다. …… 왕이 매번 황제에게 요청할 일이 있으면 반드시 조인규를 보냈으므로 그가 원에 사신으로 간 것이 30회나 되었는데, 근면하고 노력한 바가 상당히 많았다. 그러나 그는 미천한 신분에서 출세해 갑자기 국가의 중요한 관직을 차지한 사람으로, 겉모습이 장중하고 단아해 보여 왕의 총애를 받아 항상 왕의 침소까지 출입하였으며 많은 농민을 모아 큰 부를 쌓았다. 더욱이 국구(왕의 장인)로서 당대에 최고 권력을 잡아 아들과 사위도 모두 장상의 반열에 올랐다. ─「고려사」

사료 독해

• 김돈중은 고려 인종 때 최고 문벌 가문이었던 김부식의 아들이다. 김부식이 지은 관란사를 더욱 화려한 조경과 정원으로 꾸미고 의종을 호종하면서 연회를 즐겼다. 이를 통해 당시 문벌 가문의 호화로운 생활을 짐작할 수 있다.

• 조인규는 가난한 집안 출신이었으나 뛰어난 몽골어 실력으로 통역관이 되어 원 세조 신임을 받으면서 대표적인 권문세족이 되었다. 이처럼 권문세족은 원과의 관계에 편승해 국왕의 측근이 되어 막강한 권력을 행사한 실세였다.

05 노비 신분의 세습

충렬왕 26년(1300) …… 왕이 원에 표문을 올렸다. "옛날 우리 시조께서 후손들에게 훈계하시기를 '모든 천인은 그 씨가 따로 있으니 아예 이들이 양인이 되지 못하게 하라. 만일 양인이 되는 것을 허락하면 후일에는 반드시 벼슬길에 올라 점차 요직을 바라게 되어 나라를 어지럽게 될 것이다. 이 훈계를 어긴다면 나라가 위태로울 것이다.'라고 하였습니다. 이로 말미암아 우리나라 법에는 8대 호적에 천한 족속이 하나도 없어야만 비로소 벼슬을 할 수 있습니다. 천한 족속에 속한 자는 그의 부모 중에서 어느 한 편이 천인이면 곧 천인으로 되고 설사 본 주인이 풀어 주어 양인이 되더라도 그가 낳은 자손은 다시 천인으로 되며, 본 주인이 후계자가 없이 죽었을 경우에도 그 주인의 일가에 귀속됩니다." - 「고려사」

사료 독해

고려 시대 노비는 최하층 신분으로 상속·매매·승여의 대상이었다. 당시 양인과 천인 사이에 혼인도 이루어졌는데, 이 경우 자녀의 신분은 모두 천인이 되었으며, 소유권은 어머니 쪽 소유주에게 귀속되었다. 이러한 원칙은 고려 시대 노비의 수를 증가시키는 방향으로 운영되어, 지배층의 노비 증식 방편으로 활용되었다.

06 고려의 가족 제도와 여성의 지위

(박유가) 왕에게 다음과 같이 건의하였다. "우리나라는 본래 남성이 적고 여성이 많은데도 지금 신분의 높고 낮음을 물론하고 처를 하나만 두고 있으며, 자식이 없는 자들까지도 감히 첩을 두지 못합니다. …… 청컨대 여러 신하에게 첩을 두게 하되 품계에 따라 그 수를 줄여서 일반인은 1처 1첩을 둘 수 있도록 하고, 첩에게서 낳은 아들도 역시 본처가 낳은 아들들처럼 벼슬살이를 할 수 있게 하십시오."라고 하였다. …… 이 소식을 들은 부녀자들은 누구라 할 것 없이 두려워하며 박유를 원망하였다. …… 당시 재상들 가운데 처를 무서워하는 자가 있었기 때문에 그 논의를 하지 못하게 했고, 결국 시행되지 못하였다. - 「고려사」

손변이 …… 경상도 안찰사로 있을 때 어떤 남매 간에 송사(소송)가 벌어졌다. …… 손변이 그 남매에게 타이르기를, "부모의 마음은 어느 자식에게나 다 같은 법이다. 어찌 장성해서 이미 출가한 딸에게만 후하고 어미도 없는 어린아이인 아들에게는 박하겠는가? 생각건대 너희 아버지는 아들이 의지할 곳은 누이밖에 없으므로, 만약 재산을 똑같이 나누어 준다면 혹시 그 아이에 대한 누이의 사랑과 양육이 부족하지 않을까를 우려한 것이다."라고 하였다. 누이와 동생이 그 말을 듣고 비로소 깨닫고 감동히어 서로 붙들고 울었고, 손변은 남매에게 재산을 반으로 나누어 주었다. - 「고려사」

(충숙왕 2년) 남부 덕산리 호주 낙랑군 부인 최씨는 나이 60세이다. 본적은 경주이다. …… 첫째 아들은 윤배이며, 나이는 32세이다. 둘째 아들은 윤성으로, 나이 28세이다. 셋째 아들은 윤방으로, 나이 24세이다. 넷째 아들은 혜근으로, 나이 19세이다. - 「여주 이씨 세보」

사료 독해

• 충렬왕 때 박유가 축첩제를 시행하자고 상소를 올리자, 당시 부녀자들이 그를 비난하며 손가락질하였다. 또 재상들 중 부인을 두려워하는 자가 있어 그 논의가 중지되었다는 내용이다. 이를 통해 고려 전기에는 일부일처제가 유지되었지만, 고려 말 몽골의 영향으로 일부 계층에서 일부다처의 경향이 나타난 것으로 이해된다.

• 고려 시대에 재산 상속은 부모의 별다른 유언이 없는 한 자녀 간 균분 상속이 관행이었다. 그래서 고려 시대에는 사료처럼 비록 부모가 균분 상속을 하지 않았더라도, 어떤 정황이 있으면 균분 상속으로 판결하는 것이 당연하게 여겨졌다.

• 낙랑군 부인 최씨가 호주로 기록된 사료이다. 이는 당시 여성 호주를 중심으로 한 가속·진족 관계가 사회적으로 인정받았음을 뜻한다.

07 고려의 불교 사상

대각 국사 의천은 원공과 작별 인사를 하고 천태산에 이르렀다. …… 지자 대사 탑 앞에서 예를 올린 후 동녘 땅에 돌아가서 천태종을 전할 것을 맹세하였다. …… 곧 개경으로 달려가 다시 흥왕사에 거처하면서 교리를 처음과 같이 강의하였다. 정축년(1097) 여름 5월, 국사는 국청사에 주지로 있으면서 처음으로 천태교를 강의하였다. …… 그리하니 일시에 학자들이 성인의 경계를 우러러 옛것을 버리고 스스로 귀의해 오는 자가 거의 1천 명에 이르렀으니 성대하였다.
　　　　　　　　　　　　　　　　　　　　　　　　　　 － 『대각 국사 문집』

(지눌이) 임인년(1182) 정월 개경 보제사의 담선 법회에 참석하였다. 하루는 함께 공부하는 10여 명과 다음과 같은 약속을 하였다. "이 모임 후 마땅히 명예와 이익을 버리고 산림에 은둔하여 함께 수행하는 모임을 결성한다. 항상 선정을 익히고 지혜를 고르게 하며 예불하고 경을 읽으며 나아가서는 힘써 일한다. 각기 맡은 일을 경영하고 인연에 따라 심성을 수양하여 한평생을 자유롭고 호쾌하게 지낸다."…… 여러 사람이 내 말을 듣고 모두 그렇다 하며 말하길 "훗날 이 언약을 이루어 숲속에 은거하면서 함께 결사를 맺을 수 있게 된다면 마땅히 그 이름을 정혜(定慧)라 하자."라고 하였다. 그리하여 맹세하는 글을 지어 결의하였다. …… 승안 5년 경신(1200) 결사를 공산에서 강남의 조계산으로 옮겼다. 그런데 이곳 인근에 정혜사가 있어 명칭이 혼동되므로 정혜사를 수선사라 하였다.
　　　　　　　　　　　　　　　　　　　　　　　　　　 － 『한국불교전서』

사료 독해

• 고려 전기에 불교계는 교종과 선종의 대립을 해결하기 위해 노력하였다. 고려 중기에 접어들면서 불교 종파 간 대립이 심해지자, 대각 국사 의천은 해동 천태종을 창시하여 교종을 중심으로 선종을 포섭하고자 하였다.

• 고려 전기에 왕실과 귀족의 후원을 받으며 성장한 교종은 무신 집권기 이후 그 세력이 약화되고, 선정과 지혜를 함께 닦는 것을 중시하는 선종이 융성하였다. 특히 이 무렵 불교 개혁을 주장하는 신앙 결사 운동이 활발히 전개되었는데, 대표적인 것이 보조 국사 지눌이 제창한 수선사 결사였다. 그에 따라 고려 후기에 새로운 조계종(조계 선종)이 열렸음을 알 수 있다.

08 고려의 유학 발달

사무를 담당하는 관청은 좋은 땅을 가려서 널리 서재와 학사를 세우고 농장을 주어 학량에 충당할 것이며, 국자감을 창건하라.
　　　　　　　　　　　　　　　　　　　　　　　　　　 － 『고려사』

무릇 사학으로는 문종 때 태사중서령 최충이 후진들을 불러 모아 부지런히 가르치자, 선비와 평민의 자제들이 모여들어 그 집 앞의 문과 거리를 가득 채웠다. …… 또 유신으로서 공도를 세운 자가 11명 있었는데, …… 이들을 문헌공도와 함께 세상에서 12도라 불렀는데, 그중 문헌공도가 가장 흥성하였다.
　　　　　　　　　　　　　　　　　　　　　　　　　　 － 『고려사』

예종 4년(1109) 국학에 7재를 두었는데 …… 여기에 나누어 공부하도록 하였다. 14년(1119) 국학에 처음으로 양현고를 두고 인재를 양성하게 하였다. …… 예종이 유학 교육에 열의를 가져 담당 관리에게 조서를 내려 학교를 크게 세우도록 하고, …… 유명한 유학자를 골라 학관과 박사로 임명하고 경서의 뜻을 강론하여 그들을 가르치고 지도하게 하였다.
　　　　　　　　　　　　　　　　　　　　　　　　　　 － 『고려사』

사료 독해

• 고려 성종 때 개경에 국자감을, 지방에 향교를 설치하는 등 유학 교육 기관을 정비하였다.

• 고려 중기에 최충이 세운 문헌공도를 비롯한 사학 12도가 융성하였다.

• 사학의 융성으로 국자감이 쇠퇴하자, 유학 교육을 예종은 분야별로 강화하고 장학 재단인 양현고를 설립하였다.

09 성리학의 수용

충숙왕 1년(1314), 원의 황제가 충선왕을 베이징에 머물도록 명을 내리니 왕이 사택 안에 만권당을 짓고 당시의 저명한 학자들을 초청하여 교유하며 학문을 연구하는 것으로 즐거움을 삼았다.　　　　　　　　　　　－「고려사」

공민왕 16년(1360), 정몽주가 예조정랑으로 성균박사를 겸하였다. 당시 경서로는 오직 『주자집주』뿐이었는데, 정몽주가 강의하고 설명함은 다른 이들의 생각을 훨씬 뛰어넘는 것이었다. …… 이색은 정몽주가 자유자재로 논리를 펴면서도 이치에 합당하지 않음이 없다고 극찬하면서 동방 이학(성리학)을 연 원조라고 추천하였다. …… 당시 풍속이 상례에 관한 제도에서는 오직 불교의 가르침을 숭상하고 있었는데, 정몽주가 처음으로 선비와 백성들에게 『주자가례』에 따라 가묘를 세워 조상의 제사를 지내도록 하였다.　　－「고려사」

사료 독해

• 충선왕이 폐위된 이후 베이징에 세운 만권당에는 원의 저명한 학자들이 출입하였다. 고려에서 간 이제현 등은 이들과 교류하며 성리학을 수용하였다.

• 성리학은 이제현과 이색을 거쳐 정몽주, 정도전 등에게 전해졌다. 이들은 성리학을 사회 개혁 사상으로 이해하였으며, 『주자가례』에 규정된 의례를 지키기 위해 노력하였다.

10 신진 사대부와 토지 개혁

대사헌 조준 등이 상서하여 말하였다. …… "근년에는 겸병이 더욱 심해져 간사하고 흉악한 무리의 토지가 주에 걸치고 군을 포괄하며, 산천으로 표식을 삼아 …… 서로 빼앗으니, 한 조각 땅의 주인이 5~6명을 넘고 1년에 조세를 여덟아홉 차례나 거두었습니다. …… 사람들이 사사로이 주고받아 겸병하는 폐단을 혁파해 주십시오. 선비도 아니고 군사도 아니고 나랏일을 맡은 자가 아니면 토지를 주지 말 것이며, 죽을 때까지 사사로이 주고받고 하지 못하도록 엄격히 금지하고 제한하는 규정을 세워, 백성들과 함께 새롭게 시작함으로써 나라의 재정을 풍족하게 하고 민생을 윤택하게 하며 조정 신하를 우대하고 군사를 넉넉히 길러 주십시오."　　　　　　－「고려사절요」

사료 독해

고려 말 공민왕의 개혁 추진 과정에서 성장한 신진 사대부는 권문세족의 횡포를 비판하며 개혁을 추진하였다. 이후 신진 사대부 세력은 급진파와 온건파로 나뉘었다. 급진파 신진 사대부는 위화도 회군으로 실권을 장악한 이성계와 연합하여 토지 개혁을 추진하였다.

한국사 Q&A 성리학은 고려에 어떻게 전해졌을까?

고려 충렬왕 때 안향은 왕과 공주를 호종하고 원에 가서 박사 김문정으로 하여금 공자와 그 제자의 초상화와 경전, 사서 등을 수집해 오도록 하였다. 또한 원을 오가며 성리학의 학풍을 배우고 돌아와 이를 소개하였다. 특히 주자의 학문을 신봉하여 유학자들에게 경전과 사서 공부를 장려하였으며, 인재 양성에 필요한 재원을 마련하기 위해 섬학전을 두고, 경전과 사서를 가르치는 경사교수도감을 설치하여 성리학 발전을 위한 토대를 마련하였다. 이러한 노력의 결과 고려에서 주자의 성리학이 크게 일어날 수 있었다. 그래서 안향을 우리나라 최초의 주자학자로 평가하고 있다.

◀ 안향의 초상(경북 영주 소수박물관)

07 조선의 건국과 통치 체제 정비

주제 열기

조선 왕조는 유교 이념에 바탕을 두고 통치 체제를 정비하였으며, 성종 때 기본 법전인 『경국대전』을 반포하여 통치 체제를 마무리하였다. 유교 이념에 바탕을 둔 조선의 통치 체제는 어떤 특징이 있을까?

▲ **근정전** 경복궁의 중심 건물로 왕이 대신들과 나랏일을 의논하는 곳이다. 근정전의 '근정(勤政)'은 '나랏일에 힘쓰다'는 의미이다.

시대 흐름 잡기

조선의 건국	통치 제제 정비	중앙 집권 체제 강화
● 위화도 회군: 이성계 집권 → 신진 사대부의 개혁(과전법) ● 태조 이성계 왕위 추대 → 국호 '조선', 한양 천도 단행 ● 경복궁 완공, 한양 도성 축조, 종묘와 사직 배치 → 유교적 도시 건설	● 태종: 사병 혁파, 6조 직계제 실시, 호적 작성 → 왕권 강화 ● 세종: 집현전 설치, 의정부 서사제 실시, 경연과 서연 활성화 ● 성종: 세조 때 편찬하기 시작한 『경국대전』 완성	● 중앙 정치 기구: 의정부와 6조 중심, 3사의 언론 활동 중시 ● 지방 행정 조직: 8도, 부·목·군·현, 향·부곡·소 폐지 ● 중앙군에 5위, 지방군에 육군과 수군 편성 ● 역원·봉수·조운 제도 등 정비

01 과전법 실시

공양왕 3년(1391) 5월에 도평의사사에서 왕에게 글을 올려 다음과 같이 과전법을 제정할 것을 요청하니 왕이 이를 좇았다. 문종 때 정한 바에 의하여 경기 주군으로 결정된 고을을 좌우도로 나누어 설치한다. 1품부터 9품과 산직 관원에 이르기까지 나누어서 18과로 한다. …… 경기는 전국의 근본이 되는 땅이니 마땅히 여기에다 과전을 설치하여 사대부를 우대한다. …… 대체로 땅을 받은 자가 죽은 후에 그 아내에게 자식이 있고 수신을 한다면 남편의 과전 전부를 받으며 자식이 없이 수절하는 자는 절반을 전해 받는다. 본래부터 수절한 자가 아니라면 이 조항에서 제외된다. 부모가 다 죽고 자손이 어리거나 20세 미만인 자라면 도리상 응당히 가엾이 여겨 부양해 주어야 할 것이므로 그 아버지의 과전 전부를 받을 수 있게 하되 나이 20세가 되기를 기다려 각각 해당한 과에 따라서 토지를 지급한다. 여자는 남편이 결정되면 과에 따라서 받게 한다. 그리고 그 나머지 토지는 다른 사람들이 교체하여 받게 된다."

– 「고려사」

사료 독해

- 위화도 회군 이후에 권력을 장악한 급진파 신진 사대부는 온건파 신진 사대부의 반발을 누르고 과전법을 실시하였다.

- 과전법은 사전을 폐지하고 경기도에 한정하여 관리들에게 수조권을 지급하는 제도로 수조권을 받은 관리가 사망하면 수조권을 반납하는 것이 원칙이었다. 하지만 수신전, 휼양전 등의 명목으로 수조권이 세습되는 경우가 많아 관리에게 지급할 토지가 부족해졌다.

02 조선의 건국

중외의 대소 신료와 한량·기로·군민에게 교지를 내렸다. "왕은 말하노라. 하늘이 많은 백성을 낳음에 임금을 세워서 백성을 길러 살아가게 하고, 백성을 다스려 편안하게 한다. 그러므로 군주의 도가 있고 없음에 따라 인심이 복종하거나 배반하는 것은 천명이 떠나고 머무는 것과 관계된 것이니, 이것이 이치의 마땅함이다. …… 나는 여러 사람의 심정을 굽어 살펴, 마지못하여 왕위에 오르니, 나라 이름은 이전대로 '고려'라 하고, 의장과 법제도 모두 고려의 것을 따르기로 한다. 이제 건국 초기를 맞아서 마땅히 관대한 은혜를 베풀어야 될 것이니, 백성에게 편리한 모든 사항을 조목별로 뒤에 열거한다. 아아, 내가 덕이 적고 어리석어 시기에 따라 조치하는 방법을 알지 못하는데, 그래도 보좌하는 도움에 의지하여 새로운 정치를 이루려고 하니, 나의 지극한 마음을 헤아려 본받으라."

– 「태조실록」

우리나라는 국호가 한결같지 않다. 조선이라 이름 지은 것이 셋이 있었으니, 단군·기자·위만이 바로 그것이다. …… 지금 천자(명 태조)께서 "오직 조선이란 칭호가 아름다울 뿐 아니라, 그 유래가 오래되었으니 이 이름을 근본으로 삼아 그대로 지킬 만하다. 하늘을 본받아 백성을 다스리면, 후손이 영원히 번창하리라."라고 명하셨다. 이는 주 무왕이 기자에게 명한 것처럼 (천자께서) 전하에게 명한 것이니, 이름이 이미 바르고 말이 순조롭게 되었다. …… 그러므로 조선이란 이름이 천하 후세에 이와 같이 알려지게 된 것이다. – 정도전, 「삼봉집」

사료 독해

- 1392년에 태조 이성계가 신하들의 추대로 새 왕조를 열었다. 이성계가 공양왕으로부터 양위를 받아 즉위하였으나, 건국 초기에는 국명과 제도도 고려의 것을 그대로 유지하는 등 민심을 수습하는 데 노력하였다.

- 태조 이성계는 명에 사신을 보내 '조선'과 '화령' 중 하나를 국호로 택해 줄 것을 청하였다. '조선'은 우리나라의 오래된 국호였던 단군 조선과 기자 조선에서 취한 것이고, '화령'은 태조 이성계의 고향인 함경도 영흥의 옛 이름이었다. 1393년에 명의 뜻에 따라 이성계는 국호를 '조선'으로 하였는데 이는 고조선을 계승·발전시킨다는 역사 계승 의식을 드러낸 것이다.

03 한양 천도

중추원 학사 이직이 말하였다. "도읍을 옮기고 나라를 세우는 곳에 대해 지리책을 살펴보니, 대개 말하기를, '만 갈래의 물과 천봉의 산이 한곳으로 향한 큰 산과 큰 물이 있는 곳이 왕도와 궁궐을 정할 수 있는 땅'이라고 하였습니다. 이것은 산의 기맥이 모이고 조운이 통하는 곳을 말한 것입니다. 또 이르기를, '천 리의 땅을 가지고 임금이 된 사람은 도읍을 사방 5백 리로 하고, 5백 리의 땅을 가지고 임금이 된 자는 도읍을 사방 각 50리로 한다.'고 하였으니, 이것은 사방 도로의 거리를 고르게 하기 위해 말한 것입니다. 우리나라 비결에도 이르기를, '삼각산 남쪽으로 하라' 했고, '한강에 임하라' 했으며, 또, '무산이라' 했으니, 이곳을 들어 말한 것입니다. …… 전하께서 천도하려는 것은 천심에서 나오고 또 민심의 향하는 바를 살피시니, 곧 하늘에 순응하는 것입니다. 그러나 무악의 명당은 신도 역시 좁다고 생각합니다."

- 「태조실록」

사료 독해

조선의 새로운 도읍지 한양은 배산임수를 갖춘 전형적인 풍수 명당의 지세였다. 현무인 주산은 북악산, 청룡은 낙산, 백호는 인왕산이며, 안산은 남산, 조산은 관악산이다. 또 한강이 안산과 조산 사이를 흐르며 명당을 크게 감싸 안는 형세이다. 조선은 한양에 정궁인 경복궁을 지어 통치의 중심으로 삼고, 좌우에 종묘와 사직을 두어 유교 이념에 바탕을 둔 도시를 건설하였다.

04 재상 중심의 정치관

총재(재상)에 훌륭한 사람을 얻으면 6전이 잘 거행되고 모든 직책이 잘 수행된다. 그러므로 "임금의 직책은 한 사람의 재상을 논의하는 데 있다."라고 하였으니, 바로 총재를 두고 한 말이다. 총재는 위로는 군부를 받들고, 아래로는 백관을 통솔하며 만민을 다스리는 것이니, 그 직책이 크다. 또 임금의 자질에는 혼명강약의 차이가 있으니, 총재는 임금의 아름다운 점은 순종하고 나쁜 점은 바로잡으며, 옳은 일은 받들고 옳지 않은 것은 막아 임금으로 하여금 대중의 경지에 들게 해야 한다.

- 「조선경국전」

사료 독해

정도전은 조선 건국 후 제도 정비에 크게 기여한 인물로 재상 중심의 정치를 강조하였다. 그는 재상이란 '임금을 보필하고, 백관을 통솔하며 만민을 다스리는 사람'이라 규정하고, 이를 위해서는 재상에게 막강한 권한이 있어야 한다고 주장하였다.

05 조선의 수취 제도

우리나라 부세법에 조는 토지에서 거두어들이고, 이른바 요역과 공물은 지방의 소출에 따라서 관부에 바치게 하는데, …… 조로 말하면 토지가 개간되어 있는지, 황폐해 있는지를 조사하면 소출의 수효를 계산할 수 있지만, 요역과 공물로 말하면 다만 관부에서 바치는 액수만을 정해 놓았을 뿐, 가호에 대해서 무슨 물건을 내는 것이 조가 되고, 인구에 대해서 무슨 물건을 내는 것이 용이라하는 것을 나누어서 말하지 않았다. 관리들이 이러한 약점을 이용하여 간계를 써서 함부로 수탈하여 백성은 곤궁해지고 유력자는 다방면으로 피해서 국가의 재용이 도리어 부족해졌다. …… 전하가 백성을 사랑하는 마음에서 만들어 놓은 부세법의 의의를 아래에서 강구하지 않으니, 이는 즉 유사(사무를 맡은 담당 관청)의 책임이다. 다행히 무사하고 한가한 시간을 만났으니 강구하여 시행해야 옳을 것이다.

- 정도전, 「삼봉집」

사료 독해

정도전은 민생 안정을 위해 부세 제도를 합리화할 것을 주장하였다. 그는 공정한 부세를 바탕으로 한 재정 운영이 새로운 왕조의 실질적인 정당성을 확보해 주는 것으로 인식하였다. 정도전은 수취 제도의 원칙적인 방향을 논하고, 조세, 요역, 공물 등의 합리적인 기준을 세우는데 고심하였다.

06 왕자의 난

봉화백 정도전, 의성군 남은, 부성군 심효생 등이 여러 왕자를 해치려 꾀하다가 성공하지 못하고 참형을 당하였다. …… 정도전과 남은 등은 권세를 마음대로 부리고자 하여 어린 서자를 꼭 세자로 세우려고 심효생의 딸을 부덕이 있다고 칭찬하며 세자 이방석의 빈으로 삼길 청하였다. …… 정안군(태종)이 도당으로 하여금 백관을 거느리고 소를 올리게 하였다. "후계자를 세울 때에 장자로 하는 것은 만세의 상도인데, 전하께서 장자를 버리고 어린 아들을 세웠으며, 정도전 등이 세자를 감싸고서 여러 왕자를 해치고자 하니 화를 예측할 수 없습니다. 다행히 난신이 참형을 당하였으니, 원컨대 전하께서는 적장자인 영안군(정종)을 세워 세자로 삼으십시오." — 「태조실록」

사료 독해

• 정도전이 재상 중심의 정치를 강조한데 비해 태조의 아들이자 조선 건국에 큰 공을 세웠던 이방원(태종)은 국왕이 주도하는 정치를 추구하였다.

• 1차 왕자의 난은 건국 초기의 왕위 계승을 둘러싼 권력 다툼이 아니라 나라의 정치 주도권을 국왕과 재상 중 누가 잡아야 하는가를 둘러싼 대립이었다.

07 사병 혁파

사병을 혁파하였다. 사헌부 겸 대사헌 권근과 문하부좌산기 김약채 등이 상소하였다. "병권은 국가의 큰 권세이니, 마땅히 국가에서 통솔하여 관리해야 하고, 개인에게 분산시켜서는 안 되는 것입니다. …… 그러므로 군사를 맡은 자가 많으면, 각각 무리를 지어 그 마음이 반드시 달라지고, 그 형세가 반드시 나누어져서, 서로 시기하고 의심하여 화란을 이루게 됩니다. 뜻을 같이하는 자들이 서로 해치고 공신이 보전되지 못하는 것이 항상 여기에서 비롯되니, 이것이 고금의 공통된 근심입니다. …… 소가 올라가니, 임금이 세자와 더불어 의논하고, 곧 시행하였다. 이날 여러 절제사가 거느리던 군마를 해산하여 모두 그 집으로 돌아가게 하였다. — 「조선왕조실록」

사료 독해

두 차례에 걸친 왕자의 난을 통해 왕위에 오른 태종은 왕권 강화를 위해 개국 공신과 왕족들이 소유한 사병을 혁파하고 군사권을 국왕에게 집중시키는 개혁을 추진하였다.

08 6조 직계제 실시

비로소 의정부의 업무를 6조로 귀속하였다. 좌정승 성석린 등이 아뢰기를 …… "지금은 6조 판서 모두의 서열이 높아 일찍이 양부를 역임한 자로 임명하고, 맡은 역할에 따라 각기 관장하는 일이 있으며, 또 소속된 관청이 있습니다. 의정부는 모든 것을 총괄함으로써 대체를 가지는 것인데, 지금은 번거롭고 자질구레하며 사소한 사무로 인해 수고로워서 도리어 6조에 소속된 깃 같으니, 관청을 설치하고 직책을 나눈 근본을 크게 잃었습니다. 이제부터는 모든 일에 전례가 있는 것은 각 조에 맡기도록 하고, 각 조에서 특별한 예가 있는 경우에 한하여 의정부에 보고하면, 의정부에서는 경중을 참작하여 임금께 아뢸 것은 아뢰고, 하달할 것은 하달하며, 각 조에서 만일 착오가 있거나 막히는 것이 있으면, 의정부에서 근면과 태만을 고찰하여 시비를 결정하게 하소서."라고 하였다. — 「태종실록」

사료 독해

조선 건국 초기에 태종은 재상의 권한을 약화시키고 왕권을 강화하기 위해 6조의 기능을 강화하였다. 이에 의정부는 정책 의결권만 가지고 실질적인 행정적 서무는 6조로 이관하여, 모든 행정 체계가 6조를 중심으로 이루어지도록 하였다. 또한 6조 직계제를 실시하여 모든 정무를 6조에서 왕에게 직접 보고하게 함으로써 6조가 국정 수행의 중심 기구가 되도록 하였다.

09 의정부 서사제 실시

세종 18년(1436) 교서를 내리기를, "…… 태조께서 제정하여 놓으신 법에 의하여 6조에서는 각각 맡은 직무를 의정부에 먼저 여쭈어 논의하고, 의정부에서는 옳고 그름을 의논한 후에 임금께 아뢰어서 분부를 받고 도로 6조로 돌려보내서 시행하게 하되, 이조와 병조에서 관리를 제수하는 것, 병조에서 군사를 쓰는 것, 형조에서 사형수 이외 죄인의 형벌을 결정하는 일은 해당 6조로 하여금 임금께 직접 아뢰어서 시행하고 이를 의정부에 즉시 보고하는데, 만일 합당하지 못한 일이 있으면 의정부에서는 이에 따라 심의·논박하고 다시 계문해서 시행하게 하라."라고 하였다. － 『세종실록』

사료 독해

세종은 태종 때 강화된 왕권을 바탕으로 유교 이념에 입각한 통치 제도를 확립하였다. 그 방법 중 하나로 기존의 6조 직계제를 의정부 서사제로 바꾸어 재상의 권한을 보장하면서도 인사권과 군사권은 국왕이 직접 처리하여 왕권과 신권의 조화를 추구하였다.

10 경연 실시

간관이 상소하였다. "임금의 마음은 정치를 하는 근본입니다. 마음이 바르면 모든 일이 따라서 바르게 되고, 마음이 바르지 못하면 온갖 욕심이 이를 공격하게 됩니다. …… 생각하옵건대, 임금의 학문은 외우고 강설하는 것만은 아닙니다. 날마다 경연에 나아가 선비를 맞이하여 좋은 말을 듣는 것은 첫째는 어진 사대부를 접견하는 때가 많음으로써 그 덕성을 기르기 위한 것이며, 둘째는 환관과 궁첩을 가까이 하는 때가 적음으로써 그 나태한 마음을 진작시키기 위한 것입니다. 더구나 창업한 임금은 자손들의 모범이 되니, 전하께서 만약 경연을 우선으로 여기지 않으신다면 후세에 이를 핑계로 삼아서 그 폐단이 반드시 학문을 하지 않는 데에 이를 것이니, 어찌 작은 일이겠습니까? 삼가 바라옵건대, 전하께서는 날마다 경연에 납시어 『대학』을 강론하게 하여, 격물·치지·성의·정심의 학문을 극진히 하시고 수신·제가·치국·평천하의 공효에 이르소서."라고 하니 임금이 이를 윤허하였다. － 『태조실록』

사료 독해

경연이란 국왕이 학식 있는 신하들과 경서나 역사책을 읽고 토론하는 것을 말한다. 경연은 국왕이 정치에 도움이 되는 새로운 지식이나 스스로를 반성하기 위해 마련한 자리였기 때문에 조선 건국 이념인 유교의 이상 정치를 실현하는 데 도움을 주었다. 또한 국왕은 경연을 통해 덕에 의한 교화의 방법을 몸에 익혔는데, 그 이면에는 신하들이 경연을 통해 국왕이 임의로 왕권을 행사하는 것을 견제하려는 의도도 있었다.

11 언관의 역할

대저 심기가 굳세고 독특하며 바른말을 꺼리지 않고 자립하여 바른말과 곧은 기개로 세력이 강한 상대를 두려워하지 않는 사람을 어사로 삼아야 한다. …… 그러므로 국가의 큰 좀벌레를 제거할 수 있고, 나라의 간사한 무리를 탄핵할 수 있다. 천하의 큰 이해와 생민의 안락함과 근심 걱정, 백관의 폐지하고 설치함, 그리고 뭇 이속의 들고남을 감독하고 살펴서 임금에게 조사하여 보고할 수 있는 것이다. …… 간관과 어사는 비록 모두 말하는 책임을 맡은 신하가 되지만, 그 직분은 각각 다르니, 간관은 임금을 보좌하는 일을 관장하여 임금을 바르게 하고, 어사는 질서를 바로잡는 일을 관장하여 모든 관리를 다스린다. － 정도전, 『삼봉집』

사료 독해

대간이란 사헌부와 사간원을 통칭한다. 사헌부는 관료의 비리를 감찰하는 대관이고, 사간원은 국왕에 간쟁하는 간관이다. 대간은 목숨을 잃더라도 직언할 수 있어야 했고, 무엇보다 청렴해야만 했다. 대간은 5품 이하 관리에 대한 서경권을 가지고 있었고, 4품 이상 관리를 탄핵할 수 있었다.

12 『경국대전』 반포

(세조가) 일찍이 신하들에게 말씀하시기를, "우리 선대왕께서는 깊은 인자함과 두터운 은혜로 넓고도 빼어난 규범이 법조문 곳곳에 펴져 있으니 …… 이제 남고 모자람을 짐작하고 서로 통하도록 갈고 다듬어 자손만대의 성법을 만들고자 한다."라고 하셨다. …… 책을 여섯 권을 만들어 바치니, 『경국대전』이라는 이름을 내리셨다. 「형전」과 「호전」은 이미 반포되었으나 나머지 네 법전은 미처 교정을 마치지 못했는데, 세조께서 갑자기 승하하시니 지금 임금(성종)께서 선대왕의 뜻을 받들어 마침내 하던 일을 끝마치고 나라 안에 반포하셨다.

－『경국대전』

사료 독해

세조는 즉위 이후 국가 통치 체제의 확립을 위해 『경국대전』의 편찬을 시작하였다. 『경국대전』은 세조 말년에 완성되었으나, 검토 중에 세조가 죽고 예종 역시 요절하여 성종 초기에 반포되었다. 이후 『경국대전』은 조선 왕조의 기본 법전으로 통치 체제의 바탕이 되었다.

13 지방관 파견과 평가

임금께서 말하기를, "칠사(수령이 힘써야 할 일곱 가지 일)라는 것은 무엇인가?"라고 하니, 변징원이 대답하기를, "농사와 양잠을 성하게 하는 일, 학교를 일으키는 일, 소송을 간략하게 하는 일, 간사하고 교활함을 없애는 일, 군정을 닦는 일, 호구를 늘리는 일, 부역을 고르게 하는 일이 바로 칠사입니다."라고 하였다.

－『성종실록』

3년마다 한성과 지방의 관원은 출신과 경력을 자세히 기록하여 이조에 제출하여 정안에 기록하게 한다. 경관은 그 관사 당상관·제조와 소속 조의 당상관이, 외관은 각 도의 관찰사가 해마다 6월 15일과 12월 15일에 등급을 매겨 왕에게 보고한다. 관찰사는 병마절도사와 같이 상의하여 하고, 제주 3읍은 제주목사가 등급을 매겨 관찰사에게 보고한다.

－『경국대전』

사료 독해

• 조선은 전국을 8도로 나누고 도 아래 부·목·군·현을 두어 모든 군·현에 수령을 파견하였다. 수령은 농업 장려부터 교육, 세금 징수, 사법, 군사 등 모든 행정을 도맡아 하였다.

• 조선은 군·현에 파견한 수령의 비행도 견제하였는데, 각 도에 파견된 관찰사가 지방 수령의 근무 성적을 평가하여 인사에 반영하였다.

한국사 Q&A '조선'의 국호는 어떻게 정해졌을까?

태조 이성계는 건국 후 명에 사신을 파견하여, '조선'과 '화령' 가운데 하나를 국호로 택해 줄 것을 청하였다. '조선'은 옛 국호였던 고조선에서 취한 것이고, '화령'은 이성계의 고향인 함경도 영흥의 옛 이름이었다. 1393년 명에 간 사신이 귀국하면서 가져온 국호는 '조선'으로, 이는 조선이라는 이름이 아름답고 그 역사가 오래니, 그 이름을 따르는 것이 좋겠다는 명 태조의 뜻이 담겨 있다. 이에 태조 이성계는 교서를 내려 국호를 '조선'으로 선포하였다. 이처럼 새 왕조의 국호에는 단군 조선의 유구성과 천손 후예의 자부심, 그리고 기자 조선에서 도덕 문명의 뿌리를 찾아 이를 발전시킨다는 역사 계승 의식이 깃들어 있다.

◀ 태조 이성계의 어진(전북 전주 경기전 어진박물관)

08 조선의 신분제와 향촌 지배 체제

KEY WORD

사림
조선 건국에 참여하지 않은 온건 개혁파의 후예로 16세기 이후 향촌 사회에서 서원과 향약을 기반으로 성장하였다.

붕당
사림이 학문 경향과 정치 이념에 따라 나뉘어 형성된 세력을 일컫는 말이다.

탕평 정치
조선 후기 영·정조 때 당쟁을 막기 위해 붕당 간의 세력 균형을 꾀하려한 정책이다.

세도 정치
19세기에 들어 소수의 세도 가문이 정치권력과 각종 이권을 독점하며 국가를 운영하는 정치 형태를 일컫는 말이다.

주제 열기

조선은 법적으로 양인과 천인을 구분하는 양천제를 실시하였으나, 16세기 이후 양반, 중인, 상민, 천민으로 이루어진 신분 체제가 정착되었다. 16세기 이후 유교를 통치 이념으로 하는 조선의 정치는 어떻게 변화되어 갔을까?

▼ 『노상알현』(김득신, 평양 조선미술박물관)

시대 흐름 잡기

훈구와 사림의 대립
- 훈구: 조선 초기 정치 변동 과정에서 공을 세운 공신 세력
- 사림: 서원과 향약을 기반으로 향촌 사회에서 성장한 세력

붕당과 탕평 정치
- 16세기 중반 이후 사림파 집권 → 붕당 형성
- 붕당 간 견제와 공존의 원칙 붕괴 → 일당 전제화
- 영·정조의 탕평 정치: 붕단 간의 세력 균형 추구

세도 정치의 폐단
- 세도 정치: 19세기 이후 소수의 세도 가문이 정치를 주도
- 소수 가문에 권력 집중 → 왕권 약화, 의정부와 6조 기능 약화
- 정치 질서 문란 → 매관매직, 부정부패, 농민 봉기

하늘이 백성을 내고 이를 나누어 사민을 삼으니, 사·농·공·상이 각각 자기의 분수가 있습니다. 선비는 여러 가지 일을 다스리고, 농부는 농사에 힘쓰며, 공상은 공예를 맡고, 상인은 물화의 유무를 서로 통하게 하는 것이니 뒤섞어서는 안 됩니다. 만약에 선비가 농사에 힘쓰고 농부가 여러 가지 일을 다스리려 한다면, 거스르고 어지러워 목적을 이루기가 어찌 어렵지 않겠으며, 위아래가 바뀌어 어찌 법이 없는 것이 되지 않겠습니까? 지금 전하께서 의원과 역관을 권장하고자 하시어 그 재주에 정통한 자를 특별히 동반과 서반에 뽑도록 하셨으니, 신 등은 그 까닭을 알지 못하겠습니다. …… 각자가 할 일을 하지 않고 맡아야 할 임무를 맡지 않으면, 결국 귀천이 서로 혼란하게 되어 쓰고 버리는 것이 어긋나게 됩니다. 그리하여 사대부는 같은 반열이 되는 것을 부끄러워하고, 의원과 역관은 그 일에 온 힘을 쏟지 않을 것입니다. 이는 두 가지를 다 잃고 하나도 좋은 것이 없다 하겠습니다. ― 『성종실록』

하느님이 백성을 낳으니 그 백성이 넷이다. 네 백성 가운데 선비가 가장 귀한 자이다. 이를 양반이라고 부르며 이익이 이보다 큰 것이 없다. 농사를 짓지 않고, 장사도 하지 않으며, 글과 역사를 대강 섭렵하여 크게 되면 문과에 급제하고, 작게 되어도 진사가 된다. 문과 급제 증서인 홍패는 길이가 두 자에 불과함에도 불구하고 온갖 물건을 얻을 수 있으니, 이게 바로 돈 자루이다. …… 이웃 소를 가져다 먼저 밭을 갈고, 마을 사람들을 불러다 김을 매도 누가 감히 거역하겠는가? ― 박지원, 『양반전』

의정부에서 노비와 호구에 대한 법을 아뢰었다. …… "삼가 『경제호전』을 살펴보니, 최근에 이르러 호구의 법이 분명하지 않아 역을 부과함이 고르지 못하고 양인과 천인이 뒤섞여 그 폐단이 적지 아니합니다. 지금부터는 한성과 지방 관아에서 호적을 살펴 호수인(호주) 부부 내외 사조와 함께 사는 자손과 제질(형제·족하)에서 노비에 이르기까지 해마다 기록하게 하소서. 바라건대, 각 도의 관리들로 하여금 금년 7월 15일부터 시작하여 양반·인리·백성·각색인의 세계를 자세히 파악하여 호적을 작성하게 하여 한 부는 호조에 바치고, 한 부는 각 감사영의 문서고에 비치하고, 한 부는 해당 고을에 비치하며, 한성부에서는 내년 7월 15일부터 시작하여 그 본관을 파악하여 보고하는 일을 또한 위 항목의 예대로 하여 호적을 확실하게 살피도록 하소서. 만약 8조 모두 싣기를 스스로 원하는 자가 있으면 들어 주고, 조부나 혹은 부친만을 기록하고자 하는 자도 역시 들어 주소서."라고 하니 임금께서 모두 그대로 따랐다. ― 『태종실록』

사료 독해

• 조선은 양인과 천인으로 구분하는 양천제를 법제화하였다. 양인은 과거에 응시하고 관직에 진출할 수 있는 권리를 갖는 대신에 조세와 군역 등의 의무를 부담하였다. 천인은 이러한 의무가 없었지만 개인이나 국가에 예속되어 천역을 담당하였다. 그러나 실제로는 양천제의 원칙에만 입각하여 신분 제도가 운영되지는 않았다. 지배층인 양반과 피지배층인 상민 간의 차별을 두는 반상 제도가 일반화되면서 양반·중인·상민·천민의 네 계층으로 구분하는 신분 제도가 점차 고착화되었다.

• 양반은 본래 문반과 무반 관료를 아울러 부르는 명칭이었으나 점차 그 가족까지 포함하는 하나의 특권 신분으로 굳어졌다. 양반은 주로 과거를 통해 관직에 진출하였는데, 그 대가로 녹봉과 과전을 받았다.

• 노비는 국가와 개인에 예속된 재산이기에 그 수를 파악하여 관리할 필요가 있었다. 조선은 태종 때 기존의 호적을 폐기하고 공노비와 사노비의 새로운 호적을 거주하는 곳에 따라 철저히 조사하였다. 그리하여 호적 대장을 호조와 감사영의 문서고와 고을에 각각 한 부씩 비치하여 관리하도록 하였다. 이에 따라 국역을 부담할 양인과 천역을 맡는 노비 신분을 구분하는 호적 제도의 정비가 시급하게 정비하였다.

03 노비의 경제적 가치

- 천인의 계보는 어머니의 역을 따른다. 천인이 양인 아내를 맞이하여 낳은 자식은 아버지의 역을 따른다.
- 무릇 노비의 매매는 관청에 신고해야 하며 사사로이 몰래 사고팔았을 때는 관청에서 노비와 그 대가로 받은 물건을 모두 몰수한다. 나이 16세 이상 50세 이하는 값이 저화 4천 장이고, 15세 이하 50세 이상은 3천 장이다.
- 공노비의 경우 노비 1년의 신공은 남자 종이 면포 1필과 저화 20장, 여자 종은 면포 1필과 저화 10장이다. 이는 모두 사섬시에 납부한다.

— 『경국대전』

사료 독해

노비는 천인 가운데 대다수를 차지하였다. 부모 중 한쪽이 노비이면 그 자식도 노비가 되었으며, 재산으로 취급되어 매매·상속·증여가 가능하였다. 당시 면포 1필은 저화 20장에 해당하며, 저화 1장은 쌀 1되에 해당한다.

04 서얼 차별에 대한 비판

서얼 자손에게 과거와 벼슬을 못하게 한 것은 우리나라의 옛 법이 아니다. …… 이것으로 보건대 태종 때 이전에는 현직도 주었는데, 그 이후로는 과거를 문무 양반에게만 허가하였다. 이후 『경국대전』을 편찬한 뒤부터 비로소 벼슬길을 막았으니, 지금까지 100년이 채 못 된다. 세상 천지에 땅에 자리 잡고 나라라고 이름한 것이 어찌 1백 개 정도만 되겠는가마는, 벼슬길을 막는 법이 있다는 것을 아직 듣지 못하였다. 하물며 향리·수군 등의 천인이 과거를 보러 가서 조상의 계보를 말해도 애당초 근거로 삼을 만한 본관도 없을 것이고, 혹은 유민에게 시집가고 혹은 도망한 사람에게 장가들기도 하였으니, 누가 능히 그 양인과 천인을 가릴 수 있겠는가. 경대부의 아들이지만, 오직 외가가 하찮아서 대대로 벼슬길이 막혀, 비록 뛰어난 재주와 쓸 만한 그릇을 가지고 있으면서도 끝내 남에게 머리를 숙이고 들창 밑에서 죽어 향리나 수군만도 못하니 불쌍하도다.

— 어숙권, 『패관잡기』

사료 독해

서얼은 양반의 혈통을 받았지만 어머니가 정실 처가 아닌 첩이었기 때문에 양반 지위를 누리지 못하였다. '서'는 양인 첩 자손을, '얼'은 천인 첩 자손을 뜻하는 말이었다. 서얼에 대한 차별 대우가 관념적으로나 법제적으로 강화된 것은 태종 이후 처와 첩 사이의 구분이 엄격하게 제도화되면서 그 자식들도 구분할 필요가 생겨 서얼에 대한 차별이 제도화되었다.

05 과부의 재혼 금지

우리나라의 사대부의 집은 대대로 예의를 지키어, 곧고 신조가 있어 음란하지 않음이 역사에 실려 있다. 근래에는 크게 금하는 것이 조금 이완되어, 이심의 처 조씨처럼 스스로 시집갈 지아비를 중매하여 추악한 소리가 흘러 들리고 있다. 만약 깊이 다스리지 않으면 중인 이하의 여자는 모두가 장차는 이심의 처를 핑계하여 다시는 수신하는 행실이 없으리니, 예속이 무너지는 것을 이루 탄식할 수 있겠습니까? …… 만약 이를 금하지 않는다면 어느 곳이든 이르지 않음이 없을 것이니, 금후로는 재가한 자를 모두 금단하고, 만일 금지령을 무릅쓰고 재가한 자가 있으면 아울러 행실이 바르지 못한 것으로 치죄하고 그 자손도 또한 관리로 나아가는 것을 허락하지 말아서 절의를 가다듬게 함이 편하겠습니다.

— 『성종실록』

사료 독해

조선 건국 초기에는 과부의 재가를 허용하는 경우가 많았으나, 성종 때 성리학적 유교 이념을 통치의 근간으로 삼으면서 과부의 재가 금지 조치가 제기되었다. 이는 재가녀 소생이 양반 사대부 집단에서 축출되는 것을 의미했기 때문에 특수한 경우를 제외하고 일반적으로 양반 사대부 여성의 재가는 금지된 것이나 마찬가지였다.

06 유교 의례의 제도화

예조에서 보고하기를, …… "불교라는 것은 군신의 의리도 없고 부자의 은혜도 없이 허황되고 허망한 말을 가지고 망령스럽게 은혜를 갚는다는 말을 붙여서 세상을 현혹하게 하고 백성을 속이며 풍속을 패망케 하니, 유교에 해됨이 이보다 심함이 없습니다. …… 엎드려 바라오니, 전하께서 관련 관서에 명하여 상장과 제사 의식은 일체 『문공가례』에 의하도록 하고, 부처에 대한 일은 엄금케 하여 여러 사람의 의혹을 끊어 없애게 하소서."라고 하니 …… 이상 30가지 조목을 다 그대로 따랐다.
— 『세종실록』

사료 독해

조선 건국 초부터 실시한 숭유억불 정책 아래 왕실과 사대부는 생활에서 불교 의식 대신 유교 의례를 따르는 경향이 많았다. 이러한 유교 의례의 제도화와 생활화는 『주자가례』의 규정을 충실히 따르는 방향으로 전개되었다.

07 경재소와 유향소(향청) 설치

"주·부·군·현에는 대부분 지역 토착민 가운데 같은 성씨를 가진 유력 집단인 토성이 있습니다. 토성 출신 가운데 한성에 살면서 벼슬하는 자들의 모임을 경재소라고 합니다. 경재소에서는 그 고향에 살고 있는 토성 중에서 강직하고 명석한 벼슬아치를 선택하여 유향소(향청)에 두고 간사한 관리의 범법 행위를 서로 조사하고 살펴서 풍속을 유지시켰는데, 그 유래가 이미 오래되었습니다. …… 그 뒤에는 간사한 관리가 더욱 거리낌 없이 마음대로 불법을 행하여도, 경재소가 멀리 있어 미처 듣고 보지 못하기 때문에 이를 막을 방법이 없습니다. 그래서 (간사한 관리가) 마을을 돌아다니며 백성을 괴롭히는데, 수령이 한 번이라도 그것을 지적하면 몰래 수령의 허물을 기록해 두고 마을 백성을 은밀히 사주하여 그 허물을 폭로시켜 파직 당하게 합니다. 그 때문에 수령도 스스로 몸을 사리면서 날이나 보내게 됩니다. …… 비록 다시 유향소를 세운다고 하여도 갑자기 풍속을 바로잡을 수는 없습니다. 그러나 간사한 관리가 꺼려서 방자하게 굴지 못하는 효과는 있을 것입니다.
— 『성종실록』

사료 독해

유향소는 고려 시대에 있던 사심관 제도에서 유래하였다. 유향소는 불법을 저지르는 향리와 관노비를 규찰하고 불효를 하거나 친족 간에 화목하지 못하는 사람 등을 감찰하고, 백성을 괴롭히는 관리를 탄핵하여 풍속을 유지하는 것이 목적이었다. 경재소는 한성에 있는 각 지방의 연락 기구이다. 중앙 정부에 재직하는 고위 관리가 출신 지역의 경재소를 관장하며 그 지방에 설치된 유향소를 통제하였다. 또 중간에서 여러 가지 일을 주선하거나 공물 상납을 책임지기도 하였다.

08 훈구 세력의 부정부패

대사간 최한정 등은 의논하여 아뢰기를, "한명회는 훈구 대신으로 권세가 강성하여 하고자 하는 것이 있으면 무엇이든 뜻대로 하였는데, 이번에 또 변방의 장수와 지방 수령을 강제하여 남의 재물을 빼앗게 하였고, 절도사 이종생, 홍주 목사 최호, 판관 이의석은 이에 아부하고 순종하여 불법을 감행하여 조정의 관리를 가두기까지 하였습니다. 이는 한명회가 있는 줄만 알고 국법이 있는 줄을 모르는 것이니, 죄악으로 말하면 무엇이 이보다 크겠습니까? …… 신 등은 한명회가 임금을 속이고 사리를 행한 죄와 이종생이 권세 있는 신하에게 아부한 죄를 법으로 엄격히 다스리는 것이 어떠할까 합니다."라고 하였다.
— 『성종실록』

사료 독해

조선 건국과 세조 즉위에 공을 세운 훈구 세력은 여러 차례에 걸친 공신 책봉으로 권력과 경제력을 장악하였다. 이들은 각종 세노와 문물을 정비하여 조선 왕조의 기틀을 닦는 공을 세웠으나 자신들의 권력을 남용하여 부정부패를 저질렀다.

09 사화의 발생

김종직은 초야의 미천한 선비로 세조 때 과거에 급제하였다. 또 성종 때 발탁되어 경연에 두어 오랫동안 시종의 자리에 있었다. 형조 판서에 이르러서는 은총이 온 조정을 기울게 하였다. 병으로 물러나게 되자 성종은 소재지 관리에게 특별히 미곡을 내려주도록 하여 그 연한을 마치게 하였다. 지금 김종직의 제자 김일손이 찬수한 사초에 부도한 말로써 선왕의 일(세조의 왕위 찬탈)을 거짓으로 기록하고 스승 김종직의 「조의제문」을 실었도다. — 『연산군일기』

연산군은 이때에 이르러 크게 형벌을 멋대로 내리며 언관들을 추궁하여, 대신부터 대간과 시종에 이르기까지 거의 다 죽이거나 귀양을 보내어 조정이 텅 비었다. (어머니를) 폐비한 일을 원망하며 선왕인 성종의 후궁들을 매질하여 죽이고 그 자녀는 귀양 보내거나 죽였으며, …… (어머니를) 폐비하는 의논에 참여한 자와 (어머니에게) 존호를 올려서는 안 된다고 주장한 자를 모두 중형으로 다스려, 이미 죽은 자는 그 시체를 베고 재산을 몰수하였으며, 그 가족이나 친족은 연좌하였다. — 『연산군일기』

사료 독해

• 무오사화 김종직의 「조의제문」이 발단이 되어 일어난 사화로, 조선 시대 4대 사화 중 첫 번째로 발생한 사화이다. 이 사화로 사림 세력 다수가 희생되었다.

• 갑자사화는 연산군 어머니의 죽음과 관련하여 일어난 사건으로, 이 과정에서 많은 사림이 화를 당하였다. 이밖에 두 차례에 걸친 사화로 많은 사람들이 죽거나 귀양을 갔지만 사림은 향촌 사회에서 서원과 향약을 기반으로 성장하였다.

10 사림의 문묘 배향

관학 유생이 상소를 올렸는데 그 대략에, "중종 때 정몽주를 종사한 것은 여론의 바람에 응답하고 사림의 기운을 돋우어 준 것이니, 지극하다고 이를 만합니다. 문묘에 종사하여 천 년간 제사 지내는 분이라고 학문의 공이 어찌 모두 4현(김굉필, 정여창, 조광조, 이언적)보다 낮겠습니까. …… 하물며 우리 4현은 도를 호위하고 뒷사람들을 깨우친 공으로도 종사의 반열에 오르지 못한다면 어찌 태평성대에 흠이 되는 일이 아니겠습니까."라고 하였다. — 『선조실록』

사료 독해

선조 때 사림이 정치를 주도하면서 성균관 유생들이 김굉필·정여창·조광조·이언적 등을 4현이라 하여 문묘에 종사할 것을 주장하는 내용이다. 사림은 선조에게 끊임없이 4현의 문묘 종사를 요구하였다.

11 붕당의 형성

이때 전랑으로 있던 오건이 김효원을 추천하여 이조 전랑 자리를 맡기려 했으나 심의겸이 이를 막았다. …… 후에 김효원이 마침내 전랑이 되어 명망 있는 많은 사림들을 끌어들여 자기편으로 하면서 명성이 대단해졌다. 이때 심의겸의 동생 심충겸이 전랑 후임으로 적합하다면서 추천하는 사람이 있었다. 그러자 김효원이 이를 저지하였다. …… 당시 김우옹·류성룡·허엽·이산해·이발·정유길·정지연 등이 김효원을 지지했는데, 이들을 동인이라고 하였다. 이는 김효원이 한성의 동쪽인 건천동에 살고 있었기 때문이다. 박순·김계휘·정철·윤두수·구사맹·홍성민·신응시 등은 심의겸을 지지했는데, 이들을 서인이라고 하였다. 심의겸이 한성의 서쪽인 정동에 살고 있었기 때문이다. — 『당의통략』

사료 독해

향촌 사회를 기반으로 성장하여 중앙으로 진출하기 시작한 사림은 16세기 중반 선조 때 정치의 주도권을 잡았다. 하지만 명종 때 권력을 휘두르던 척신 세력에 대한 견해 차이로 신진 사림이 중심이 된 동인과 기성 사림이 중심이 된 서인으로 나뉘었다.

효제충신의 도리가 막혀 행하여지지 않으면 예의를 버리고 염치가 없어짐이 날로 심해져서 마침내 오랑캐나 짐승처럼 될 것이다. …… 이제부터 고을 선비가 하늘이 부여한 본성을 근본으로 삼고 국가의 법을 준수하며 집이나 고을에서 질서를 바로잡으면 나라에 좋은 선비가 될 것이요, 출세하든지 가난하든지 서로 의지가 될 것이다. 진실로 이를 알지 못하고 올바른 것을 어기며 예의를 지키지 않음으로써 우리 고을의 풍습을 해치는 자는 바로 하늘의 뜻을 거역하는 자이다. 어찌 벌을 주지 않을 수 있겠는가. 바로 이것이 향약을 세우는 이유이다.

– 이황, 『퇴계 선생 문집』

우리나라 교육은 중국의 제도를 따라 중앙에는 성균관과 사학(4부 학당)이 있고, 지방에는 향교가 있습니다. 진실로 좋은 일이지만 서원이 설치되었다는 말은 들은 바가 없습니다. …… 주세붕이 처음 서원을 세울 때 세상에서는 의심하였습니다. 주세붕은 뜻을 더욱 가다듬어 많은 비웃음을 무릅쓰고 비방을 물리쳐 지금까지 누구도 하지 못한 장한 일을 이루었습니다. …… 사방에서 기뻐하고 사모하여 서로 다투어서 이를 본받게 될 것입니다. 진실로 선왕의 자취가 남고 향기가 뿌려져 있는 최충, 우탁, 정몽주, 길재, 김종직, 김굉필 같은 이가 살던 곳에는 모두 서원이 세워질 것입니다.

– 이황, 『퇴계집』

사료 독해

- 향약은 향촌 규약의 준말이다. 향약은 원칙적으로 양반 중심의 향촌 지치와 이를 통해 백성을 통제하기 위한 목적이 강했지만 다른 한편으로는 유교적인 예절과 풍속을 향촌 사회에 보급하려는 의도도 있었다. 아울러 각종 재난을 당했을 때 상부상조하는 규정을 두어 향촌 사회의 안정을 꾀하였다.

- 서원은 학문 연구와 선현에 대한 제사를 위해 사림이 설립한 사설 교육 기관인 동시에 향촌 자치 운영 기구이다. 서원은 향약과 함께 유교 윤리를 보급하고 양반을 결집시켜 향촌 사회에서 양반의 지위를 강화하는 역할을 수행하였다.

한국사 Q&A **조선 시대 여성의 지위는 어떠하였을까?**

▲ 「미인도」(신윤복, 간송미술관)

조선 시대에 가장 큰 성 추문 사건 중 하나가 성종 때 발생한 '어우동 사건'이었다. 이 사건에 연루된 남성들은 대부분 유배되거나 관직에서 물러나기도 하였지만 상당수가 곧 복귀하였다. 이러한 처벌은 사형에 처한 어우동에 비해 매우 차별적인 것이어서 이 사건을 둘러싸고 한동안 논란이 끊이지 않았다. 일각에서는 어우동의 죄가 사형에 해당하지 않으므로 죽이는 것은 부당하다고 하였고, 다른 한편에서는 후대에 본보기를 보이기 위해 어우동에게 최고 형률을 적용해 사형에 처하자고 주장하였다. 성종은 후자의 손을 들어주었다.

당시는 유교 이념에 따라 통치 질서가 자리 잡아 가고 있던 시기였기에 여성에 대한 유교 규범을 보다 강화하였다. 즉 성리학적으로 하늘에 해당하는 남자가 땅이라 할 수 있는 여성 위에 군림하고, 이 보편성을 인간 사회에 잘 적용시키기 위해 여성의 욕망을 억제해야 한다고 보았다. 또 새로운 사회 질서에 걸맞은 올바른 행동, 즉 성리학에서 제시하는 부녀자의 덕을 강조하고, 여성들이 예에서 벗어나 욕망을 발산하거나 일탈한 행동을 하여 가정과 사회를 위험에 빠뜨릴 수 있는 행위를 제약하고자 하였다.

09 조선의 대외 관계와 세계관의 변화

주제 열기

병자호란은 인조가 청 태종에게 삼전도에서 항복함으로써 끝이 났지만, 조선은 그동안 오랑캐로만 여겼던 청에게서 받은 굴욕으로 문화적 자부심에 큰 충격을 받게 되었다. 양 난 이후 조선의 세계관은 어떻게 바뀌었을까?

▼ 남한산성(경기 광주)

시대 흐름 잡기

사대교린의 외교 정책
- 명과의 외교 중시: 조공·책봉 관계, 경제적·문화적 실리 추구
- 여진과의 관계: 회유책(무역소 설치), 강경책(토벌)
- 일본과의 관계: 회유책(3포 개항), 강경책(쓰시마섬 정벌)

임진왜란과 병자호란
- 임진왜란: 일본군의 조선 침략 → 명군의 참전, 조선의 수군과 의병 활약 → 전후 국교 재개
- 병자호란: 인조반정 후 서인의 친명 배금 정책 → 청 태종의 침입 → 삼전도의 굴욕

양 난 이후 세계관의 변화
- 북벌론: 청을 정벌하여 병자호란의 치욕을 씻자(소중화론자)
- 북학론: 청의 발달한 문물과 제도를 배우자(북학파)
- 서양 과학 기술의 영향 → 중국 중심의 세계관 비판

01 조선과 명의 외교 관계

정도전 · 남은 · 심효생 등이 군사를 일으켜 국경에 나가기를 모의하여 임금께 의논을 드렸다. …… 조준이 때마침 병에 걸렸는데 즉시 가마를 타고 대궐에 나와 힘써 불가함을 극언하여 말하길, "우리나라는 옛날부터 사대의 예를 잃지 않았고, 게다가 새로 개국한 나라로 경솔히 명분 없는 군사를 일으키는 것은 매우 옳지 않습니다. 비록 이해관계로 말하더라도 천조(천자의 나라: 명)는 당당하여 도모할 만한 틈이 없으니, 신은 거사하여도 성공하지 못하고 뜻밖에 변이 생길까 염려되옵니다."라고 하였다.　　　　　　　　　　　　　 － 『태조실록』

사대문서는 사신이 여정에 오르기 7~8일 전에 왕에게 보고한다. 진헌 예물은 본조에서 왕에게 보고하고, 호조에 공문을 보내어 해당 관사로 하여금 미리 준비하게 한다. 예물을 싸서 봉하는 날에는 의정부 · 육조 · 사헌부 · 승정원의 장관, 정사와 부사가 감독하여 봉하고, 표(황제에게 올리는 글) · 전(황실 가족에게 올리는 글)은 본조가 예문관에 공문을 보내어 글을 짓게 하며, 왕의 재가가 내려지면 승문원은 사신이 여정에 오르기 이틀 전까지 서사를 마치고 제조가 감수하여 올린다. 표를 올리는 날에는 의정부 · 육조 · 승문원의 제조와 정사 · 부사가 다시 검사 · 대조한다. 정사 · 부사 · 서장관이 데리고 갈 자제와 가노는 의정부가 이름을 기록하고, 사헌부가 검사 · 확인한다. － 『경국대전』

사료 독해

• 조선 건국 초기 정도전은 요동 정벌 계획을 세우고 태조를 설득하였다. 이에 조준 등은 군량과 군사 훈련 부족, 민심 불안을 내세워 이를 반대하였다. 이 계획은 1398년 '왕자의 난'으로 정도전 등이 살해되고 정종이 즉위하면서 좌절되었다.

• 조선은 건국 초기 한동안 명과 긴장 관계에 있었으나 이후 사대 관계를 기본으로 하는 외교 정책을 실시하였다. 조선은 명의 연호를 사용하고 정기적으로 사신을 파견하여 조공을 바쳤고, 명은 이에 대한 답례 형식으로 여러 물품을 조선에 지급하였다. 이를 통하여 조선은 명의 선진 문물을 수용하여 실리를 얻을 수 있었다.

02 조선과 여진의 관계

세종 14년(1432) 국경이 공허한 틈을 타서 강계 여연구자에 돌입하여 군사와 백성을 살해하고 사람과 가축과 재산을 약탈하였으니, 베푼 은혜를 배반하고 극도로 흉악한 죄가 있어 죽임을 벗어날 수 없게 되었다. …… 올해 4월에 장수에 명하여 죄를 묻게 하고 동시에 길을 나누어 함께 진군하여 적의 소굴을 부수게 하였다. …… 장수에게 이르기를, "저들이 만약 손을 들고 항복하거든 곧 항복을 받고, 위엄을 보이어 뉘우치고 두려워하게 하며, 보복을 가하여 죄 없는 사람까지 죽이지 못하게 하라."라고 하였다.　　　　　－ 『동문선』

병조에 이르기를, "평안도는 지역이 야인과 연접하여 도적의 침해가 없는 해가 없는데, 믿는 것이라고는 단지 그 경계에 험한 장강을 끼고 있다는 것뿐이니 수비 방어의 대책을 마땅히 급히 서둘러야 할 것이다. 그러나 연변의 각 고을이 산천에 막혀 궁벽하고 인구가 적어서 본래 토착해 있는 군사가 없어 만일 위급한 사태라도 터지면 남도에서 군병을 징발해 가기 때문에 왕래하는 데 소요가 필요하여, 사변에 대응하는 데도 사연 차질을 가져와 때를 맞추지 못하니, …… 인민을 옮겨 입주시키고, 이들을 향병으로 만들려는 구상을 하고 있는데, 이는 실로 절실히 요청되는 급무이다.　　　 － 『세종실록』

사료 독해

• 조선은 여진과 일본을 비롯한 여러 나라와 평화적으로 교류하는 교린 정책을 추구하였다. 조선은 귀화한 여진인에게 관직을 내리고 교역을 허락하는 회유책과 국경을 침범하거나 약탈할 때는 군사력을 동원하여 토벌하는 강경책을 함께 사용하였다.

• 조선은 북방 지역의 영토 확장과 함께 국경 지대에 남쪽 지방 백성을 이주시키는 사민 정책을 적극적으로 추진하였다. 세종 때 실시한 이 정책은 새롭게 확보한 영토를 지키기 위한 군사력 유지에 그 목적이 있었다.

03 조선과 일본의 관계

대마도는 …… 그 땅이 심히 작고 또 바다 가운데에 있어서 왕래가 곤란함으로 인해 백성이 살지 않았다. 이에 제 나라에서 쫓겨나 돌아갈 곳이 없는 사람들이 모두 여기에 모여서 소굴을 만들었다. 그러고는 틈을 타서 몰래 쳐들어와, 백성을 협박하고 노략질하며 전곡을 빼앗아 가고, 학살을 자행하여 남의 처자를 고아와 과부로 만들며, 남의 가옥을 불태워 없애는 등 흉포하고 극악한 짓을 한 지가 여러 해가 되었다. …… 또 변방 장수에게 명하여 병선을 거느리고 나가 그 섬을 포위하고, 땅을 휩쓸어서 항복해 오기만을 기다리고 있다.

– 「동문선」

사료 독해

조선 건국 초기에 왜구가 쓰시마섬을 근거지로 삼고 노략질을 일삼아 피해가 극심하였다. 이에 세종에게 왕위를 물려주고 상왕이 된 태종은 이종무를 삼군 도체찰사에 임명하여 쓰시마섬 정벌을 단행하였다.

04 임진왜란의 발발

왜구가 침범해 왔다. 이보다 먼저 일본의 평수길(토요토미 히데요시)이 관백(쇼군)이 되어 여러 나라를 병탄하면서 잔악하고 포악함이 날로 심했다. 그는 항상 명이 조공을 허락하지 않은 것에 대해 앙심을 품고 일찍이 승려 현소 등을 파견하여 요동을 침범하려 하니 길을 빌려 달라고 청했다. 우리나라에서 대의로 매우 준엄히 거절하자, 적은 드디어 온 나라의 군사를 총동원하여 대대적으로 침입해왔다. 적선이 바다를 덮어 오니 부산 첨사 정발은 마침 절영도에서 사냥을 하다가 …… 미처 진에 돌아오기도 전에 적이 이미 성에 올랐다. 정발은 전쟁 중에 전사했다. 이튿날 동래부가 함락되고 부사 송상현이 죽었으며, 그의 첩도 죽었다. 적은 드디어 두 갈래로 나누어 진격하여 김해·밀양 등 여러 부를 함락하였는데 병사 이각은 군사를 거느리고 먼저 달아났다. 2백 년 동안 전쟁을 모르고 지낸 백성이라 각 군현에서는 풍문만 듣고도 놀라 무너졌다.

– 「선조실록」

사료 독해

16세기 후반 도요토미 히데요시가 전국 시대 혼란을 끝내고 일본을 통일하였다. 그는 지방 영주들의 불만을 완화시키고 개인적인 망상에 빠져 명을 친다는 명목으로 조선을 침략하였다. 조선에 상륙한 일본군은 빠르게 북상하여 20여 일 만에 한성에 이르렀고, 평양과 함경도 일부 지역까지 점령하였다.

05 이순신과 수군의 활약

7월 6일에 이순신이 이억기와 노량에서 회합하였는데, 원균은 부서진 선박 7척을 수리하느라 먼저 와 정박하고 있었다. 적선 70여 척이 영등포에서 견내량으로 옮겨 정박하였다는 소식을 들었다. 8일에 수군이 바다 가운데에 이르니, …… 적선 70여 척이 내양에 진을 치고 있는데, 지세가 좁은 데다 험악한 섬도 많아 배를 운행하기가 어려웠다. 그래서 아군이 진격하기도 하고 퇴각하기도 하면서 그들을 유인하니, 왜적이 총출동하여 추격하기에 한산 앞바다로 끌어냈다. 아군이 죽 벌여서 학익진을 치고는 기를 휘두르고 북을 치며 떠들면서 일시에 나란히 진격하여, 크고 작은 총통을 연속으로 쏘아 대어 …… 적선 63척을 불살라 버리니, 잔여 왜적 4백 여 명이 배를 버리고 육지로 올라가 달아났다

– 「선조실록」

사료 독해

사료는 한산도 대첩에 관한 내용이다. 임진왜란 발생 후 선조가 의주로 피란하고, 조선군이 육지에서 연전연패하였다. 그러나 바다에서는 전라좌수사 이순신이 이끄는 수군이 옥포에서 첫 승리를 거두고 한산도 등에서도 계속 승리하였다. 그 결과 일본군의 보급로를 차단하고 전라도의 곡창 지대를 지킬 수 있었다.

06 의병의 활약

각도에서 의병이 일어났다. 당시 삼도(충청도 · 전라도 · 경상도)의 신하들이 모두 인심을 잃고 전란이 일어난 뒤에 군사와 식량을 징발하자 사람들이 모두 밉게 보아 적을 만나기만 하면 모두 패하여 달아났다. 그러다가 도내의 거족과 명인이 유생 등과 함께 조정의 명을 받들어 창의하여 일어나자 듣는 사람들이 격동하여 원근에서 응모하였다. 크게 성취하지는 못했으나 인심을 얻었으므로 국가의 명맥이 그들 덕분에 유지되었다. 전라도의 고경명 · 김천일, 경상도의 곽재우 · 정인홍, 충청도의 조헌이 가장 먼저 의병을 일으켰다.

— 『선조수정실록』

사료 독해

임진왜란 초기에 관군이 제대로 대응하지 못하자 전직 관리와 사림, 승려 등이 중심이 되어 의병을 일으켰다. 이들은 지리에 밝은 이점을 살려 게릴라 전술로 일본군에게 큰 타격을 주었다. 이처럼 각지에서 일어난 의병과 승병, 수군의 활약으로 전쟁의 전세가 바뀌었다.

07 일본과의 국교 재개

비망기로 승정원에 전교하였다. "군주는 백성에게 부모의 도리가 있다. 백성이 오랑캐의 조정으로 잡혀가 예의의 나라 백성으로서 장차 오랑캐 나라의 백성이 되었으니 어찌 슬프지 않을 수 있겠는가. …… 그들이 스스로 전 시대의 잘못을 모두 고치겠다고 말하였는데, 이미 전의 잘못을 고치겠다고 하였으면 전 시대에 포로로 잡아간 백성을 모두 쇄환시켜 그 잘못을 고치고 다시 새롭게 우호를 맺어야 하는 것으로, 소위 신의란 것도 여기에 있는 것이다. 이 일을 의논해 조처하는 것이 마땅할 듯하다."

— 『선조실록』

사료 독해

임진왜란으로 국토가 황폐해지고 수많은 백성이 굶어죽었으며, 일본군에게 살해당하거나 일본에 포로로 잡혀 갔다. 전후 일본의 요청으로 국교가 재개되자, 조선은 일본에 사신을 보내 포로 송환을 요구하였다.

08 인조반정과 친명배금 정책

왕대비가 교서를 내려 중외에 선유하였다. "…… 우리나라가 명을 섬겨 온 것이 200여 년이라, 의리로는 곧 군신이며 은혜로는 부자와 같다. 그리고 임진년에 구해 준 그 은혜는 만세토록 잊을 수 없는 것이다. …… 광해는 배은망덕하여 천명을 두려워하지 않고 속으로 다른 뜻을 품고 오랑캐에게 성의를 베풀었으며, 기미년(1619) 오랑캐를 정벌할 때는 은밀히 장수를 시켜 동태를 보아 행동하게 하여 끝내 전군이 오랑캐에게 투항함으로써 추한 소문이 사해에 펼쳐지게 하였다. 명 사신이 본국에 왔을 때 그를 구속하여 옥에 가두듯이 했을 뿐 아니라 황제가 자주 칙서를 내려도 구원병을 파견할 생각을 하지 않아 예의의 나라인 삼한으로 하여금 오랑캐와 금수가 됨을 면치 못하게 하였으니, 그 통분함을 어찌 이루 다 말할 수 있겠는가. 천리를 거역하고 인륜을 무너뜨려 위로는 종묘사직에 죄를 짓고 아래로는 만백성에게 원한을 맺었다. 죄악이 이에 이르렀으니 어떻게 나라를 통치하고 백성에게 군림하면서 조종조의 천위(임금의 자리)를 누리고 종묘사직의 신령을 받들겠는가. 그러므로 이에 폐위하고 적당한 데 살게 한다."

— 『인조실록』

사료 독해

인조반정은 1623년 서인 세력이 광해군을 몰아내고 능양군(인조)을 왕으로 옹립한 사건이다. 광해군 집권 때 권력에서 소외되었던 서인과 남인 세력은 광해군의 중립 외교가 명에 대한 의리를 저버린다며 비판하였고, 서인과 남인 세력 일부가 연합하여 인조반정을 일으켰다. 이후 집권한 서인 세력은 명을 가까이하고 후금을 배척하는 친명 배금 정책을 추진하여 정묘호란과 병자호란을 초래하였다.

09 청에 대한 주전론과 주화론

부교리 윤집이 상소하기를, "화의가 나라를 망친 것은 어제오늘의 일이 아니고 옛날부터 그러하였으나 오늘날처럼 심한 적은 없었습니다. 명은 우리나라에 대해 부모의 나라이고 노적(오랑캐)은 우리나라에 대해 부모의 원수입니다. 신하된 자로서 부모의 원수와 형제의 의를 맺고 부모의 은혜를 저버릴 수 있겠습니까?"라고 하였다.
— 『인조실록』

강화를 하여 (나라를) 보존하는 것보다 차라리 의를 지켜 망하는 것이 옳다고 했으나 이것은 신하가 절개를 지키는 데 쓰이는 말입니다. ······ 자기의 힘을 헤아리지 않고 경망하게 큰소리를 쳐서 오랑캐의 노여움을 도발하고 마침내는 백성이 도탄에 빠지고 종묘와 사직에 제사 지내지 못하게 된다면 그 허물이 이보다 클 수 있겠습니까 ······ 우리의 국력은 현재 바닥나 있고 오랑캐의 병력은 강성합니다. 정묘년의 맹약을 지켜서 몇 년이라도 화를 늦추고, 그동안을 이용하여 인정을 베풀어 민심을 수습하고 성을 쌓으며, 군량을 저축하여 변방의 방어를 더욱 튼튼히 하되 군사를 모아 움직이지 않으며 적의 허점을 노리는 것이 우리로서는 최상의 계책일 것입니다.
— 최명길, 『지천집』

10 삼전도의 항복

용골대와 마부대가 성 밖에 와서 임금의 출성을 재촉하였다. 임금이 쪽빛으로 염색한 옷차림으로 백마를 타고 의장은 모두 제거한 채 시종 50여 명을 거느리고 서문을 통해 성을 나갔는데, 왕세자가 따랐다. ······ 멀리 바라보니 칸(청 태종)이 황옥을 펼치고 앉아 있다. ······ 임금이 걸어서 진 앞에 이르자 ······ 용골대 등이 인도하여 들어가 단 아래에 북쪽을 향해 자리를 마련하고 임금에게 나가기를 청하였는데, ······ 임금이 세 번 절하고 아홉 번 머리를 조아리는 예를 행하였다.
— 『인조실록』

11 비변사의 기능 강화

임시로 비변사를 설치했는데, 재신으로서 이 일을 맡은 사람을 지변재상이라고 불렀습니다. 그러나 이것은 전쟁 때문에 임시로 설치한 것으로 국가의 중요한 일들을 참으로 다 맡긴 것은 아니었습니다. 그런데 오늘에 와서는 큰일이건 작은 일이건 중요한 것으로 취급되지 않는 것이 없는데, 정부는 한갓 헛이름만 지니고 6조는 모두 그 직임을 상실하였습니다. 명칭은 '변방의 방비를 담당하는 것'이라고 하면서 과거 시험에 대한 판결이나 비빈을 간택하는 등의 일까지도 모두 여기를 거쳐서 나옵니다. 명분이 바르지 못하고 말이 순하지 않음이 이보다 심할 수가 없습니다.
— 『현종실록』

12 북벌론과 북학론의 등장

윤휴가 비밀 상소를 올리기를, "효종 대왕께서는 10년 동안 왕위에 계시면서 새벽부터 주무실 때까지 군사 정책에 대해 묻고 인사를 불러들여 사전에 대비하셨으니, 어찌 북쪽으로 나아가 보려는 마음을 하루라도 잊은 적이 있었겠습니까. 안배도 완전하게 하였으며 부서도 두기 시작하였으나, 하늘이 순리대로 돕지 않아 중도에 승하하시어 웅장한 계획과 큰 뜻이 천추의 한을 남기고 말았습니다."라고 하셨다.
– 『현종실록』

만일 장차 배우고 묻기로 할 때 중국을 놔두고 어디로 찾아가겠는가. 그렇지만 그들의 말을 들어보면 "지금의 중국을 차지하고 있는 주인은 오랑캐들이다."라고 하면서 배우기를 부끄러워하여, 중국의 옛 법마저도 다 함께 얕잡아 무시해 버린다. …… 우리를 저들과 비교해 본다면 진실로 한 치의 나은 점도 없다. 그럼에도 단지 머리를 깎지 않고 상투를 튼 것만 가지고 스스로 천하에 제일이라고 하면서 "지금의 중국은 옛날의 중국이 아니다."라고 말한다. 그 산천은 비린내 노린내 천지라 나무라고, 그 인민은 개나 양이라고 욕을 하고, 그 언어는 오랑캐 말이라고 모함하면서, 중국 고유의 훌륭한 법과 아름다운 제도마저 배척해 버리고 만다. 그렇다면 장차 어디에서 본받아 행하겠는가.
– 박지원, 『연암집』

한국사 Q&A   양 난 이후 조선의 세계관은 어떻게 달라졌을까?

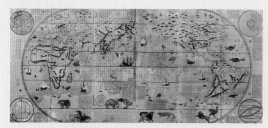
▲ 복원된 어람본 「곤여만국전도」(경기 남양주 봉선사) 이 지도는 중국을 세계의 중심으로 보았던 조선인의 세계관을 확대하는 데 기여하였다.

동아시아의 전통적인 세계관은 중국을 중심으로 한 세계였다. 이런 세계관에 따르면 중국, 즉 중화가 세계의 중심이고, 그 밖의 나라는 모두 오랑캐이다. 하지만 중국의 주변에 위치하면서 중화 문화의 영향을 받은 조선과 일본은 그런대로 대접받는 국가에 속했다. 그렇기 때문에 조선은 한족의 나라인 명에 대해 사대 관계를 맺으며 받들어 왔다.

그러나 명이 멸망하고 중국의 중심부에 그동안 오랑캐로만 여겼던 청이 들어선 현실은 조선에게 충격이었다. 또한 국왕이 청 황제 앞에 나아가 항복 의식을 치른 병자호란은 조선에 엄청난 치욕을 안겨 주었다. 이 후유증에서 벗어나기 위해 조선에 등장한 논리가 '소중화주의'이다. 즉 '중화'의 명이 멸망하였으므로 이제는 중화의 영향을 가장 많이 받은 조선이 세계의 중심인 '소중화'가 되었다는 논리였다.

한편, 중국에 다녀온 사신들을 통해 서양의 과학 기술이 전해지면서 조선인의 세계관도 확대되었다. 이후 서양 과학 기술의 영향을 받아 천문학이 발달하였고, 김석문과 홍대용 등은 지전설을 주장하여 종래 중국 중심의 세계관을 비판하는 근거를 마련하였다.

─ 주제 열기

조선 후기에 재산을 모은 사람들이 여러 가지 방법으로 신분 상승을 꾀하면서 양반의 수가 크게 늘어났다. 반면 상민과 노비의 수가 크게 줄면서 종래 양반 중심의 신분 질서는 점차 무너져 갔다. 조선 후기 양반 중심의 신분 질서가 변화한 배경은 무엇일까?

▶ 「자리짜기」(김홍도, 국립중앙박물관)

시대 흐름 잡기

수취 체제의 개편
- 조세: 공법(1/10세) 시행 → 영정법(1결당 4두)
- 공납: 지역 특산물 납부 → 방납의 폐단 발생 → 대동법 실시
- 군역: 대립제 → 군포 납부(군포 2필) → 균역법 실시(군포 1필)

상품 화폐 경제의 발전
- 모내기법 보급, 광작, 상품 작물 재배 → 농업 생산력 증대
- 상업의 발달 → 사상이 상업 활동 주도, 지방 장시 발달
- 화폐 유통과 공인 등장 → 광업과 수공업, 대외 무역 활발

양반 중심의 신분제 동요
- 상민, 중인, 서얼의 신분 상승 → 양반수 증가, 상민수 감소
- 양반의 권위 약화 → 향촌 사회에서 구향과 신향의 대립
- 농민층 분화와 농민 수탈 → 예언 사상 성행 → 농민 봉기

01 방납의 폐단과 대동법의 시행

공물 방납의 폐단이 나날이 심합니다. …… 각 고을에서 공물을 상납하려할 때 각 관청의 사주인들이 여러 가지로 농간을 부려 좋은 것도 불합격 처리하기 때문에 바칠 수가 없습니다. 이리하여 사주인은 자기가 갖고 있는 물품으로 관청에 대신 내고 그 고을 농민들에게는 자기가 낸 물건 값을 턱없이 높게 쳐서 열 배의 이득을 취하니 이것은 백성들의 피땀을 짜내는 것입니다.

— 『선조실록』

세종 때 공안(공물 장부)을 제정하여 그 읍에서 생산되는 바에 따라 백성으로 하여금 한성에 있는 관청에 직접 납부하도록 하였다. 용도가 점점 넓어지고 임의로 정한 것이 어떤 일정한 규칙이 없어 밖으로는 아전들이 사사로운 곳에 보관하여 각종 물품이 부패하고, 안으로는 세력 있는 지방 사족들이 방납하고 하급 관리들 또한 백성을 약탈하므로 온갖 폐단이 번거롭게 많이 발생하여 백성이 견딜 수 없었다. 중종 때 조광조가 공안을 개정하자고 주장하였고, 선조 때 이이가 수미법(쌀로 대신 거두는 법)을 시행하기를 청하였으며, 임진왜란 이후에는 우의정 유성룡이 역시 쌀로 거두는 것이 편리하다고 주장하였으나, 이것들이 모두 성취되지 못하였다. 선조 41년(1608)에 이르러 좌의정 이원익의 건의로 대동법을 비로소 시행하여 …… 인조 2년(1624년)에 이원익이 다시 건의하여 강원도에도 시행하였으며, 효종 3년(1652년)에 우의정 김육의 건의로 충청도에도 시행하게 되었고, 효종 8년에는 김육이 또다시 청하여 전라도 연읍에도 시행하였으며, …… 숙종 3년(1677년)에는 도승지 이원정이 청하여 경상도에도 시행하였고, 숙종 34년(1707년)에는 황해도 관찰사 이언경의 상소로 황해도에도 시행하였다. 그 방법은 경기·삼남(충청도·전라도·경상도)에는 밭과 논을 통틀어 1결당 쌀 12말을 거두고, …… 통틀어 명칭하기를 '대동세'라 하였다. 옛날 여러 도와 각 읍에서 그 토산물로 공납하던 것을 …… 거두어들인 미곡으로 그 가격을 헤아려 정하고, …… 공인(공물 대납 상인)에게 지급하고 물건을 진상하게 하여, …… 수요를 충당하고, 남으면 각 고을에 남겨 놓아 공용 비용으로 준비하였다.

— 『만기요람』

02 공인의 활동

지금은 여러 도의 공물을 쌀과 포복으로 상납한다. 평안도의 공물은 지금은 상납하지 않고, 그 대가는 호조의 미(쌀)·전(동전)·포(베)로써 공인에게 지급한다. 해당 지역민을 선택하여 주인으로 정하고, 그 가격을 넉넉히 산정해서 미리 준비하여 공납하도록 하되, 본래대로 상납하는 경우에는 기한에 맞추어야 한다.

— 서유구, 『임원경제지』

사료 독해

• 공납은 지역 특산물을 중앙 관청에 바치는 것이었는데, 자기 지역에서 생산되지 않는 물품이 할당되거나 해당 물품을 구입·수송·저장하는 과정에서 품질과 수량을 맞추기가 어려웠다. 또 물품을 납부하는 과정에서 관리와 아전들의 농간으로 농민의 부담이 가중되었다. 특히 공납을 담당하는 관청 서리들이 상인과 짜거나 본인이 대신 공물을 납부하고 대가를 과도하게 받는 방납의 폐단이 발생하여 백성들에게 큰 부담이 되었다.

• 공납 수취 과정을 개선하고 방납의 폐단을 해결하기 위해 실시한 것이 대동법이다. 대동법은 1608년 이원익의 건의로 경기도 지역에서 처음 실시된 이래, 1708년에 평안도와 함경도를 제외하고 전국으로 확대 실시되기까지 약 1백 년이나 걸렸다. 이는 지주들의 반대가 심했기 때문이었다. 대동법 실시로 농민들은 기존의 특산물 대신 토지 1결당 쌀 12두를 내는 대동세로 납부하였는데, 이를 통해 소규모 토지를 가진 농민은 세금 부담이 그만큼 줄어들게 되었다.

사료 독해

대동법 실시 후 정부에 필요한 물품을 구입하여 조달하는 공인이 등장하여 상품 화폐 경제의 발달을 촉진하였다.

왕이 양역을 절반으로 줄이라고 명하셨다. "구전은 한 집안에서 거둘 때 주인과 노비의 명분이 문란해지고, 결포는 이미 정해진 세율이 있어 더 부과하기 어렵다. …… 이제는 1필로 줄이는 것으로 온전히 돌아갈 것이니 경들은 대책을 강구하라."

- 『영조실록』

이날 임금이 양역 절목을 가져다 보았다. 절목에는 10개 조목이 있는데, 첫째, 설청: 옛 수어청을 균역청으로 이름을 바꾸어 비축하고 충급하는 장소로 삼는다. 둘째, 결미: 서북 양도 이외의 6도 전결에 대하여 매1 결에 쌀 2두 혹은 돈 5전씩을 걷기로 정한다. 셋째, 여결: 관북 이외의 7도에서 보고된 여결의 수는 총 2만여 결이 되는데, 본청에 납세하여 양포의 반절을 감한 수량에 충당한다. 넷째, 해세: 각도의 어염세로 균세사 및 감사에게 나누어 정한다. 다섯째, 군관: 양민으로 교생이나 관에 투입한 자를 따로 군관으로 만들어 베를 받아 감축된 베의 수량에 충당한다. 여섯째, 이획: 군포를 감축한 뒤에 선혜청에 저장한 쌀과 해서에서 징수한 쌀을 합해 1만 석을 잘라 저장하고 본청에 보내 감축된 베를 대신하여 보태어 준다. 일곱째, 감혁: 군영과 각 관청에 약간의 변통을 가하고 외방 영·읍·진의 각종 명목에 형편대로 재감을 더하여 감축된 베의 수량에 대신한다. 여덟째, 급대: 대신해 줄 수량을 죽 나열하여 기록하고 방식을 정해 해마다 예를 살려서 거행하게 한다. 아홉째, 수용: 본청의 쌀과 무명은 대신 줄 것 이외에는 조금도 다른 곳에 쓸 수 없기 때문에 낭관은 실제 직분이 있는 사람으로 겸하게 하고 향리도 본래 급료로 낮추어서 지급한다. 열째, 회록: 1년 동안 대신 주고 남은 수량은 각 도로 하여금 받아 두게 하고 연말에 고쳐 기록하여 본청에 보고하여 흉년에 진휼할 곡식으로 비축한다.

- 『영조실록』

일반적으로 모내기법을 중하게 여기는 이유는 세 가지이다. 김매기의 수고를 줄이는 것이 첫째이고 두 땅의 힘으로 하나의 모를 서로 기르는 것이 둘째이고, 옛 흙을 떠나 새 흙으로 가서 고갱이를 씻어 내어 더러운 것을 제거하는 것이 셋째이다. 어떤 사람은 모내기를 한 모가 큰 가뭄을 만나면 모든 노력이 허사가 된다 하여 모내기법을 위험한 방도라고 말한다. 그러나 여기에는 그렇지 않은 점이 있다. 무릇 벼를 심는 논에는 물을 끌어 들일 수 있는 하천이나 물을 댈 수 있는 저수지가 꼭 필요하다. 이러한 것이 없다면 볏논이 아니다. 볏논이 아닌 곳에서 가뭄을 우려한다면 어찌 유독 모내기법에 대해서만 그렇다고 하는가.

서유구, 『임원경제지』

06 광작과 농민층 분화

지금 남쪽에서는 모두 모내기를 하여 농사를 짓는다. 모내기법은 직접 논에 벼를 심는 직파법보다 노동력이 5분의 4나 절약된다. 따라서 집안에 아이들을 비롯하여 부릴 수 있는 노동력이 조금이라도 있는 사람들은 경작을 거의 무한으로 할 수 있다.

— 이익, 『성호사설』

부유한 백성은 토지 겸병에 힘쓰고 농사를 많이 짓는 것에 욕심을 내어 적게는 3, 4석씩, 많게는 6, 7석씩 한꺼번에 모를 부어 노동력을 줄이고 한꺼번에 모를 내어 수고를 줄입니다. 비록 어쩌다가 가뭄이 들더라도 대부분 좋은 논을 소유하고 있어서 수확이 많습니다. 그러나 가난한 백성은 볍씨를 뿌리고 모내는 일을 맨 나중에 하므로 가뭄을 만나 흉년이 들면 입에 풀칠할 길이 없습니다.

— 『정조실록』

사료 독해

• 모내기법의 보급으로 경작에 필요한 노동력이 크게 줄어들자, 지주들은 소작농에게 토지를 빌려 주기보다는 노비나 머슴을 이용하여 넓은 토지를 경작하는 광작 현상이 나타났다.

• 광작을 통해 부를 축적한 농민은 토지를 더욱 넓혀 대지주로 성장해 간 반면, 가난한 농민들은 점차 경작할 땅조차 구하기 어려워졌다.

07 상품 작물 재배

모든 곡식을 밭에 심는 것은 오직 그 땅에 알맞아야 한다. …… 대개 그 종류는 9가지 곡식 뿐만은 아니다. 모시 · 삼 · 참외 · 오이와 온갖 채소, 온갖 약초를 심어 농사를 잘 지으면 한 이랑 밭에서 얻는 이익은 헤아릴 수 없이 크다. 한성 안팎과 번화한 큰 도시에 파 · 마늘 · 배추 · 오이 밭 따위는 10묘의 땅에서 얻은 수확이 돈 수만을 헤아린다. 서도 지방의 담배밭, 북도 지방의 삼밭, 한산의 모시밭, 전주의 생강밭, 강진의 고구마밭, 황주의 지황밭에서 수확은 모두 상상등전의 논에서 나는 수확보다 그 이익이 10배에 이른다. 그리고 근년에는 인삼을 또 밭에 심어서 그 남는 이익이 혹 천만이나 되는데, 이것은 전지 등급으로 말할 수 없다. 비록 항상 심는 것으로 말하더라도 잇꽃과 대청은 그 이익이 매우 많아 …… 오직 목화밭이 아니더라도 이익이 오곡보다 배가 된다.

— 정약용, 『경세유표』

사료 독해

조선 후기에 농업 생산력이 높아지고 상품 화폐 경제가 발달함에 따라 시장에 내다 팔기 위한 상품 작물 재배가 성행하였다. 주요 작물은 쌀 · 콩 · 보리 · 조 등의 곡물, 비단 · 면포 · 삼베 등의 직물, 생강 · 지황 · 자초 · 인삼 등의 약재, 담배와 같은 기호품 등이 있었다. 이 가운데 곡물 이외의 일부 특정 작물이 먼저 상품 작물이 되었고, 곡물의 상품화는 서서히 진행되었다.

08 난전의 발달

비변사에 올리기를 …… 요즈음 난전의 폐단은 진실로 해결하기가 어려운 것입니다. 난전을 금지하면 도민이 손을 쓸 수 없고, 금지하지 않으면 시진 상인이 일자리를 잃습니다. …… 한성부에서 전명(상점 명칭)의 물종이 중요한지 그렇지 않은지를 구별하여 크고 긴한 것은 엄히 금지하고 그렇지 않은 것은 금지하지 못하도록 해야 합니다. 또 시전 상인이 단속할 수 없도록 해야 합니다. …… 그리고 난전의 금지하는 물품일지라도 한성 금표 밖에 나가서는 금할 수 없으며 설령 시전 상인이 단속한 이가 있어도 시전 상인이 직접 처벌 행위를 심리할 수 없도록 하는 일을 정식으로 삼아야 합니다.

— 『비변사등록』

사료 독해

조선 전기에는 정부에 세금을 내는 시전 상인들을 중심으로 상업 활동이 이루어졌다. 그러나 조선 후기에 도시 인구가 늘어나고 상업이 발전하면서 시전 상가 외에도 거리마다 난전이 생겨 사상들의 활동이 활발해졌다.

09 민영 수공업의 발전

관청에서 필요하면 기술 있는 사람을 강제로 데려다가 일을 시키고는 관청 일이라 하여 값을 주지 않는다. 관청에서 이렇게 하기 때문에 권세 있는 양반들도 이를 본 떠 함부로 일을 시키고도 값을 주지 않는다. 형편이 이러하므로 수공업자들은 자기 기술이 남에게 알려질까 두려워한다. 이로 말미암아 모든 수공업이 발전하지 못하고 제품이 조잡해졌다. 이것이 전국적으로 하나의 관습이 되었다.

－ 유형원, 『반계수록』

『경국대전』에는 각 도 각 읍에 공장이 있었다. 지금은 외공장에 등록하여 그 장적을 본도에서 보관하는 법이 없어져서 지방 관청에서는 일이 있으면 품값을 주고 사공을 고용한다. 그러므로『속대전』을 편찬할 때 외공장에 대해서는 말하지 않았다.

－ 『대전통편』

사료 독해

• 조선 전기의 수공업은 장인들을 관청에 등록시켜 필요한 물건을 생산하는 관영 수공업 중심으로 이루어졌다.

• 조선 후기에는 수공업자들이 관청에 장인세를 내고 공장을 운영하면서 필요한 물품을 직접 생산하는 민영 수공업이 발전하였다.

10 광업의 발달

지금 황해 감사 이의준의 장계를 보니, "수안군의 금혈(금을 캐는 동굴)은 정조 18년(1794)에 호조가 자세히 살핀 뒤로 화성부에 공문을 보내 점(광산)의 관할권을 화성부로 옮겼습니다. 금점(금 광산) 다섯 곳 중 두 곳의 금맥은 이미 바닥이 나서 점을 거의 철폐한 상황이고, 세 곳의 금맥은 풍성합니다. 올여름에 새로 판 금광이 39곳이고, 비가 와서 채굴을 중지한 금광이 99곳입니다." …… 광산을 가장 많이 설치할 때는 하루아침에 거두는 세금이 수천 냥이 된다.

－ 『비변사등록』

사료 독해

조선 후기에 민영 수공업이 발달함에 따라 수공업의 재료가 되는 광물의 수요도 증가하였다. 그리고 청과의 교역에 필요한 은을 채굴하기 위해 구리, 은, 금 등의 개발이 활발해졌다.

11 장시의 발달

경기 광주 사평장과 송파장, 안성 읍내장과 교하 공릉장, 충청도 은진 강경장과 직산 덕평장, 전라도 전주 읍내장과 남원 읍내장, 강원도 평창 대화장과 봉산 은파장, 경상도 창원 마산장, 평안도 박천 진두장, 함경도 덕원 원산장이 큰 장들이다.

－ 『만기요람』

이른바 부상 무리는 여러 곳을 부평초처럼 떠돌아다니면서 그 삶을 도모하는 자들이다. 도로에 오랫동안 돌아다니며, 의식(옷과 음식)을 여러 방면에서 얻는다. 두목을 선택하여 뽑고, 공원과 집사를 뽑아 술주정을 하거나 잡기에 물드는 폐를 막는다. 또 부상 가운데 도중에 질병을 얻거나 상을 당하거나 재해나 가난으로 어려움에 처하면 서로 구호하기를 형제같이 한다. 그 의리와 예의가 심히 가상하여 마음을 다하여 그대로 쫓아서 행하는 것이 마땅하다.

－ 『임홍청금록』

사료 독해

• 15세기 후반부터 한성 근교나 지방의 교통 요지를 중심으로 장시가 등장하였다. 장시는 16세기 이후 전국으로 확산되기 시작하여 19세기 말에는 전국에 1천 여 개가 넘는 장시가 개설되었다.

• 등짐이나 봇짐을 지고 여러 장시를 옮겨 다니며 장사하는 보부상들은 서로 돕고 친목하며 단체를 이루어 행동하는 경향이 매우 강했다.

12 대외 교역의 발달

선조 26년(1593) 국내의 기황(기근으로 황폐해짐)으로 말미암아 재상 유성룡이 건의하여, 요동에 공문을 보내 압록강 중강에 시장을 열어 교역하게 하니 이것이 중강 개시의 시초였다. …… 그 뒤에 폐지하였다. 인조 24년(1646) 청의 요청으로 …… 농우를 팔 것을 들어주었으나, 다만 관에서 판매하는 소와 소금을 규례에 따라 바꾸어 무역하게 할 뿐 사상이 따라가는 것을 전혀 허락하지 않았다. 그런데 나라의 법으로 금하는 것이 점점 해이하여 사상들이 함부로 따라가서 마음대로 교역했는데, 이것을 중강후시라 했다. — 「만기요람」

사료 독해

조선 후기에 국내 상업과 수공업이 크게 발달하면서 17세기 이후에는 청·일본 등과 교역도 활발해졌다. 대외 교역의 형식에는 공식 무역인 개시와 비공식 무역인 후시가 있었다.

13 공명첩 발행

이때(임진왜란) 적을 목 벤 자, 납속을 한 자, 작은 공이 있는 자에게는 관직에 임명하거나 면천·면역의 첩을 주었다. 병사를 모집하고 납속을 모집하는 담당 관리가 이 첩을 가지고 지방에 내려갈 때 이름 쓰는 데만 비워 두었다가 응모자가 있으면 그때마다 이름을 써서 주었다. — 「선조실록」

흉년이 들었으므로 진휼을 베풀기 위하여 가선대부·통정대부·동지사·첨지중추부사·판관·별좌·찰방·주부·첨절제사·만호·호군·사직 …… 등의 공명첩 2만 장을 만들어 팔도에 나누어 보내어 팔도록 하였다. — 「숙종실록」

사료 독해

양 난 이후 정부는 재정 확보를 위해 전쟁에서 군공을 세우거나 납속이라 하여 나라에 곡식을 바치는 사람에게 공명첩을 대량으로 발급하였다. 이를 통해 부유한 중인이나 상민은 신분 상승을 이룰 수 있었다.

14 노비종모법과 공노비 해방

공·사노비의 양인 처 소생은 모두 어머니의 역을 따르게 법을 세우라고 명하였다. 이에 앞서 판부사 송시열이 아뢰었다. "이경억이 충청감사로 있을 때 상소하여 공·사노비가 양인 처를 맞이하여 낳은 자식은 남녀를 가리지 않고 모두 어미의 역을 따르도록 청하였습니다. 지금 양민이 날로 줄어드는 것은 이 법을 시행하지 않기 때문입니다. 속히 제도를 만들어 변통하소서." — 「현종실록」

임금이 윤음을 내렸다. "내수사와 중앙 각 관청이 노비를 소유하고 전해 내려오는 것을 기자에서 비롯되었다고 하나 나는 그렇게 보지 않는다. …… 임금이 백성을 볼 때는 귀천이 없고 남녀 구별 없이 하나같이 적자다. '노(남자 종)'다 '비(여자 종)'다 하여 구분하는 것이 어찌 하나의 동포로 보는 뜻이겠는가. 궁궐에 속한 내노비 3만 6천 9백 74명과 각 관청에 속한 시노비 2만 9천 93명을 양민이 되도록 허락하고, 승정원에 명을 내려 노비 문서를 모아 돈화문 밖에서 불태우도록 하라." — 「순조실록」

사료 독해

• 조선 후기 군공과 납속 등의 방법으로 상민이 양반으로 신분 상승을 이루자, 군역을 담당할 대상자가 크게 부족해졌다. 정부는 이를 보충하기 위해 노비들을 양민으로 만드는 방안을 고민하였는데, 이에 따라 노비의 신분을 어머니의 신분을 따르게 하는 노비종모법을 시행하였다.

• 순조 때는 아예 궁궐에 속한 내노비는 3만 6천 9백 74명과 관청에 속한 시노비는 2만 9천 93명을 합쳐서 총 6만 6천여 명의 공노비를 해방하였다.

15 서얼 허통론

우리 왕조가 서얼의 벼슬길을 막은 지 3백여 년이 되었으니, 폐단이 큰 정책으로 이보다 더한 것이 없습니다. …… 무릇 자기 집안의 서얼이야 비천하게 여길 수도 있겠지만 온 세상에서 배척될 이유는 없으며, 한 문중의 명분은 의당 엄해야겠지만 온 조정까지 논할 바는 아닙니다. 그런데도 명분의 논의를 고수하다 보니 벼슬길을 막는 관례는 더욱 심해지고, 조종의 제도라 핑계대다 보니 갑자기 혁신하기가 어렵습니다.

　　　　　　　　　　　　　　　　　　　　　　　　　　－ 박지원, 『연암집』

사료 독해

조선 시대의 서얼은 대체로 중인과 같은 대우를 받았으며, 문과에 응시할 수 없었다. 이에 조선 후기에 들어 서얼은 상소 운동을 통해 관직 진출 제한의 철폐를 요구하였다.

16 중인층의 신분 상승 운동

아! 중인은 본시 모두 사대부였는데, 또는 의에 들어가고 또는 역에 들어가 7, 8대나 10여 대를 대대로 전하니 …… 비록 사대부에 비길 수 없으나, 이름 있는 가문 외에 중인보다 나은 자는 없다. 비록 나라의 법에 금한 바 없으나 자연히 청환(2품 이상 당상관과 3사의 고위 관직)에 응체되어 수백 년 원한이 쌓여 펴지 못한 한이 있고 이를 호소할 기약조차 없으니 이는 무슨 죄악이며 무슨 업원인가? …… 남북촌의 대가가 복합 상소하기를 날마다 바라지만 아직까지 소식이 없어 사람들이 분연히 여겨 책망하지 않는 이 없다 한다. 고로 감히 이로써 부르짖는다.

　　　　　　　　　　　　　　　　　　　　　　　　　　－ 『상원과방자료』

사료 독해

조선 후기의 중인들은 잡과를 통하여 의관이나 역관 등에 진출하였다 또는 상업 활동과 대외 무역 등에 종사하거나 자신들의 전문성을 활용하여 재산을 모았다. 이들은 서얼의 신분 상승을 모방하여 대규모 소청 운동을 전개하였다.

17 구향과 신향의 대립

경기 감사 서유방이 평산의 채정곤에게 공초를 받은 것과 관련하여 아뢴 데 대해 하교하기를, "향전은 통렬히 금해야 할 일이다. …… 관찰사가 임금이 허가한 내용을 가지고 모든 마을의 유생을 거듭 타일러서 구향과 신향으로 하여금 각각 구습을 통렬히 혁파하고 기어코 화합하게 하라. 이와 같이 하교한 뒤에도 구향과 신향을 막론하고 다시 본읍 유생의 일로 임금께 아뢰는 일이 있으면, 이는 국법을 어지럽히는 백성이니 유생으로 대우할 수 없다. 따라서 중죄를 적용하여 단연코 용서하지 않을 것이니, 일체 엄히 경계하게 하라." 하였다.

　　　　　　　　　　　　　　　　　　　　　　　　　　－ 『일성록』

사료 독해

조선 후기에 신분제 변동으로 새롭게 양반으로 상승한 부농층을 신향이라고 불렀다. 이들은 종래 양반 중심의 구향과 향촌 사회의 주도권을 둘러싸고 대립하였는데, 이를 향전이라고 한다.

18 예언 사상의 확산

계룡산 밑에 도읍할 땅이 있으니, 정씨가 나라를 세울 것이다. 그러나 복덕이 이씨에 미치지 못하리라. 다만 밝은 임금과 의로운 임금이 계속하여 나고, 세상의 운수가 돌아오는 때를 당하여 불교가 크게 일어나고, 어진 정승과 지혜 있는 장수 · 불사 · 문인이 많아 왕국에 나서 한 시대의 예악을 빛나게 꾸미리니, 드물게 보는 일이로다.

　　　　　　　　　　　　　　　　　　　　　　　　　　－ 『정감록』

사료 독해

『정감록』은 조선 시대 민간에 널리 퍼진 예언서로, 새로운 세상을 열어 줄 진인이 출현할 것이라는 예언을 담고 있다.

19 홍경래의 난

평서대원수는 급히 격문을 띄우노니 우리 관서의 부로자제와 공사천민은 모두 이 격문을 들으시라. 무릇 관서는 기자의 옛 터요, 단군 시조의 옛 근거지로 훌륭한 인물이 넘치고 문물이 번창한 곳이다. …… 그러나 조정에서는 서토를 버림이 썩은 흙이나 다름없다. …… 지금 나이 어린 임금이 위에 있어서 권세 있는 간신배가 날로 치성하여 김조순·박종경의 무리가 국가의 권력을 제멋대로 하니 어진 하늘이 재앙을 내린다. …… 이제 격문을 띄워 알리노니 절대로 동요치 말고 성문을 활짝 열어 우리 군대를 맞으라. 만약 어리석게도 항거하는 자가 있으면 기마병의 발굽으로 밟아 무찔러 남기지 않으리니 마땅히 명령을 따라서 거행함이 좋으리라. － 『패림』

사료 독해

조선 후기에 세도 정치로 지방 농민에 대한 수탈이 더욱 강화되었다. 이에 농민들은 유랑민이 되거나 도적이 되기도 하였다. 특히 평안도 지역은 뿌리 깊은 지역 차별을 받았는데, 홍경래는 이러한 상황을 이용하여 반란을 일으켰다.

20 진주 농민 봉기

임술년(1862, 철종 13) 2월 진주민 수만 명이 머리에 흰 수건을 두르고 손에 몽둥이를 들고 무리를 지어, 진주 읍내에 모여 이서-이방과 하급 관리들의 집 수십 호를 태우니, 행동거지가 가볍지 않았다. 병마절도사가 해산시키고자 시장에 가니, 흰 수건을 두른 백성들이 길 위에 빙 둘러 백성들의 재산을 함부로 거둔 명목과 아전들이 억지로 세금을 포탈하고 강제로 징수한 일들을 면전에서 여러 번 질책하는데, 능멸함과 위협함이 조금도 거리낌이 없었다. …… 병마절도사를 포위하여 한밤중까지 핍박하고 관아로 돌아가지 못하게 했다. 본 고을의 이방 김윤구가 기회를 타 도망하였으나 다음 날 수색 끝에 붙잡혀 또 두들겨 맞고 불에 타서 죽었다. － 『임술록』

사료 독해

19세기 세도 정치기에 삼정의 문란으로 농민 수탈이 극심해지자 전국 각지에서 크고 작은 농민 봉기가 계속되었다. 특히 1862년 임술 농민 봉기 때에는 전국 72개 군현에서 농민 봉기가 발생하였다. 이 사료는 임술 농민 봉기 때 진주에서 일어난 농민 항쟁의 내용을 전하고 있다.

한국사 Q&A 조선 제일의 부자는 어떤 사람들이었을까?

▲ 연암 박지원(1737~1805)

연암 박지원의 소설 『허생전』에서 가난한 선비 허생은 전혀 모르는 사람인 변씨를 찾아가 거금을 빌렸다. 이 변씨는 숙종 때에 실존했던 역관 변승업을 모델로 했을 것이라고 한다. 그는 일본어 역관 출신으로 일본과 무역을 통하여 막대한 재산을 모았다. 임진왜란 이후 조선은 일본 사신과 관련된 모든 업무를 동래에 있는 왜관에서 처리하였다. 또한 왜관에서는 교역도 활발히 이루어졌다. 일본에서는 17세기 초, 중반까지 청과의 국교가 단절되고 해금령이 내려지면서 무역도 차단되었다. 그렇기 때문에 일본은 조선을 통해서 청국산 명주실과 비단 등을 수입할 수 있었다. 이 과정에서 조선은 청에서 들어온 비단과 원사를 일본에 판매하고 일본산 은을 대금으로 받는 중계 무역을 하였는데, 이를 통하여 조선 측은 최소 세 배 이상의 차익을 거둘 수 있었다. 그렇기 때문에 왜관을 통한 교역량이 수십만 냥에서 100여 만 냥에 이를 정도였다고 한다. 변승업은 이를 잘 활용하여 조선 제일의 부자가 될 수 있었다.

11 서양 열강의 접근과 조선의 대응

KEY WORD

제국주의
19세기 후반 서양 열강이 우세한 경제·군사적 힘을 앞세워 약소국을 침략하여 식민지로 삼았는데, 이러한 침략주의, 팽창주의 정책이나 경향을 제국주의라 한다.

대원군
조선 시대에 종친 중에서 왕위를 이어받을 때 그 왕의 아버지를 높여 부르는 말이다. 1863년 고종의 아버지 흥선군이 대원군으로서 정치적 실권을 장악하였다.

척화비
흥선 대원군이 병인양요와 신미양요를 겪은 후 서양 열강의 침략을 경계하기 위해 전국 각지에 세운 비석이다. 대원군은 이를 통해 통상 수교 거부 의지를 분명히 하였다.

주제 열기

19세기 후반에 조선은 안으로는 세도 정치로 관리들의 부정부패가 심해진 가운데 농민 봉기가 계속되었고, 밖으로는 서양 열강의 침략적 접근 속에 위기의식이 고조되고 있었다. 이러한 때에 집권한 흥선 대원군은 조선이 안팎으로 처한 위기를 어떻게 극복하려 하였을까?

▼ 이양선 조선의 배와 모양이 달라 붙여진 이름이다.

시대 흐름 잡기	19세기 조선의 정세	흥선 대원군의 개혁 정치	통상 수교 거부 정책
	○국내: 세도 정치로 정치 기강 문란, 부정부패 만연 → 전국 각지에서 농민 봉기 지속 ○국외: 이양선 출몰, 서양 열강의 통상 요구, 러시아의 연해주 차지 → 서양에 대한 위기의식 고조	○통치 체제 정비: 비변사 약화, 의정부 및 삼군부 정비 ○수취 체제 개편: 삼정 문란 → 양전 사업, 호포제, 사창제 실시 ○경복궁 중건: 왕실 권위 회복 ○서원 철폐: 유생 및 세도 가문 견제	○병인양요(1866): 천주교 박해를 구실로 프랑스군이 강화도 침입 → 한성근, 양헌수 활약 ○신미양요(1871): 제너럴 셔먼호 사건을 구실로 미군이 강화도 침입 → 어재연(광성보 전투) ○전국 각지에 척화비 건립

01 이양선의 출몰

금년 6월 26일에 이양선 1척이 정박하여 달려가서 살펴보게 하였더니, 언어가 통하지 않아 문자를 사용하여 이곳에 오게 된 동기를 상세히 질문하였습니다. 그들 대답에 "우리들은 모두 영국 땅에 사는 사람들로 서양 포, 유리 그릇, 천리경 등의 물품을 가지고 조선의 산물을 사려고 이곳에 왔으니, 귀국의 대왕에게 알려 우호를 맺어 교역하게 해주기를 바란다."라고 하였습니다. 영국은 지리상으로 몇 만여 리가 되는지 모르는 처지에 망령되이 교린을 핑계하고 교역을 억지로 요구하였으니, 사리에 타당한 바가 전혀 아니고 실로 생각 밖의 일이었습니다. 법에 의거하여 대처하였더니, 저들도 더 어쩌지 못함을 알고 바로 돌아갔습니다.

― 『순조실록』

사료 독해

19세기 이후 조선 연안에 자주 출몰했던 이양선과 관련한 내용이다. 이 사료에서 지칭하고 있는 이양선은 영국 동인도 회사 소속의 무장 상선이다. 조선과 정식으로 교역할 것을 요구하였지만 현지 조선 관리들의 완강한 거부로 목적을 이루지 못하고 물러갔다.

02 베이징 함락에 따른 조선의 반응

서울에서 시작해 전국으로 번진 엄청난 공포와 심각한 경악을 말하는 것은 불가능한 일일 것이다. 진행 중인 모든 일이 중단되었다. 부자나 사는 것이 넉넉한 집안은 시골로 도망갔다. …… 대신들은 자기 부서를 감히 떠나지 못하고 아내와 자녀와 보물을 서둘러 떠나보냈다. …… 높은 자리에 있는 관리들은 천주교 신자들을 찾아가 겸손하게 보호를 부탁하기도 하고 위험에 대비하여 종교 서적이나 십자가상, 성패를 장만하려는 교섭까지 벌였다. …… 어떤 관리들은 공공연하게 천주교의 표지를 허리에 차고 다니기조차 하였다.

― 샤를 달레, 『한국 천주교회사』

사료 독해

1860년 영·프 연합군에게 베이징이 함락되었다는 소식은 조선에 큰 충격을 주었다. 십자가를 가지고 다니거나 천주교 신자에게 잘 보이려고 하는 사람이 많아졌다는 것이 이러한 조선의 상황을 잘 보여준다.

03 흥선 대원군의 통치 체제 개편

흥선 대원군이 집권한 후 어느 회의 석상에서 소리를 높여 여러 대신들에게 말하기를 "나는 천 리를 끌어다 지척을 삼겠으며, 태산을 깎아내려 평지를 만들고, 또한 남대문을 3층으로 높이려 하는데, 여러분들은 어떻게 생각하오?"라고 물었다. 이에 대신들이 어떻게 대답해야 할지 몰랐는데 …… 대개 천 리를 지척으로 삼겠다는 말은 종친을 높이겠다는 뜻이요, 남대문 3층이란 말은 남인에게 길을 열어주겠다는 뜻이며, 태산을 평지로 깎아내린다는 말은 노론을 억누르겠다는 뜻이다.

― 황현, 『매천야록』

찬집소에서 아뢰기를, …… "『대전회통』을 지금 이미 반포하여 시행하였습니다. 한성의 각 아문의 크고 작은 사례를 대략 『회전』의 규식으로 만들어 『육전조례』라 이름하여 수집하고 기록하여 분류하였는데, 당상과 낭청은 『대전회통』을 교정하고 감인할 때의 인원이 그대로 거행하는 것이 어떻겠습니까?"라고 하니, 그 뜻을 허락한다고 전교하였다.

― 『승정원일기』

사료 독해

• 첫 번째 사료는 흥선 대원군이 노론을 누르고 남인을 등용하여 세도 가문을 견제하려고 하였음을 보여준다. 특히 안동 김씨 세력을 축출하고 인재를 고르게 등용하려고 하였으며, 이를 위해 비변사 기능을 축소하고 군사 기능으로 삼군부를 부활시켰다.

• 두 번째 사료는 『대전회통』과 관련한 사료이다. 흥선 대원군은 『대전회통』을 편찬하여 『경국대전』 이후 변화된 법률을 정리하고 통치 체제를 정비하였다.

04 흥선 대원군의 수취 체제 개편

나라의 제도로서 인정에 대한 세를 신포라고 하였는데, 충신과 공신의 자손에게는 모두 신포가 면제되었다. …… 대원군은 이를 시정하고자 동포라는 법을 제정하였다. …… 이 때문에 예전에는 면제되던 자라도 신포를 바치지 않을 수가 없게 되었다. 조정의 관리들이 이 법의 시행을 저지하고자 하여, "만약 이처럼 하면 국가에서 충신과 공신을 포상하고 장려하는 후한 뜻이 자연히 사라지게 됩니다."라고 하였다. 대원군은 이를 듣지 않으면서, "충신과 공신이 이룬 사업도 종사와 백성을 위한 것이었다. 지금 그 후손이 면세를 받기 때문에 일반 평민이 법에 정한 세금보다 무거운 부담을 지게 된다면 충신의 본뜻이 아닐 것이다."라고 하며 그 법을 시행하였다.

─ 『근세조선정감』

사창에는 관장할 사람이 없어서는 안 된다. …… 반드시 면민 중에서 근면 성실하고 넉넉한 자를 택하여 관에 보고한 뒤 뽑는다. 또한 관에서 강제로 정하지 말고 그를 '사수'라 하여 환곡을 나누어 주고 수납하는 때를 맡아서 검사한다. …… 사수로 하여금 바로 잡게 하며, 창고지기 1명도 사수로 하여금 지역민 중에 잘 선택하여 맡아서 지키고 출납하고 용량을 재게 하는 등 모든 것을 해당 지역의 백성에게 맡긴다.

─ 『일성록』

05 서원 철폐

사족이 있는 곳마다 평민을 못살게 굴지만 가장 심한 곳이 서원이었다. …… 대원군이 영을 내려 나라 안의 서원을 죄다 허물고 서원 유생들을 쫓아내도록 하였다. …… 사족이 크게 놀라서 온 나라 안이 물 끓듯 하였고 대궐 문간에 나아가 울부짖는 자도 수십만이나 되었다. 조정에서는 어떤 변이라도 있을까 하여 대원군에게 간언하기를, "선현의 제사를 받드는 것은 선비의 기풍을 기르는 것이므로 이 명령만은 거두기를 청합니다."라고 하였다. 대원군이 크게 노하여 말하기를 "진실로 백성에게 해 되는 것이 있으면 비록 공자가 다시 살아난다 하더라도 나는 용서치 않겠다." …… 그러고는 형조와 한성부 병사들을 풀어서 대궐 문 밖에서 호소하려는 선비를 강 건너로 몰아냈다. …… 이 때문에 백성들이 춤추고 칭송하는 소리가 천지를 진동하였다.

─ 『근세조선정감』

호조 참판 최익현이 상소하기를 "지난 나랏일을 보면 폐단이 없는 곳이 없어 명분이 바르지 못하고 말이 순하지 않아 짧은 시간 안에 다 미칠 수 없을 정도입니다. …… 서원 철폐로 스승과 제자의 의리가 끊어졌고, …… 호전(청나라 돈)을 써서 중화와 오랑캐의 분별이 어지러워졌습니다.

─ 『승정원일기』

• 흥선 대원군은 군역 부담의 폐단을 개선하기 위하여 군포를 개인이 아닌 집집마다(戶) 부과하여 양반에게도 군포를 징수하였다. 호포법 시행으로 상민층은 경제적 부담이 감소되었고, 양반층도 군역을 지게 됨으로써 상민들은 호포제를 환영하였다. 호포제는 양반의 격렬한 반대에 부딪혔으나 결국 시행되었다.

• 흥선 대원군은 민생을 안정시키고 국가 재정을 튼튼히 하는 데 힘썼다. 조선 후기 환곡은 고리대로 변질하여 그 폐단이 가장 심하였다. 이에 대원군을 이를 개선하고자 향촌 주민들이 자체적으로 환곡을 운영하게 하여 관리와 토호들의 간섭을 배제하려 하였다.

• 흥선 대원군은 국가 재정을 확보하기 위하여 전국 6백여 개의 서원을 47개만 남기고 모두 철폐하여 서원에 딸린 토지와 노비를 몰수하였다.
당시 서원은 면세와 면역의 혜택을 누리고 있었으며 제사 비용의 명목으로 백성을 수탈하고 있었다. 이에 흥선 대원군은 서원에 소속되었던 토지와 노비는 향교와 지방 관아에 귀속 시켰고, 건물의 재목은 건축 자재 등으로 활용하였다.

• 양반 유생들은 서원 철폐에 반대하는 상소를 올려 흥선 대원군의 서원 철폐 정책을 비판하였다.

06 경복궁 중건

경복궁을 지을 비용과 백성들의 노역에 대한 절차를 의논하는데, 백성의 노역 문제는 신중을 기하고 안으로는 재상 이하, 밖으로는 수령 이하가 역량에 따라 보조하며, 선비와 서민층은 서울과 지방을 막론하고 자진 납부하는 자는 상을 주기로 하고 이를 8도에 알리게 하였다. 이미 지금까지 원납이 10만이나 되었다.

- 『승정원일기』

에–에헤이야 얼널널 거리고 방에 흥애로다.
을축년 4월 초 3일에 경복궁 새 대궐 짓는데 헛방아 찧는 소리다.
조선의 여덟도 좋다는 나무는 경복궁 짓노라 다 들어간다.
도편수란 놈의 거둥 보소 막통 매고 갈팡질팡 한다.
남문 밖에 떡장수들아 한 개를 베어도 큼직큼직 베어라.
남문 밖에 막걸리 장수야 한 잔을 걸러도 큰 애기 솜씨로 걸러라.
에–나 떠난다고 네가 통곡 말고 나 다녀올 동안 네가 수절을 하여라.
에– 인생을 살면 몇 백 년 사나 생전 시절에 맘대로 노세
남문 열고 바라 둥당 치니 계명 삼천에 달이 살짝 밝았네.
경복궁 역사가 언제나 끝나 그리던 가족을 만나 볼까.

- 민요, 경복궁타령

사료 독해

• 흥선 대원군은 왕실의 권위를 세운다는 명목으로 임진왜란 이후 소실된 경복궁을 재건하였다. 하지만 이 과정에서 많은 비용이 들고 노동력도 착취당하여 반발이 심하였다. 경복궁 중건에 들어가는 막대한 공사비를 마련하려고 원납전을 거두었다. 원납전은 처음에는 기부금 형식이었지만 점차 빈부에 상관없이 강제로 징수하였다.

• 경복궁 중건을 배경으로 한 경기 민요로 1865년 흥선 대원군이 경복궁을 중건할 무렵부터 널리 불렸다. 지은이와 연대는 미상이며, 이후 경기 선소리패들이 즐겨 불렀다.

07 천주교 박해와 병인양요

조선 국왕이 프랑스 주교 2인과 선교사 9인 그리고 신도 다수를 살해했다고 한다. …… 조선 국왕이 프랑스 신부를 잔살하는 날은 곧 조선국 최후 멸망의 날이 될 것이다. 수일 내로 조선 정복을 위해 출정할 것이다. 조선을 정복해서 국왕을 책립하는 문제는 프랑스 황제의 명령에 따라 시행할 것이다. …… 이에 본관은 중국이 조선 문제에 간섭하지 않는다고 믿으며, 이후부터 본국과 조선 간에 전쟁이 있더라도 간섭하지 않기를 바란다.

- 벨로네 서한

서양인들이 촌으로 떼 지어 다니며 여인을 욕보이고 살림에 쓰는 온갖 물건을 빼앗았다. 남자 옷과 쇠끝, 돈과 양식은 물론이고 소와 닭은 더 좋아하였다. 문을 잠그고 간 집은 다 부수고 보이는 대로 불 질렀다. 주인이 있어 대접하고 닭 잡아 주는 자는 칭찬하고 물건을 가져가지도 않았다. …… 양헌수라는 사람이 순무중군으로 있었다. …… 광성보에서 몰래 전등사로 가서 주둔하였다. …… 전등사는 높은 산 위라 매복하고 있다가 한꺼번에 북과 나발을 불며 좌우에서 총을 쏘았다. 장수가 총에 맞아 말에서 떨어지고 양인 십여 명이 죽었다. 혼쭐이 난 양인들을 쫓아가니 제 동무 시체를 옆에 끼고 급히 본진으로 도망갔다.

- 『병인양난록』

사료 독해

• 19세기 후반 국내에서 천주교를 금지시켜야 한다는 목소리가 높아지자 흥선 대원군은 천주교도를 탄압하였다(병인박해). 중국 주재 프랑스 공사는 선교사를 살해한 것에 대한 경고와 함께 군대를 보내 응징 할 것을 천명하였다.

• 『병인양난록』은 1866년 병인양요를 직접 겪은 한 여인이 한글로 기록한 일기이다. 프랑스군은 자국 선교사의 처형을 구실로 조선을 침략하여 강화성을 점령하고 주둔하면서 약탈과 살인을 자행하였다. 이에 맞서 양헌수 부대가 정족산성에서 프랑스군을 물리쳤고, 결국 30일 만에 철수하였다.

08 오페르트의 남연군 묘 도굴 사건

너희 나라와 우리나라의 사이에는 애당초 소통이 없었고, 또 서로 은혜를 입거나 원수진 일도 없었다. 그런데 이번 덕산 묘소에서 저지른 변고야말로 어찌 인간의 도리상 차마 할 수 있는 일이겠는가? 또 방비가 없는 것을 엿보고서 몰래 침입하여, 소동을 일으키고 무기를 약탈하며 백성들의 재물을 강탈한 것도 어찌 사리상 할 수 있는 일이겠는가? 이런 지경에 이르렀기 때문에 우리나라 신하와 백성들은 단지 힘을 다하여 한마음으로 너희 나라와는 한 하늘을 이고 살 수 없다는 것을 다짐할 따름이다.　　　　　－『고종실록』

"이번에 덕산 묘소에 발생한 변고는 매우 놀랍고 송구한 일이다. 바다 밖의 서양 놈들이 어찌 길을 알아서 멋대로 쳐들어 왔겠는가. 필시 우리나라의 사학 무리들 중에서 종용하고 향도한 자가 있었을 것이다. 이에 생각이 미치니, 더욱 매우 놀랍고 통분하다. 지금부터는 사학 무리들로서 법망에서 빠져나간 자에 대하여 안으로는 좌우변 포도청에서, 밖으로는 각 진영에서 일일이 체포하여 남김없이 처단할 일을 묘당에서 전달하도록 전하라."라고 하였다.
　　　　　－『승정원일기』

사료 독해

• 첫 번째 사료는 영종 첨사가 오페르트에게 보낸 편지이다. 두 차례 조선과 통상 교섭에 실패한 독일 상인 오페르트는 미국인 자본가와 프랑스 선교사의 지원을 받아 흥선 대원군의 아버지인 남연군의 묘를 도굴하여 조선과 통상하려고 했지만 실패하였고, 오히려 조선인의 반감만 불러일으켰다.

• 두 번째 사료는 고종이 오페르트 일당이 와서 남연군의 묘를 도굴할 수 있도록 서양인을 도운 무리들을 포도청에서 체포할 것을 명한 것이다.

09 제너럴 셔먼호와 신미양요

평양 감사가 보고하길, "평양부 방수성 앞 물가에 큰 이양선 1척이 이동하여 머무르다가 끝내 물러가지 않고 더욱 방자하게 미쳐 날뛰고 …… 이양선이 계속 원래 정박한 곳에 멈추어 있으면서 화포나 조총을 쏘므로 교졸들에게 엄히 명하여 포와 활을 쏘아 힘써 공격하도록 하였습니다. 그러나 저들 배의 체제가 매우 견고하여 총탄만으로 부숴버리기가 어려워 종일 서로 대립하다가 …… 상황은 계속하여 보고하겠습니다."라고 하였습니다.　　　　　－『고종실록』

조선군은 근대적인 무기를 한 자루도 보유하지 못한 채 노후한 전근대적인 무기를 가지고서 근대적인 화기로 무장한 미군에 대항하여 용감히 싸웠다. …… 아마도 우리는 가족과 국가를 위해 그토록 강력하게 싸우다가 죽은 국민을 다시는 볼 수 없을 것이다.　　－ Winfield Scott Schley, 『Forty-Five Years Under the Flag』

늠름한 충성과 용기가 마치 그 사람들을 직접 눈으로 보는 듯하다. 몸소 칼날을 무릅써 흉악한 적들을 격살하다 수많은 총알을 고슴도치의 털처럼 맞아서 마침내 순직하였으니, 그 혁혁한 절개는 적의 간담을 떨어뜨릴 만하고 군사들의 마음을 고무할 만하다. 그러므로 죽은 진무중군 어재연에게 특별히 병조 판서와 지삼군부사를 추증하고 …… 의논하여 시호를 정하도록 하라. －『고종실록』

사료 독해

• 첫 번째 사료는 평안 감사가 제너럴 셔먼호와의 교전 내용을 정부에 보고한 것이다. 병인양요 직전에 미국 상선 제너럴 셔먼호가 대동강을 거슬러 올라와 통상을 요구하면서 난동을 부렸다. 이에 평양 관민이 셔먼호를 불태워 침몰시켰다.

• 두 번째 사료는 미국 군인이 신미양요 당시 광성보 전투를 회고하는 것이다. 미국은 제너럴 셔먼호 사건 이후 조선에 배상금 지불과 개항을 요구해왔다. 조선 정부가 이를 거절하자 미국은 군함을 이끌고 강화도를 공격하였다.

• 세 번째 사료는 신미양요 때 광성보 전투에서 순국한 어재연 부대에 대한 정부의 평가 내용이다.

10 척화비 건립과 통상 수교 거부 정책

고종 3년 병인년 이래 대원군은 오로지 척양의 의리만을 주장하여 천주교도 20여만 명을 죽였고 외국을 업신여겼으며 해안 곳곳에 포대를 구축하였다. 이때에 이르러서는 돌을 캐어 종로에 비석을 세웠다. 그 비면에 글을 써서 이르기를, …… "서양 오랑캐가 침범하는데 싸우지 않으면 화친하는 것이요, 화친을 주장하는 것은 나라를 파는 것이다. 우리들의 자손만대에 경고하노라."라는 돌비석을 새긴 뒤 경성을 비롯하여 전국 각지에 세우게 하였다. …… 후일 구미 각국과 통상하게 되자, 조정에서 논의하여 그 비석을 넘어뜨렸다. 그 비석이 이제는 종로 뒤 남쪽 작은 길의 다리가 되어 버렸는데, 그 글자가 비석의 뒷면에 있기 때문에 볼 수가 없다.

– 『대한계년사』

흥선 대원군에게 이 두 차례의 사건은 개인적 영광을 더하는 계기가 되었다. 호랑이 포수들 및 조선의 보수주의자들은 자신들이 프랑스와 미국 양측에 저항하여 성공하였으며, 그 군대에 손실을 주어 내쫓았다고 확신하게 되었다. 중국 장춘에 있는 스코틀랜드 선교사가 조선인에게 외국인의 무력과 전쟁에서 우수성을 말하였다. 조선인이 벌컥 화를 내며 이렇게 소리쳤다. "우리는 당신들의 어떤 무기도 두려워하지 않는다. 어린아이도 당신들의 무기를 우습다고 할 것이다."

– W. E. 그리피스, 『은자의 나라 한국』

사료 독해

• 척화비는 1871년 흥선 대원군이 서양 열강의 침략을 경계하기 위해 전국 각지에 세운 비석이다. 1866년 병인양요가 일어나자, 흥선 대원군은 "서양 오랑캐가 침입해 오는데 그 고통을 이기지 못해 화친을 주장하는 것은 나라를 팔아먹는 것이며, 그들과 교역하면 나라가 망한다."는 글을 반포하여, 서양과의 통상 수교 거부 의지를 강하게 천명하였다. 이어서 1871년 신미양요 이후 서울 종로, 경기도 강화, 경상도 동래군·함양군·경주·부산진 등 전국 각지에 척화비를 세웠다.

• 조선은 두 차례의 양요를 겪은 서양 세력에 대한 반감이 더욱 높아졌다.

한국사 Q&A 흥선 대원군은 왜 천주교를 박해하였을까?

▲ **해미 순교 성지**(충남 서산) 천주교 박해 당시 많은 천주교 신자들이 처형당한 순교 성지이다.

병인박해는 우리나라 최대 규모의 천주교 박해이다. 1860년 러시아가 청으로부터 연해주를 차지하여 두만강을 자주 건너와 통상을 요구하자 조선의 위기감은 높아졌다. 이때 조선에 와 있던 천주교 선교사들은 대원군에게 프랑스와 조약을 체결한다면 러시아의 남하 정책을 막을 수 있다며, 조선에 와 있던 다블뤼 주교와 베르뇌 주교를 만나볼 것을 건의하였다.

천주교 선교사들은 이 조약을 성사된다면 천주교 포교의 자유를 얻을 수 있다고 생각하였다. 그러나 지방에 있던 베르뇌는 러시아 사람들과 종교가 다르기 때문에 그들에게 영향을 미칠 수 없다는 기본 입장을 전하며, 이 조약에 성의를 보이지 않아 계획은 수포로 돌아갔다. 이후 청에서 천주교도를 탄압한다는 소식이 들려오고, 국내에서도 "운현궁에 천주교도가 출입한다."라는 소문이 퍼지면서 정부 관료들도 천주교도를 비난하자 대원군은 천주교를 탄압하기 시작하였다. 그러던 중 1866년 병인양요가 발생하자 탄압은 더욱 강화되었고, 서양 세력과 내통하였다는 혐의로 많은 천주교도들이 처형되었다(병인박해).

KEY WORD

통상개국론
서양 열강에 통상을 허락하고 문호를 개방하자는 주장으로 북학파 실학을 계승·발전시킨 박규수, 오경석, 유홍기 등이 제기하여 조선의 외교 정책에 큰 변화를 가져왔다.

운요호 사건
1875년 일본이 군함을 보내 무력시위를 하면서 조선의 개항을 요구한 사건이다. 이에 조선은 충분한 준비를 하지 못한 채 일본과 강화도 조약을 체결하고 문호를 개방하였다.

강화도 조약
조선이 외국과 최초로 맺은 근대적인 조약이자 해안 측량권, 치외 법권 등을 인정한 불평등 조약이다. 일본은 이후 부속 조약을 체결하여 조선에 대한 경제 침략의 발판을 마련하였다.

주제 열기

청과 일본이 서양 열강에 문호를 개방한 후 조선도 일본과 강화도 조약을 체결하여 문호를 개방하고 서양과도 잇달아 수교하였다. 조선이 외국과 맺은 근대적 조약들에는 어떤 내용을 담고 있을까?

▼ **연무당**(인천 강화) 1876년 강화도 조약이 최종으로 체결된 곳이다.

시대 흐름 잡기	중국과 일본의 개항	개화 세력의 형성	조선의 문호 개방
	• 중국: 아편 전쟁 → 난징 조약 체결(개항) → 제2차 아편 전쟁 → 양무운동 추진 • 일본: 페리의 포함 외교 → 미·일 화친 조약 체결(개항) → 메이지 유신 추진	• 통상 개국론 대두: 서양에 문호를 개방하고 통상 수교 허용 • 박규수가 젊은 양반 자제 교육 → 개화사상 싹틈 • 고종의 친정 체제 수립 → 조선의 외교 정책 변화	• 운요호 사건을 계기로 강화도 조약 체결 → 개항 • 불평등 조약: 영사 재판권, 해안 측량권 등 허용 • 부속 조약 체결 → 일본의 경제적 침략 발판 구축 마련

01 개화사상의 형성

선생(박규수)은 한숨을 쉬며 탄식하며 말하였다. 생각건대, 지금 세계정세는 날로 변하여 도서의 열강이 서로 대치하여 옛날 춘추 열국의 때와 비슷하며 …… 혼람함을 장차 감당하지 못할 것이다. 우리나라는 비록 작지만 동양에서 중요한 위치에 있다. 정국이 진, 초의 사이에 있었던 것과 같아 내치와 외교에서 기민한 대응을 상실하지 않으면 오히려 스스로 보존할 수가 있다. 그렇지 않으면 우매하고 약한 자가 먼저 망하는 것은 하늘의 도이니 또 누구를 허물할 것인가?

– 박규수, 『환재집』

지금 우리는 …… 자주적으로 개국해야 합니다. 일본과의 외교 교섭에서 우리나라가 주도권을 잡고 능동적으로 개국하지 않는다면 일본이 무력으로 개항을 요구할 것이고, 그러면 조선은 굴복하게 되어 국가적으로 큰 위험에 부딪히게 될 것입니다.

– 박규슈, 『환재집』

나의 아버지 오경석은 조선의 역관으로, 중국에 파견되는 사절을 따라 중국을 자주 왕래하였다. …… 평상시 가장 친교가 있는 친구 중에 의관 유홍기라는 분이 있었다. 그에게 아버지는 중국에서 가져온 '해국도지'와 '영환지략' 같은 각종 서적을 주며 연구를 권하였다. 그 뒤 두 사람은 사상적 동지로서 결합해 조선의 정세가 풍전등화라 탄식하고 언젠가는 일대 혁신을 일으키지 않으면 안 된다고 상의하였다. 어느 날 우리나라의 개혁은 어떻게 하면 성취할 수 있겠는가 하고 묻자, 오경석은 먼저 동지를 북촌의 양반 자제 중에서 구하여 혁신의 기운을 일으켜야 한다고 하였다.

– 『오세창의 회고』

사료 독해

• 흥선 대원군의 통상 수교 거부 정책이 추진되는 가운데, 일부에서는 통상 개국론이 대두하였다. 통상 개국론은 실학사상을 계승·발전시킨 것으로 이를 주장한 대표적 인물로는 박규수, 오경석, 유홍기가 있다.

• 박규수는 사신으로 청을 다녀오며 새로운 문명을 경험하였다. 그리하여 서구 열강의 통상 요구를 무조건 막기만 할 것이 아니라 자주적으로 문호를 개방하여 서양 문물과 제도를 받아드려야 한다고 주장하였다.

• 오경석은 대대로 역관 집안으로 수차례 중국을 왕래하며 다수의 서적을 구입해 귀국하였다. 안으로는 실학을 계승 발전시키고, 밖으로는 자신이 중국에서 구입해 가져온 도서들을 연구하며, 개화사상 형성에 밑바탕을 만들었다.

02 최익현의 상소

신은 몇 해 전에 부름을 받고 마지못해 벼슬의 반열에 나왔으나 며칠도 못 가서 까닭 없이 파직 당하였으니, 신의 변변치 못하고 사람답지 못한 것에 대해서는 벌써 훤히 알고 계신 바입니다. …… 최근의 일들을 보면 정사에서는 옛날 법을 변경하고 인재를 취하는 데에는 나약한 사람만을 채용하고 있습니다. 대신과 육경들은 아뢰는 의견이 없고 대간과 시종들은 일을 벌이기 좋아한다는 비난을 회피하고 있습니다. 그리하여 조정에서는 속된 논의가 마구 떠돌고 정당한 논의는 사라지고 있으며 아첨하는 사람들이 뜻을 펴고 정직한 선비들은 숨어버렸습니다. …… 그칠 새 없이 받아내는 각종 세금 때문에 백성들은 두탄에 빠지고 있으며 떳떳한 의리와 윤리는 파괴되고 선비의 기풍은 없어지고 있습니다. 나라를 위해 일하는 사람은 까다롭다고 하고 개인을 섬기는 사람은 처신을 잘한다고 하고 있습니다.

– 최익현 상소문

사료 독해

• 1873년 최익현이 흥선 대원군의 과소 행위와 무리한 정책을 비판한 상소문이다.

• 최익현은 상소문에서 흥선 대원군의 이름을 거론하지 않고 대원군의 정권을 우회적으로 비판하였다. 그리하여 고종은 친정을 선언하고 내원군은 권력을 내려놓고 하야하게 되었다. 하지만 최익현이 부자 사이를 이간시켜서 천륜을 끊었다는 반대파인 남인 세력에 혹독한 비난을 받게 되었다.

03 정한론

지금 천하의 정세는 각국이 분쟁하고 대소 강약이 서로 병탄하여, …… 성쇠가 엇갈리고 있다. 이때를 당하여 우리 일본은 동양의 바다 가운데 고립되어 2,500여 년 간의 국풍에 익숙하여 아직 5대주 내부의 정세를 알지 못한다. 또 국력이 쇠잔하고 군비가 공허하고 인심이 게으르고 약하여 황국 독립의 기개가 없다. …… 지금 이를 떨치고 일어나 우리나라로 하여금 각국과 같이 달려 천하에 독립시키고자 한다면 오직 전투하고 공격하고 정벌하여 해외로 건너가 먼저 구주 각국 사이에 종횡무진 활동하고 위력을 비교하여 이로써 마침내 천하만국 사이에 나란히 서는 길밖에 없다. 지금 영국 · 프랑스 · 러시아와 같은 각국은 서로 맞서 아직 힘을 중국 · 조선 · 만주에 미칠 여가가 없다. 이때에 우리 일본은 마땅히 그 틈을 타 중국 · 조선 · 만주로 건너가 이를 빼앗아 가져 이로써 구주 각국에 침입하는 기초를 세워야 한다.　　－ 「서남기전」 부록 제 1장

30개 대대 병력만 동원하면 4로로 나누어 공격해 50일 내에 정복이 가능하다. 지금 프랑스와 미국이 조선 침공을 계획하고 러시아가 호시탐탐하는데 일본이 우유부단하면 기회를 잃을 것이다. 재정 면에서도 군사비는 50일 이내 회수가 가능하며, 조선은 쌀 · 보리 등 곡물이 풍부하고 조선인을 홋카이도 개척 사업에 전용하면 일거양득이다.　　－ 사다 하쿠보, 「조선 파견 귀국 보고서」

사료 독해

• 메이지 유신 후 일본에서 조선을 무력으로 정벌하자는 '정한론'이 등장하였다. '정한론'에는 임진왜란을 일으킨 도요토미 히데요시의 뜻을 계승하여 일본이 조선을 포함하여 대륙으로 진출할 것을 요구하는 강경파의 주장이 담겨 있다. 그러나 이러한 주장은 먼저 내부 개혁이 시급하다며 군사 행동에 반대하는 온건파 주장에 부딪혀 당장 실행에 옮기지는 못하였다.

• 정한론은 1차적으로 조선을 제압해 당시 서양 열강의 압박을 받던 자신들의 처지를 벗어나기 위함이었다. 동시에 메이지 정부를 향한 국내 불평을 나라 밖으로 돌리기 위한 것이기도 하였다.

04 운요호 사건

우리 힘을 조선에서 행사하기 위해 이때를 좋은 기회로 삼아 금일 1~2척의 군함을 소규모로 파견하는 것은 뒷날 혹은 대규모로 파견해야만 하는 근심이 없기를 바라는 뜻으로 …… 삼가 이에 상신하니 빨리 영단을 내리시기를 바랍니다.　　－ 일본 외무성 관리의 군함 파견 건의서(1875. 4.)

지금 그 나라(조선)는 내분 중이며, 쇄국 세력이 아직 강하지 않은 틈을 타 힘을 덜 들이고 일을 쉽게 이루려면 우리 군함 2척을 파견하여 대마도와 그 나라 사이의 바다에 보내어 해로를 측량하게 하고, 그들로 하여금 우리 편의 뜻이 무엇인지를 알도록 해야 합니다.　　－ 「대일본 외교 문서」

어제 본국 외무대신의 전보를 받았는데, 우리나라 포선이 조선의 미야고 연해에 가서 수심을 측량하다가, 9월 20일 그들이 포격을 개시한 까닭에 …… 다시 포격을 당하여 결국 교전이 벌어지게 되었고, 우리 군사가 상륙하여 그 포대를 부수어버린 후 군사를 수습하여 귀국하였다고 합니다.　　－ 「청계중일한관계사료」

사료 독해

• 첫 번째와 두 번째 사료는 조선에 군함을 보내 무력시위를 통해 조선을 개항시키고자 하는 일본의 야욕이 드러난 사료이다. 일본은 한 두 척의 군함을 파견하여 대규모 전쟁이나 침략의 효과를 노리려고 하였다.

• 세 번째 사료는 청의 일본 주재 공사 데에네가 운요호 사건(1875) 발생 경과를 본국 총리 아문에 통보한 것이다. 강화도에 나타난 운요호는 경고 사격을 받자 영종도에 상륙하여 살인과 약탈을 저지른 후 돌아갔다.

05 강화도 조약(조·일 수호 조규) 체결

우리나라와 일본은 300년 동안 통신사를 교환하고 왜관을 설치하여 교역해 왔다. 비록 최근 몇 년간 외교 격식을 두고 서로 버티어 왔으나 우호관계를 유지하고자 하는 처지에 통상을 굳이 거절할 필요가 없다. 통상 조약 등의 절차를 잘 협상하여 조치하라.   - 『승정원일기』

제1관 조선은 자주국이며 일본과 평등한 권리를 갖는다.

제3관 양국 간에 오가는 공문의 경우, 일본은 자기 나라 글을 쓰되, 조선은 한문을 쓴다.

제4관 조선국 부산은 오래전에 양국 백성의 통상 지구가 되었다. 이 밖에 2개의 항구를 개항하고 일본인이 왕래 통상하도록 허가한다.

제5관 경기, 충청, 전라, 경상, 함경 5도의 연해 중 통상에 편리한 항구 2개소를 택한 후 지명을 지정할 것이다.

제7관 조선국 연해의 섬과 암초를 조사하지 않아 매우 위험하다. 일본국 항해자가 자유로이 해안을 측량하도록 한다.

제9관 양국 국민은 각자 임의로 무역을 하며, 양국의 관리는 조금도 이에 간여하거나 금지 또는 제한하지 못한다.

제10관 일본국 인민이 조선국이 지정한 각 항구에서 죄를 범한 것이 조선 인민과 관계되는 사건일 때에는 모두 일본 관원이 심판한다.

제11관 양국이 우호 관계를 맺은 이상 별도로 통상장정을 제정하여 양국 상인들을 편리하게 한다.   - 『고종실록』

사료 독해

• 일본은 운요호 사건을 구실로 군함을 보내 조선에 통상 수교를 강요하였고, 조선 정부는 청의 권유와 조정 내에서 일부 제기된 통상 개화론을 받아들여 일본과 통상 협상에 나섰다.

• 1876년 조선은 불평등한 조항에 대해서 사전에 충분히 인지하지 못한 채 일본과 강화도 조약을 체결하였다. 강화도 조약의 1관은 조선에 대한 청의 간섭을 배제하려는 일본의 의도가 담겨 있다. 제4관의 내용에 따라 원산과 인천이 각각 1880년과 1883년 개항하였다. 또한 제7관과 제10관에 의거하여 해안 측량권과 치외법권도 허용되었다. 이처럼 강화도 조약은 조선이 다른 나라와 맺은 최초의 근대적 조약이자 불평등 조약이었다.

06 조·일 수호 조규 부록과 조·일 무역 규칙

제2관 정해진 조선의 통상 각 항구에서 일본인이 토지를 빌려 주거하는 것은 각기 지주와 상의하여 그 가격을 정한다. 조선 정부에 속하는 토지는 조선인이 관에 내는 동일한 세금을 납부하고 거주한다.

제4관 부산 항구에서 일본국 인민이 통행할 수 있는 도로의 거리는 방파제로부터 계산하여 동서남북 각 직경 10리로 정한다. 동래부 중에서는 이정외라 할지라도 특별히 왕래할 수 있다. 이 이정 내에서 일본인은 자유로이 통행하고 기타의 산물 및 일본 산물을 매매할 수 있다.

제7관 일본국 인민은 본국에서 사용하는 여러 화폐로 조선국 인민이 보유하고 있는 물자와 교환할 수 있다.   - 『구한말조약휘찬』

제6칙 조선국 항구에 거주하는 일본인은 쌀과 잡곡을 수출, 수입할 수 있다.

제7칙 일본 정부에 소속된 선박은 항세를 납부하지 않는다.   - 『구한말조약휘찬』

사료 독해

강화도 조약 이후 조선과 일본은 부속 조약도 잇달아 체결하였다. 조·일 수호 조규 부록에서는 일본인이 머물 수 있는 거류지(조계)를 설정하고 일본 화폐의 유통을 허용하였다. 또 조선은 조·일 무역 규칙을 통하여 상품에 대한 무관세와 양곡의 무제한 유출 등을 허용하였다.

07 『조선책략』의 외교 정책

  조선의 땅은 실로 아시아의 요충에 자리 잡고 있어서 형세가 반드시 싸우는 곳이 되니, 조선이 위태로우면 즉 동아시아의 형세가 날로 급해질 것이다. 러시아가 땅을 공략하고자 하면 반드시 조선으로부터 시작할 것이다. …… 그러므로 오늘날 조선의 책략은 러시아를 막는 일보다 더 급한 것이 없을 것이다. 러시아를 막는 책략은 무엇인가. 중국과 친하고 일본과 맺고, 미국과 연결함으로써 자강을 도모할 따름이다. …… 중국과 친하다는 것은 무엇을 말하는가. 동·서·북쪽이 대체로 러시아와 경계를 잇는 나라는 중국뿐이다. …… 천하에 러시아를 제어할 나라로는 중국만한 나라가 없다. …… 일본과 맺어야 한다는 것은 무엇을 말함인가. 중국 이외에 가장 가까운 나라는 일본뿐이다. …… 근래에 이르러서는 즉, 북으로 승냥이와 호랑이가 어깨와 등을 걸쳐 타고 있어 만일 일본이 혹 땅을 잃으면 조선 8도가 능히 스스로 보전할 수가 없을 것이다. …… 미국과 연결해야 한다는 것은 무엇을 말하는가. …… 그 나라가 강성하여 항상 유럽의 여러 대국과 함께 동, 서양 사이로 내달리므로 항상 약소한 자를 도와주고 공정한 논의를 유지하여, 유럽 사람으로 하여금 나쁜 짓을 함부로 할 수 없게 하였다. …… 조선으로서는 마땅히 항상 만리 대양 밖에 사절을 보내서 그들과 더불어 수호해야 할 것이다.

– 황준헌, 『조선책략』

08 조·미 수호 통상 조약

  대조선국과 대아메리카 합중국은 우호 관계를 두터이 하여 피차 인민을 돌보기를 간절히 바란다. …… 그러므로 대조선국 군주는 각각 받들고 온 전권 위임장을 상호 대조하여 살펴보고 모두 타당하기에 조관을 체결하여 아래에 열거한다.

제1관 대조선국 군주와 대미국 대통령 및 그 인민들은 각각 모두 영원히 화평하고 우애 있게 지낸다. 만약 타국이 어떤 불공평하고 경멸하는 일을 일으켰을 때는 일단 확인하고 서로 도와주며, 중간에서 잘 조정하여 두터운 우의를 보여 준다.

제2관 양국 정부의 외교 대표와 영사는 같은 지위를 갖는 최혜국 대표에게 허용되는 모든 특권 권리와 면제를 차별 없이 갖는다.

제5관 미국 상인과 상선이 조선에 와서 무역할 때 입출항하는 화물은 모두 세금(관세)을 바쳐야 하며, 그 수세권은 조선이 자주적으로 가진다.

제14관 조약을 체결한 뒤에 통상, 무역, 상호 교류 등에서 본 조약에 부여되지 않은 어떠한 권리나 특혜를 다른 나라에 허가할 때에는 자동적으로 미국 관민에게도 똑같이 주어진다.

– 『고종실록』

09 조·영 수호 통상 조약(1883)

제1관 외교 대표들과 영사들은 조선 국내를 자유로이 여행할 수 있다.

제2관 치외법권의 칠폐를 조선 국왕에 의하여 주도하는 것이 아니라 영국정
     부의 판단에 의하여 승인해 줄 때 가능하다.

제4관 부산과 인천 이외에 서울과 양화나루를 개항한다.

제5관 개항장에서 영국인은 종교를 가진다.

제6관 걸어서 다닐 수 있는 일정한 지역에서는 여권이 없이 자유로이 왕래할
     수 있다.

제7관 영국 군함은 개항장 이외에 조선 국내 어디서나 정박할 수 있고, 선원
     을 상륙할 수 있게 한다.

10 조·불 수호 통상 조약(1886)

제9조 2항 조선에서 언어와 문자를 배우거나 가르치며, 법률과 기술을 연구하
     는 프랑스 인들은 우호의 표시로 언제든지 보호와 원조를 받아야 한다.

제10조 이 조약을 시행하는 날로부터 조선에 입출항하는 각종 화물 세칙 및
     일체의 것에 대해 다른 나라에 어떠한 혜택과 특권을 제공하면 프랑
     스도 똑같이 균등하게 받게 한다.

한국사 Q&A **중국과 일본의 개항은 어떻게 이루어졌을까?**

▲ 동아시아 3국의 초기 개항장

중국과 일본은 각각 서양 열강인 영국과 미국의 강요로 불평등 조약을 체결하고 개항을 하였다. 영국은 청과의 무역에서 무역 적자가 나자, 인도에서 아편을 들여와 청에 판매하였다. 이에 청이 아편을 몰수하여 폐기하자, 영국은 이를 빌미로 전쟁을 일으켰다.(아편 전쟁, 1840~1842) 전쟁에서 패배한 청은 영국과 불평등 조약인 난징 조약(1842)을 맺고 항구를 개항하였다.

일본은 에도 막부 시대 나가사키를 통해 네덜란드와 제한적인 무역을 실시하였다. 이러한 가운데 청이 아편 전쟁에서 패배하였다는 소식이 전해지고 미국이 함대를 파견하여 개항을 요구하자, 에도 막부는 불평등 조약인 미·일 화친 조약을(1854) 체결하여 문호를 개방하였다. 4년 후 일본은 미·일 수호 통상 조약을 체결(1858)하여 개항장을 늘리고 무역을 확대하였다.

주제 열기

개항 후 조선은 근대 문물을 배우기 위해 외국에 사절단을 파견하는 등 개화 정책을 적극 추진하였다. 이에 양반 유생들은 위정척사 운동을 전개하며 반발하였다. 조선 정부가 추진한 개화 정책의 주요 내용은 무엇일까?

▼ 미국에 외교 사절단으로 파견된 보빙사 일행(1883)

시대 흐름 잡기

개화 정책의 추진
- 제도 개혁: 통리기무아문 설치 → 개화 정책 추진
- 군사 개혁: 5군영을 2영으로 개편, 별기군 설치
- 사절단 파견: 수신사, 조사 시찰단, 영선사, 보빙사 파견

위정척사 운동
- 척화주전론: 1860년대 서양의 통상 요구에 반대 운동 전개
- 왜양일체론: 1870년대 일본의 개항 요구에 반대 운동 전개
- 영남 만인소: 1880년대 정부의 개화 정책에 반대 운동 전개

임오군란 발발
- 배경: 개항 후 일본으로 곡식 유출과 → 쌀값 폭등
- 계기: 개화 정책에 대한 불만, 구식 군인에 대한 차별 대우
- 결과: 청의 내정 간섭 심화, 일본과 제물포 조약 체결

01 개화의 의미

개화란 인간 세상의 천만 가지 사물이 지극히 선하고도 아름다운 경지에 이르는 것을 말한다. …… 오륜의 행실을 독실하게 지켜서 사람 된 도리를 안다면 이는 행실이 개화된 것이며, 국민들이 학문을 연구하여 만물의 이치를 밝힌다면 이는 학문이 개화된 것이다. 나라의 정치를 바르고도 크게 하여 국민들에게 태평한 즐거움이 있으면 이는 정치가 개화된 것이며, 법률을 공평히 하여 국민들에게 억울한 일이 없으면 법률이 개화된 것이다. 기계 다루는 제도를 편리하게 하여 국민들이 사용하기 편리하면 기계가 개화된 것이며, …… 이 여러 가지 개화를 합한 뒤에야 개화를 다 갖추었다고 말할 수 있다.

– 유길준, 「서유견문」, 「개화의 등급」

02 수신사와 조사 시찰단 파견

요코하마에서 에도에 이르는 사이에 시니가와라는 곳이 있는데, 큰 바다 가운데에 7~8곳의 돈대가 있었으니 이는 서양인과 접전할 때에 특별히 설치하여 대포를 쏘았던 곳이었습니다. 배에 돌을 많이 쌓으면 돌이 무거워 배가 가라앉는데, 이렇게 배를 계속 가라앉혀 돈대를 만들었다고 하니 그 공력이 또한 매우 굉장하였사옵니다. …… 차마다 모두 바퀴가 있어 앞 차의 화륜이 한번 구르면 여러 차의 바퀴가 따라서 모두 구르게 되는데, 천둥 번개처럼 달리고 비바람처럼 날뛰어 한 시간에 3~4백 리를 달린다고 하는데도, 차체는 안온하여 조금도 요동하지 않았습니다.

– 「고종시대사」

인재를 등용할 때, 예전에는 화족(왕족), 사족, 평민의 구분이 있었으나 지금은 그 명칭이 있어도 전적으로 재주로써 사람을 쓰기 때문에 평민으로 높은 자리에 오른 자도 매우 많으며, 화족이나 사족의 후손이 수레나 말을 끄는 천한 직업에 종사하기도 한다.

– 박정양의 보고서

03 영선사 파견

식사 후 기기창, 번사창, 목양창, 화도창, 전기창, 화약창 등을 두루 살펴보았다. …… 많은 수의 기기들이 모두 일륜의 힘을 사용하였다. 우측에서 돌아가는 것, 좌측에서 돌아가는 것, 아래를 향해 구멍을 뚫는 것, 철을 끊어내는 것, 칼을 가는 것, 나무를 갈고 깎는 것, 구리를 가는 것, 철을 녹이는 것 …… 참으로 전기가 핍탈하는 조화는 형언할 수 없었다. 수사국에 가서 학도들이 서양식 군대의 보법을 익히는 것을 보았다. …… 움직임이 정제되어 있어서 조금도 들쭉날쭉함이 없었으며, 영국과 독일 양국의 방법을 참용했다고 하였다. 수뢰국으로 가서 학생 36명을 보았는데 모두 어리고 총명하였다. ……

– 「고종시대사」

04 보빙사 파견

서울을 떠날 때 푸트 공사는 우리들에게 이렇게 말한 바 있다. 미국 정부는 우리를 대대적으로 환영할 것이고, 우리는 미국의 각 공공 기관을 시찰할 뿐만 아니라 증기 기관과 전기 시설까지 시찰할 것이고, 조선에서 볼 수 없는 기타 많은 문물을 보고 듣게 될 것이라고 말했다. 그래서 그의 친절한 격려의 말씀에 감사하고 있다. 그런데 이제 그의 말씀은 현실화되었다. 오히려 푸트가 언급한 이상으로 우리는 친절한 환대를 받았고, 그래서 우리는 미국 정부와 각 공공 기관에 대해 심심한 감사를 표한다.

— 『고종시대사』

사료 독해

조선은 미국과 수교한 후 미국의 공사 파견에 대한 답례로 민영익 일행을 미국에 보빙사로 파견하였다(1883). 보빙사는 서양에 파견한 첫 번째 사절단으로 미국 대통령을 만나 외교와 통상에 대해서 협의하였다.

05 통리기무아문 설치

의정부에서 "아문을 설치하는 일에 대해서 이미 전달하였으니, 절목을 마련하여 묘당에서 속히 들이게 하라."고 명을 내리셨습니다. 신들이 참찬, 유사 당상들과 함께 조방에 모여서 충분히 상의한 다음 설치하기에 합당한 것을 써서 들이고, 감히 아룁니다." 하니, 알았다고 답하였다.

하나, 아문의 칭호는 통리기무아문으로 한다.

하나, 이미 설치한 아문은 기무에 관계되므로 구별하여 살피지 않아서는 안 되니, 당상과 낭청을 차정하여 각각 그 일을 담당하게 한다.

하나, 사대사와 교린사는 겸하여 담당하고, 군무사 · 변정사 · 기연사를 겸하여 담당하며, 전선사와 어학사는 겸하여 담당하고, 기계사 · 군물사 · 선함사를 겸하여 담당하며, 통상사와 이용사는 전담하여 담당한다.

하나, 신설한 아문은 중앙과 지방의 군국의 기무를 통솔하여 체모가 특별하므로 정1품 아문으로 마련하고, 대신 중에서 총리를 삼아 통제하거나 정무 보는 것은 의정부와 같은 규례로 해서 통리기무아문의 일을 총괄하여 다스린다.

하나, 아문 이전의 삼군부는 그대로 설치한다.

하나, 당상은 10원까지로 하고 낭청은 18원까지로 하되, 문관 · 음관 · 무관에 구애되지 말고 가려 차임한다.

— 『고종시대사』

사료 독해

• 통리기무아문은 1880년 변화하는 국내외 정세에 대응하기 위해 국내외의 군사와 대외 관계 업무를 총괄하는 관청이다.

• 개항 후 조선 정부는 국정 개혁을 위한 방편으로 청의 제도를 참고하여 근대적 행정 기구인 통리기무아문을 설치하고, 그 아래 12사를 두어 개화 정책을 추진하게 하였다. 새로 설치된 아문은 각각 사대 · 교린 · 군무 · 변정 · 통상 · 군물 · 기계 · 선함 · 기연 · 어학 · 전선 · 이용 등의 직무를 관장하였다. 통리기무아문이 설치 후 영의정 이최응이 총리대신으로, 김보현, 민겸호, 김병덕, 김홍집 등 10명이 당상으로 임명되었다.

06 별기군(교련병대) 창설

그 해 봄 장정들을 모집하여 일본식 군사 훈련을 시켰으니 이를 별기대라고 불렀다. 일본인 호리모토 레이조가 훈련을 가르쳤으며, 남산 밑에다 훈련장을 마련하였다. 그곳에서 총을 메고 훈련하였으므로 먼지가 허공을 가리어, 이 광경을 처음 본 장안 사람들은 놀라지 않은 자가 없었다. 그리고 개화가 된 이후, 이해를 분별하지 않고 일본이라는 말만 들으면 이를 갈며 그들을 죽이려고 하였으니 서민층에서 더욱 심하게 나타났다.

— 황현, 『매천야록』

사료 독해

1881년 조선 정부는 신식 군대인 별기군(교련병대)을 창설하고 기존의 5군영을 2군영으로 개편하였다. 별기군에는 일본인 교관을 초빙하여 군사 훈련을 받게 하였다.

적의 정세를 미리 살펴 분명하고 조리 있게 지금의 일을 논할 수는 없으나, 그 대강만을 들어 보기로 하겠습니다. 지금 서양인의 침입을 당하여 국론이 화친과 전쟁으로 양분되어 있습니다. 그런데 서양인을 공격해야 한다는 주장은 내 나라 쪽 사람의 주장이고, 서양인과 화친해야 한다는 주장은 적국 쪽 사람의 주장입니다. 전자를 따르면 나라의 문화와 전통을 보전할 수 있지만, 후자에 따른다면 조선인이 금수의 지경으로 빠지고 말 것입니다. …… 전하께서는 부지런히 힘쓰시고 바깥 세상에 견제당하거나 흔들림을 경계하시어 안으로 관리들로 하여금 사학의 무리를 잡아 베게 하시고, 밖으로 장병들로 하여금 바다를 건너오는 적을 정벌하게 하소서.

— 이항로, 『화서집』

일단 강화를 맺고 나면 저들의 욕심은 물화를 교역하는 데 있습니다. …… 백성들의 목숨이 달려 있는 유한한 물화를 가지고 저들의 사치하고 기이하며 심성을 좀먹고 풍속을 무너뜨리는 물화와 교역을 한다면 그 양은 틀림없이 1년에도 수만에 달할 것입니다. 그렇게 되면 몇 년 안지나 땅과 집이 모두 황폐하여 다시 보존하지 못하게 될 것이고 나라도 망하고 말 것입니다. …… 저들이 비록 왜인이라고 하지만 본질적으로는 서양 오랑캐와 다를 것이 없습니다. 강화가 이루어지면 사악한 서적과 천주교가 다시 들어와 사악한 기운이 온 나라를 덮게 될 것입니다.

— 최익현, 『면암집』

수신사 김홍집이 가지고 와서 유포한 황준헌의 사사로운 책자를 보노라면 어느 새 털끝이 일어서고 쓸개가 떨리며 울음이 북받치고 눈물이 흐릅니다. …… 미국은 우리가 본래 모르던 나라입니다. 잘 알지 못하는데 공연히 타인의 권유로 불러들였다가 그들이 재물을 요구하고 우리의 약점을 알아차려 어려운 청을 하거나 과도한 경우를 떠맡긴다면 장차 이에 어떻게 응할 것입니까? 러시아는 본래 우리와 혐의가 없는 나라입니다. 공연히 남의 말만 듣고 틈이 생기게 된다면 우리의 위신이 손상될 뿐만 아니라 만약 이를 구실로 침략해 온다면 장차 이를 어떻게 막을 것입니까? …… 하물며 러시아, 미국, 일본은 같은 오랑캐입니다. 그들 사이에 누구는 후하게 대하고 누구는 박하게 대하기는 어려운 일입니다.

— 『일성록』

전하께서는 나라 안에 있는 서양 물건들을 거두어서 불태워 버리소서. …… 기무아문을 혁파하여 옛 제도를 복구하고, 경비를 절약하여 사치를 금하고, 언로를 넓혀 지혜를 모으고, 정학(성리학)을 장려하여 사악함을 배척하며 상하원근이 한마음으로 뭉친다면 의로움이 천하에 넘쳐 날 것입니다.

— 홍재학의 상소

사료 독해

- 첫 번째 사료는 '척화주전론'을 주장하는 이항로의 상소이다. 1860년대 조선에서 천주교가 확산되고 서양 세력의 통상 요구가 거세지자 유생들을 중심으로 성리학적 질서와 가치를 지키기 위해 서양의 침략에 맞서 싸우자는 척화주전론이 주장되었다. 이들의 주장은 흥선 대원군의 통상 수교 거부 정책을 뒷받침 하였다.

- 두 번째 사료는 개항에 반대하는 최익현의 상소이다. 1970년대 개항을 전후하여 최익현을 비롯한 유생들은 일본이 이미 서양과 수교를 맺어 서양과 다를 바 없다는 '왜양일체론'을 내세워 일본의 문호 개방 요구에 반대하는 개항 반대 운동을 전개하였다.

- 세 번째 사료는 이만손 등 영남 유생 1만여 명이 올린 '영남 만인소'이다. 1980년대 황준헌의 『조선책략』이 유포되고 미국과 수교하려 하자 유생들이 이에 반발하였다. 이를 계기로 1880년대 개화 반대 운동이 확대되었다.

- 영남 만인소 이후에도 미국과의 수교에 반대하는 상소는 끊임없이 올라왔다. 특히 홍재학의 상소가 가장 과격하였는데, 홍재학은 개화파에 대한 비판을 넘어 고종이 사학의 무리를 방치한 실정이 있다고 하며 국왕까지도 비판하였다. 위정척사 운동은 서양과 일본의 정치·경제적 침략에 맞선 반외세 운동으로 전개되었고 훗날 항일 의병 투쟁으로 계승되었다.

08 임오군란의 배경

임오년(1882) 6월 9일, 서울 군영의 군사들이 큰 소란을 피웠다. 호조와 선혜청의 창고도 고갈되어 서울의 관리들은 봉급이 지급되지 않았다. 5군 영의 병사도 종종 급식을 받지 못하여 급기야 5군영을 2군영으로 줄이고 노 약자는 내쫓았다. 도태되어 기댈 곳이 없던 이들은 완력으로 난을 일으키려 고 하였다. 이때 군량이 지급되지 않은 지 이미 반년이 지났는데 마침 호남 의 세금 거둔 배 수 척이 도착하자, 서울 창고를 열어 군량을 먼저 지급하 라는 명이 떨어졌다. 선혜청 당상관 민겸호의 하인이 선혜청 창고지기가 되 어 그 군량을 지급하였다. 그가 쌀에 겨를 섞어서 지급하고 남은 이익을 챙 기자 많은 백성이 크게 노하여 그를 구타하였다. 민겸호가 그 주동자를 잡 아 포도청에 가두고 그를 곧 죽일 것이라고 선언하였다. 수많은 군중은 더 욱 분함을 참지 못하고 칼을 빼어 땅을 치며, "굶어 죽으나 처형당하나 죽기 는 마찬가지다. 그렇다면 차라리 죽일 사람이나 죽여서 억울함을 풀지 않겠 는가."라고 하였다. 드디어 들고 일어날 것을 결정하고 서로 고함 소리로 호 응하여 많은 사람이 모였다. 그 고함 소리로 인하여 땅이 꺼질 것 같았다.

— 황현, 『매천야록』

사료 독해

개항 후 조선 정부가 개화 정책을 추진하면서 개화파 관료가 대거 등 장하자 보수 세력의 반발이 격화 되었다. 특히 군제 개혁으로 5영을 폐지하고 2영을 설치하는 동시에, 신식 군대로 별기군이 창설되자 불 만은 더욱 고조되었다. 1882년 별 기군에 비해 차별 대우를 받던 구 식 군인이 난을 일으켰다. 13개월 만에 지급되는 녹봉에 겨와 모래 가 섞인 쌀이 지급되자, 그동안의 차별 대우에 대한 불만이 폭발하였 다. 여기에 개항 이후 곡물이 대량 으로 유출되어 생활이 어려워진 일 반 백성들이 가담하며 그 규모가 커졌다.

09 임오군란의 전개

그들은 곧바로 민겸호의 집으로 쳐들어가서 순식간에 집을 부수고 점령하 였다. …… 이때 민겸호는 담을 넘어 대궐로 도주하였다. …… 그 후 난군들 은 돈화문으로 향하였다. 돈화문이 닫혀 있자 그들은 총으로 대문짝을 쏘았 다. 그 소리가 콩이 튀듯 멀리까지 들렸다. 문이 열리자 그들은 벌떼처럼 달 려 들어갔다. 임금이 그 소문을 듣고 급히 대원군을 부르자 대원군은 난병들 을 따라 입궐하였다. …… 그 후 난병들은 고함을 지르며 명성황후가 어디에 있느냐고 외쳤다. 그들의 말은 매우 불손하고 흉측하여 차마 들을 수가 없었 다. 그들이 사방을 다니며 수색하니, 첩첩으로 설치된 장막과 벽 사이는 창이 삼엄하게 뻗쳐 있었다. …… 명성 황후는 사인교에 들어가 숨고 뒤쪽에 앉아 포장을 두르고 대궐 밖으로 나왔다. 어느 궁인 한 사람이 입으로 그를 가리켰 다. 난병들은 사인교의 포장을 찢고 그 머리를 잡아 땅에 내동댕이쳤다. 이를 본 무감 홍재희가 고함을 지르며 "이 사람은 내 여동생 상궁이니 오인하지 마 라."라고 하고 황급히 그를 업고 도망치자 많은 난병은 의심을 하였으나 말 한마디 하지 못했다. …… 대원군에게 군국사무를 처리하라는 명이 내려지 자, 대원군은 궐내에 거처하면서 통리기무아문과 무위영·장어영을 폐지하 고, 5군영의 군사 제도를 복구하고 군량을 지급하도록 하였다. 그리고 난병 에게 물러가라 명하고 대사령을 내렸다.

— 황현, 『매천야록』

사료 독해

군란을 일으킨 구식 군인과 도시 하층민들은 흥선 대원군을 찾아가 도움을 요청하였다. 이후 군민들은 포도청과 의금부를 습격하여 죄수 들을 석방하고 경기 감영을 습격하 여 무기를 약탈하였다. 이어서 민 태호를 비롯한 개화파 관료의 집을 파괴하고, 일본 공사관을 공격하였 다 이에 공관원이 인천으로 도피하 였다. 또 별기군 군영을 습격하여 일본인 교관과 순사 등 13명을 살 해하였다. 이튿날에는 왕비 민씨를 제거하기 위해 궁궐에 난입하였고, 신변에 위협을 느낀 왕비 민씨는 피신하였다. 한편 고종은 대원군에 게 사태 수습을 맡기었다. 권력을 되찾은 대원군은 개화 정책을 중단 하고 기존 제도를 복구하여 사태를 수습하려 하였다.

10 임오군란 결과 - 제물포 조약

조선의 흉도가 일본 공사관을 습격하여 사무를 보는 인원이 난을 당하였고, 조선에서 초빙한 일본 육군 교관도 참화를 입었다. 일본국은 평화 우호를 위주로 타당하게 협의 처리한다.

제1조 지금부터 20일 안에 조선국은 흉도를 체포하고, 그 책임자를 엄중히 심문하여 중죄에 처한다.

제3관 조선국이 지불한 5만 원은 해를 당한 일본 관원의 유족 및 부상자에게 지급하여 특별히 돌보아 준다.

제4조 흉도의 폭거로 일본이 받은 피해와 공사를 포위한 육해군 경비 중에서 50만 원을 조선국에서 보충한다.

제5조 일본 공사관에 군인을 두어 경비를 서게 한다. 그 비용은 조선국이 부담한다.

제6관 조선국은 대관을 특별히 파견하고 국서를 지어 일본국에 사과한다.

〈속약〉

제1관 부산, 원산, 인천 각 항구의 통행할 수 있는 거리를 이제부터 사방 각 50리로 넓히고, …… 1년 뒤에는 양화진을 개시(開市)로 한다.

제2관 일본국 공사와 영사 및 그 수행원과 가족은 조선의 내지 각 곳을 돌아다니는 것을 허용한다.

– 『고종실록』

사료 독해

• 청군이 조선에 파견된 가운데 흥선 대원군이 청에 납치되고, 군란에 가담했던 장병들이 처형되면서 군란이 진압되었다.

• 임오군란 이후 일본은 조선 정부에 피해 보상과 거류민 보호를 내세워 제물포 조약 체결을 강요하였다. 이에 조선 정부는 협상을 결정하고 제물포에서 일본 측과 회담을 열었다. 양국은 교섭 3일 만에 제물포 조약을 체결하였는데, 회담의 쟁점은 군란을 일으킨 흉도의 체포 시한과 처벌, 일본 측 피해에 대한 배상금의 규모, 일본 공사관에 호위병 주둔 여부, 조선 정부의 사과 등 6개 항목이었고, 속약으로 군란과 무관한 통상 확대와 내지 여행 수용 여부 등이었다.

한국사 Q&A   조선은 근대 문물 수용을 위해 어떠한 노력을 기울였을까?

▲ 기기국 번사창(서울 종로)

청이 잇따라 근대화 시도에 성공하자 조선에서도 청의 선진 문물을 받아들이기 위해 적극적인 외교를 하였다. 그리하여 조선 정부는 국방력 강화를 위해 서양식 무기를 생산하고 있는 청의 톈진 기기국에 기술 유학생 38명을 파견하였다. 청은 이들에게 숙소도 제공하고 상세한 교육 일정도 안배하였다.

기술 유학생들은 기기국 내의 무기 제조 공장 각 부문에 배치되어 기술을 배웠다. 그러나 무기 제작 기계를 다루기 위해서는 전문적인 지식이 필요했는데, 기술 유학생들은 이러한 지식이 없어서 많은 어려움을 겪었다. 또한 언어도 통하지 않고, 난생 처음 타국을 밟은 이들도 많아 갑작스러운 환경에 변화에 적응하기도 어려웠다. 이러한 여건 속에서도 상운, 송경화, 조한근과 같은 유학생들은 수준 높은 기술을 익히기도 하였다.

이후 청에서 근대식 기술을 배우고 돌아온 유학생들 중 일부는 기기국 등 정부의 부서에 근무하며 활약하였다. 그러나 무기 제조 공장인 기기창은 청의 간섭으로 설치가 늦어져 유학생들이 청에서 배운 기술을 활용하기 어렵게 되었다.

14 갑신정변과 열강의 대립

KEY WORD

갑신정변
1884년에 김옥균·박영효·서광범·홍영식 등 개화당이 조선의 자주 독립과 근대화를 추구하며 일으킨 정변이다. 청의 군사 개입으로 정변은 3일 만에 실패로 끝났다.

14개조 개혁 정강
갑신정변 때 개화당 정부가 개혁 정책 지침으로 공포한 정강이다. 청에 대한 사대 관계 청산, 문벌 폐지, 인민 평등권 확립, 지조법 개정 등을 포함하고 있다.

거문도 사건
1885년에 영국이 러시아의 남하 정책을 견제하기 위해 조선의 영토인 거문도를 불법으로 점령한 사건이다. 청의 중재로 영국군은 점령한 지 2년 만에 거문도에서 철수하였다.

주제 열기

임오군란 이후 청의 내정 간섭이 심해지면서 개화 정책은 지연되자 개화당은 정변을 일으켜 근대 국가를 수립하려 하였다. 개화당 세력은 갑신정변을 통해 무엇을 이루고자 하였을까?

▼ 갑신정변의 주역들 왼쪽부터 박영효, 서광범, 서재필, 김옥균이다.

시대 흐름 잡기	개화 세력의 분화	갑신정변 전개	갑신정변 후 국제 정세
	○온건 개화파: 청과의 관계 중시, 청의 양무운동을 모델로 점진적인 개혁 추구 ○급진 개화파: 청의 내정 간섭에 반발, 일본의 메이지 유신을 모델로 급진적인 개혁 추구	○배경: 청의 내정 간섭, 청·프 전쟁 발발 → 청군 일부 철수 ○전개: 우정총국 개국을 이용해 정변 → 개화당 정부 수립 ○결과: 청군의 개입으로 실패 → 한성 조약, 톈진 조약 체결	○갑신정변 → 청의 내정 간섭 심화, 러시아의 남하 정책 추진 ○영국의 거문도 점령 → 한반도를 둘러싼 열강의 대립 심화 ○한반도 중립화론 대두, 조선의 외교 노력(미국에 공사관 설치)

01 온건 개화파의 동도서기론

서양에서 유행하고 있는 천주교가 우리나라에 유포되는 것은 금지해야 합니다. 우리가 부족한 것은 기술뿐이기 때문에 그 기술만을 받아들이면 됩니다. 과학 기술 문명은 인간의 도리에 해롭지 않고 백성들이 살아가는 데 도움이 되기 때문에 이를 배워야 합니다. 서양에서 들여온 서적에 과학 기술 문명에 대한 설명이 나와 있는데, 이것을 오늘날 우리가 구하여 활용해야 합니다.
— 김윤식의 상소문

군신, 부자, 부부, 붕우, 장유의 윤리는 인간의 본성에 부여된 것으로서 천지를 통하는 만고불변의 이치이고, 위에 존재하는 것으로서 도가 됩니다. 이에 대해 배, 수레, 군사, 농사, 기계 등 백성을 편하게 하고 나라에 이익이 되는 것은 외형적인 것으로서 기가 됩니다. 신이 변혁을 꾀하고자 하는 것은 기이지 도가 아닙니다. …… 엎드려 바라건대, 전하는 인재를 널리 선발하여 기계 제조의 관리를 두시고, 그들로 하여금 해외에 출입케 해서 제조법을 배워오게 하여 급속히 그 효용을 보게 하면, 그 뛰어난 기술이 어찌 다른 나라보다 앞설 수 없다 하겠습니까?
— 윤선학의 상소문

02 급진 개화파의 문명개화론

"신사상은 박규수 집 사랑방에서 나왔소. 김옥균과 홍영식, 서광범 그리고 박영효 등이 재동의 박규수 사랑에 모였소. …… 『연암집』의 귀족을 공격하는 글에서 평등사상을 얻었소." …… 이처럼 박영효는 당시 신사상이라는 것이 바로 평등론, 민권론이었다고 말하였다.
— 주요한, 「동광」

조선이 이전부터 스스로를 청의 속방으로 여겨 온 것은 참으로 부끄럽다. 나라가 발전할 희망이 없는 것은 여기에 원인이 있다. 이에 첫째로 해야 할 일은 독립하여 완전한 자주국을 수립하는 것이다. 독립하려면 정치와 외교를 자수자강해야 한다. 그러나 청을 섬기는 현재의 정부로서는 불가능하다.
— 김옥균, 「조선개혁의견서」

오늘날의 급선무는 반드시 인재를 등용하며 국가 재정을 절약하고 사치를 억제하며, 문호를 개방하고 이웃 나라와 친선을 도모하는 데 있다고 한다. …… 오늘날 모든 나라가 서로 교통하여 화륜선이 바다에 오가며 전선이 전 지구에 설치되었고, 기계 등을 만들어 민생의 일용에 편리한 것을 이루 다 헤아릴 수 없다. 그러나 각각의 절실하고 중요한 정치와 기술을 찾아보면 첫째는 위생이요, 둘째는 농상이요, 셋째는 도로이다.
— 김옥균, 「치도약론」

03 고종의 개화 의지를 밝힌 교서

　근년 이래로 천하의 대세는 옛날과 판이하게 되었다. 영국·프랑스·미국·러시아 같은 구미 여러 나라에서는 정교하고 이로운 기계를 새로 만들고 나라를 부강하게 하는 일에 최선을 다하고 있다. …… 기계를 제조하는 데 조금이라도 서양 법을 본받는 것을 보기만 하면 대뜸 사교에 물든 것으로 지목하는데, 이것도 전혀 이해하지 못한 것이다. 그들의 종교는 요사스러우니 마땅히 음탕한 음악이나 미색처럼 멀리해야겠지만, 그들의 기계는 이로워서 진실로 이용후생할 수 있으니 농기구·의약·병기·화륜선과 같은 제조를 어찌 꺼려하며 하지 않겠는가. 그들의 종교는 배척하고 기계를 본받는 것은 진실로 병행하여도 사리에 어그러지지 않는다. 더구나 강약의 형세가 이미 현저한데 만일 저들의 기계를 본받지 않는다면 무슨 수로 저들이 얕보는 것을 막고 저들이 넘겨다보는 것을 막을 수 있겠는가. 참으로 안으로 정치와 교육을 닦고 밖으로 이웃 나라와 수호를 맺어 우리나라의 예의를 지키면서 각국의 부강한 방법을 취하여 너희 사민과 함께 태평성대를 누릴 수 있다면 어찌 아름답지 않겠는가. 지난번에 교화하기 어려운 자들을 예사로 보고 백성들의 마음이 안정되지 않아 마침내 6월의 변고(임오군란)가 일어나 이웃 나라에 신의를 잃고 천하에 비웃음을 사게 되었다. 나라의 형세는 날로 위태로워지고 배상금은 수만이나 되었으니, 어찌 한심하지 않는가. 일본인이 우리나라에 들어와서 언제 우리를 학대하고 모욕하며 우호에 어긋난 일을 한 적이 있었는가. 그러나 다만 우리 군인과 백성들이 함부로 의심해서 멀리하고 오랫동안 분노의 감정을 품고서 이렇게 까닭 없이 먼저 범하는 행동이 있게 되었다. 너희는 그 잘못이 누구에게 있는지를 생각해 보라.　　　　　－「고종실록」

04 갑신정변의 배경

　지금 천하대세는 나날이 변하고 있습니다. 나라 안의 상황은 날로 위급해지고 있으며, 청과 프랑스 사이에는 전쟁이 임박하였습니다. 청과 일본 역시 그러한 상황에 이르게 될지도 모르겠습니다. 그리고 십여 년 전부터 서양 여러 나라의 동양 각국에 대한 정책이 갑자기 변하였습니다. 만약 옛 법도만을 굳게 지킨다면 곧바로 위기가 닥쳐와 거의 망하게 될 것입니다.　－「대한계년사」

　나(김옥균)는 자금이 없이는 아무것도 할 수 없고, 지금 빈손으로 귀국하면 집권 사대당은 나를 비판하며 궁지에 몰아넣을 것임을 알고 있다. 어쨌든 우리 개화당은 심한 타격을 받을 것이며, 우리의 개혁안도 없어질 것이며, 조선은 청국에 영구적으로 속국이 될 수밖에 별 도리가 없다. 우리 당과 사대당은 공존할 수 없기 때문에 최후의 선택을 할지도 모르겠다.　－「후쿠자와 유키치전」

우정국에서 낙성식 연회를 가졌는데, 연회가 끝나 갈 무렵에 담장 밖에서 불길이 일어나는 것이 보였다. …… 사람들이 모두 놀라서 흩어지자, 김옥균이 궐내로 들어가 변고에 대하여 왕에게 급히 아뢰고 피할 것을 청하였다.

– 「고종실록」

1. 흥선 대원군을 가까운 시일 안에 돌아오게 하고, 청에 대한 조공의 허례를 폐지할 것.
2. 문벌을 폐지하여 인민 평등의 권리를 제정하고, 능력에 따라 관리를 등용할 것.
3. 지조법을 개혁하여 간사한 관리를 뿌리 뽑고, 백성의 곤란을 구제하며, 국가 재정을 넉넉히 할 것.
4. 내시부를 없애고, 그 가운데 재능 있는 자는 등용할 것.
5. 국가에 해독을 끼친 탐관오리를 처벌할 것.
6. 각 도의 환곡을 영구히 폐지할 것.
7. 규장각을 폐지할 것.
8. 급히 순사를 두어 도둑을 막을 것.
9. 혜상공국을 폐지할 것.
10. 그동안 유배, 구속된 사람들은 사정을 참작하여 석방할 것.
11. 4영을 합쳐 1영으로 하고 영 중에서 장정을 뽑아 근위대를 설치할 것.
12. 재정은 모두 호조에서 관할하게 하고, 그 밖의 재무 관청은 폐지할 것.
13. 대신과 참찬은 합문 안의 의정소에서 회의 결정하고, 정령을 공포해서 시행할 것.
14. 의정부, 6조 외의 불필요한 관청은 모두 없애고, 대신과 참찬이 협의해서 처리하게 할 것.

– 김옥균, 「갑신일록」

사료 독해

- 1884년에 청·프 진쟁이 일어나자, 청은 한성에 주둔한 병력의 절반을 철수하였다. 이 틈을 타 급진 개화파는 우정총국 축하연에서 정변을 일으켜, 민씨 일파와 수구적 인사를 제거하고 개화당 정부를 구성하였다.

- 급진 개화파는 정변을 통해 국정 전반을 개혁하여 근대 국가를 수립하려 하였다. 그들이 제시한 14개조 개혁 정강은 부국강병을 위한 재정과 군사 부문 개혁, 나아가 자주독립과 인민 평등권을 주장하는 등 그 내용이 매우 혁신적이었다. 특히 1조는 청으로부터 독립을 달성하여 완전한 자주국을 수립하려는 의도가 담겨 있으며, 2조는 인민 평등의 권리를 내세워 근대 국가를 지향하고 있다. 나머지 조항은 부국강병을 실현하기 위한 현실적인 조치로 정치 권력 장악과 국가 체제 정비, 국가 재정 확보, 군사 개혁 등에 중점을 두고 있으며, 상대적으로 토지 개혁과 같은 민중에 대한 고려는 미약하였다.

조선은 국서를 일본국으로 보내어 사죄의 뜻을 알린다. 피해를 입은 일본 국민에게 배상금을 지불하고, 가해자에게 엄벌을 내린다. 일본 공사관의 증축을 위해 2만 원을 지불한다.

– 「고종실록」

1. 청국은 조선에 주둔한 군대를 철수하며, 일본국은 공사관 호위를 위해 조선에 주재한 군대를 철수한다.
3. 장래 조선국에 만약 변란이나 중대 사건이 일어나 청·일 양국 혹은 어떤 한 국가가 파병을 요할 때에는 응당 그에 앞서 쌍방이 문서로 서로 통지해야 한다.

– 「고종실록」

사료 독해

- 갑신정변 후 조선은 일본과 한성 조약을 체결하고, 일본에 막대한 배상금 지불을 약속하였다.

- 청과 일본은 톈진 조약을 맺고 군사 문제에서 양국의 대등한 권리를 명시하였다. 이 조약은 10년 뒤 동학 농민 운동 때 청·일 양국이 조선에 출병하는 빌미를 제공하였다.

07 갑신정변의 평가

임금을 위협한 것은 순리를 따르지 아니하고 거스르는 것이니, 실패할 첫째 이유이다. 외세를 믿고 의지하였으니, 반드시 오래가지 못할 것이 실패할 둘째 이유이다. 백성이 따르지 아니하여 변이 안에서부터 일어날 것이니 실패할 셋째 이유이다. …… 숫자가 적은 일본군이 어찌 많은 청군을 대적할 수 있겠는가? 이것이 실패할 넷째 이유이다. …… 이미 여러 민씨와 임금께서 친애하는 신하들을 죽였으니, 이는 왕과 왕비의 뜻에 어긋나는 것이다. 임금과 부모의 뜻을 거스르고서 그 자리와 세력을 지킬 수 있겠는가? 이것이 실패할 다섯째 이유이다.

– 『윤치호 일기』

나는 임오군란 때 청병을 따라 귀국하였다. 이때부터 청은 우리나라에 자주 내정 간섭을 하였다. 나는 청국당으로 지목되었고, 청국이 우리의 자주권을 침해하는 데 분노해 갑신정변을 일으켰던 김옥균은 일본당으로 지목되었다. 그 후 일이 허사로 돌아가자 세상은 그를 역적이라 하였는데, 나는 정부에 몸을 담고 있어 그를 공격할 수밖에 없었다. 그러나 그 마음은 결코 다른 나라에 있지 않았고, 애국하는 데 있었다.

–김윤식, 『속음청사』

개화당의 실패는 우리에게 매우 애석한 일이다. 내 친구 중에 갑신정변의 내용을 상세히 알고 있는 사람이 있다. 그는 일류 수재들이 일본인에게 이용당해 그처럼 크나큰 착오를 저질렀으니, 참으로 애석한 일이라고 하였다. 어찌 일본인이 진심으로 김옥균을 성공하게 하고, 성의 있게 조선의 운명을 위해 노력하겠는가? …… 일본이 이를 이용하여 청으로부터의 독립을 권하고 원조까지 약속하였지만, 사실은 조선과 청의 악감정을 도발하여 그 속에서 이익을 얻으려는 속셈이었다.

–박은식, 『한국통사』

사료 독해

• 첫 번째 사료는 『윤치호 일기』에 기록된 윤웅렬(윤치호의 아버지)이 갑신정변에 대한 평가를 한 것이다. 윤웅렬은 갑신정변의 실패 원인으로 임금 위협, 외세 의존, 민심 이반, 청군 개입, 순리를 따르지 않는 과격함 등을 들었다.

• 두 번째 사료는 집권 세력과 가까운 온건 개화파 김윤식의 갑신정변에 대한 평가이다. 그는 청에 영선사로 파견되어 기기국에서 무기 제조 기술 등을 배워 온 사람으로, 김옥균과 길은 달랐지만 김옥균의 본래 뜻은 역적이 아닌 애국이었다고 평가하였다.

• 세 번째 사료는 민족주의 사학자 박은식의 갑신정변에 대한 평가이다. 김옥균 등이 일본의 힘을 빌려 개혁을 시도한 것이 개화당의 실패 원인이라고 지적하면서, 일본의 본래 뜻을 제대로 이해하지 못한 것으로 보았다.

08 거문도 사건

근래 국내에 전해지는 소문을 통해 귀국(영국)이 거문도에 뜻을 두고 있다는 것을 알았습니다. 이 섬은 우리나라의 지방에 속한 곳으로, 다른 나라는 점유할 수 없는 곳입니다. …… 귀국처럼 우의가 돈독하고 공법에 밝은 나라가 이처럼 뜻밖의 일을 저지를 줄이야 어떻게 알 수 있었겠습니까? …… 귀국이 우의를 중히 여겨서 과감히 생각을 고쳐먹고 이 섬에서 속히 물러간다면 어찌 우리나라에만 다행한 일이겠습니까? 또한 만국이 함께 우러러 칭송할 만한 일이 될 것입니다. 그러나 그렇게 하지 않는다면 우리나라는 의리상 그대로 보고만 있을 수 없으니, 각 동맹국에 성명을 보내 그 공론을 들을 것입니다.

– 『고종시대사』

사료 독해

1885년에 영국이 거문도를 불법으로 점령하자, 김윤식이 영국 공관에 보낸 서신이다. 김윤식은 영국군의 거문도 점거 사실을 재차 추궁하고 이 사실을 각국 공관에 알렸다. 이 사건으로 동아시아의 긴장이 고조되자 청이 중재에 나섰다. 이에 러시아가 조선에서 영토를 확보하지 않을 것을 약속하자, 영국군은 점령한지 2년 만에 거문도에서 철수하였다.

09 조선 중립화론

지금 우리나라의 지리는 아시아의 목 부분에 있어서 그 위치는 유럽의 벨기에와 같고, 청에 조공하던 지위는 터키에 조공하던 불가리아와 같다. …… 그러므로 우리나라의 형세는 실로 벨기에와 불가리아 양국의 전례와 견줄 만하다. 불가리아가 중립 조약을 체결한 것은 유럽의 여러 대국이 러시아를 막으려는 계책에서 나온 것이었고, 벨기에가 중립 조약을 체결한 것은 유럽의 여러 대국이 서로 자국을 보전하려는 계책이었다. 이를 가지고 논한다면, 우리나라가 아시아의 중립국이 된다면 실로 러시아를 방어하는 큰 기틀이고, 또한 아시아의 여러 대국이 서로 보전하는 정략이 될 수 있다. …… 우리나라의 위기가 절박함이 얼마나 심한 것인가. 우리가 금일과 같은 형세로도 오히려 만국의 사이에서 토지와 인민을 보존할 수 있는 것은 청이 내려준 바이다. 러시아인이 우리를 노린 지 오래되었으나 아직 감히 움직이지 않는 것은 비록 세력 균형의 법칙이 저지한 바라고는 하지만, 실지로는 청을 두려워하여 그런 것이다. …… 오직 중립 한 가지만이 진실로 우리나라를 지키는 방책이다. 그러나 이를 우리가 먼저 제창할 수 없으니 그것은 청에 요청하여 처리하도록 해야 한다. 만일 청이 혹 일을 핑계 삼아 즉시 들어 주지 않으면 오늘 청하고 내일 또 청해서 청이 맹주가 되어 영국·프랑스·일본·러시아 등 아시아 지역과 관계 있는 여러 나라와 회동하고 이 자리에 우리나라를 보내어 공동으로 맹약을 체결하기를 구해야 한다. …… 이는 비단 우리나라만을 위한 것이 아니라 청의 이익도 될 것이고, 여러 나라가 서로 보전하는 계책도 될 것이니, 무엇이 두려워서 하지 않겠는가. …… 우리 정부가 간절히 이를 요청하기 바란다.

– 「유길준전서」

사료 독해

• 갑신정변 이후 한반도를 둘러싸고 청, 일본, 영국, 러시아 등 열강간의 대립과 경쟁이 심해지자, 조선 주재 독일 부영사 부들러는 조선 중립화론을 정부에 건의하였지만 수용되지 않았다.

• 유길준은 조선이 서양 열강이 보장하는 중립국이 되면, 조선의 안전은 물론 아시아의 안위를 지킬 수 있을 것이라고 주장하였다. 유길준은 아주 현실주의적인 입장에서 조선 중립화론에 접근하였다. 만약 조선이 러시아나 일본의 침략으로 희생될 경우, 이는 청에게도 엄청난 위기가 될 수밖에 없다. 그렇기 때문에 청의 군사적 능력 등을 고려할 때 조선의 중립화를 청이 적극적으로 지지하고 그것을 실현하기 위해 주도적인 역할을 맡아야 한다고 하였다. 하지만 유길준의 이러한 주장은 정부의 정책에 반영되지는 못하였다.

한국사 Q&A 영국은 왜 거문도를 점령하였을까?

▲ 거문도를 점령한 영국군(1885)

19세기에 영국과 러시아는 대서양에서 서로 패권 다툼을 하였다. 영국의 막강한 해군 때문에 대서양 진출이 막힌 러시아는 부동항을 찾아 태평양 지역으로 눈을 돌려 아시아로 진출하였다.

갑신정변 이후 청의 간섭에서 벗어나고자 하였던 조선은 이러한 러시아를 끌어들이고자 두 차례 밀약을 추진하였다. 이에 영국은 러시아의 남하를 막기 위해 함대를 파견하여 거문도를 불법으로 점령하였다. 거문도를 점령한 영국은 국기를 게양하고 포대와 병영을 쌓는 등 섬 전체를 요새화하였다. 청은 거문도 사건이 국제 문제로 커질 것으로 판단하여, 조선 정부에 대한 영향력을 강화하고자 사건의 중재자로 적극적으로 나섰고, 영국은 청과 몇 차례 교섭한 뒤에 거문도에서 철수하였다.

15 동학 농민 운동과 갑오개혁

KEY WORD

고부 농민 봉기
고부 군수 조병갑의 수탈에 전봉준을 중심으로 농민들이 봉기한 사건으로, 관아를 습격하여 곡식을 농민들에게 나누어 주고 백성들에게 원성이 높았던 만석보를 허물었다.

청·일 전쟁
1894~1895년에 조선의 지배를 둘러싸고 청과 일본이 벌인 전쟁이다. 일본군의 기습 공격으로 시작된 전쟁은 일본의 승리로 끝이 났고, 시모노세키 조약이 체결되었다.

갑오개혁
1894~1896년까지 약 19개월간 세 차에 걸쳐 추진된 개혁으로 주요 내용은 신분제 폐지, 은본위제, 조세의 금납화, 조혼 금지, 과부의 재가 허용, 고문과 연좌법 폐지 등이다.

주제 열기

1894년에 지배층의 수탈과 외세의 침략에 맞서 동학 농민 운동이 일어났다. 정부는 갑신정변과 동학 농민 운동에서 제기된 개혁 요구를 반영하여 갑오개혁을 추진하였다. 갑오개혁 이후 조선 사회의 모습은 어떻게 달라졌을까?

▽ 재판을 받기 위해 이송되는 전봉준

시대 흐름 잡기

개항 후 농민층 동요
- 정치 기강의 문란 → 집권 세력의 부정부패로 매관매직 성행
- 지주층의 지대 수탈 → 농민의 조세 부담 증가
- 외국 상인의 침투 → 면직물 산업 타격, 곡물 가격 폭등

동학 농민 운동
- 고부 농민 봉기: 고부 군수 조병갑의 횡포 → 농민 봉기 발발
- 1차 봉기: 황토현·황룡촌 전투, 전주 화약 → 폐정 개혁 실천
- 2차 봉기: 일본군 경복궁 점령, 청·일 전쟁 → 우금치 전투

갑오개혁 추진
- 1차 개혁: 김홍집 내각, 군국기무처 설치 → 개혁 추진
- 2차 개혁: 김홍집·박영효 연립 내각 → 홍범 14조 반포
- 3차 개혁: 을미사변 후 친일 내각 → 단발령, 종두법 실시

01 동학 농민 운동의 배경

　요즘 수령들이 관직을 여관같이 생각하여 장부는 아전들에게 위임한 채 오직 뇌물 받는 것만 일삼는다. 심한 자는 백성에게 괜히 억지를 부려 돈을 빼앗는다. 집과 토지에서 거두는 세금을 늘리고 장시와 포구에도 세를 신설하니 백성들이 도저히 살 수 없게 한다. 요즘 백성들이 입에 풀칠하기도 어려워진 것은 토지와 집에 거두는 세금이 해마다 늘어나기 때문이다. …… 민란이 곳곳에서 일어나는 까닭은 모두 이 때문이며 삼남이 가장 심하다. ― 『비변사등록』

02 사발통문

　다음과 같이 격문을 사방에 보내니, 두루 읽고 함께 논의하도록 하라. …… 이때 도인(동학도)들은 앞으로 할 일을 의논하기 위하여 고부 서부면 죽산리 송두호의 집을 도소(본부)로 정하고, 다음과 같이 결정하였다.
　1. 고부성을 격파하고 군수 조병갑을 효수할 것.
　1. 군기창과 화약고(무기고)를 점령할 것.
　1. 군수에게 아첨하여 인민을 못살게 한 향리들을 징계할 것.
　1. 전주성을 함락하고 한성으로 곧바로 쳐들어갈 것. ― 『나라사랑』 15집

03 동학 농민군 1차 봉기 ― 무장 포고문

　지금 신하라는 자들은 나라에 충성을 다할 생각하지 않고 다만 녹봉과 지위를 도둑질하며, 전하의 총명을 가리고 아부하고 뜻만 맞추면서 충성을 간하는 말을 요사스러운 말이라 하고, 정직한 자를 비도(도적)라고 한다. 안으로는 나랏일을 도울 인재가 없고, 밖으로는 백성을 학대하는 관리가 많아, 백성들의 마음은 날이 갈수록 더욱 변하였다. 집 안에 들어가서는 즐겁게 살아갈 생업이 없고, 밖에 나와서는 몸을 보호할 방법이 없다. 학정이 날마다 심하여 원성이 그치지 아니하니, 군신의 의리와 부자의 윤리, 상하의 명분이 뒤집어지거나 무너져 남은 것이 없게 되었다. …… 지금의 형세는 옛날보다 더욱 심하다. …… 8도는 모두 어육이 되고 모든 백성은 도탄에 빠졌는데도 수령들의 탐학이 참으로 그대로이니, 어찌 백성이 곤궁해지지 않겠는가. 백성은 나라의 근본인 바, 근본이 쇠약해지면 나라도 쇠약해진다. 나랏일을 도와 백성을 편안하게 할(보국안민) 방책은 생각하지 않고 …… 오로지 녹봉과 지위를 도둑질하니, 이것을 어찌 도리라 하겠는가. 우리는 초야에서 사는 백성이지만, 임금의 땅에서 먹고 임금이 준 옷을 입고 있으므로 나라의 위태로움을 좌시할 수 없다. 이에 8도가 한마음으로 수많은 백성과 의논하여 오늘 이 의로운 깃발을 들어 나라를 바로잡고 백성을 편안히 만들 것을 죽음으로써 맹세를 하였다.
― 『동학난기록』

04 고종의 원병 요청

반민들의 형세가 날로 확대되어 성읍이 연이어 함락되어도 백성들은 도리어 기뻐하는 기색을 띠고, 오직 관군이 패한 것만 말하였다. …… 왕과 왕비가 크게 노하여, "반민들을 빨리 평정하지 못하면 불순한 소문이 점점 퍼져 나갈 염려가 있다. 전보를 보내 청국에 원병을 청하라."라고 하였다. — 황현, 『매천야록』

05 동학 농민군의 폐정 개혁안

– 전운소를 혁파할 것.
– 세금을 징수할 토지를 확대하지 않을 것.
– 보부상들이 일으키는 폐단을 금지할 것.
– 전 감사가 이미 거두어 간 환곡을 다시 내라고 하지 말 것.
– 대동미를 낼 기간에는 각 포구에서 미곡의 밀매를 금지할 것.
– 동포전은 호마다 봄가을에 두 냥씩으로 정할 것.
– 탐관오리는 파면하여 쫓아낼 것.
– 임금을 둘러싸고 매관매직하며 국권을 농간하는 자를 축출할 것.
– 지방관이 자신의 관할지역에서 장례를 치르지 말고 논도 거래하지 말 것.
– 전세는 전례에 따를 것.
– 집집마다 부과하는 노역을 줄여줄 것.
– 포구 어염세를 폐지할 것.
– 보세는 걷지 말고 궁방전은 없앨 것. — 전봉준의 판결문

06 집강소 설치

전봉준과 김개남 등은 남원에 크게 모였는데, 그 수가 수만 명에 이르렀다. 전봉준은 각 읍의 포에 명령하여 읍마다 도소를 설치하고, 자기 사람으로 집강을 세워 수령의 일을 맡게 하였다. 이렇게 되자 호남 지방의 군마와 돈, 곡식은 모두 적(동학 교도)이 장악하게 되었다. 사람들은 비로소 저들의 역모를 알게 되었지만 이미 형세가 이루어진 뒤라 제제하지 못하였다. — 『오하기문』

대개 적(동학 교도)은 천한 노비들로 구성되었으므로 양반들을 가장 미워하였다. …… 주인을 협박하여 노비 문서를 불태우고 천민에서 면해 줄 것을 강요하였다. …… 이 무렵 노비가 있는 집안에서는 이런 소문을 듣고 노비 문서를 불태워 화를 피하기도 하였다. …… 간혹 양반 중에는 주인과 노비가 함께 적을 추종한 경우도 있었는데, 이들은 서로를 '접장'이라고 부르면서 적의 법도를 따랐다. 백정이나 재인들 또한 평민이나 양반과 더불어 평등한 예를 행하였다. — 『오하기문』

07 동학 농민군 2차 봉기

경군과 영병에게 고시한다. 우리 동학교도가 의병을 일으켜 왜적을 소멸하고 개화를 제어하며, 조정을 잘 다스리고 사직을 안전하게 보존하려 한다. 매양 의병이 이르는 곳에 병정과 군교가 의리를 생각하지 않고 나와 싸우니 비록 승패는 없으나 인명이 서로 상하니 어찌 불쌍하지 아니 하리요. …… 함께 왜적을 물리쳐 조선이 왜국이 되지 아니하게 동심 합력하여 큰일을 이루게 할지라.

　　　　　　　　　　　　　　　　　　　　　　　　－『동학난 기록』

사료 독해

동학 농민군은 일본군의 경복궁 점령 이후 일본의 침략을 물리칠 것을 목표로 다시 봉기하였다. 2차 봉기는 동학의 교단 지도부를 비롯하여 다양한 지역의 농민들이 가담하였다.

08 우금치 전투

산 뒤쪽으로 오른 후에 일시에 불을 피우도록 약속하여 순식간에 하나의 화성이 되었다. 관군이 총을 쏘고 둘러싸고 공격하여 적병을 무수히 죽였다. 관군 역시 한 명의 사상자가 발생하였다. …… 견준봉에 주둔하였던 군사가 공격하자, 주봉에 주둔한 군사들이 총을 쏘면서 호응하여 마침내 우금치에서 전투가 벌어졌다. 성하영만이 그 공격을 감당하여 형세상 더 이상 버티지 못하였다. 그러나 마침내 일본인 군관이 군사를 나누어 우금치와 견준봉 사이에 이르러 산허리에서 나열하여 일시에 총을 발사하고 다시 산속으로 은신하였다. 적병이 고개를 넘으려고 하자 또 산허리에 올라 일제히 발사하였는데 4, 50차례를 이와 같이 하였다. 시체가 쌓여 산에 가득하였다. 관군이 일본 병사 사이에 나열하여 탄환을 발사하는데 오차가 없었다. 일본 병사 역시 그 재능을 칭찬하였다.

　　　　　　　　　　　　　　　　　　　　　－『동학 농민 혁명 사료 총서』

사료 독해

• 우금치는 전라도에서 공주로 가는 길목에 위치한 고개로, 동학 농민군이 관군과 일본군 연합 부대를 상대로 격전을 치른 곳이다.

• 논산에 집결한 남접과 북접의 동학 농민군은 공주 우금치 지역에서 일본군과 관군의 연합 부대와 전투를 벌였다. 하지만 무기의 열세를 극복하지 못하고 패하였다. 우금치 전투의 패배로 공주를 거쳐 한성으로 진격하려던 동학 농민군의 꿈은 좌절되었다.

09 전봉준 공초

문: 작년 1월 고부 등지에서 민중을 크게 모았다 하는데 무슨 일이었는가?

답: 그때 고부 군수가 정액 이외에 가혹하게 수탈한 것이 수만 냥인 고로 민심이 억울하고 통탄스러워 의거를 하였다.

문: 고부에서 봉기할 때 동학이 많았는가? 농민이 많았는가?

답: 동학과 농민이 합세했으나, 동학은 적었고 농민이 많았다.

문: 흩어져 돌아간 후에는 무슨 일로 다시 봉기하였는가?

답: 그 후에 이용태가 안핵사로 와서, 의거한 인민을 동학도로 통칭하고 체포하여 그 집을 불태우는 등 살육을 행하였기 때문에 다시 일어났다.

문: 1894년 9월 다시 봉기(2차 봉기)한 것은 무슨 이유인가?

답: 일본이 개화라고 칭하며 군대를 거느리고 한성으로 들어와 밤중에 왕궁을 공격하였다. 이에 초야의 선비와 백성들이 임금께 충성하고 나라를 사랑하는 마음으로 의병을 규합하고 일본인과 접전하여 그 책임을 묻고자 함이었다.

　　　　　　　　　　　　　　　　　　　　　　　　－『동학난기록』

사료 독해

• 우금치 전투에서 패배한 농민군은 후퇴하면서 항전을 지속하였지만 동학 농민군의 지도부가 체포되었다. 전봉준은 순창에서 체포되어 한성으로 압송된 후 심문을 받는데 이에 대한 기록이 전봉준 공초이다.

• 전봉준 공초는 총 274개 질문을 통해 동학 농민 운동의 전개 과정, 1·2차 봉기 목적, 동학 농민군의 규모, 전봉준의 동학 입도 의도와 동학 농민 운동에서 맡은 역할 등을 엿볼 수 있는 전봉준의 증언이다.

10 1차 갑오개혁 – 군국기무처 설치

군국기무처는 국내의 크고 작은 일을 전적으로 의논한다. 총재 1명은 총리 대신이 겸임하고, 부총재 1인은 의원 중에서 품계가 높은 사람이 겸임하며, 회의원은 10인 이상 20인 이하이고, 서기관은 3인인데 1인은 총리대신의 비서관을 겸임한다.
— 「고종실록」

1. 이후 국내외의 공사 문서에 개국 기원을 사용한다.
2. 문벌과 양반, 상민 등의 신분을 타파하여 귀천에 구애됨이 없이 인재를 뽑아 쓴다.
4. 죄인 자신 이외의 일체의 연좌법을 폐지한다.
6. 남자 20세, 여자 16세 이하의 조혼을 금지한다.
7. 과부의 재혼은 귀천을 막론하고 자유에 맡긴다.
8. 공·사 노비법을 혁파하고 인신매매를 금지한다.
— 「경장의정존안」

사료 독해

김홍집 내각은 군국기무처를 통해 여러 개혁을 단행하였다. 1차 개혁은 노비 제도의 혁파, 인신매매 금지 등 신분 차별을 철폐하였으며, 조혼을 금지하고 과부의 재가를 허용하는 등 봉건적인 악습을 철폐하려 하였다. 또한 왕실과 정부의 사무를 분리하고 정부 조직을 8아문으로 개편하였으며, 재정 기관을 일원화 하는 개혁을 추진하였다.

11 2차 갑오개혁 – 홍범 14조 반포

1. 청국에 의존하려는 마음을 버리고 자주 독립하는 기초를 확고히 할 것.
4. 왕실 사무와 국정 사무를 나누어 서로 혼합하지 아니할 것.
5. 의정부와 각 아문의 직무 권한을 명확히 할 것.
6. 인민에 대한 조세 징수는 법령으로 정해서 함부로 거두지 말 것.
7. 조세의 부과와 징수, 경비 지출은 모두 탁지아문이 관할할 것.
8. 왕실 비용을 솔선 절감하여 각 아문 및 지방관의 모범이 되게 할 것.
10. 지방 과제를 속히 개정하여 지방 관리의 직권을 제한할 것.
13. 민법과 형법을 명확하게 제정하고, 인민의 생명과 재산을 보전할 것.
14. 문벌에 구애받지 않고 사람을 쓰고, 세상에 퍼져 있는 선비를 두루 구해 인재의 등용을 넓힐 것.
— 「구한국한보」

사료 독해

청·일 전쟁에서 승기를 잡은 일본은 군국기무처를 폐지하고, 김홍집·박영효 내각을 구성하였다. 이에 고종은 홍범 14조를 포함한 독립 서고문을 반포하였다. 홍범 14조는 국가 전반의 개혁과 교육, 관리 임용, 민권 보장 등의 내용을 담고 있다. 하지만 홍범 14조는 결국 일본의 내정 간섭을 강화하는 수단으로 활용되었다.

12 을미사변 – 명성 황후 시해 사건

이날 동이 틀 무렵 일본 병사가 일제히 고함을 지르고 총을 쏘며 광화문을 통해 들어와서, 몇 갈래 길로 나뉘어 건천궁으로 향했다. …… 일본병은 계속해서 대군주와 왕후가 머무는 전각에 이르렀다. …… 흉악한 일본 자객들이 왕후를 수색하는 것을 도왔다. …… 자객들은 여러 방을 샅샅이 조사하여 마침내 조금 더 깊은 방 안에서 왕후를 찾아내고는, 칼날로 찍어 내려 그 자리에서 시해했다. …… 곧 바로 자객의 지휘로 …… 왕후의 시신에 석유를 끼얹고, 그 위에 땔나무를 쌓고서 불을 질러 태워 버리니, 다만 몇 조각 해골만이 남았다.
— 「대한계년사」

사료 독해

조선 정부는 일본의 세력 확대를 견제하기 위해 친러 정책을 추진하였다. 이 과정에서 조선에 대한 일본의 영향력이 줄어들었다. 이에 위기를 느낀 일본은 친러 정책의 중심 세력인 왕비 민씨(명성 황후)를 시해하였다.

13 3차 갑오개혁 - 단발령

11월 15일 고종은 비로소 머리를 깎고 내외 신민에게 명하여 모두 깎도록 하였다. …… 궁성 주위에 대포를 설치한 후 머리를 깎지 않는 자는 죽이겠다고 선언하니, 고종이 긴 한숨을 내쉬며 정병하를 돌아보고 말하기를 "경이 짐의 머리를 깎는 게 좋겠소."라고 하였다.

- 황현, 『매천야록』

사료 독해

3차 개혁은 태양력 사용, 소학교 설치와 우편 사무 실시, 단발령 시행 등의 내용을 담고 있다. 그중 가장 큰 반발을 초래한 정책은 단발령이었다.

14 갑오개혁에 대한 평가 - 유길준의 '삼치'

지금 조선의 개혁은 행하지 않을 수가 없지만, 조선인 된 자에게는 세 가지 치욕(삼치)이 있다. 삼치란 스스로 개혁을 향하지 못해 귀국의 권박을 받았으므로 본국 인민을 향하여 부끄러움이 그 하나이며, 세계 만국에 대하여 부끄러움이 그 둘이며, 후세 자손에게 부끄러움이 그 셋이다. 지금 이 삼치를 무릅쓰고 세상에 나설 면목이 없으나, 오직 개혁을 잘 이룸으로써 독립을 보존하고 남에게 굴욕을 당하지 않으면서 개화의 실효를 거두어 보국안민하게 되면, 오히려 허물을 벗어날 수 있다. 만일 다시 오래된 폐단을 그대로 행한다면, 장차 또 한 번의 권유와 다그침을 초래해 국가가 앞으로 어떠한 지경에 이를 지 알 수 없다. 우리가 장차 이 점에 힘써 국민이 마음으로 따르면 개혁의 일을 성공할 수 있고, 만일 이에 통하지 못해 다만 권면을 행할 뿐이라면 아마도 성공할 날이 없어 난이 먼저 일어날 듯하다.

- 유길준, 「삼치론」

사료 독해

갑오개혁은 갑신정변과 동학 농민 운동 때 제기된 개혁 내용의 일부 반영하여 조선의 정치·사회·경제 제도의 기본 틀을 바꾸어 놓은 근대적인 개혁이었다. 그러나 개혁이 일본의 간섭으로 추진되어 민중의 지지를 받지 못하였고, 일본이 조선의 내정을 장악하는 데 개혁을 이용한 측면도 있었다. 유길준은 갑오개혁의 이와 같은 한계를 '삼치론'으로 고백하였다.

한국사 Q&A   청·일 전쟁은 어떻게 일어났을까?

▲ 청·일 전쟁 기록화(1894~1895)

1894년 4월, 동학 농민군이 전주성을 점령하자 조선 정부는 청에 원병을 요청하였다. 이에 청군이 조선에 상륙하자, 일본군도 거류민 보호를 구실로 연이어 조선에 상륙하였다.

전주 화약 이후 조선의 철군 요구를 거절한 일본은 6월에 충청도 아산만 부근의 풍도 앞바다에 있는 청 함대를 기습 공격하여 청·일 전쟁을 일으켰다. 일본군은 평양 전투와 황해 해전에서 청군을 연이어 격파하였다. 이어 남만주와 랴오둥 반도로 진격하고 산둥 반도까지 진출하자 청군은 일본에 강화 회담을 요청하였고, 마침내 전쟁은 일본의 승리로 끝났다.

청·일 전쟁의 결과, 일본은 청과 시모노세키 조약을 체결하였다. 이 조약은 거액의 배상금과 랴오둥 반도, 타이완 등의 영토 할양을 주요 내용으로 담고 있다.

16 대한 제국 수립과 독립 협회 활동

KEY WORD

독립 협회
1896년에 설립한 한국 최초의 근대적인 사회 정치단체이다. 정부의 외세 의존 정책에 반대한 개화 지식인층이 한국의 자주독립과 내정 개혁을 표방하고 활동하였다.

대한 제국
1897~1910년까지 한반도에 존속한 전제 군주제 국가이다. 1897년에 고종은 황제 즉위식을 거행하고, 이어 대한국 국제를 제정하여 황제가 다스리는 자주독립국임을 선언하였다.

광무개혁
대한 제국이 자주독립과 근대화를 목표로 실시한 일련의 개혁을 당시 연호를 따서 '광무개혁'이라고 한다. 광무개혁은 황실 중심으로 추진되었고 황제권 강화에 힘썼다.

주제 열기

대한 제국은 대외에 자주 독립국임을 밝히고 광무개혁을 추진하였다. 독립 협회는 자주 독립과 자유 민권 의식을 고취하려 하였다. 대한 제국과 독립 협회는 어떤 방식으로 근대 국가를 이루려하였을까?

▼ **독립문**(서울시 서대문구)

시대 흐름 잡기

독립 협회의 활동
- 창립: 『독립신문』 창간, 독립문 건립 → 다양한 계층 참여
- 활동: 토론회 · 만민 공동회 개최 → 열강의 이권 침탈에 반대
- 의의: 민권 · 독립 의식 고취 → 내정 개혁, 의회 설립 추진

대한 제국 수립
- 아관 파천 후 고종이 경운궁으로 환궁 → 칭제 건원 주장
- 환구단에서 황제 즉위식 → 국호 '대한 제국', 연호 '광무'
- 대한국 국제 반포 → 자주 독립 제국, 전제 국가 선포

광무개혁 추진
- '구본신참'의 원칙 아래 점진적인 개혁을 추진
- 양전 사업 실시 → 근대적 토지 문서인 '지계' 발급
- 식산흥업 정책 추진 → 근대적인 공장 및 은행 설립

01 대한 제국 수립 – 고종의 황제 즉위

대체로 자주의 '자(自)'와 독립의 '독(獨)' 자의 뜻은 전적으로 자기의 의사에 따라 혼자 마음대로 하는 데에 있지, 여기에 물어보고 저기에 따르는 데에 있지 않습니다. 이렇게 놓고 볼 때 자주적인 우리나라는 마땅히 황제라고 불러야 하는데, 어째서 크게 보배로운 황제의 자리에 오르지 않으십니까?

－『고종실록』

나라에서 연호를 정하는 것은 기년하자는 것이고, 천하에 신뢰를 세우자는 것이다. 그러므로 반드시 높이 부르고 오래도록 밝게 보여야 하는데, 이것은 만대가 흘러도 바꿀 수 없는 법이다. 금년을 광무 원년으로 하되, 장례원에서 받은 길일에 따라 8월 16일에 조서를 반포하는 큰 의식을 거행하라.－『고종실록』

고종이 말하기를, "정사를 새롭게 시작하는 지금에 모든 예가 다 새로워졌으니 환구단에 첫 제사를 지내는 지금부터 마땅히 국호를 정하여 써야 한다. …… 우리나라는 곧 삼한의 땅인데, 국초에 천명을 받고 하나의 나라로 통합되었다. 지금 국호를 '대한'이라고 정한다고 해서 안 될 것이 없다. 또한, 매번 각국의 문자를 보면 조선이라고 하지 않고 '한'이라 하였다. 이는 아마 미리 징표를 보이고 오늘이 있기를 기다린 것이니, 세상에 공표하지 않아도 세상이 모두 다 '대한'이라는 칭호를 알고 있을 것이다."라고 하였다. －『고종실록』

02 대한국 국제 제정

제1조 대한국은 세계 만국이 공인한 자주독립 제국이다.

제2조 대한국의 정치는 과거 500년간 전래되었고, 앞으로 만세토록 불변할 전제 정치이다.

제3조 대한국 대황제는 무한한 군주권을 지니고 있다.

제4조 대한국 신민이 군권을 침해하면 신민의 도리를 잃은 자로 간주한다.

제5조 대한국 대황제는 국내의 육·해군을 통솔하고, 군대의 편제를 정하며, 계엄과 해엄을 명한다.

제6조 대한국 대황제는 법률을 제정하여 그 반포와 집행을 명하고, 대사, 특사, 감형, 복권을 한다.

제7조 대한국 대황제는 행정 각 부의 관제를 정하며, 행정상 필요한 칙령을 공포한다.

제8조 대한국 대황제는 분부 관리의 출척과 임면권을 가진다.

제9조 대한국 대황제는 각 조약국에 사신을 파견하고, 선전과 강화 및 제반 조약을 체결한다. －『고종실록』

03 광무개혁 – 지계아문 규정

제1조 지계아문은 한성부와 13도 각 부와 군의 산림, 토지, 전답, 가옥의 지계를 정리하기 위하여 임시로 설치한다.

제10조 대한 제국 인민이 아닌 사람은 산림, 토지, 전답, 가옥의 소유주가 될 수 없다. 단 개항장은 이 규정의 제한을 받지 않는다.

제11조 산림, 토지, 전답 가옥의 소유주가 관계를 발급 받지 않았다가 적발되었을 때에는 그 가격의 10분의 4에 해당하는 벌금을 물리고 관계를 발급한다.

– 조선 총독부 관보

04 독립 협회 서

지금 우리 대조선국 사람들이 독립 협회를 만든 것은 무엇 때문인가? 독립이라는 것은 크게 분발하여 행하는 것이다. …… 지금 억조창생을 생각할 때 독립의 취지를 아는 사람은 얼마 되지 않는다. 이 많은 무지한 사람을 배우게 하여 지식이 있게 만드는 것은 협회를 만들어 독립, 독립이라고 대신 말해 주는 것이 제일 좋다. …… 우리는 지금 무수히 독립이라는 말을 하는 것은 실로 한 글자도 우리가 갖은 것이 없다. 우리나라 사람들로 하여금 스스로 알고 스스로 행하며 독립하고 협력하여, 실제 권리를 다 가지도록 하고 새롭게 되어 국체를 다스리기에 이르고 빛과 같이 찬란하여 하늘의 해같이 되도록 하면, 비로소 지금 우리 독립 협회의 아득한 시작을 볼 수 있을 것이다. …… 근래 동지 몇 사람이 독립 협회를 건설하고자 의논할 때 여러 사람이 좋다고 찬성하니 장차 성장하여 원만한 성과가 있을 것이다. 그 규례를 요약하면 세계의 문자로 간행된 책들을 한문 혹은 국문으로 간행하여 읽기에 편하도록 하며, …… 제반 학문의 서적을 듣고 보는 대로 수집하여 차례대로 참고한다. …… 또 당대의 누구든지 경륜 있는 이야기나 지략 있는 주장을 본회에 보내오면 한문, 국문, 국한문을 막론하고 도리에 맞고 고명하여 세상의 교화에 기여할 수 있을 만한 것이면 모두 기재하고 이를 모아 책으로 만들어 매월 배포한다.

– 「대조선 독립 협회 회보」

05 『독립신문』 창간사

우리가 『독립신문』을 오늘 처음으로 출판하는데 조선에 있는 내외국 인민에게 우리 주의를 미리 말씀하여 알리려 한다. 우리는 …… 정부에서 하는 일을 백성에게 전할 것이요 백성의 정세를 정부에 전할 것이니 …… 우리는 사실만을 다룰 것이고, 정부 관원이라도 잘못하는 사람이 있으면 우리가 말할 것이며, 탐관오리의 행적을 세상에 알릴 것이고, 백성이라도 불법을 저지르는 사람은 우리가 찾아서 신문에 설명할 것이다.

– 「독립신문」(1896. 4. 7.)

06 독립문 건립

우리나라가 한쪽에 치우쳐 있어 땅이 적고 …… 오랫동안 남의 아래에 있어 …… 그 문의 이름을 영은이라 하고 그 관을 모화라고 부르는 것에 뜻 있는 선비는 비분 탄식하였으나 천운이 돌아 이제 대조선국이 독립국이 되어 세계 만방으로 어깨를 겨누니 …… 우리 동포 형제 2천만 인구의 행복이다. 그러나 아직까지 기념할 실적이 없으므로 이에 공공의 의견으로 독립 협회를 발기하여 전 영은문 유지에 독립문을 새로이 세우고 전 모화관을 새로 고쳐 독립관이라 하여 옛날의 치욕을 씻고 후인의 표준을 만들고자 함이요, 그 부근의 땅에 독립 공원을 이루어 그 문과 관을 보관하고자 하니 성대한 일이라 아니할 수 없는지라. 돌아보건대, 그 공역이 커서 큰 비용이 될 것이니 합치지 않으면 성취하기를 기약치 못할 것이요, 이에 알리니 밝게 헤아려 보조금을 다소간에 따라 보내고 본회 회원에 참입할 뜻이 있으면 그를 나타내 주기를 바란다.

- 『대조선 독립 협회 회보』

지나간 토요일 오후 두 시 반에 독립문의 주춧돌 놓는 정초식을 독립 공원 땅에서 시행하였는데, 일기도 매우 좋거니와 각색 일이 절차가 있게 되어 갔고 사람이 내외국민 아울러 5, 6천 명이 왔더라. 독립문 들어가는 데는 푸른 나무로 홍예를 만들어 조선 국기로 좌우로 단장하고 문 위에는 흰 바탕에 붉은 글자로 '독립문'이라 써 높이 달고, 문에는 독립 협회기를 훌륭히 만들어 바람에 흔들리게 하였다.

- 『독립신문』

사료 독해

- 독립문은 1896년에 착공되어 1897년에 완공되었다. 독립 협회가 중심이 되어 조선이 청으로부터 독립한 것을 상징하기 위해 청 사신을 맞이하던 영은문을 허문 자리 부근에 프랑스의 개선문을 본떠 지었다. 또 청의 사신이 머무는 숙소인 모화관을 독립관으로 고쳐 부르고, 이곳에서 토론회를 개최 하였다.

- 독립문은 독립 협회가 주도하여 만들었지만, 고종도 건립을 위한 비용을 하사할 정도로 관심이 많은 사업이었다. 독립 협회는 성금을 모아 독립문과 독립 공원을 만들었는데, 성금을 내면 누구나 독립 협회의 회원에 가입할 수 있어서 다양한 계층의 사람들이 참여하였다.

07 독립 협회가 개최한 토론회 주제

1897. 8. 조선의 급선무는 인민 교육에 있다.

1898. 3. 우리 국토를 남에게 빌려주는 것은 온당하지 못하다.

1898. 4. 중추원을 개편하는 것이 정치상 제일 필요하다.

1898. 5. 백성의 권리가 높아질수록 임금의 지위가 올라가고 나라의 힘을 떨칠 수 있다.

사료 독해

독립 협회는 독립관에서 정기적으로 토론회를 개최하였다. 토론 주제는 산업 개발, 문화 발전 등 계몽적인 주제에서 점차 이권 침탈 반대, 민권 신장 같은 정치 문제로 확대되었다.

08 독립 협회의 이권 침탈 반대 운동

국내에서 금, 은, 석탄 광 등이 있으면 마땅히 스스로 채굴하여 그 이익을 얻을지니, 하필 외국에 내주어 몰래 넘보게 하고 흘러나가게 하여, 점점 자기 나라는 날로 빈천케 하고 다른 나라로 하여금 부강케 하리요. 그러므로 국내의 철도, 진신, 금, 은, 석탄 광 등을 타국인에게 빌려주고 내줌은 곧 전국을 타국인에게 파는 것이요, …… 성실한 마음으로 공부하기를 싫어하는 자는 곧 전체 정부를 타국인에게 내주는 것이다.

- 『대조선 독립 협회 회보』

사료 독해

아관 파천 이후 열강의 이권 침탈이 본격화되자, 독립 협회는 외세의 간섭과 열강의 이권 침탈에 반대하는 운동을 벌였다.

09 관민 공동회의 박성춘 연설

　관민 공동회에 참석한 회원 일동은 만세를 부른 뒤에 관리와 백성들에게 먼저 의견을 개진할 것을 요청하였다. 백정 박성춘이 말하였다. "이 사람은 바로 대한에서 가장 천한 사람이고 매우 무식합니다. 그러나 임금께 충성하고 나라를 사랑하는 뜻은 대강 알고 있습니다. 이제 나라를 이롭게 하고 백성을 편리하게 하는 방도는 관리와 백성이 마음을 합한 뒤에야 가능하다고 생각합니다. 저 천막에 비유하면, 한 개의 장대로 받치자면 힘이 부족하지만 만일 많은 장대로 힘을 합친다면 그 힘은 매우 튼튼합니다. 삼가 원하건대, 관리와 백성이 마음을 합하여 우리 대황제의 훌륭한 덕에 보답하고 국운이 영원토록 무궁하게 합시다."라고 하니 회중이 박수를 보냈다.
- 「대한계년사」

사료 독해

1898년에 열린 관민 공동회에서 백정 출신 박성춘이 한 연설 내용이다. 정부 관료와 백성이 함께 한 이 자리에서 누구나 발언하고 싶은 사람은 자유롭게 참여하였는데, 박성춘도 자유 발언 형식으로 단상에 올라 관민이 마음을 합해 협력할 것을 강조하였다.

10 관민 공동회의 헌의 6조

1. 외국에 의지하지 말고 관민이 한마음으로 협력하여 전제 황권을 공고히 할 것.
2. 외국과 이권에 관한 계약과 조약은 외부대신과 중추원 의장이 합동으로 서명 날인하여 시행할 것.
3. 국가 재정은 탁지부에서 모두 관리하고 예산과 결산을 국민에게 공포할 것.
4. 중대한 범죄는 공판하되, 피고의 인권을 존중할 것.
5. 고위 관료층인 칙임관은 황제가 정부에 그 뜻을 물어 과반수의 의견에 따라 임명할 것.
6. 정해진 규정을 실천할 것.
- 「고종실록」

사료 독해

• 독립 협회는 개혁 지향적인 정부 대신들과 학생, 시민을 참석 시켜 관민 공동회를 개최하였다.

• 관민 공동회에서 관민이 협력하여 국정을 운영하자는 헌의 6조를 결의하여 고종의 허락을 얻어 냈다. 헌의 6조는 고종의 권한을 제한하는 내용도 많이 담고 있었다. 결국, 수구 세력의 반대와 고종의 마음이 변하면서 헌의 6조의 내용은 실행되지 못하였다.

11 독립 협회의 의회 개설 상소

　만약에 외국의 예를 들어서 말씀드린다면, 현재 허다한 민회가 있어 정부 대신일지라도 실정이 있으면 전국에 널리 알려 민중을 모이게 하여서 질문이 있고 논쟁과 탄핵이 있으며 …… 육대주와 동등하여 만국과 나란히 하는 것은 폐하의 권리이고, 폐하의 백성이 되어 폐하의 강토를 지키고, 그 정치를 거슬리고 법률을 어지러이 하는 신하가 있어서 종묘와 사직을 해롭게 하면 탄핵하여 잘못을 규탄하는 것은 저희의 권리입니다. 흔히 말하기를 민권이 성하면 왕권이 반드시 손상된다 하오나 사람의 무식함이 어찌 이보다 더할 수가 있겠사옵니까. 오늘날에 이와 같은 민의를 없앤다면, 정치, 법률은 따라서 무너질 것이오며, 어디서 무슨 화가 일어나게 될지 모르는 것이온데, 폐하께서는 홀로 이에 미처 마음을 쓰지 않으실 이유가 있사옵나이까.
- 「윤치호 등의 상소문」

사료 독해

• 독립 협회는 1898년 봄 이후부터 상소와 연설, 신문 논설 등을 통하여 의회 설립의 필요성을 강조하였다.

• 독립 협회는 국민의 권리인 민권과 황제의 권리인 군권을 상호 보완적인 관계로 보고, 국민의 의사가 정치에 반영될 수 있도록 중추원을 개편하여 서양의 의회와 같은 역할을 중추원이 하기를 바랐다.

12 중추원 신관제

제1조 중추원은 다음의 사항을 심사하고 의정하는 처소로 할 것.

　1. 법률과 칙령의 제정, 폐지 혹은 개정에 관한 사항

　2. 의정부에서 토의를 거쳐 임금에게 상주하는 사항

　3. 칙령에 의하여 의정부에서 문의하는 사항

　4. 의정부에서 이미 건의에 대해 문의하는 사항

　5. 중추원에서 임시 건의하는 사항

　6. 인민이 건의하는 사항

제3조 의장은 대황제 폐하께옵서 문서로 임명하시고, 부의장은 중추원 공천
　　　에 의해 임명하시고, 의관 반수는 정부에서 공로가 일찍이 있는 자로
　　　회의하여 추천하고, 반수는 인민 협회에서 27세 이상의 사람이 정치,
　　　법률, 학식에 통달한 자로 투표 선거할 것.　　　　　　– 「주의」, 제27책

사료 독해

정부와 독립 협회기 합의한 중추원 신관제는 의원 50명 중 절반인 25명은 황제와 정부가 임명하고, 나머지 25명은 인민 협회에서 투표로 선거하되 당분간 독립 협회가 인민 협회를 대신하기로 결정하였다.

13 독립 협회의 의와 한계

　슬프다. 대한 사람들은 남에게 의지하고 도움 받으려는 마음을 끊을 진져. 청국에 의지하라 마라. 종이나 잔심부름꾼에 지나지 못하리오다. 일본에도 의지하지 마라. 결국에는 내장을 잃으리로다. 러시아에 의존하지 마라. 끝에 가서는 몸뚱이까지 삼킴을 받으리라.　　　　　　– 「독립신문」

　조선에서는 해군과 육군을 많이 길러 외국이 침범하는 것을 막을 까닭도 없고, 다만 나라 안에 해군과 육군이 조금 있어 동학이나 의병 같은 지방의 도둑 떼나 평정시킬 만하면 넉넉하다.　　　　　　– 「독립신문」

사료 독해

• 독립 협회는 스스로 자주독립하는 마음과 자세를 갖추어야 하며 백성의 힘에 의한 자주독립을 주장하였다.

• 독립 협회는 군제 개혁에 소극적인 태도를 보였고, 동학이나 의병에 대하여도 비판적인 태도를 보였다.

한국사 Q&A　고종이 독립 협회를 해산시킨 까닭은 무엇일까?

▲ 만민 공동회(1898) 독립 협회가 주최하는 대규모 민중 집회로 자주 국권, 자유 민권, 자강 개혁을 추구하였다.

　독립 협회는 의회 설립 운동을 통해 국민의 의사를 정치에 반영하려고 하였다. 또 정치 형태로는 입헌 군주제를 구상하였다. 하지만 고종은 황제권 강화를 위해 독립 협회의 의회 설립 운동에 부정적인 입장을 갖고 있었다.

　한편, 중추원 관제가 개편되어 독립 협회의 세력이 커질 것을 우려한 보수 세력이 독립 협회가 왕정을 폐지하고 공화정을 수립하려 한다고 모함하자, 고종은 독립 협회의 해산을 명령하고 주요 간부들을 체포하였다. 그 무렵 독립 협회 회원들을 중심으로 만민 공농회가 열려 자유 민권 운동을 맹렬히 전개하고 있었다. 만민 공동회를 중심으로 독립 협회 해산을 반대하는 시위가 계속되자 고종은 군대를 동원하여 만민 공동회를 강제로 해산하였다.

KEY WORD

러·일 전쟁
1904~1905년에 일본이 만주와 한국의 지배권을 두고 러시아와 벌인 전쟁이다. 전쟁의 승기를 잡은 일본이 러시아와 포츠머스 조약을 체결하고 한반도에 대한 지배권을 확보하였다.

을사늑약
1905년에 러·일 전쟁에서 승리한 일본이 대한 제국의 외교권을 박탈하려고 강압적으로 체결한 조약으로 정식 명칭은 제2차 한·일 협약이다.

한국 병합 조약
1910년 8월 일본의 강압 아래 대한 제국의 통치권을 일본에 넘겨 줌을 규정한 조약이다. 이 조약으로 대한 제국은 일본의 식민지가 되었다.

주제 열기

1904년 러·일 전쟁을 계기로 일본의 국권 침탈이 본격화되었다. 일본은 한일 의정서 체결을 시작으로 을사늑약과 한일 신협약 체결을 강요하고 마침내 대한 제국의 국권마저 빼앗았다. 이러한 일본의 국권 침탈에 우리 민족을 어떻게 대응하였을까?

△ 한성으로 들어오는 일본군(1904)

시대 흐름 잡기	러·일 전쟁 발발(1904)	포츠머스 조약(1905)	헤이그 특사 파견(1907)
	● 러시아 남하 정책, 제1차 영·일 동맹 체결 → 러·일 대립 격화	● 포츠머스 조약: 일본의 한반도 지배권 확보 → 열강이 승인	● 헤이그 특사 파견: 을사늑약의 무효 호소 → 고종 강제 퇴위
	● 러·일 전쟁 발발 → 한·일 의정서 체결(군용지 임의 사용)	● 을사늑약: 대한 제국, 외교권 박탈 → 일본의 보호국으로 전락	● 한·일 신협약과 부수 각서: 통감 설치, 차관 정치, 군대 해산
	● 제1차 한·일 협약(고문 정치): 재정과 외교 문제 간섭	● 을사늑약에 대한 반발: 의병 투쟁, 동맹 휴학, 상인 철시, 자결	● 한국 병합 조약: 대한 제국의 국권 강탈 → 일본의 식민지

01 제1, 2차 영·일 동맹과 가쓰라·태프트 비망록

제3조 만약 어느 다른 한 나라 혹은 여러 나라가 동맹국에 대한 적대 행위에
　　　가담하는 경우, 다른 일방은 원조를 제공하며 전쟁을 공동 수행하고,
　　　강화도 해당 동맹국과 상호 합의하에 추진한다.
　　　　　　　　　　　　　　　　　　　　　－제1차 영·일 동맹, 『일본 외교 연표 및 주요 문서』

제3조 일본국은 대한 제국에서 정치, 군사 및 경제상의 탁월한 이익을 옹호
　　　증진하기 위하여 정당하고 필요하다고 인정하는 지도 감리 및 보호 조
　　　치를 대한 제국에서 집행할 권리를 갖는다. 단, 해당 조치는 항상 열국
　　　의 상공업에 대한 기회 균등주의에 위반하지 아니할 것을 요한다.
제4조 대영 제국은 인도 국경의 안전에 관계되는 모든 사항에 관하여 특수
　　　이익을 가지고 있으므로 일본국은 위의 국경 부근에서 대영 제국이 인
　　　도 영지를 옹호하기 위하여 필요하다고 인정하는 조치를 취할 권리를
　　　승인한다.　　　　　　　　　　　　　－제2차 영·일 동맹, 『일본 외교 연표 및 주요 문서』

첫째, 필리핀은 미국과 같은 친일적인 나라가 통치하는 것이 일본에 유리하
　　　며, 일본은 필리핀에 대해 어떤 침략 의도도 갖지 않는다.
둘째, 극동의 전반적인 평화를 유지하는 데는 일본, 미국, 영국 등 3국 정부
　　　의 상호 양해를 달성하는 것이 최선의 길이며 사실상 유일한 수단이다.
셋째, 미국은 일본이 대한 제국의 보호권을 확립하는 것은 러·일 전쟁의 논
　　　리적인 귀결이며, 극동 평화에 직접 이바지할 것으로 인정한다.
　　　　　　　　　　　　　　　　　　　　　　－ 가쓰라·태프트 비망록, 『미국 역사 사료집』

02 한·일 의정서

제1조 한·일 양국은 영원히 변함없는 친교를 유지하고 동양 평화를 확립
　　　하기 위해 대한 제국 정부는 대일본 제국 정부를 확신하고 시정 개선
　　　에 관한 충고를 들을 것.
제4조 제3국의 침해나 혹은 내란으로 인하여 대한 제국 황실의 안녕과 영토
　　　의 보전에 위험이 있을 때 일본 제국 정부는 속히 정황에 따라 필요한
　　　조치를 취할 수 있다. 그러나 대한 제국 정부는 위 대일본 제국의 행동
　　　을 용이하게 하기 위하여 충분한 편의를 제공한다. 대일본 제국 정부
　　　는 군사 전략상 필요한 지점을 정황에 따라 차지하여 이용할 수 있다.
제5조 대한 제국 정부와 대일본 제국 정부는 상호 간에 승인을 거치지 않고
　　　후일 본 협정의 취지에 반하는 협약을 제3국과 체결할 수 없다.
　　　　　　　　　　　　　　　　　　　　　　　　　　　　　　　　－『고종실록』

사료 독해

- 1902년에 영국은 러시아의 남
하 정책을 견제하기 위해 제1차
영·일 동맹을 추진하였다. 이후
러·일 전쟁이 일어나자 일본에
전쟁 차관을 제공하면서 지원하
였다.

- 1905년 러·일 전쟁에서 승기를
잡은 일본은 영국과 제2차 영·
일 동맹을 체결하고, 영국으로부
터 대한 제국의 지배권을 인정
받았다. 제2차 영·일 동맹의 제
3조는 영국이 대한 제국에 대한
일본의 실질적인 보호국 조치를
승인한 것이다.

- 러·일 전쟁에서 승기를 잡은 일
본은 미국과도 가쓰라·태프트
비망록을 작성하였다. 이 비망록
은 회담의 핵심 내용을 요약한
기록으로 극동 지역의 평화를 위
해 미국의 필리핀 지배와 일본의
대한 제국 지배를 상호 간에 인
정하는 것이었다.

사료 독해

일본은 러·일 전쟁의 시작과 함께
한성에 군대를 진주시키고, 대한
제국 정부에 한·일 의정서 체결을
강요하였다. 또 한·일 의정서 체결
을 계기로 시정 개선을 내세워 대
한 제국의 내정을 본격적으로 간섭
하기 시작하였다. 한·일 의정서는
일본이 전쟁 수행에 필요한 지점을
군용지로 수용하고 마음대로 사용
할 수 있게 하였으며 황무지 개척
권도 인정하였다. 한편, 일본은 이
과정에서 독도를 무단으로 편입하
였다.

03 제1차 한·일 협약

1. 대한 제국 정부는 대일본 제국 정부가 추천한 외국인 1명을 외교 고문으로 삼아 외부에 용빙하여 외교에 관한 주요 사무는 일체 그의 의견을 물어서 시행해야 한다.
2. 대한 제국 정부는 외국과 조약을 체결하거나 기타 중요한 외교 안건 즉 외국인에 대한 특권 양여와 계약 등의 문제 처리에 관해서는 미리 대일본 제국 정부와 상의해야 한다. ─ 「고종실록」

사료 독해

러·일 전쟁 중 일본은 제1차 한·일 협약 체결을 강요하여 재정 고문에 일본인 메가타, 외교 고문에 미국인 스티븐슨을 채용하게 하였다. 그 결과, 재정과 외교 문제에 대한 일본의 간섭이 본격화되었다.

04 포츠머스 조약(1905)

제2조 러시아 제국 정부는 일본국이 한국에서 정치상, 군사상 및 경제상의 탁월한 이익을 갖는다는 것을 승인하고, 일본 제국 정부가 한국에서 필요하다고 인정하는 지도, 보호 및 감리의 조치를 취함에 있어 이를 방해하거나 간섭하지 않을 것을 약정한다. ─ 「구한말 조약휘찬」

사료 독해

1905년에 미국의 중재로 포츠머스 강화 조약이 체결되었다. 그 결과, 러시아군이 만주에서 철수하고, 일본이 한반도 지배권을 확보하였다.

05 제2차 한·일 협약(을사늑약)

대일본 제국 정부와 대한 제국 정부는 양 제국을 결합하는데 이해관계가 같음을 공고히 하고자, 대한 제국의 부강의 실(實)을 인정할 수 있게 될 때까지 이 목적을 위하여 아래의 조관을 약정한다.

제1조 대일본 제국 정부는 도쿄에 있는 외무성을 경유하여 이후에 대한 제국이 외국에 갖는 관계 및 사무를 감리, 지휘할 것이며 대일본 제국의 외교 대표자 및 영사는 외국에 있어서의 대한 제국의 관리, 국민 및 이익을 보호할 것이다.
제2조 대일본 제국 정부는 대한 제국과 타국 간에 현존하는 조약의 실행을 완수하는 임무를 맡고, 대한 제국 정부는 이후에 대일본 제국 정부의 중개를 경위하지 않고서 국제적인 성질을 가진 어떤 조약이나 또는 약속을 하지 않기로 서로 약정한다.
제3조 대일본 제국 정부는 그 대표자로 하여금 대한 제국 황제의 밑에 1명의 통감을 두되, 통감은 오직 외교에 관한 사항을 관리하기 위해 한성에 주재하고 친히 대한 제국 황제 폐하를 알현하는 권리를 가진다.
제4조 대일본 제국과 대한 제국 사이에 현존하는 조약 및 약속은 본 협약의 조관에 서로 부딪히거나 모순되는 것을 제외하고는 모두 그 효력이 계속되는 것으로 한다.
제5조 대일본 제국 정부는 대한 제국 황실의 안녕과 존엄을 유지함을 보증한다. ─ 「고종실록」

사료 독해

• 러·일 전쟁에서 승리한 일본은 열강들로부터 대한 제국에 대한 독점적인 지배를 승인받아 본격적으로 식민지화를 추진하였다.

• 1905년 11월, 일본은 이토 히로부미를 보내 일본군을 동원하여 궁궐을 포위하고, 대신들을 위협하여 조약 체결을 강행하였다. 이렇게 맺은 을사늑약으로 일본은 대한 제국의 외교권을 일본 외무성을 통해 행사할 것을 규정하였고, 대한 제국 정부는 일본의 중개 없이 어떠한 조약이나 약속을 맺지 못하게 하였다. 또한 외교 사항을 관리한다는 명분으로 대한 제국에 통감부를 설치하였다. 초대 통감에는 이토 히로부미가 임명되었으며, 통감부는 외교권만이 아니라 대한 제국의 내정까지도 간섭하면서 대한 제국을 일본의 보호국으로 만들었다.

06 을사늑약에 대한 반발 – 「시일야방성대곡」과 민영환의 유서

이토 후작의 본의는 어디에 있는가. …… 우리 대황제 폐하는 강경한 성의로 거절하기를 그치지 않으셨으니, 이 조약이 성립되지 못한다는 것은 생각하건대 이토 후작 스스로 알고 간파하였을 것이다. 아, 저 개돼지만도 못한 소위 우리 정부의 대신이란 자들은 자기 일신의 영달과 이득이나 바라고 거짓 위협에 겁먹어 머뭇대거나 벌벌 떨며 나라를 팔아먹는 역적이 되는 것을 달갑게 여겨서 4천 년의 강토와 5백 년의 종묘사직을 남에게 들어 바치고, 2천만 백성을 남의 노예가 되도록 하였도다. 저 개 돼지보다 못한 외무대신 박제순과 각 대신들을 꾸짖을 것도 없다. …… 아, 원통하고 분하도다. 우리 2천 만 남의 노예가 된 동포여, 살았는가, 죽었는가.

– 「황성신문」

오호라, 나라의 수치와 백성의 욕됨이 바로 여기에 이르렀으니, 우리 인민은 장차 생존 경쟁 가운데에 모두 멸망하리라. 대저 살기를 바라는 자는 반드시 죽고 죽기를 기약하는 자는 삶을 얻나니, 여러분들은 어찌 헤아리지 못하는가? 나 영환은 다만 한 번 죽음으로써 황은에 보답하고 그리하여 우리 2천만 동포 형제에게 사죄하려 하노라. 영환은 죽되 죽지 아니하고 저승에서라도 제군들을 돕기를 기약하니, 바라건대 우리 동포 형제들은 더욱더 분발하고 힘을 써서 그대들의 뜻과 기개를 굳건히 하여 학문에 힘쓰고, 마음으로 단결하고 힘을 합쳐서 우리의 자유 독립을 회복한다면, 죽은 자는 마땅히 저 어두운 저 세상에서 기뻐 웃을 것이다.

– 「대한매일신보」

07 고종의 헐버트 파견과 헤이그 특사 파견

짐은 최근 대한 제국과 일본 사이에 체결된 소위 보호 조약이 총검과 공갈 하에 억지로 된 것이기 때문에 전혀 무효임을 선언한다. 짐은 이에 동의한 일이 없으며, 앞으로도 동의하지 않을 것이니, 이 뜻을 미국에 전달하기 바란다.

– 고종이 헐버트에게 보낸 전보, 「일본의 동아침략사」

1905년 11월 17일, 우리는 일본이 국제법을 완전히 무시하고 무력으로 우리나라와 여러분 나라와의 사이에 오늘날까지도 유지되는 우호적인 외교 관계를 강제적으로 단절하고자 했던 그 음모를 목격하였습니다. 이러한 결과를 유도하기 위해 폭력으로 위협함은 물론, 인권과 국법을 침탈하는 데 조금도 주저하지 않았던 일본의 소행을 각하 제위 여러분께 알려 드리고자 합니다.

1. 일본인은 대한 제국 황제 폐하의 정식 허가 없이 행동하였다.
2. 일본인은 목적을 달성하기 위해 황실에 대하여 무력을 행사하였다.
3. 일본인은 대한 제국의 모든 국법과 관례를 무시한 채 행동하였다.

– 헤이그 특사로 파견된 이상설의 주장, 「나라사랑」 20집

사료 독해

· 「시일야방성대곡」은 '이날, 목 놓아 통곡하노라'라는 뜻으로 「황성신문」 사설란에 실린 장지연의 논설문이다. 주요 내용은 을사늑약의 부당성을 알리고, 일본의 강압에 굴복하여 조약 체결을 막지 못한 대신들에 대한 비판하는 내용이다.

· 을사늑약이 체결되자, 민영환과 조병세 등은 항의의 표시로 자결하였다. 이 사료는 고종 황제와 동포에게 보내는 민영환의 유서이다. 이 밖에도 을사늑약에 대한 반발로 한성의 상인들은 가게 문을 닫고 철시하였고, 학생들은 동맹 휴학을 벌였으며, 전국 각지에서 의병 투쟁이 일어났다.

사료 독해

· 헐버트는 고종의 밀사로 활약한 선교사이다. 을사늑약이 체결되자 고종은 헐버트를 미국에 특사로 파견하여 을사늑약의 부당성을 알리고 미국의 지원을 요청하려 하였다.

· 1907년에 고종은 네덜란드 수도 헤이그에서 개최된 제2회 만국 평화 회의에 이상설, 이준, 이위종을 특사로 파견해, 을사늑약의 불법성을 폭로하고 대한 제국이 외교권을 회복할 수 있도록 도와줄 것을 세계 여론에 호소하려 했다. 하지만 일본의 방해와 서양 열강의 외면으로 그 뜻을 이루지 못하였다.

08 한·일 신협약과 부수 각서(정미 7조약)

제1조 대한 제국 정부는 시정 개선에 관해 통감의 지도를 받을 것.

제2조 대한 제국 정부의 법령 제정 및 중요한 행정상 처분은 미리 통감의 승인을 거칠 것.

제3조 대한 제국 고등 관리의 임면은 통감의 동의로써 이를 행할 것.

제5조 대한 제국 정부는 통감이 추천하는 일본인을 관리에 임명할 것.

〈부수 각서〉

제3조 다음 방법에 의하여 군비를 정리함.

　1. 육군 1대대를 존치하여 황궁 수위를 담당케 하고 기타를 해대할 것.

　1. 교육이 있는 사관은 대한 제국 군대에 남아 근무할 필요가 있는 자를 제하고 기타는 일본 군대로 부속케 하고 실지 연습케 할 것.

제5조 중앙 정부 및 지방청에 일본인을 임명함.

　1. 각 부차관

　1. 각 도 사무관　　　　　　　　　　　　　　　　　　　－『순종실록』

사료 독해

• 헤이그 특사 파견을 구실로 고종을 강제 폐위한 일본은 한·일 신협약(정미 7조약) 체결을 강요하였다. 이에 따라 통감이 대한 제국의 내정을 장악하고 일본인들이 각 부의 차관에 임명되었다.

• 한·일 신협약 부수 각서에는 대한 제국의 군대를 해산시킨다는 내용이 담겨 있다. 이에 따라 한성의 시위대를 시작으로 군대 해산이 진행되었다. 그 과정에서 시위대 대대장 박승환이 자결하였고, 시위대 병사들이 봉기하기도 하였다.

09 기유각서(1909. 7.)

대한 제국 정부와 대일본 제국 정부는 대한 제국의 사법과 감옥에 대한 사무를 개선하고 한국의 신민 및 한국에 있는 외국 신민 및 인민의 생명과 재산을 보호 할 목적으로부터 다음과 같은 조항을 약정한다.

제1조 대한 제국의 사법과 감옥에 대한 사무가 완비되었다고 인정될 때까지는 대한 제국 정부는 사법과 감옥에 대한 사무를 대일본 제국 정부에 위탁한다.

제2조 대일본 제국 정부는 일정한 자격을 가진 일본인과 조선인을 조선에 있는 일본 재판소와 감옥의 관리로 임용한다.

제3조 조선에 있는 일본 재판소는 협약 또는 법령에 특별한 규정이 있는 경우 조선인 신민들에 대해서는 대한 제국의 법규를 적용한다.

제4조 대한 제국의 지방 관청과 관리는 각기 직무에 따라서 사법과 감옥 사무에서는 조선에 있는 대일본 제국 해당 관청의 지휘, 명령을 받고 또는 이것을 보조한다.　　　　　　　　　　　　　　　　　　　－『순종실록』

사료 독해

1909년 7월 대한 제국의 사법 및 감옥 사무를 일본에 위탁한다는 내용의 「기유각서」를 체결되었다. 이 각서 체결로 대한제국 사법권은 소멸되어 한반도에 식민지적 사법 제도가 탄생하였다. 법부와 재판소, 형무소가 전부 폐지되어 통감부의 사법청으로 이관되었다. 이로써 일본은 대한 제국의 국권을 제외한 모든 정치적 권력을 강탈하였고, 대한 제국 사법권은 완전히 일본이 장악하게 되었다.

10 '병합'이라는 용어의 의미

'병탄'이라는 용어는 침략적이어서 사용할 수 없었다. 여러 가지로 고심한 결과 나는 지금까지 사용된 적이 없는 '병합'이라는 문자를 새롭게 고안해 냈다. 이것이라면 다른 영토를 제국 영토의 일부로 삼는다고 하는 의미가 '합병'보다 강하다.

　　　　　　　　　　　－ 일본 외무성 정무국장 구라치 데쓰키치의 말

사료 독해

일본은 한국을 강점하면서 자신들의 침략성을 숨길 수 있는 용어를 찾기 위해 병합이라는 용어를 고안해 내었다.

11 한국 병합 조약(1910. 8.)

대한 제국 황제 폐하와 일본국 황제 폐하는 양국 간의 특수하고 친밀한 관계를 회고하여 상호 행복을 증진하며 동양의 평화를 영구히 확보하고자 하는 바, …… 다음의 여러 조항을 협정한다.

제1조 대한 제국 황제 폐하는 대한 제국에 관한 일체의 통치권을 완전하고도 영구히 일본국 황제 폐하에게 양여함.

제2조 일본국 황제 폐하는 전조에 게재한 양여를 수락하고, 또 전연 대한 제국을 일본국에 병합함을 승락함.

제3조 일본국 황제 폐하는 대한 제국 황제 폐하·태황제 폐하·황태자 폐하와 후비 및 후예로 하여금 각기 지위에 응하여 상당한 존칭, 위엄, 명예를 향유케 하며, 또 이를 유지하기에 충분한 세비를 공급할 것을 약속함.

제4조 일본국 황제 폐하는 전조 이외의 대한 제국 황족과 그 후예에 대해 각기 상당한 대우를 향유케 하며, 또 이를 유지하기에 필요한 자금을 공여할 것을 약속함.

제5조 일본국 황제 폐하는 훈공 있는 한국인으로서 특히 표창을 행함이 적당하다고 인정되는 자에 대하여 영작을 수여하고 또 은사금을 줄 것.

제7조 일본국 정부는 성의 있고 충실히 새 제도를 존중하는 한국인으로서 상당한 자격이 있는 자를 사정이 허락하는 범위에서 대한 제국에 있는 제국 관리에 등용함.

– 관보 호외(1910. 8. 29.)

한국사 Q&A 러·일 전쟁은 한반도 정세에 어떠한 영향을 끼쳤을까?

▲ 러·일 전쟁 풍자화 뒷짐 지고 거만한 자세로 서 있는 러시아를 향해 칼을 빼들은 일본에게 영국은 싸움을 부추기고 있으며, 미국은 주머니에 손을 넣은 채 이를 지켜보고 있다.

삼국 간섭 이후 일본은 만주와 한반도 지역으로 세력을 확대하려던 러시아의 팽창 정책이 자국의 이익에 위협이 된다고 판단하여 러시아와 전쟁을 준비하였다. 이때 세계 곳곳에서 러시아와 충돌하고 있던 영국은 일본과 동맹을 맺고 지원을 약속하였다.

1904년에 일본은 뤼순과 제물포에 있던 러시아의 군함을 기습 공격하면서 러·일 전쟁을 일으켰다. 대한 제국은 전쟁 직전 국외 중립을 선언하였으나 일본은 이를 무시한 채 전쟁 시작과 함께 한성을 점령하여 한·일 의정서 체결을 강요하였다.

이후 일본은 봉천 전투에서 승리하고 동해에서 러시아 발틱 함대를 격파하여 전쟁의 승기를 잡았지만, 예상외로 전쟁이 장기화되자 비용 부담을 느끼게 되었다. 러시아 역시 혁명이 일어나 전쟁을 지속할 수 없는 상황이 되자, 미국의 중재로 포츠머스 조약이 체결되었다. 그 결과 일본은 열강으로부터 한반도의 지배권을 확보하고, 대한 제국에 을사늑약(제2차 한·일 협약) 체결을 강요하여 보호국으로 만들었다.

18 항일 의병 투쟁과 애국 계몽 운동

KEY WORD

을미의병
1895년에 명성 황후의 시해와 단발령에 대한 반발로 유생들이 친일내각 타도와 일본 세력 축출을 목표로 일으킨 항일 의병이다.

을사의병
1905년에 을사늑약이 체결되자, 독립국의 자주권을 회복하기 위하여 일으킨 항일 의병이다.

정미의병
1907년에 고종의 강제 퇴위 및 군대 해산을 계기로 일어난 항일 의병이다.

애국 계몽 운동
1900~1910년 사이에 전개된 국권 회복을 위하여 벌인 실력 양성 운동이다.

주제 열기

일제의 국권 침탈이 본격화되자, 우리 민족은 일제의 침략에 대항하기 위해서 항일 의병 투쟁, 애국 계몽 운동처럼 다양한 국권 수호 운동을 전개하였다. 일본의 국권 침탈에 맞서 항일 의병 투쟁과 애국 계몽 운동은 어떻게 전개되었을까?

▼ **항일 의병 모습**(1907) 당시 의병에는 유생, 농민, 상인, 노동자, 학생 등 다양한 계층이 참여하였다.

시대 흐름 잡기

항일 의병 투쟁
- 을미의병: 을미사변 및 단발령에 반발 → 고종의 권유로 해산
- 을사의병: 을사늑약에 반발 → 유생 및 평민 출신 의병장 활약
- 정미의병: 고종의 강제 퇴위 및 군대 해산에 반발 → 의병 전쟁으로 발전(서울 진공 작전)

애국 계몽 운동
- 보안회: 일제의 황무지 개간 요구 저지
- 헌정 연구회: 의회 설치 및 입헌 군주제 추구
- 대한 자강회: 교육 활동 및 산업 진흥 추구, 월보 간행

신민회의 활동
- 국권 회복과 신국가 건설 목표 → 비밀 결사 단체 결성
- 오산 학교, 대성 학교 등 설립
- 태극서관 및 자기 회사 운영
- 무장 독립 투쟁 준비 → 국외 독립 운동 기지 건설

01 을미사변의 진상

러시아와 조선 왕실이 굳게 손잡고 온갖 음모를 추진하고 있는 데 대해서는 문자 그대로 일도양단, 한쪽의 손을 잘라 내어 양쪽이 서로 손을 잡지 못하게 하는 것 외에는 수가 없었다. 바꾸어 말하면 왕실의 중심인물인 민비를 제거함으로써 러시아와 조선의 결탁을 근본적으로 파괴하는 수밖에 다른 좋은 방법이 없었다.

― 고바야카와 히데오, 『민비 시해 사건의 진상』

사료 독해

삼국 간섭 후 조선이 러시아를 끌어들이려 하자, 위기를 느낀 일본은 명성 황후를 친러 세력의 핵심 인물로 지목하여 낭인들을 동원해서 시해하였다.

02 을미의병 격문과 활빈당 선언서

아! 왜놈들의 소위 신의나 법리는 말할 것조차 없거니와 저 국적 놈들의 몸뚱이는 뉘를 힘입어 살아왔던가. 원통함을 어찌하리. 국모의 원수를 생각하며 이를 갈았는데, 참혹함이 더욱 심해져 임금께서 또 머리를 깎으시는 지경에 이르렀다. 의관을 찢긴데다가 또 이런 망극한 화를 만났으니, 천지가 뒤집어져 우리 고유의 이성을 보전할 길이 없다. 우리 부모에게 받은 몸을 금수로 만드니 무슨 일이며, 우리 부모에게 받은 머리카락을 풀 베듯이 베어 버리니 이 무슨 변고란 말인가. …… 무릇 우리 각도 충의의 인사들은 모두가 임금의 보살핌을 받은 몸이니, 환난을 회피하기란 죽음보다 더 괴로우며 멸망을 앉아서 기다릴진대 싸워보는 것만 같지 못하다.

― 『유인석의 격문』

머리를 깎고 의복을 바꾸니 나라의 풍속은 오랑캐로 변하였구나. 국모를 시해하고 임금을 협박하니 갑오, 을미의 원수를 갚지 못하였다. …… 저들의 죄를 세자면 하늘도 미워할 것이니 우리 국민 된 자 모두가 일어나서 저들을 죽일 의무가 있는 것이다. …… 무릇 의병을 일으킴에 응모한 우리 충의의 지사들은 모두 마음을 다져 먹고 나라에 보답할 뜻을 가졌다.

― 『이강년의 격문』

요사스런 저 왜놈들이 들어와 개화를 읊조리고 조정의 간신들과 붙어서 함께 대궐을 범하고 난동을 일으키는데도 사직을 지키는 사람이 없으니 어찌 통탄할 일이 아니랴. 무릇 사방의 오랑캐들과 국교를 맺은 이래로 도시와 항구의 중요 이권은 거의 다 저들이 약탈하는 바가 되고 거기에 백 가지 폐단이 들고 일어나 삼천리강산의 수많은 백성이 흩어지고 원성이 잇따라 들리니 이보다 더 큰 원한이 없도다.
― 시급히 방곡을 실시하여 백성을 구제할 것.
― 시장에 외국 상인이 나오는 것을 엄금할 것.
― 시전을 혁파하고 토지를 균등하게 나눌 것.
― 일정하게 곡가를 낮추는 법을 만들어 백성을 구제할 것.
― 외국에 철도 부설권을 허락하지 말 것.

― 활빈당 선언서, 『한성신보』

사료 독해

• 1895년 명성 황후 시해와 단발령을 계기로 전국 각지에서 유생들이 주도하는 의병이 일어났는데 이 가운데 유인석의 의병이 대표적이다. 을미사변 후 유인석의 제자들과 포군들이 원주와 춘천 등지에서 모여들었는데, 그 규모가 1만여 명에 달하였다. 이들은 유인석을 의병장으로 추대하고 각 지역의 사림과 관리들에게 격문을 보내 동참을 호소하였다.

• 을미의병은 일본군 수비대와 개화 정책을 추진하는 친일 관료들을 공격하였으나, 아관 파천 뒤에 고종이 단발령을 철회하고 해산을 권유하자 대부분의 의병장이 의병 부대를 자진 해산하였다.

• 의병에 가담하였던 농민이나 하층민들은 을미의병 해산 이후에도 활빈당 등 농민 무장 조직을 만들어 투쟁을 이어 나갔다. 활빈당은 동학 농민 운동에 참여했던 농민군이 을미의병을 거치면서 각지로 흩어져 지내다가 의병 일부와 결합하여 재조직한 무장 단체다. 이들은 1900년 전후 경기도, 충청도, 경상도, 전라도 등지에서 반침략·반봉건의 기치를 내걸고 투쟁을 전개하였다

03 최익현의 을사의병 격문(1905)

오호라, 작년 10월에 저들이 한 행위(을사조약)는 만고에 일찍이 없던 일로서, 억압으로 한 조각의 종이에 조인하여 5백 년 전해 오던 종묘사직이 드디어 하룻밤 사이에 망하였으니, 임금이 없으면 신하가 어찌 홀로 있을 수 있으며, 나라가 망하면 백성이 어찌 홀로 보존될 수 있겠는가. 나라가 이와 같이 망해 갈진대 어찌 한 번 싸우지 않을 수 있는가. 또 살아서 원수의 노예가 되기보다는 죽어서 충의의 혼이 되는 것이 나을 것이다.

– 최익현, 『면암집』

사료 독해

1905년 을사늑약 이후 민종식, 최익현 등의 유생들이 의병을 일으켰다. 특히, 최익현이 일으킨 의병은 전라북도 각지를 장악하였으나 관군의 공격을 받고 와해되었다. 이후 최익현은 쓰시마섬으로 압송되어 순국하였다.

04 군대 해산과 정미의병(1905)

가평, 원주, 제천의 여러 의병 봉기는 모두가 해산병들로 서양 총을 가지고 있고 일찍이 조련을 거쳤으며 규율이 있어 일본군과 교전에서는 살상이 심히 많고 세력이 대단히 장대하여 의병의 수가 4, 5천 명이라고 한다. – 『속음청사』

내가 제천에 도착한 것은 이른 가을 더운 날이었다. 눈부신 햇빛이 언덕 위에 나부끼는 일장기를 쪼이고 일본군 보초의 총검을 비추었다. 나는 말에서 내려 잿더미 위를 걸었다. 나는 일찍이 이렇게 철저한 파괴를 본 적이 없었다. 한 달 전까지는 번잡하고 유복하던 촌락이 지금은 완전히 자취를 감추고 기와 조각과 회색의 잿더미가 줄지어 있었다. …… 해질 무렵 저녁 짓던 심부름 아이가 그릇을 떨어뜨리며 달려와 소리쳤다. "선생님 의병이 나타났습니다. 여기 군인들이 왔어요." 순간 5, 6명의 의병들이 뜰로 들어섰다. 나이는 18세에서 26세 사이였고 그 중 얼굴이 준수하고 훤칠한 한 청년은 구식 군대의 제복을 입고 있었다. 나머지는 낡은 한복 차림이었다. 그들은 각기 다른 종류의 총을 들고 있었는데 하나도 성한 것이 없었다. …… "일본을 이길 수 있다고 생각합니까?" "이기기 힘들다는 것을 알고 있습니다. 우리는 어차피 싸우다 죽게 되겠지요. 그러나 좋습니다. 일본의 노예가 되어 사느니 자유민으로 죽는 것이 훨씬 낫습니다." …… 한국인은 비겁하지도 않고 자기 운명에 대해 무심하지도 않다. 한국인들은 애국심이 무엇인가를 몸으로 보여 주고 있다.

– 메킨지, 『자유를 향한 한국의 투쟁』

동포들이여! 우리는 함께 뭉쳐 조국을 위해 헌신하여 독립을 되찾아야 한다. 우리는 야만 일본 제국의 잘못과 광란에 대해 전 세계에 호소해야 한다. 간교하고 잔인한 일본 제국주의자들은 인류의 적이요, 진보의 적이다. 우리는 모든 일본인과 그들의 첩자들, 협력 분자들 그리고 야만적인 군대를 제거하는 데 최선을 다해야 한다.

– 「관동 창의 대장 이인영의 격문」

사료 독해

• 1907년에 일본이 군대를 강제로 해산하자 해산된 군인들 중 일부가 무기를 지닌 채 의병에 대거 가담하였다. 이로써 의병이 더욱 조직화되고 전력이 강화되면서 의병 투쟁이 항일 의병 전쟁으로 발전하였다(정미의병).

• 메켄지는 영국 신문사에서 기자를 지낸 언론인으로, 러 · 일 전쟁이 발생할 무렵 한국에 특파원으로 오면서 한국 문제에 관심을 가졌다. 그는 1907년 일본의 침략에 맞서 한창 싸우던 항일 의병들을 인터뷰하였다. 그가 만난 의병에는 군인과 유생, 농민, 소년 병사들도 있었다. 그는 인터뷰 말미에 한국인들이 애국심이 무엇인가를 몸으로 보여 주고 있다고 평가하면서 의병 투쟁을 높이 평가하였다.

• 전국 각지에서 의병 투쟁을 활발히 벌이는 가운데 전국의 의병 부대들은 13도 창의군을 결성하고 경기도 양주에 집결하였다. 이들은 일제와 친일파를 몰아내자고 격문을 보내는 한편, 외국 영사관에도 연락하여 의병 부대를 국제법상 교전 단체로 인정해 줄 것을 요구하였다.

05 의병 연합 부대의 '서울 진공 작전'

군사장은 미리 군비를 신속히 정돈하여 철통과 같이 함에 한 방울의 물도 샐 틈이 없는지라. 이에 전군에 명령을 전하여 일제히 진군을 재촉하여 동대문 밖으로 진격할 때, 대군은 긴 뱀의 형세로 천천히 전진하게 하고, …… 3백 명을 인솔하고 선두에 서서 동대문 밖 삼십 리 되는 곳에 나아가 전군이 모이기를 기다려 일거에 서울로 공격하여 들어가기로 계획하더니, 전군이 모이는 시기가 어긋나고 일본군이 갑자기 진격해 오는지라. 여러 시간을 격렬히 사격하다가 후원군이 이르지 않아 할 수 없이 퇴진하였다.   ─ 『대한매일신보』

사료 독해

1908년 의병 연합 부대(13도 창의군) 1만여 명은 이인영을 총대장으로 하여 서울 진공 작전을 시도하였다. 1908년에 허위가 이끄는 선봉대 3백여 명이 동대문 근처까지 진격하였으나 일본군의 화력에 밀려 후퇴하고 말았다.

06 일본군의 호남 의병 탄압

왜인들이 길을 나누어 호남 의병을 수색하면서 …… 사방을 그물 치듯이 해 놓고 순사를 파견하여 마을을 수색하였다. 집집마다 비질하듯이 뒤져서 조금이라도 혐의가 있으면 즉시 살육하기 때문에 행인들이 스스로 없어지고 이웃 마을끼리도 통행이 불가능하였다. 의병들은 삼삼오오 사방으로 흩어졌으나 숨을 곳이 없기 때문에 강한 자는 앞으로 돌진해서 싸우다가 죽고, 약한 자는 기어 달아나다가 칼을 맞았다. 점차 쫓기어서 강진·해남에 이르니 달아날 곳이 없어 죽은 자가 수천 명에 이르렀다.   ─ 황현, 『매천야록』

사료 독해

1909년 9월부터 약 2개월 동안 호남에서는 일본군에 의해 의병장 1백여 명, 의병 4천여 명이 체포되거나 학살되었다. 이때 일본군은 의병의 근거지가 될 만한 촌락과 가옥을 닥치는 대로 방화하고 살육하여 초토화하였다.

07 애국 계몽 운동

1. 제왕의 권위는 헌법에 정해진 바에 따라 존중할 것.
2. 정부의 명령은 법률 규칙에 정해진 바에 따라 복종할 것.
3. 국민의 권리는 법률에 정해진 바에 따라 자유로이 행사할 것.

    ─ 「헌정 연구회 강령」

무릇 나라의 독립은 자강에 달려 있다. 우리나라는 예전부터 자강을 배우지 못하고 인민이 스스로 우둔하여 국력이 쇠퇴하여 마침내 현재의 어려운 지경에 처하여 다른 나라의 보호를 받기에 이르렀다. 이는 모두 자강의 방법을 깨우치지 못했기 때문이다. 이러함에도 불구하고 계속 완고한 마음으로 자강에 힘쓰지 않는다면 끝내 멸망하게 될 뿐이니 어찌 오늘 머뭇거릴 수 있겠는가. …… 자강의 방법은 다른 데 있는 것이 아니라 교육을 진작하고 산업을 일으키는 데 있다. 무릇 교육이 일어나지 못하면 국민의 지식이 열리지 않고, 산업이 일어나지 않으면 나라의 부가 늘어나지 못하는 것이다. 그러므로 국민의 지식을 열고 국력을 기르는 길은 무엇보다도 교육과 산업의 발달에 있지 않겠는가? 교육과 산업의 발달이 곧 하나뿐인 자강의 방도임을 알 수 있을 것이다.

    ─대한 자강회 취지서, 『대한자강회월보』

사료 독해

• 을사늑약을 전후하여 일부 지식인들은 국권 수호를 위해 먼저 실력을 키워야 한다고 생각하고 애국 계몽 운동을 전개하였다. 특히 독립 협회의 자주 민권 사상을 계승한 헌정 연구회는 의회 설립을 통한 입헌 정치 체제 수립을 목표로 활동하였다.

• 대한 자강회는 일본에 대항하여 즉각적으로 무력을 행사하는 것은 어렵다고 보고, 교육 활동과 산업 진흥을 내세웠다. 대한 자강회는 전국 각지에 지회를 두었으며, 월보를 간행하고 정기적으로 연설회를 개최하여 대중적인 계몽 운동을 전개하였다.

08 애국 계몽 운동 단체의 의병 운동 비판

실로 충의의 정성에 격발하여 의병이라 일어나는 자도 있는 동시에, 저 교활한 도적 떼와 전일의 부랑 파락호의 못된 무리가 때가 왔다고 하면서 의병을 거짓 칭하는 자 역시 적지 않을 것이다. 이러한 무리는 이르는 곳마다 만행 폭거만 자행할 뿐이요, 한 점 애국하는 정성이 있으리오. 이러한 무리는 오히려 의병에게 누를 끼칠 뿐 아니라 국가의 모욕을 불러들이는 자이니, …… 무기가 날카롭고 재정이 넉넉하더라도 학술이 부족하여 전략과 무예가 갖추어지지 않으면 병역에 종사할 수 없을지니, 지금 훈련받지 못한 병졸과 오합지중으로 혈기만을 믿고 전략, 무예가 모두 갖추어진 군대와 교전하고자 함은 부녀자와 아이들이라도 그 불가능한 것을 분명히 알 것이다. 눈앞의 치욕을 참고 국가의 원대한 계획을 도모하여 일체 병기를 버리고 각자 고향으로 돌아가 각기 산업과 교육에 종사하라.　　　　　－「황성신문」

사료 독해

국권을 수호하기 위해 의병 투쟁처럼 일본에 직접 맞서기보다 먼저 실력을 키워야 한다고 생각한 일부 애국 계몽 단체들은 산업 진흥, 인재 양성, 민중 계몽 등을 주장하였다. 그래서 실력 양성 운동에만 집중한 나머지 의병 활동을 사료와 같이 비판하여 그 한계를 노출하였다.

09 신민회의 설립 목표

신민회의 목적은 한국의 부패한 사상과 습관을 혁신할 국민을 유신케 하며, 쇠퇴한 발육과 산업을 개량하여 사업을 유신케 하며, 유신한 국민이 통일 연합하여 유신한 자유 문명국을 성립케 한다고 말하는 것으로서, 그 깊은 뜻은 열국 보호하에 공화 정체의 독립국으로 함에 목적이 있다고 함.
　　　　　－「일본 헌병대 기밀보고」

신민회는 무엇을 위하여 일어남이뇨? 민습의 완고 부패에 신사상이 시급하며, 민습의 어리석고 어두움에 신교육이 시급하며, 열심의 냉각에 신제창이 시급하며, 원기의 줄어듦에 신수양이 시급하며, 도덕의 타락에 신윤리가 시급하며, 실업의 시들음에 신규범이 시급하며, 정치의 부패에 신개혁이 시급함이라. …… 무릇 우리 대한인은 내외를 막론하고 통일 연합함으로써 그 진로를 정하고 독립 자유로써 그 목적을 세움이니, 이것이 신민회의 원하는 바이며 신민회의 품어 생각하는 까닭이니, 간단히 말하면 오직 신정신을 불러 깨우쳐서 신단체를 조직한 후에 새 나라를 건설할 뿐이다.　　－「통감부 문서」

남만주로 집단 이주하려고 기도하고, 조선 본토에서 상당한 재력이 있는 사람들을 그곳으로 이주시켜 토지를 사들이고 촌락을 세워 새 영토로 삼고, 다수의 청년 동지를 모집, 파견하여 한국인 단체를 일으키며, 학교를 세워 민족 교육을 실시하고, 나아가 무관 학교를 설립하여 문무를 겸하는 교육을 실시하며, 기회를 엿보아 독립 전쟁을 일으켜 구한국의 국권을 회복하려고 하였다.　　　　　－「105인 사건 판결문」

사료 독해

• 신민회는 신사상과 신수양으로 무장하여 옛 관습을 혁파하고 새로운 단체를 조직한 후에 새 국민과 새 나라를 건설하고자 하는 목표로 결성된 단체이다.

• 신민회 취지서에는 이러한 신민회의 활동 목표가 잘 나타나 있다. 당시에는 일제의 탄압이 심했기 때문에 비밀 결사 단체 형태로 활동하였다.

• 신민회는 다른 애국 계몽 운동 단체와 달리 무장 투쟁이 필요함을 인정하였다. 이후 신민회의 간부 일부는 대한 제국 국권이 상실될 위기에 처하자 만주로 망명하여 독립 운동 기지를 건설하여 신흥 강습소를 세우고, 약 3천여 명의 독립군을 배출하였다.

10 이승훈의 오산 학교 개교식 식사

나라가 기울어 가는데 그저 앉아만 있을 수는 없다. 이 아름다운 강산, 조상들이 지켜 온 강토를 원수인 일본인들에게 내맡길 수 있겠는가? 총을 드는 사람, 칼을 드는 사람도 있어야 할 것이다. 하지만 그보다도 더 중요한 것은 백성들을 깨우치는 일이다. …… 내가 오늘 이 학교를 세우는 것도 후손을 가르쳐 만 분의 일이라도 나라에 도움이 되기를 원하기 때문이다. - 「오산 80년사」

사료 독해

신민회는 실력 양성을 목표로 여러 학교를 설립하였다. 오산 학교는 이승훈이 평안도 정주에 설립한 학교이다.

11 신민회의 경제 활동

경제 파탄을 막는 길이 자작 자급밖에 다시 없다. 그 중에도 공업의 진흥이야 말로 우리의 생명선이다. 저 현해탄 건너로 일본 제품이 홍수같이 밀려들어 와 독점 시장이 되었으니, 애국 동포 여러분, 조국을 살리는 것이 다만 정치만이 아니라 경제력이다. …… 산업을 진흥함이 곧 애국이고 구국이라는 것을 잊지 말자. 경제 침략이야 말로 군사 침략에 지지 않는다는 것을 인식하여야 한다.

- 안창호, 「마산동 도자기 회사 창립식 축사」

사료 독해

신민회는 자기 회사를 설립하여 민족 자본을 육성하는데 노력하였다. 사료의 마산동 도자기 회사는 신민회에 참여하였던 이승훈이 평양의 유지들과 재력을 합쳐 세운 도자기 회사였다.

한국사 Q&A   안중근의 '동양 평화론'에는 어떠한 내용이 담겨있을까?

▲ 안중근의 의거 모습을 담은 부조 벽화(부천 안중근 공원)

일찍이 연해주로 망명하여 의병장으로 활동하던 안중근은 1909년 10월 26일에 하얼빈 역에서 이토 히로부미를 저격하였다. 그는 재판 과정에서 자신을 범죄자가 아닌 전쟁 포로로 대우해 줄 것을 당당히 요구하였다.

안중근은 그의 저서 「동양 평화론」에서 러·일 전쟁에서 승리한 일본이 "동양의 평화와 대한의 독립을 공고히 한다."라는 약속을 지키지 않고 대한 제국의 국권을 빼앗았다고 논하였다. 또한 자신이 이토 히로부미를 처단한 이유를 밝히고, 진정한 동양의 평화는 한·청·일 3국이 독립 국가로 대등하게 상호 협력할 때 가능하다고 주장하였다. 그래서 지금의 일본은 대한 제국의 주권을 부정하고 침략하였기 때문에 동양의 평화를 해치는 적이 되었다고 논하였는데, 그 내용은 다음과 같다.

일황이 러·일 전쟁을 선전 포고하는 글에 "동양 평화와 대한 독립을 공고히 한다."라고 하였다. …… 슬프다! 가상 가깝고 가장 친하며 어질고 약한 대한 제국을 억압하여 조약을 맺고 강점하였다. 지금 서양 세력이 동양으로 침략의 손길을 뻗어 오고 있는데, 이 재앙을 동양이 일치단결해서 막아 내는 것이 가장 중요함은 어린아이도 다 아는 일이다. 무슨 까닭으로 일본은 이러한 당연한 형세를 무시하고 같은 동양의 이웃 나라를 약탈하고 친구의 정을 끊어, 서양 세력이 애쓰지 않고 이득을 얻게 하려 한단 말인가. - 안중근, 「동양 평화론」

19 열강의 경제 침탈과 경제 구국 운동

KEY WORD

조·청 상민 수륙 무역 장정
1882년에 조선과 청이 맺은 양 국 상인의 수륙 양면에 걸친 통상에 관한 규정이다. 이로써 청 상인은 한성에 점포를 개설하고 내륙으로 진출하여 활동할 수 있었다.

조·일 통상 장정
조선은 무관세 조항을 개정하기 위해 노력하여 1883년에 조·일 통상 장정을 체결하였다. 그 결과 관세 자주권의 일부를 회복할 수 있었다.

방곡령
흉년이나 자연재해 등으로 국내 식량 사정이 악화되었을 때, 지방관이 일시적으로 곡물을 다른 지역으로 유출하는 것을 금지하도록 한 명령이다.

주제 열기

개항 이후 일본과 청을 비롯한 외국 상인의 경제 침투가 이루어지면서 아관 파천 이후에는 열강의 이권 침탈이 심화되었다. 조선은 열강의 경제 침략에 어떻게 대응하였을까?

▼ 국채 보상 운동 기념비(대구 중구)

시대 흐름 잡기	열강의 경제 침탈	경제적 구국 운동	국채 보상 운동 전개
	○강화도 조약: 개항장 설치, 거류지 무역 → 곡물 유출 ○조·청 상민 수륙 무역 장정: 내지 무역 확대 → 청·일 상인 경쟁 심화 ○아관 파천: 열강의 이권 침탈	○상회사 설립: 외국 상인에 대응 시도 → 황국 중앙 총상회 조직 ○은행 설립: 한성은행, 대한 천일 은행 설립 ○이권 수호 운동: 독립 협회 등 애국 계몽 운동 단체의 활동	○일본의 금융권 장악: 화폐 정리 사업 → 화폐 발행권 박탈 ○일본의 재정권 장악: 시설 개선 명목으로 차관 제공 ○국채 보상 운동: 나랏 빚을 국민의 힘으로 갚자 → 전국 확대

01 조·청 상민 수륙 무역 장정

제1조 청의 상무위원을 한성에 파견하고 조선의 대관을 톈진에 파견한다. 청의 북양 대신과 조선 국왕은 대등한 지위를 가진다.

제2조 조선 상인이 이미 개항한 청의 항구에서 소유한 일체의 재산 관계의 범죄는 피고와 원고가 어느 나라 사람이든 간에 모두 청의 지방관이 법조문에 따라 심판한다.

제4조 두 나라 상인들이 쌍방에서 이미 개항한 항구에 가 무역을 할 때에 만일 법을 제대로 준수한다면 땅을 세내고 방을 세내며 집을 지을 수 있게 승인하며, 모든 토산물과 규정에 금지되지 않은 물건은 다 사고팔 수 있도록 승인한다. 조선 상인이 베이징에서 규정에 따라 물건을 사고팔도록 하며, 청 상인이 조선의 양화진과 서울에 들어가 영업소를 개설하고 …… 양국 상인이 내지로 들어가 토산물을 구입하려고 할 때에는 상무위원 및 지방관이 함께 허가증을 발급하되 구입할 처소를 명시하고, 수레와 배 등을 해당 상인이 고용하도록 하고, 세금은 규정대로 완납해야 한다.
    － 「고종실록」

사료 독해

• 임오군란 이후에 조선에 대한 정치적인 영향력이 커진 청은 조·청 상민 수륙 무역 장정을 체결하였다(1882). 그 결과 청 상인은 한성에 점포를 개설하고 허가만 받으면 개항장 밖에서도 활동할 수 있었다.

• 청은 이러한 권리를 청에게만 유지할 목적으로 조선을 청의 속방이라 규정하였으나, 서양 열강들은 이를 인정하지 않고 최혜국 대우를 앞세워 앞다투어 조선의 내륙으로 침투해 들어왔다. 이후 청·일 상인 간 치열한 상권 경쟁이 벌어졌다.

02 외국 상인의 내지 침투

청국 상인의 내륙 상업 활동은 이번에 순회한 지방에서는 실로 놀랄 만큼 진보했다. 상업지라고 할 수 있는 곳에서는 반드시 청국 상인이 거주하면서 상업을 운영하고 있었고, 아무리 궁벽한 곳에 있는 촌락일지라도 장날에는 청국 상인들이 찾아온다고 한다. …… 게다가 면직물류, 각종 서양 물품, 청국산 옷감, 잡화류 등으로 곡물을 대규모로 사들이고 있으며, 구만포 같은 곳에서는 상당한 자금을 투입해 매입하고 있다고 한다.
    －일본 외무성통상국, 「통상휘찬」

대한이 개항한 이래 외국 상인은 각 항구에서만 장사를 해 왔다. 그러나 1894년 이후로 청국 상인이 예산읍과 온양읍 두 장시에 수없이 찾아와 가게를 차리고 장사를 하여 상권이 모두 청국 상인에게 넘어가 버렸을 뿐만 아니라 지난 4, 5년간 행패가 막심하였다. 이번 음력 9월에 다행히 조정의 지엄한 명령에 따라 청국 상인을 모두 몰아내라는 훈령이 충청남도 관찰부에 내려졌고, 관찰부에서 각 읍에 관문을 보냈다. 하지만 청국 상인들은 일체 무시하고 행패는 더욱 심할 뿐이었다. 이 때문에 우리 상인들은 분함과 원망을 이기지 못해 예산군에 호소했고, 상인이든지 촌민이든지 청국 상인과는 물건 하나도 사고팔지 않았다. 그러자 음력 10월 20일에 예산 장에서 청국 상인 1백여 명이 갑자기 무리를 지어 총, 창, 칼, 몽둥이 등을 가지고 시장을 때려 부쉈다. 이런 흉악한 무리들에게 힘없는 상인들이 어떻게 저항하겠는가.
    － 「황성신문」

사료 독해

• 개항 후 조선은 열강과 수교하고 주요 항구를 개항하면서 외국 상인을 받아들였다. 그러나 외국 상인의 출입은 개항장을 중심으로 한 10리 안 지역에서만 가능했으며, 한성을 포함한 내륙 상권은 여전히 조선 상인들이 장악하였다. 하지만 조·청 상민 수륙 무역 장정 체결 이후 청 상인이 조선의 내륙 지역으로 침투하여 상권을 확대해 갔다.

• 두 번째 사료는 조선의 내륙 지방 중 충청남도 예산군과 온양군에서 일어난 청국 상인들의 행패 고발한 「황성신문」 기사이다. 이처럼 조선에 침투한 외국 상인들이 세력을 확장하면서 국내 상인들과 빚은 마찰은 빈번히 일어났다.

03 조·일 통상 장정

제9관 입항하거나 출항하는 각 화물이 해관을 통과할 때는 응당 본 조약에 첨부된 세칙(稅則)에 따라 관세를 납부해야 한다.

제37관 조선국에서 …… 쌀 수출을 금지하려고 할 때에는 한 달 전에 지방관이 일본 영사관에 통지한다.

제42관 현재나 앞으로 조선 정부에서 어떠한 권리와 특전 및 혜택과 우대를 다른 나라 관리와 백성에게 베풀 때에는 일본국 관리와 백성도 마찬가지로 일체 그 혜택을 받는다.

— 조·일 통상 장정

사료 독해

개항 후 조선 정부는 조·일 무역 규칙의 무관세 규정을 고치기 위한 노력으로 관세권 설정, 방곡령 선포 등을 포함하는 조·일 통상 장정이 체결하였다(1883). 하지만 최혜국 대우 규정이 들어가면서 불평등 조약이 지속되었다.

04 방곡령 실시

1888년 8월 21일, 올해 흉작은 일찍이 없었던 바이다. 도내 모든 군현이 흉작이어서 한 톨도 수확하지 못하고 있다. …… 장시의 쌀값은 하늘 높은 줄 몰라 1석에 거의 1만 전이다. …… 가만히 알아보니 도내에 쌀, 콩과 묵은 곡물 약간을 팔려고 하는 사람이 조금 있다. 만일 이것을 일본 상인이 이전처럼 사서 가져가면 전 도가 굶을 형편이다. 가련한 우리 굶주린 백성은 더욱 의지할 데가 없다.

— 『통리교섭통상사무아문일기』

우리 고을에 흉년이 든 것은 일본 총영사께서도 잘 알고 계실 것입니다. 가난한 백성들의 먹을 것 없는 참상이 눈앞에 가득하니, 곡물 수출은 당분간 중지하지 않을 수 없습니다. …… 음력 을유년 12월 21일을 기점으로 한 달이 지난 이후부터는 쌀 수출이 금지되니 이러한 점을 귀국의 상민들에게 통지하여 주시기 바랍니다.

— 『방곡령 관계 서류철 제1권』

사료 독해

• 개항 이후 일본 상인들이 곡물을 대량으로 사들여 일본으로 가져가면서 곡물 가격이 크게 오르고, 흉년까지 들어 조선의 식량은 부족한 상황이 지속되었다.

• 조선 관리들은 조·일 통상 장정을 근거로 곡물의 유출을 막기 위해 방곡령을 시행하였으나, 일본은 통보를 늦게 받았다는 구실로 조선 정부에 압력을 행사하여 방곡령을 철회시키고, 막대한 배상금을 받아 갔다.

05 황국 중앙 총상회 설립

우리가 충심으로 본회를 설치하고 규칙을 만들었으니 우리와 뜻이 같은 이는 서로 권하여 충애하는 마음으로 상업을 일으킬 기초를 튼튼히 하고 국가를 부강하게 할 방침을 찾아 억만년 이어지길 바란다. 본회의 이름은 황국중앙총상회로 하고 중앙 각 점포가 함께 회의하여 점포의 경계를 정하되, …… 외국인의 상업 행위를 허락하지 말고, 그 경계 밖의 우리나라 각 점포는 본회에서 관할할 것이다. 농상공부에서 허가한 인지는 본회에서 관리하니, 각 도 각 군의 장시·항구·포구·객주·회사가 상품을 교역할 때 부과한 무명 잡세는 일단 금지하고 인지로 시행한다. 각종 물가의 등락은 본회에서 자세히 살피고 밝혀 좋은 대로 관할한다. 본회의 자본은 매표에 50원씩 정하되 금액은 각자 원하는 대로 납부하게 한다. …… 본회를 설립한 후 회표를 정하여 회표를 착용하지 않은 사람은 장사를 못 하게 한다.

— 『독립신문』

사료 독해

청·일 양국의 경제 침탈이 심화되자, 1890년대 한성의 시전 상인들은 외국 상인들을 도성 밖으로 이전해 줄 것을 요구하며 가게 문을 닫는 시위를 벌였지만 정부가 이를 받아 주지 않았다. 1898년에 시전 상인들은 자신의 이익을 지키기 위해 황국 중앙 총상회를 설치하였다. 이들은 상권 수호 운동을 벌이고 나아가 독립 협회와 더불어 자유 민권 신장을 위한 운동을 벌이기도 하였다.

06 열강의 이권 침탈과 이권 수호 운동

한국은 금광이 풍부히 저장된 땅이다. 거기다 왕은 관대한 지성을 가진 인물로서 미국에게 금광 이권을 주고 싶어한다. 근대식 시설만 갖추면 톤당 750불을 얻을 수 있을 뿐만 아니라 노동자의 임금은 미화로 일당 5전에서 10전의 저렴한 가격으로 채용할 수 있으므로 이득은 막대한 것이다.

– 「알렌의 편지」

국내에서 금, 은, 석탄 광 등이 있으면, 마땅히 스스로 채굴하여 그 이익을 얻을지니, 하필 외국에 내주어 몰래 넘게 하고 흘러 나가게 하여, 점점 자기 나라는 날로 빈천케 하고 다른 나라로 하여금 부강케 하리요. 그러므로 국내의 철도, 전선, 금, 은, 석탄 광 등을 타국인에게 빌려주고 내어줌은 곧 전국을 타국인에게 파는 것이요, 외국인 고문과 교사를 두기를 좋아하고 자기가 성실한 마음으로 공부하기를 싫어하는 자는 곧 전체 정부를 타국인에게 내주는 것이다.

– 「대조선독립협회회보」

현재 러시아가 우리 대한을 향하여 절영도를 요구하고 있습니다. …… 그 신하된 자가 만약 조그마한 땅이라도 타국인에게 주면 이는 황제 폐하의 역신이며 역대 임금의 죄인이며 우리 대한 2천만 동포 형제의 원수입니다.

– 「대한계년사」

사료 독해

• 첫 번째 사료는 1897년 미국인이 차지한 운산 금광에 투자할 것을 권유하는 광고 문구이다. 청·일 전쟁과 아관 파천 이후 서양 열강들은 앞다투어 조선의 광산, 산림, 철도 등 주요 이권을 확보하였다.

• 두 번째 사료는 독립 협회의 이권 수호 운동에 관한 내용이다. 독립 협회는 각종 토론회와 만민 공동회를 개최하여 당시 서양 열강의 이권 침탈을 비판하고, 대한 제국의 산업 보호 및 육성을 주장하였다.

• 세 번째 사료는 독립 협회가 러시아의 절영도 조차 요구에 반대하는 주장이다. 이러한 독립 협회의 활동으로 절영도 조차 요구 저지, 한·러 은행 폐쇄와 같은 성과를 거두었다.

07 일본의 황무지 개간권 반대 운동

지금 일본 공사 하기와라가 나가모리 도키치로의 청원에 따라 우리 외부에 공문을 보내어 산림, 강, 평지, 황무지에 대한 권리를 청구했습니다. 우리나라는 땅이 좁고 척박하여 현재 국가의 토지 대장에 있는 농토는 100 중에 1, 2도 채워져 있지 않습니다. 사람들은 산림, 강, 평지, 황무지를 이용해 2~3년 걸러 윤작을 해야만 먹고살 수 있습니다. 그런데 만일 이를 외국인에게 줘 버린다면 전국의 강토를 모두 **빼앗기게** 되며 수많은 사람이 참혹한 빈곤에 **빠져** 구제할 수 없게 될 것입니다. …… 지금 이 일본 공사의 도리에 어긋난 행동은 고금에 없었으며, 공법을 살펴보면 모든 일이 다 어그러지고 위배되어 그 비루함이 만 배나 더 심합니다. …… 생각컨대 일본의 토지에 대한 운영권 양여를 멈추지 못한다면 백성들의 삶은 선혈이 얼굴을 뒤덮듯이 참혹하게 되어 나라가 망하기를 남몰래 바랄 것입니다. 각하께서는 각 공사관과 논의하고 징당한 뜻을 굳세게 밝히십시오. 그리고 일본의 잘못을 판별하여 일본인들의 침략과 모욕을 막고, 전국 강토를 보전하여 세계가 공평하고 화목한 우의를 완수할 수 있도록 하십시오.

– 「황성신문」

사료 독해

• 1904년에 조직된 보안회가 일본의 황무지 개간권 요구를 반대하려고 각 관청에 호소한 내용을 『황성신문』에 게재한 것이다.

• 일본이 대한 제국으로부터 얻으려 했던 이권 중에 대표적인 것이 황무지 개간권이다. 일본의 황무지 개간권 요구 소식이 전해지자, 보안회의 반대 활동과 함께 유생과 관료들의 상소 운동도 더욱 격렬해졌다. 또한 『황성신문』과 『대한매일신보』 등의 언론에서도 논설과 기사로 일제히 일본의 이러한 요구를 규탄하였다. 이렇듯 강력한 저항에 직면한 일본은 상황을 진정시키기 위해 황무지 개간권을 포기한다고 밝혔다.

08 화폐 정리 사업 추진

제1조 구백동화 교환에 관한 사무는 금고로 처리하도록 하며 탁지부 대신이 이를 감독한다.

제2조 교환을 위해 제출한 구백동화는 모두 화폐 감정역이 감정하도록 한다. 화폐감정역은 탁지부 대신이 임명한다.

제3조 구백동화의 백동 비율·무게·무늬·모양·형체가 정식 화폐 기준을 충족할 경우, 1개당 금 2전 5리의 새로운 화폐와 교환한다. 이 기준에 합당하지 않은 부정 백동화는 1개당 금 1전의 가격으로 정부에서 사들인다. …… 단, 형태나 품질이 조악하여 화폐로 인정할 수 없는 것은 사들이지 않는다.

– 관보(1905. 6. 29)

현재 경제가 공황을 맞아 금융이 막히고 상행위가 끊어져 최근 몇 달 내에 대상인들로 파산한 자가 수십 명이고 그 밖에 도산한 자가 나날이 늘어나 장차 무고한 인민을 멸망시킬 것이라. 그 원인을 살펴보니 첫째, 한국 정부가 보조화인 백동화를 무제한으로 남발하여 금융을 문란하게 한 것이요, 둘째, 정부가 남발한 이 악화의 손해를 전부 무고한 인민에게 돌렸으니 이는 불법한 일이요. 셋째, 소위 교환의 수납 방법이 불완전하고 우리나라 상업상 관습으로 순환 융통하는 법을 무시하여 대한 제국 상인 손에는 금융을 불통하게 함이요, 넷째, 신·구 화폐 교환의 명령이 갑자기 나와 일반 인민이 모두 모르는 상태에서 오로지 강압적인 수단으로 독촉하여 수납함이라.

– 『황성신문』

사료 독해

• 제1차 한·일 협약 이후 재정 고문으로 들어온 메가타는 대한 제국의 금융 시장을 장악하기 위하여 화폐 정리 사업을 실시하여 일본 제일 은행권을 본위 화폐로 삼고 새로운 보조 화폐를 발행하려 하였다. 이 과정에서 일제는 백동화를 갑, 을, 병으로 나눠 교환 비율을 다르게 정하였다.

• 일제가 추진한 화폐 정리 사업은 대한 제국의 상인과 농민뿐만 아니라 민족 자본의 성장에 큰 타격을 입혔다. 갑작스러운 화폐 교환으로 일본과 청국 상인들은 양질의 백동화를 낮은 가격에 구입하여 폭리를 취하였다. 반면 대한 제국 상인들이 가장 많이 가지고 있던 병종 백동화는 아예 바꿔주지 않아 파산하는 일이 속출하였다.

09 국채 보상 운동 취지서

지금 나라의 빚이 1,300만 원이며, 이는 우리 대한 제국의 존망에 관계된 일이다. 이를 갚으면 나라를 보존하게 되고 못 갚으면 나라를 잃고 만다. 형세가 여기에 이르렀으나 현재 국고로는 보상하기가 어렵다. 그러므로 삼천리 강토는 장차 우리나라가 아니게 될 것이다. 땅을 한 번 잃으면 돌이킬 방법이 없을 뿐만 아니라 월남과 같은 나라의 민족 신세를 면하기 어렵다. 일반 국민도 이 국채 보상에 대한 의무에 대해 모른 체하거나, 참여하지 않겠다고 말할 수 없다. 모두가 보상에 참여해야만 성공할 수 있다. 2천만 명의 백성이 3개월 동안 담배를 끊고 그 돈을 각 사람마다 20전씩 낸다면 1천 3백만 원을 모을 수 있다. 만약 부족하다면 1원, 10원, 1백 원, 1천 원 등 따로 기부를 받으면 될 것이다. …… 부족한 우리들이 이렇게 발기하여 경계하는 글을 계속 내면서 피눈물을 흘리는 마음으로 바라는 것은, 우리 대한의 군자들이 모두 보고 말과 글로 서로 경고하여 모든 사람이 이 내용을 알고 실천하기를 바란다.

– 『대한매일신보』

사료 독해

• 1907년 일제에게 빌린 국채 1천 3백만 원을 국민 스스로의 힘으로 갚자는 국채 보상 운동이 대구에서 시작되어 전국적으로 확산되었다.

• 한성에서는 국채 보상 기성회가 조직되고, 대한 자강회 등 애국 계몽 운동 단체와 『대한매일신보』 등 언론의 지원을 받아 모금 운동을 벌였다. 남녀노소 불문하고 전 국민이 참여한 국채 보상 운동은 상당한 모금액을 달성하였지만 일제의 방해로 중단되었다.

10 여성들의 국채 보상 운동 참여

슬프다. 정치하는 사람들이여! 나라를 가벼이 여겨 국토를 저당 잡히고 돈을 빌렸으나 갚기가 묘연하니 5백 년 종사와 2천만 인민이 빚에 다 없어지게 되었구나. …… 이런고로 뜻있는 이들이 술, 담배를 끊는다, 밥을 줄인다 하여 여러 가지로 나랏 빚 갚을 길을 연구하니 기쁘고도 기쁘다. 나랏 빚 1,300만 원이 얼마나 많은지는 모르나, 빚 갚을 방침이 우리 동포들 마음속에 있으니 기쁘기 한량없다. 우리 2천만 가운데 여자가 천만이요, 그 가운데 반지 있는 이가 반은 넘을 터이니, 한 쌍에 2원씩만 하면 1천만 원이 여인들 가운데 있다. 여보시오. 여보시오. 우리 여자 동포님들! 한마음 한뜻으로 때를 잃지 말고 반지 한 번 벗게 되면 1천만 명이 손가락을 속박한 것 벗음으로 외국인의 수모를 씻어 내고 자유 국권 되찾아 독립 기초 이루리라!

― 『대한매일신보』

"우리가 함께 여성 몸으로 규문 안에 있어 삼종지의에 간섭할 일 오랫동안 없었으나, 나라 위하는 마음과 백성으로서의 도리에 어찌 남녀가 다르리오. 듣자하니 국채를 갚으려고 이천만 동포가 석 달간 담배를 아니 피우고, 금전을 모은다 하니 족히 사람으로 감흥하게 할지요, 앞날에 아름다움 있으리. …… 우리는 여성인 까닭에 이 몸에 값진 것이 다만 패물뿐이다. 하지만 큰 산이 흙덩이를 사양치 아니하고 큰 바다가 가는 물을 가리지 아니하기로, 적은 것으로 큰 것으로 도우리오."

― 대구 남일동 폐물폐지부인회 취지문(1907. 2. 23.)

한국사 Q&A 한인의 간도 이주는 언제부터 시작되었을까?

▲ 삶의 터전을 찾아 만주와 간도로 이주하는 한인들

한인의 간도 이주는 19세기부터 시작되었다. 1870년을 전후하여 함경도 지역에는 대기근이 들고 부패한 관리의 수탈이 심하였기 때문이다. 반면 두만강 너머에는 많은 황무지가 있었고, 청국은 한인을 이용해 간도 지역을 개발하고자 하였다. 이후 간도로 이주하는 사람들이 크게 늘어났으며, 이주 지역도 간도 내륙으로 확대되었다. 간도 이주민의 대부분은 농사를 지었고, 광산에서 일하는 경우도 있었다. 대한 제국 시기에 간도 거주 한인들의 수는 거의 10만 명에 이르렀다.

1880년대 조선과 청은 간도 영유권 문제를 협상하였지만, 결론에 이르지는 못하였다. 이후 대한 제국은 이범윤을 간도 관리사로 파견하여 호구를 조사해 보고하게 하고 세금을 거두었다. 그리고 간도가 조선 왕조의 개창과 관련된 땅이며 옛날부터 조선 영토였음을 주장하였다. 하지만 청도 이에 맞서 간도 지역 한인들에 대한 통제를 강화하였다. 이후 을사늑약으로 대한 제국의 외교권을 일제에 빼앗긴 상태에서 1909년에 일본이 청과 간도 협약을 체결하여 간도를 청의 영토로 인정하였다.

근대 문물의 수용과 근대 문화

근대 문물의 수용
개항 후 의식주를 비롯한 생활 전반에 서양식 문화가 유입되고, 더불어 전기가 보급되었으며 전차, 기차, 전신, 전화 등이 마련되어 교통과 통신 분야에서 변화가 일어났다.

근대 의식의 확대
개항 후 근대 문물 수용과 함께 근대 교육이 시작되면서 성리학적인 질서에서 벗어나 만민 평등과 민권 의식이 언론과 애국 계몽 단체 활동 등을 통하여 확산되었다.

여권통문
1898년에 한성 북촌 양반가 여성들이 뜻을 모아 『황성신문』과 『독립신문』에 발표한 글로, 한국 역사상 최초 여권 선언서로 평가된다. 이들은 남녀평등을 위해 여성 교육을 주장하였다.

주제 열기

개항 이후 근대 문물이 수용되면서 일상생활에 변화가 나타났으며, 근대적 학교가 설립되고 언론 활동이 활발해지는 가운데 민권 의식도 성장하였다. 개항 이후 조선의 사회와 문화에는 어떤 변화가 있었을까?

▼ 육영 공원의 수업 모습

시대 흐름 잡기	근대 문물의 수용	여러 신문의 발행	민권 의식의 성장
	◦ 의식주의 일상생활 변화 → 양복, 양식, 양옥의 확산 ◦ 교통·통신 시설 발달 → 철도, 전신, 전화, 전기, 전차 등 ◦ 서양 의료 기술 확산 → 제중원, 세브란스 병원, 대한 의원	◦ 『한성순보』: 박문국에서 순한문으로 발간, 관보 성격 ◦ 『독립신문』: 정부 지원, 국문·영문판, 국내 최초 사설 신문 ◦ 『대한매일신보』: 베델 참여, 국채 보상 운동, 항일 의식 고취	◦ 독립 협회와 애국 계몽 단체 활동: 민권, 평등 의식 확산 ◦ 근대식 교육 기관: 교육입국 조서 발표, 사립 학교 설립 ◦ 여권 운동: 여권 통문 → 여성 단체 및 여학교의 확산

01 독립 협회의 민권 사상

첫째는, 인민의 생명과 재산에 해당한 일은 어디까지든지 보호할 일.

둘째는, 무단히 사람을 잡거나 구류하지 못하며, 잡으려면 그 사람의 죄목을 분명히 공문에 써서 그 사람에게 보이고 죄인을 잡을 일.

셋째는, 잡은 후에도 재판하여 죄상이 뚜렷이 나오기 전에는 죄인으로 다스리지 못할 일.

넷째는, 잡힌 후에 가령 24시간 내에 법관에게 넘겨서 재판을 청할 일.

다섯째는, 누구든지 잡히면 그 당사자나 친척이나 친구가 즉시 법관에게 말하여 재판할 일.

— 「독립신문」

사료 독해

독립 협회는 각종 토론회와 만민 공동회 등을 개최하여 자유 민권 운동을 전개하고, 민권 의식의 성장에 기여하였다. 또한 언론 · 출판 · 집회 · 결사의 자유 등을 주장하기도 하였으며, 종래의 악습을 철폐할 것을 주장하기도 하였다.

02 『한성순보』 창간사

지금은 지역이 점차 열리고 지혜도 날로 발전하여 증기선이 전 세계를 누비고 전선이 서양까지 연결되며, 공법을 제정하여 국교를 수립하고, 항만과 포구를 축조하여 서로 교역하므로 …… 세상의 일에 마음을 둔 사람이라면 몰라서는 안 될 것이다. 그러므로 우리 조정에서도 박문국을 설치하고, 관리를 두어 외국의 신문을 폭넓게 번역하고, 아울러 국내의 일까지 기재하여 나라 안에 알리는 동시에 다른 나라까지 공포하기로 하고, 이름을 순보라 하여 견문을 넓히고, 여러 가지 의문점을 풀어 주고, 상업에도 도움을 주고자 하였다.

— 「한성순보」

사료 독해

1883년에 최초의 근대 신문인 『한성순보』에 실린 '창간사'이다. 『한성순보』는 열흘에 한 번 순한문으로 발행하였고, 관보의 성격을 띠고 있었다. 이는 외국 문물과 상황을 소개하여 개화의 방편으로 이용하고자 했던 개화 세력의 의지가 반영된 것이라고도 할 수 있다.

03 『독립신문』 창간사

우리가 『독립신문』을 오늘 처음으로 출판함을 맞아 조선 속에 있는 내외국 인민에게 우리 주의를 미리 말씀드린다. 우리는 첫째 편벽되지 아니하므로 어떤 당에도 상관이 없고 상하 귀천을 차별하지 않고 모두 조선 사람으로만 알고 조선만 위하며 공평히 인민에게 말할 것이다. 조선 정부에서 하시는 일을 백성에게 전할 것이요 백성의 정세를 조선 정부에 전할 것이니 …… 모두 한글로 써서 남녀 상하 귀천이 모두 보게 했으며, 또 구절을 띄어 써서 알아보기 쉽도록 하였다. 우리는 사실만을 다룰 것이며, 조선 정부 관원이라도 잘못하는 사람이 있으면 우리가 말할 것이며, 탐관오리들의 행적을 세상에 알릴 것이며 백성이라도 불법을 저지르는 사람은 우리가 찾아서 신문에 설명할 것이다. 우리는 조선 대군주 폐하와 조선 정부와 조선 인민을 위하는 사람들이므로 편파적인 의논이나 한쪽의 의견만을 게재하지 않을 것이다. 또 한쪽에 영문으로 기록하는 것은 외국의 인민이 조선 사정을 자세히 모르므로 혹 편파적인 말만 듣고 조선을 잘못 생각할까 봐 실제 사정을 알게 하고자 영문으로 조금 기록한 것이다.

— 「독립신문」(1896. 4. 7.)

사료 독해

『독립신문』은 1896년에 서재필이 창간한 우리나라 최초의 일간지다. 서재필이 쓴 것으로 보이는 창간사에는 『독립신문』의 간행 목적으로 언론의 공정성을 유지하면서 정확한 사실을 보도하여 조선 정부와 백성이 서로 사정을 알게 하는 것, 외국의 사정을 소개하여 새로운 지식과 학문을 알게 하는 것, 띄어쓰기를 병행한 순한글문으로 작성하고 가격도 저렴하게 하여 많은 백성이 읽을 수 있도록 하는 것 등을 제시하였다. 대한민국은 『독립신문』 창간일인 4월 7일을 신문의 날로 기리고 있다.

04 원산 학사 설립

의정부에서 아뢰기를, "방금 덕원 부사 정현석의 장계를 보니, '덕원부는 해안의 요충지에 위치하고 아울러 개항지입니다. 이를 빈틈없이 잘 운영해 나가는 방도는 인재를 선발하여 쓰는 데 달려 있으며, 선발하여 쓰는 요령은 그들을 가르치고 기르는 데 달려 있습니다. 그래서 원산사에 글방을 설치하여, 문사는 먼저 경의를 가르치고, 무사는 먼저 병서를 가르친 다음, 아울러 산수 · 격치와 각종 기기 · 농잠 · 광산 채굴 등을 가르치고, 문예는 달마다 의무적으로 시험을 보아 우수한 사람 1명을 뽑고, 매년 가을에 감영에 보고하여 공도회에 붙여서 시험에 응시하게 하고, 무예는 동래부의 규례를 본받아 출신과 한량 200명을 선발하고, 별군관을 처음으로 두어 달마다 의무적으로 시험을 보아 시상하였습니다." 하니, 윤허하였다. —「고종실록」

사료 독해

덕원 부사 정현석이 덕원(원산) 지방민의 교육 기관 설립 요구에 부응하여 원산 학사를 설립하게 해 달라고 올린 장계이다. 이에 따라 1883년에 함경도 덕원부(원산) 주민들은 원산 학사를 세워 근대식 학문과 외국어 등을 교육하였다. 이 학교는 조선인이 자발적으로 세웠다는 점에서 큰 의미가 있다.

05 육영 공원 설립

1. 학교를 설립하고 '육영 공원'이라 부른다.
2. 외국인으로 성품이 선량하고 재간 있으며 총명한 사람 3명을 초빙하여 '교사'라고 부르며, 가르치는 일을 전적으로 맡도록 한다.
3. 원은 좌원과 우원을 설립하고, 각각 학생을 채워서 매일 공부한다.
4. 7품 이하 관료로 나이가 젊고 원문에 밝은 문벌 있는 집안의 재능 있는 사람을 선발하여, 10명을 한정해 좌원에 넣어 공부하게 한다.
5. 재주가 있고 똑똑한 나이 15세부터 20세까지의 사람 20명을 선발하여 우원에 넣어 공부하게 한다.
7. 공부할 때는 전심전력하여 공부하게 할 것이며, 산만하게 떠들거나 시간을 틈타 잡된 놀이를 하는 것은 허락하지 않는다. —「고종실록」

사료 독해

조 · 미 수호 통상 조약 체결 이후 미국 공사와 보빙사의 권고를 받아들여 작성한 육영 공원 운영 규칙이다. 1886년 설립된 육영 공원은 조선 정부가 외국어 구사 능력을 갖춘 관리를 양성하기 위해 설립한 공립 학교로서 미국인 교사를 초빙하여 양반 자제들에게 영어를 비롯한 수학, 지리학, 정치학 등을 교육하였다.

06 교육입국 조서

아, 백성을 가르치지 않으면 나라를 굳건히 하기가 매우 어렵다. 세계의 형세를 보면 부강하고 독립하여 잘사는 모든 나라는 다 국민의 지식이 밝기 때문이다. 이 지식을 밝히는 것은 교육으로 된 것이니, 교육은 실로 국가를 보존하는 근본이 된다. …… 이제 짐은 정부에 명령하여 널리 학교를 세우고, 인재를 길러 너희 신민의 학식으로써 국가 중흥의 큰 공을 세우고자 하니, 너희 신민은 충군하고 위국하는 마음으로 덕(德) · 체(體) · 지(智)를 함께 기를지어다. 왕실의 안전이 국민의 교육에 있고, 국가의 부강도 너희 신민의 교육에 있도다. 세계의 형세를 보건대, 부하고 강하며 독립하며 웅비하는 제국은 다 인민의 지식이 개명하였도다. 지식의 개명은 교육으로 되었으니, 교육은 실로 국가를 보전하는 근본이다. —「고종실록」

사료 독해

고종이 교육에 의한 입국의 의지를 천명한 조서로, 근대식 학제를 세울 수 있는 기반을 마련하였다. 조서에는 교육은 국가 보존의 근본이며, 신교육은 과학적인 지식과 신학문과 실용을 추구하는 데 있고, 교육의 3대 강령으로 지 · 덕 · 체의 덕목을 강조하고 있다. 이에 따라 학교를 많이 설립하여 인재를 길러 내는 것이 국가 중흥과 국가 보전에 직결된다고 명시하였다.

07 여권통문

이제 우리 2천만 동포 형제가 성스러운 뜻을 본받아 과서 나태한 습관을 버리고 각각 개명한 새로운 방식을 행할 때 …… 우리보다 먼저 문명개화한 나라들을 보면 남녀평등권이 있는지라. 어려서부터 각각 학교에 다니며, 각종 학문을 다 배워 이목을 넓히고, 장성한 후에 사나이와 부부의 의를 맺어 평생을 살더라도 그 사나이에게 조금도 압제를 받지 아니한다. 이처럼 후대를 받는 것은 다름 아니라 그 학문과 지식이 사나이 못지않은 까닭에 그 권리도 일반과 같으니 이 어찌 아름답지 않으리오. …… 슬프도다. 과거를 생각해 보면 사나이가 힘으로 여편네를 압제하려고, 한갓 옛말을 빙자하여 "여자는 안에서 있어 바깥일을 말하지 말며, 오로지 술과 밥을 짓는 것이 마땅하다." 라고 하는지라. …… 이제는 옛 풍속을 모두 폐지하고 개명 진보하여 우리 나라도 다른 나라와 같이 여학교를 설립하고, 각기 여자 아이들을 보내어 각종 재주를 배워 이후에 여성 군자들이 되게 할 목적으로 지금 여학교를 창설하오니, 뜻을 가진 우리 동포 형제, 여러 여성 영웅호걸님들은 각기 분발하는 마음으로 귀한 여자 아이들을 우리 여학교에 들여 보내시려 하시거든, 바로 이름을 적어내시기 바라나이다. — 「황성신문」

사료 독해

• 1898년에 북촌의 양반 부인 3백여 명이 「황성신문」과 「독립신문」에 기고한 글로, 여성이 교육을 통해 남성과 동일한 지식을 습득하여 동일한 권리를 행사할 수 있음을 강조하여서 최초의 여권 선언문으로 평가받고 있다.

• 여성들은 여권통문으로 불리는 이 글을 발표한 것에 그치지 않고 최초의 여성 단체인 찬양회를 조직하였으며, 회비를 거두어 순성 여학교를 설립·운영하였다.

08 한성 사범 학교 관제

• 한성 사범 학교는 교관을 양성하는 곳임.
• 한성 사범 학교에 본과와 속성과의 두 과를 둠.
• 본과는 2년 과정으로, 속성과는 6개월 과정으로 함.
• 한성 사범 학교에 부속 소학을 두어 아동을 교육하게 함. — 칙령 제79호

사료 독해

한성 사범 학교는 1895년에 초등 교육기관인 소학교를 널리 보급할 목적에서 교육을 시킬 인재를 양성하려 설치한 근대식 관립 학교이다.

09 사립학교 령

제2조 사립 학교를 설립하고자 하는 자는 학부대신의 인가를 얻어야 함.
제10조 학부대신은 사립 학교의 폐쇄를 명할 수 있음.
제11조 설립 인가를 얻지 않고 학교의 사업을 하는 자에 대해서 학부대신은 그 사업의 금지를 명할 수 있음. — 칙령 제63호

사료 독해

대한 제국 말에 민족 지도자들을 중심으로 사립 학교가 대거 설립되자, 일제는 사립 학교령(1908)을 제정하여 탄압하였다.

10 「대한매일신보」

신문으로는 「대한매일신보」, 「황성신문」, 기타 여러 가지 신문이 있었으나, 제일 환영을 받기는 영국인 베델이 경영하는 「대한매일신보」였다. 당시 정부의 잘못과 시국 변동을 여지없이 폭로하였다. 관을 쓴 노인도 사랑방에 앉아서 신문을 보면서 혀를 툭툭 차고, 각 학교 학생들은 주먹을 치며 통론하였다. — 「별건곤」

사료 독해

「대한매일신보」는 영국인 배델이 발행인으로 참여하였기 때문에 일제의 검열에 어느 정도 자유로운 편이었다. 순한글과 국한문, 영문 등 세 종류로 발행되어 독자층의 폭이 넓었다.

11 배재 학당 설립

- 배재 학당에서 교육시키기 위해 조선 정부는 학생 2백 명을 보내며 이 학생들은 외국어를 배우면서 모든 규칙을 지킨다.
- 학생들은 영어를 배우면서 공부가 진행되면 지리학·산술학·화학·의학 등을 배우되 반드시 교사의 지휘에 따른다.
- 퇴학에 관한 권한은 일체 교사에게 부여한다. 교사는 학생들이 화합하여 열심히 배우도록 힘써 권면한다.
- 탁지아문은 이번 2월 1일부터 은화 200원을 학무아문에 보내 배재 학당에 전달하여 학생들의 필기도구와 서책을 위한 비용으로 사용토록 한다.
- 매월 말 학당에서 장학생 수와 이름을 기록하여 외무아문으로 보내면, 학무아문에서 이를 전달 받아 편의에 따라 지급하도록 한다.
- 학생에게 과실이 있거나 재능이 없어 쫓겨난 경우 외에는 반드시 3년 동안 수학하도록 하며, 이유 없이 들어오거나 나갈 수 없다.
  　　　　　　　　　　　　　　　　　　　　　　　　　－「배재 학당 합동」

사료 독해

• 배재 학당은 1885년에 미국인 선교사 아펜젤러가 설립한 최초의 근대적 사립 학교이다.

• 고종은 1886년에 배재 학당이라는 교명을 내려주었다. 갑오개혁 이후 1895년에 조선 정부는 배재 학당을 직접 지원하고 관여할 것을 결정하였다. 또한 배재 학당을 '육영 공원'을 대신할 외국어 교육 기관으로 만들기 위해 설립자인 아펜젤러와 협의를 통해 일종의 계약서인 「배재 학당 합동」을 작성하였다.

12 「독사신론」 서론

국가의 역사는 민족의 흥망성쇠를 서술하는 것이다. 민족을 빼면 역사가 없을 것이며, 역사를 알지 못한다면 그 민족의 애국심이 사라질 것이니, 역사가의 책임이 얼마나 큰가? …… 역사를 쓰는 사람은 먼저 민족의 형성 과정을 적고, 정치는 어떻게 번영하고 어떻게 쇠퇴하였는지, 산업은 어떻게 융성하고 쇠퇴하였는지, 무공은 어떻게 나아가고 물러갔으며, 그 문화는 어떻게 변화하였으며, 다른 민족과의 관계는 어떠하였는지를 서술해야 한다. 만일 민족을 주체로 한 역사 서술이 이루어지지 않는다면, 이는 무정신의 역사라.
　　　　　　　　　　　　　　　　　　　　　　　　　－「대한매일신보」

사료 독해

신채호는 「대한매일신보」에 「독사신론」을 발표하여 민족을 역사 서술의 주체로 설정함으로써 민족주의 사학의 연구 방향을 제시하였다.

13 「유교구신론」

현재 공자의 교가 날로 암담해지고 날로 더욱 쇠해가는 정경을 보니 비단 늠연히 두려울 뿐만 아니라 실로 척연히 땀이 날 정도이다. 그런 때문에 그 원인을 거슬러 연구하고, 잘못된 일을 추측해 보니 유교계에 세 가지 큰 문제가 있는 것을 알 수가 있다. 감히 외람됨을 무릅쓰고 3대 문제를 들어서 개량 구신의 의견을 바치노라. 이른바 3대 문제는 무엇인가. 첫째는, 유교파의 정신이 오로지 제왕의 편에 있고 인민 사회에 보급할 정신이 부족한 것이다. 둘째는, 여러 나라를 돌면서 천하의 주의들을 강구하려 하지 않고, 내가 어린이를 구하는 것이 아니라 어린이가 나를 구한다는 주의만을 지키는 것이다. 셋째는, 우리 대한의 유가에서는 쉽고 정확한 법문을 구하지 아니하고 질질 끌고 되어 가는 대로 내버려 두는 공부(주자학)를 전적으로 숭상하는 것이다.
　　　　　　　　　　　　　　　　　　　　　　　　　－「대한매일신보」

사료 독해

박은식은 유교가 위만 생각하여 백성을 생각하는 것이 부족하고, 공자처럼 세상을 떠돌며 바꾸려는 노력은 하지 않으며, 양명학처럼 실천적인 유학에는 관심이 없고 오직 주자 성리학에만 빠져 있는 것이 문제라고 지적하며 「유교구신론」을 주장하였다.

14 철도의 개통

경인 철도 회사에서 어제 개업 예식을 거행하는데 …… 화륜거 구르는 소리는 우레 같아 천지가 진동하고 기관차 굴뚝 연기는 반공에 솟아오르더라. 수레를 각기 방 한 칸씩 되게 만들어 여러 수레를 철구로 연결하여 수미상접하게 이었는데, 수레 속은 상·중·하 세 등급으로 수장하여 그 안에 배포한 것과 그 밖에 치장한 것은 이루 형언할 수 없더라.

- 「독립신문」

15 세창양행 광고

이번 저희 세창 양행이 조선에서 개업하여 외국에서 자명종 시계, 각종 램프, 서양 단추, 각색 서양 직물, 서양 천을 비롯해 염색한 옷과 선명한 염료, 서양 바늘, 서양 실, 성냥 등 여러 가지 물건을 수입하여 공정한 가격으로 팔고 있으니 모든 손님과 상인은 찾아와 주시기 바랍니다. …… 아이나 노인이 온다 해도 속이지 않을 것입니다.

- 「한성주보」

16 신문물 유입에 대한 비판

개화를 한 다음 여러 나라를 맞아들여 환영하고 전권 대사를 파견하였다. 거기에 드는 비용이 해마다 억만을 헤아렸다. 천하에 기묘한 보화, 완물이 궁정에 가득해서 넘쳤다. 임오년과 갑신년의 변을 겪은 뒤에는 항상 어두운 밤에 난이 일어날까 두려워하여 궁중에 밤마다 전기 등을 수십 개씩 켜 아침까지 환히 밝혔다. 기타 헛되이 낭비하는 것은 모두 말하기 어렵다. 나라 창고가 이미 비어 어찌할 수 없다.

- 「오하기문」

한국사 Q&A   대종교가 본사를 간도로 옮긴 까닭은 무엇일까?

▲ 대종교 총본사 환국 기념사진(1946)

을사늑약 이후 '자신회'라는 을사 5적 암살단을 조직하였던 나철은 단군 신앙을 바탕으로 '단군교'를 창시하였다. 단군교는 환인, 환웅, 단군을 받드는 삼위일체 신앙을 바탕으로 민족의식을 일깨우려 하였다.

단군교는 1910년에 대종교로 이름을 바꾸고 대일 투쟁과 관련한 종교 운동을 전개해 나갔다. 국권 피탈 이후 국내에서 의병 활동을 했던 사람들을 모아 1911년에 만주에서 독립운동 단체인 중광단을 조직하였으며, 1914년에는 종교의 총본사를 간도로 옮겨 독립 운동 기지 건설에 앞장섰다. 또한 청산리 대첩에서 활약한 북로 군정서군 창설에도 이바지하였다.

21 무단 통치와 토지 조사 사업

KEY WORD

조선 총독부
일제의 최고 통치 기구로, 조선 총독은 일본 육·해군 대장 중에서 뽑았다. 또한, 일본 천황에 직속되어 군대 통솔과 모든 정무를 총괄하는 등 강력한 권한이 부여되었다.

중추원
조선 총독부의 자문 기관이지만, 3·1 운동이 일어날 때까지 한 번도 소집된 적이 없었다. 이완용, 송병준 등 친일파를 참가시켜 작위를 주고, 우대하였다.

무단 통치
일제가 국권을 강탈하고 우리 민족을 무력으로 다스린 통치로, 한반도 곳곳에 헌병 경찰을 두고 다스렸다고 하여 '헌병 경찰 통치'라고도 한다.

주제 열기

일제는 우리 국권을 빼앗고 조선 총독부를 설치하였으며, 헌병 경찰을 동원하여 무단 통치를 실시하였다. 또한, 토지 조사 사업을 시행하고 회사령을 반포하는 등 국내 산업을 통제하였다. 일제의 식민 지배 정책은 어떻게 전개되었을까?

▲ 1926년에 완공된 조선 총독부

시대 흐름 잡기	경술국치	무단 통치의 실시	토지와 산업의 장악
	○ 1905년 을사늑약으로 외교권을 빼앗음.	○ 헌병 경찰을 동원하여 무력으로 한국을 통치함.	○ 토지 조사 사업을 통하여 국유지나 문중 토지 등을 조선 총독부의 토지로 삼아 재정 수입을 마련함.
	○ 1907년 정미 조약을 통하여 대한 제국의 군대를 해산하고 1909년 남한 대토벌을 단행하여 의병을 토벌함.	○ 조선 태형령을 실시하여 조선인에게만 야만적 태형을 시행함.	○ 회사령을 반포하여 한국인의 회사 설립을 억제하고, 일본이나 외국 자본의 한국 진출을 통제함.
	○ 1910년 한·일 병합으로 국권을 빼앗음.	○ 언론·출판·결사 등의 기본적인 자유를 억압함.	

01 조선 태형령과 시행 규칙

제1조 3개월 이하의 징역 또는 구류에 처해야 할 자는 그 정상에 따라 태형에 처할 수 있다.

제7조 태형은 태 30 이상일 경우에는 이를 한 번에 집행하지 않고 30을 넘길 때마다 1횟수를 증가시킨다. 태형의 집행은 하루 한 회를 넘을 수 없다.

제11조 태형은 감옥 또는 즉결 관서에서 비밀리에 행한다.

제13조 본령은 조선인에 한하여 집행한다.

시행규칙 1조 태형은 수형자를 형판 위에 엎드리게 하고 그 자의 양팔을 좌우로 벌리게 하여 형판에 묶고 양다리도 같이 묶은 후 볼기 부분을 노출시켜 태로 친다.

시행규칙 2조 집행 중에 수형자가 비명을 지를 우려가 있을 때는 물로 적신 천으로 입을 막는다.
　　　　　　　　　　　　　　　　　　　　　　　　　－ 조선 총독부 관보

사료 독해

• 일제는 조선 태형령을 제정하여 한국인에게만 태형을 가할 수 있게 하였다. 그리하여 헌병 경찰은 재판 없이도 즉결 심판하여 한국인에게 태형을 가할 수 있었다.

• 제13조 시행 규칙 2조에서 볼 수 있듯이 수형자의 입을 물에 적신 천으로 입을 막는 등 일제는 한국인을 폭력으로 억압하여 순종적인 식민지인으로 길들이고자 하였다.

02 경찰범 처벌 규칙

다음의 각 호에 해당하는 자는 구류 또는 과료에 처한다.

제8조 단체 가입을 강요하는 자.

제14조 신청하지 않은 신문, 잡지, 기타의 출판물을 배부하고 그 대금을 요구하거나 또는 억지로 그 구독 신청을 요구하는 자.

제19조 함부로 대중을 모아 관공서에 청원 또는 진정을 남용하는 자.

제20조 불온한 연설을 하거나 또는 불온 문서, 도서, 시가를 게시, 반포, 낭독하거나 큰 소리로 읊는 자.

제21조 남을 유혹하는 유언비어 또는 허위 보도를 하는 자.

제32조 경찰관서에서 특별히 지시하거나 명령하는 사항을 위반하는 자.

제64조 관공서의 독촉을 받고도 굴뚝의 개조, 수선이나 청소를 게을리 하는 자.
　　　　　　　　　　　　　　　　　　　　　　　　　－ 조선 총독부 관보

사료 독해

• 일제가 만든 경찰범 처벌 규칙은 한국인이 일상생활에서 해서는 안 되는 것들을 규정하고 있다.

• 제14조는 자유롭게 말하고 비판할 수 있는 언론의 자유와 글로 자신의 뜻을 알릴 수 있는 출판의 자유를 제한한 조항이다. 이처럼 일제는 한국인이 일제의 식민지 통치에 저항할 수 없도록 매우 사소한 부분까지 규칙을 정하여 통제하였음을 알 수 있다.

03 무단 통치기의 모습

강도 일본이 헌병 경찰 정치를 행하여 우리 민족은 조그만 행동도 마음대로 하지 못하고, 언론·출판·집회의 일체 자유가 없어 고통과 울분, 원한이 있어도 벙어리 냉가슴이나 만질 뿐이오, 눈뜬 소경이 되고 말았으며, 자식을 낳으면 일어를 국어라, 일본 글을 국문이라 가르치는 노예 양성소(학교)에 보내고 …… 똑똑한 자식을 낳으면 세상을 비관하고 절망하는 타락자가 되거나, 그렇지 않으면 음모 사건의 이름 아래 감옥으로 끌려가 온갖 악형을 다 당하고 요행히 살아서 감옥 문을 나오더라도 일생 동안 불구가 되어 폐인이 될 뿐이며……
　　　　　　　　　　　　　　　　　　　　　　　　　－ 조선 혁명 선언

사료 독해

1910년대에는 헌병이 일반 경찰을 지휘하며 치안 업무까지 담당하였다. 또한, 헌병 경찰은 첩보, 세금 징수, 농사 개량 등의 업무까지 보며 한국인의 일상을 감시하고 통제하였다.

04 제1차 조선 교육령

제1조 조선에 있는 조선인의 교육은 본령에 따른다.

제2조 교육은 교육에 관한 칙어에 입각하여 충량한 국민을 육성하는 것을 본의로 한다.

제3조 교육은 시세와 민도에 적합하도록 한다.

제4조 교육은 크게 보통 교육과 실업 교육 및 전문 교육으로 나눈다.

제5조 보통 교육은 보통의 지식 기능을 부여하고, 특히 국민 된 성격을 함양하며 국어(일본어)를 보급하는 것을 목적으로 한다.

제6조 실업 교육은 농업, 상업, 공업 등에 관한 기능을 가르치는 것을 목적으로 한다.

제7조 전문 교육은 고등한 학술과 기예를 가르치는 것을 목적으로 한다.

제9조 보통학교의 수업 연한은 4년으로 한다.　　　　— 조선 총독부 관보(1911. 9. 1.)

사료 독해

• 일제는 한반도를 영구히 일본 영토로 삼고 한국인을 일본인으로 동화시키고자 제1차 조선 교육령을 제정하였다.

• 일제는 제6조에서처럼 실업 교육 위주로 교육 과정을 편성하였다. 이를 통해 일제는 일황에 충성하고 식민지 통치에 순응하는 한국인을 만들고자 하였다.

05 토지 조사령

제1조 토지의 조사 및 측량은 본령에 의한다.

제4조 토지 소유자는 조선 총독이 정하는 기간 내에 주소, 씨명, 명칭 및 소유지의 소재, 지목, 사표, 등급, 지적, 결수를 임시 토지 조사 국장에게 신고해야 한다. 단, 국유지는 보관 관청이 임시 토지 조사 국장에게 통지해야 한다.

제5조 토지 소유자나 임차인, 기타 관리인은 조선 총독이 정하는 기간 안에 토지의 사방 경계에 표지를 세우고 지목 및 민유지에서는 소유자의 씨명과 명칭을, 국유지는 보관 관청명을 써야 한다.

제6조 토지의 조사와 측량을 할 때, 조사 및 측량 지역 내의 2인 이상의 지주로 총대를 선정하고 조사 및 측량에 관한 사무에 종사하게 할 수 있다.

제17조 임시 토지 조사국은 토지 대장 및 지도를 작성하고 토지의 조사 및 측량에 대해 사정으로 확정한 사항 또는 재결을 거친 사항을 이에 등록한다.　　　　— 조선 총독부 관보(1912. 8. 13.)

사료 독해

• 일제는 근대적인 토지 소유권 확립과 공정한 지세 부과를 명분으로 토지 조사 사업을 실시하였다.

• 토지 조사 사업 결과, 지주의 소유권은 강화된 반면에 농민은 관습적으로 인정되던 경작권을 인정받지 못하고 소작농으로 전락하였다.

06 데라우치 총독이 도장관에게 내린 훈시

재산 가운데 가장 중요한 토지 소유권을 정하는 방법이 아직 완비되지 않았다. …… 이와 같이 지금까지 토지 소유자는 권리의 득실, 이전과 변경을 사문기나 점유를 하고 있다는 사실로 각 사람의 권리를 원용함을 상례로 하였다. 이 때문에 분쟁이 끊이지 않고 해결이 아주 어려웠다. 이에 특별히 토지 조사국을 설치하여 지적의 어지러움을 정리하고 소유권을 확인하여 재정의 기초를 세우게 하려고 한다.　　　　— 「조선 통치 삼 년간 성적」

사료 독해

초대 총독이던 데라우치가 토지 조사 사업의 필요성에 대하여 도장관에게 내린 훈시이다. 토지 조사 사업을 통하여 소유권을 명확히 하고 조선 총독부의 재정을 안정적으로 꾸려나가겠다고 밝히고 있다.

조선은 기후와 풍토가 일본과 다름없고, 작물 종류와 재배 방법도 거의 같다. 단보 당 수확은 보통 현미 2~3석이다. 토지 가격은 조선 총독부의 인가를 받은 시기에 따라 다르지만, 대개 단보당 70, 80엔에서 3백 엔이다. 일본에서 1단보를 살 수 있는 금액으로 조선에서는 7단보를 살 수 있다. 토지 가격은 앞으로 더욱 오를 것이다. 회사로부터 양도 받은 토지는 대개 철도나 일본인 부락 부근이다. 이미 회사가 경작하던 토지이기 때문에 홋카이도나 사할린 같이 새로 개간된 토지와 근본적으로 다르다. 교통도 편리하고 수해와 한해 염려도 없다.

- 「동양 척식 주식회사 30년지」

사료 독해

조선 총독부는 토지 조사 사업을 통하여 한국의 많은 토지를 소유하게 되었다. 일제는 동양 척식 주식회사를 통하여 일본의 가난한 농민들을 한반도로 이주하도록 하는 식민 정책에 활용하려 하였다. 그러나 일제가 생각했던 것 만큼 일본인 농민의 이주는 이루어지지 않았다.

07 회사령

제1조 회사의 설립은 조선 총독의 허가를 받아야 한다.

제2조 조선 밖에서 설립된 회사가 한국에 본점이자 지점을 둘 때에도 직예 총독의 허가를 받아야 한다.

제3조 조선 밖에서 설립되어 조선에서 상업을 운영하는 것을 목적으로 하는 회사가 그 사업을 운영할 때에는 조선에 본점 또는 지점을 설립해야 한다.

제4조 제1조 또는 제2조의 규정에 의해 허가를 받은 후 1년 내에 회사가 성립되지 않거나 또는 본점 혹은 지점을 설치하지 않을 경우 허가는 그 효력을 잃는다.

제5조 회사가 본령 혹은 본령에 기초해 발표된 명령 및 허가의 조건을 위반하거나 또는 공공의 질서 및 선량한 풍속에 반하는 행위를 했을 때에는 조선 총독은 사업의 정지·금지, 지점의 폐쇄 또는 회사의 해산을 명령할 수 있다.

제6조 부실 신고로 제1조 또는 제2조의 허가를 받았을 때에는 조선 총독은 그 허가를 취소할 수 있다.

제9조 영리를 목적으로 하는 사단 법인은 모두 이를 회사로 간주한다.

제12조 제1조의 허가를 받지 않고 회사의 설립 행위를 한 자는 5년 이하의 징역 또는 금고, 5천 원 이하의 벌금에 처하고, 부실 신고를 하여 허가 받은 자도 이와 같다.

제13조 회사의 업무를 집행하는 역원(役員) 또는 외국 회사의 조선 대표자는 다음의 상황에서 5년 이하의 징역 또는 금고 또는 5천 원 이하의 벌금에 처한다.

제15조 본령에 정한 것 외에 필요한 사항은 조선 총독이 정한다.

제17조 구 정부의 면허를 받아 본령 시행 당시 사업을 운영하는 회사는 본령에 따라 설립했다고 간주한다.

- 조선 총독부 관보(1910. 12. 30.)

사료 독해

• 회사령은 일제가 한국인의 회사 설립을 억제하고, 일본 기업의 한국 진출을 지원하기 위해 공포한 법령이다.

• 회사령은 제1조처럼 조선 총독의 허가가 있을 때만 한국에서 회사 설립이 가능하였다. 만일 제12조에 제기된 사항을 위반했을 때는 회사를 해산까지 하는 등 일제는 한국의 기업의 성장을 억제하였다.

09 삼림령 공포

메이지 44년(1911) 법률 제30호 제1조 및 제2조에 따라 천황의 결재를 받아 이에 공포함.

제1조 조선 총독은 국토의 보안, 재난의 방지, 수원의 보존, 항해의 안전, 공중의 위생을 도모하거나, 방풍림을 위하여 필요하다고 인정하는 때에는 삼림을 보안림으로 편입할 수 있다.

제2조 보안림에서는 지방 장관의 허가를 받지 아니하면 벌채 또는 개간이나, 낙엽·나무뿌리·풀뿌리의 채취나 채굴 또는 방목을 할 수 없다.

제3조 조선 총독은 공익상 필요하다고 인정하는 때 또는 보안림으로서 존치할 필요가 없다고 인정하는 때에는 보안림을 해제할 수 있다.

제4조 조선 총독은 임업 행정상 필요하다고 인정하는 때에는 삼림의 소유자·점유자에게 영림 방법을 지정하거나 조림을 명할 수 있다.

제6조 국유 삼림으로서 국토 보안 또는 삼림 경영을 위하여 국유로서 보존할 필요가 있는 것은 공용·공익 사업을 위한 경우를 제외하고 매각·교환·양여할 수 없다.

제7조 조선 총독은 조림을 위하여 국유 삼림을 대부받은 자에게 사업이 성공한 경우에 특별히 그 삼림을 양여할 수 있다.

제11조 조선 총독은 공용 또는 공익사업을 위하거나 이민 단체용으로 필요한 때에는 국유 삼림을 양여할 수 있다.

제12조 1항 국유 삼림의 양여를 받은 자가 양여 조건에 위반한 때에는 이를 반환하게 할 수 있다.

— 조선 총독부 관보(1911. 6. 20.)

10 조선 지세령 공포

지세령은 메이지 44년(1910) 법률 제30호 제1조 및 제2조에 따라 공·배포한다.

제1조 토지의 지목은 그 종류에 따라 다음과 같이 구별한다.

1. 밭, 논, 대지, 못과 늪, 잡종지
2. 임야, 신사 및 사찰 부지, 분묘지, 공원지, 철도용지, 수도용지, 도로, 하천, 저수지, 철도 선로

제2조 세무서에 토지 대장을 비치하고 지세에 관한 사항을 등록한다.

제3조 지세는 토지 대장에 등록한 지가의 1천 분의 15를 1년 세액으로 한다.

제7조 지세는 1년 납부액을 둘로 나누어 다음의 납기에 이를 징수한다. 단 납세 의무자가 한 개의 부·읍·면에 있는 지세의 1년 납부액이 2원 이하일 때에는 조선 총독이 정한 바에 따라 제1기 또는 제2기에 한꺼번에 징수할 수 있다.

— 조선 총독부, 『조선법령집람』 12집 재무

11 어업령 공포

제1조 어업이라 함은 공공 용수면에서 영리의 목적으로 수산 동식물을 채포 하거나 양식하는 업을 말하고, 어업권이라 함은 조선 총독의 허가를 받아 어업을 하는 권리를 말한다.

제2조 어구를 정치하거나 수면을 구획하여 어업을 하는 권리를 얻고자 하는 자는 조선 총독의 면허를 받아야 한다. 면허할 어업의 종류는 조선 총독이 정한다.

제3조 ① 수면을 전용하여 어업을 하는 권리를 얻고자 하는 자는 조선 총독의 면허를 받아야 한다.

② 전항의 면허는 어촌의 경영 또는 유지를 위하여 필요한 경우를 제외하고 허가하지 아니한다.

－ 조선 총독부 관보

무진장의 산림이 여지없이 일본인의 수중에 들어가 있는 모양으로 수산업도 모조리 그네의 수중에 들어가고 말았는데, 원래 함경북도는 해안선이 많은 관계로 어업도 상당하여 …… 원래 주요한 어장이라든지 어업 경영상 모든 세력이 거의 전부가 일본인에게 있으므로 실상 산액의 전부는 일본인의 자본을 늘려 줄 뿐이요, 조선인은 그들의 잔심부름 노릇을 하여 생활해 나가는 형편인데 …… 조선인측은 180건에 연산액이 1십만 2천 원에 지나지 못하고, 일본인측은 160건에 연산액이 실로 7십 9만 4천 원으로, 조선인의 다섯 곱이나 되는데, 이같은 현상은 다만 경성 1군에만 그러한 것이 아니라 해안선을 가진 성진·사포·청진·어대진·웅기·이진 등 어장 있는 곳은 모조리 같은 현상이라 한다.

－ 「동아일보」

사료 독해

• 어업령은 한국에서 일본인의 어업 활동을 적극 지지하기 위해 1911년 6월 3일 제정한 법령이다. 어업령의 주요 내용으로는 어업의 면허 및 허가, 어업의 제한, 어업 및 수산조합, 벌칙 등에 관한 것이었다.

• 두 번째 사료는 어업령 시행으로 변화된 한국의 모습을 보도한 『동아일보』 기사이다. 이 기사에서는 어업 경영 면허 건수가 일본인보다 한국인이 더 많음에도 연간 생산액이 일본인의 1/5이었다는 사실을 보도하고 있다. 이는 어업 생산성, 어업 경영 등의 구조적인 문제가 더 크게 작용하고 있다는 것으로 분석하였다.

한국사 Q&A 토지 조사 사업은 누구를 위한 사업이었을까?

▲ 한국의 토지를 조사하는 일본인

조선 총독부는 병합 직후에 임시 토지 조사국을 설치하고, 1912년에는 토지 조사령을 공포하여 본격적으로 토지 조사 사업에 나섰다. 일제는 이 사업이 토지 소유권을 보호하고 토지의 생산력을 높이는 것이라 선전하였지만 실상은 식민지 경제 기반을 구축하기 위한 일제의 토지 수탈이었다.

토지 조사 사업은 소유권 조사, 토지 가격 조사, 지형·지목 조사 등으로 이루어졌으며, 지주는 조선 총독이 정한 기한까지 신고하도록 하였다. 그러나 신고 기한도 짧았을 뿐더러 반일 감정도 섞여 신고를 이행하지 않은 경우가 많았다.

토지 조사 사업 결과 조선 총독부가 소유한 진답과 임야 면직이 국토의 40%에 달하였고, 조선 총독부는 지세 부과 대상을 보다 안정적으로 확보할 수 있었다. 또한, 과세지 역시 10년 사이에 52%나 늘어나, 조선 총독부의 지세 수입도 두 배로 증가하였다.

22 3·1 운동과 대한민국 임시 정부

주제 열기

3 · 1 운동은 일제의 식민지 통치에 저항하여 일어난 항일 운동이었다. 3 · 1 운동 결과 공화주의에 바탕을 둔 대한민국 임시 정부 수립으로 이어졌으며, 제국주의에 억압 받던 약소민족의 해방 운동에 영향을 주었다. 3 · 1 운동은 어떻게 전개되었을까?

△ 경운궁(덕수궁) 앞 도로에서 벌인 만세 시위

시대 흐름 잡기	3 · 1 운동 배경	3 · 1 운동 전개	3 · 1 운동 영향
	○ 윌슨의 민족 자결주의 제창 ○ 레닌이 식민지 국가의 민족 운동 지원 선언 ○ 고종의 갑작스러운 죽음으로 한국인 분노 고조 ○ 국외의 민족 운동 선언	○ 2 · 8 독립 선언을 비롯한 각지의 독립 선언 운동 전개 ○ 3월 1일 경성의 탑골 공원에서 만세 시위 시작 ○ 전국으로 시위 확산 → 일제의 폭력적인 진압에 맞서 점차 과격한 양상을 보임.	○ 세계 약소민족 해방 운동에 자극제가 됨. ○ 일제의 통치 방식이 무단 통치에서 기만적인 문화 통치로 전환됨. ○ 민주 공화제에 바탕을 둔 대한민국 임시 정부가 수립됨.

01 2·8 독립 선언서

조선 청년 독립단은 우리 2천만 민족을 대표하여 정의와 자유의 승리를 얻은 세계의 만국 앞에 독립을 이루고자 선언하노라. 4천 3백 년의 역사를 가진 우리 민족은 실로 세계에서 오래된 민족의 하나이다. 비록 때로는 중국의 책봉을 받은 일도 있었지만, 이는 양국 황실의 형식적 외교에 불과하였고, 조선은 항상 우리 민족의 조선이었다. 한 번도 통일된 나라를 잃고 다른 민족에게 실질적 지배를 받은 일이 없었다. …… 우리 민족은 정당한 방법으로 우리 민족의 자유를 추구하겠지만, 만일 이로써 성공치 못하면 우리 민족은 생존의 권리를 위하여 온갖 자유행동을 취하여 최후의 1인까지 자유를 위하는 뜨거운 피를 흘릴 것이다. …… 이에 우리 민족은 일본이나 혹은 세계 각국이 우리 민족에게 자결의 기회를 부여하기를 요구하며, 만일 그러하지 않는다면 우리 민족은 생존을 위하여 자유의 행동을 취하여 독립을 이루기를 선언하노라.

1. 우리는 한·일 합병이 우리 민족의 자유의사에서 나온 것이 아니며, 그것이 우리 민족의 생존 발전을 위협하고 동양의 평화를 어지럽히는 원인이 된다는 이유로서 독립을 주장함.
2. 본 단체는 일본 의회와 정부에 조선 민족 대회를 소집하여 대회의 결의로 우리 민족의 운명을 결정할 기회를 주기를 요구함.
3. 본 단체는 만국 평화 회의의 민족 자결주의를 우리 민족에게 적용하기를 요구함.
4. 앞의 세 가지 요구가 실현되지 않을 경우, 우리 민족은 일본에 대하여 영원히 혈전을 벌일 것을 선언함.

－「한국 독립운동사 사전」

02 대한 독립 선언서

우리 대한 동족 남매와 온 세계 우방 동포여! 우리 대한은 완전한 자주독립과 우리의 평등 복리를 우리 자손 백성들에게 대대로 전하기 위하여 여기 이 민족 전제의 학대와 압박을 벗어나서 대한 민주의 자립을 선포하노라. …… 봉기하라! 독립군아 일제히. 독립군은 천지를 휩쓸라! 한 번 죽음은 인간의 면할 수 없는 바이니 개, 돼지와 같은 일생을 누가 구차히 도모하겠는가? 살신성인하면 2천 만 동포는 하나 되어 부활하니 어찌 일신을 아끼며, 집안 재산을 바쳐 나라를 되찾으면 3천 리 옥토는 자가의 소유이니 어찌 일가의 희생이 아까우랴. …… 국민의 본령을 자각한 독립임을 기억하고 동양의 평화를 보장하고 인류의 평등을 실시하기 위한 자립임을 명심하여 황천의 명령을 받들고 일체의 못된 굴레에서 해탈하는 건국임을 확신하여 육탄 혈전으로 독립을 완성하라.

－ 국사편찬위원회, 「한국독립운동사」

03 기미 독립 선언

오등은 자에 아 조선의 독립국임과 조선인의 자주민임을 선언하노라. …… 이로써 자손만대에 고하야 민족자존의 정권을 영유케 하노라. 반만 년 역사의 권위를 장하여 차를 선언함이며, 2천 만 민중의 성충을 합하여 차를 포명함이며 …… 엄숙한 양심의 명령으로써 자기의 신운명을 개척함이오, 결코 옛 원한과 일시적 감정으로써 타를 샘을 내어 쫓아내거나 배척함이 아니로다. …… 아아, 신천지가 눈앞에 전개되도다. 위력의 시대가 가고 도의의 시대가 오도다. ……

1. 금일 오인의 차거는 정의 인도 생존 존영을 위한 민족적 요구이니 결코 배타적 감정으로 일주하지 말라.
2. 최후의 일인까지 최후의 일각까지 민족의 정당한 의사를 쾌히 발표하라.
3. 일체의 행동은 가장 질서를 존중하고, 우리의 주장과 태도로 하여금 어디까지든지 광명정대하게 하라.

04 3·1 운동

터졌구나, 터졌구나! 조선 독립의 소리/ 10년을 참고 참아 인제 터졌네.
3천 리 금수강산 2천만 민족/ 살았구나, 살았구나! 이 한 소리에
만만세! 조선 독립 만만세! 대한 만만세! 대한 만만세!
　　　　　　　　　　　　　　　　　　　　　　　－「배달의 맥박」

독립은 틀림없이 성공한다. 2천만 동포는 최후의 한 사람까지 분투하지 않으면 안 된다. …… 독립 운동은 일부 종교 교단 및 학생들만의 사업이 아니다. …… 우리가 목숨을 버리고 운동을 하고 있는데 편안하게 생업에 종사하는 자는 국민이 아니다.
　　　　　　　　　　　　　　　　　　　－「조선 3·1 독립 소요 사건」

그 가운데 심한 자는 미리 낫, 괭이, 몽둥이 등 흉기를 가지고 전투적인 준비를 갖추었다. …… 미리 훈련받은 정규병과 같은 모습을 띠었다. 이들은 독립 만세를 소리 높여 외쳐 기세를 올렸다. 나아가 면사무소, 군청 등 비교적 저항력이 빈약한 데를 습격하여 군중의 사기를 높이고 마침내는 경찰 관서를 습격하여 파괴적 행동에 빠지려 하였다.
　　　　　　　　　　　　　　　　　　　　　　　－「독립운동사 자료집」

05 화성 제암리 학살 사건

그들(선교사들과 외교관)은 이야기로 듣던 것보다 훨씬 더 참혹한 장면을 목격하였다. (제암리) 교회 터에는 재와 숯처럼 까맣게 타 버린 시체뿐이었고, 타 들어간 시체 냄새로 속이 메슥거릴 정도였다. 곡식 창고와 가축들도 같이 타버렸다.
　　　　　　　　　　　　　　　　　－ 노블, 「3·1운동 그날의 기록」

06 3·1 운동을 보도한 해외 신문

조선의 민족 운동은 결코 두세 명의 유식 계급이 벌인 행위가 아니다. 또 과격주의자의 선동도 아니다. 이는 실로 조선 전체의 인민, 종교, 계급에 속하는 남녀 전체의 감정과 의사이다. 다른 나라의 패권 및 압박으로부터 이탈하고자 하는 신성한 권리의 주장이다.
- 『뉴욕타임스』

일제는 한국을 일제의 한 지방으로 만들어 버리는 데 성공하리라고 믿었다. 일본은 한국의 언어를 없애고 옛 전통을 말살하는 방법을 취하였다. 우리에게까지 전해진 한국인들의 고난에 찬 절규를 강화 회의가 묵살해 버릴 것은 확실하다. 우리가 한국인이 영원히 노예 상태에 머물러 있게 됨을 그대로 참고 보고만 있어야 하는가?
- 『앙탕트』

일본 군대의 잔학성은 극에 달했다. 총살된 자, 찔려 죽은 자의 총수는 3천 7백 30명이며 부상당했다가 사망한 자는 4천 6백 명이다. 합계가 8천 3백 30명이다. 또 감옥 안에서 죽은 자가 다수일 터이나 정확한 수를 알 수 없다. 또 체포 수감된 자가 2만이 넘는다.
- 『하얼빈 노워스치즈니』

사료 독해

3·1 운동이 일어나자 각국의 주요 신문들은 이 소식을 전하였다. 이에 해외에 거주하던 우리 동포들도 만세 시위에 나섰다. 남만주 류허(유하)현에서는 부민단을 주축으로 수백 명이, 간도에서는 3월 13일에 1만여 명이 만세 시위를 벌였다. 연해주 신한촌과 미국 필라델피아에서도 만세 시위가 일어났다.

07 대한민국 임시 정부 상하이 통합안

1. 상하이와 러시아령에서 설립한 정부들을 일체 해소하고 오직 국내에서 13도 대표가 창설한 한성 정부를 계승할 것이니 국내의 13도 대표가 민족 전체의 대표임을 인정함이다.
2. 정부의 위치는 아직 상하이에 둘 것이니 각지의 연락이 비교적 편리하기 때문이다.
3. 상하이에서 설립한 제도와 인선을 없애는 것으로 하고, 한성 정부의 집정관 총재 제도와 그 인선을 채택하되 상하이에서 정부 수립 아래에 실시한 행정은 그대로 유효를 인정할 것이다.
4. 정부의 명칭은 대한민국 임시 정부라고 할 것이니 독립 선언 이후에 각지를 원만히 대표하여 설립된 역사적 사실을 살리기 위함이다.
- 주요한, 『안도산 전서』

사료 독해

3·1 운동 이후 여러 지역에서 임시 정부가 세워졌다. 그 결과 임시 정부에 대한 통합 논의가 일어났는데 한성 정부의 법통을 계승하고, 연해주의 대한 국민 의회를 흡수한 가운데 상하이 임시 정부의 헌법 체제를 유지하는 통합 임시 정부의 수립이 결정되었다.

08 상하이 통합 반대안

만주와 연해주처럼 국내와 접해 있는 지역에서도 국내와의 연락을 충분히 할 수 없으며 또 마음대로 활동할 수 없는데, 상하이와 같이 원격지이며 타국의 영토 안에 있으면서 어떤 일을 할 수 있으리라고는 생각되지 않는다.
- 『현대사 자료』 27

사료 독해

대한민국 임시 정부의 위치는 독립 운동 방법론과도 맞물려 있었기 때문에 임시 정부의 초대 교통총장인 문창범은 임시 정부가 상하이에서 수립되는 것을 반대하였다.

09 대한민국 임시 헌장

제1조 대한민국은 민주 공화제로 한다.

제2조 대한민국은 임시 정부가 임시 의정원의 결의에 의하여 이를 통치한다.

제3조 대한민국 인민은 남녀, 귀천 및 빈부의 계급이 없고 일체 평등하다.

제4조 대한민국의 인민은 종교, 언론, 저작, 출판, 결사, 집회, 통신, 주소 이전, 신체 및 소유의 자유를 향유한다.

제5조 대한민국의 인민으로 공민 자격이 있는 자는 선거권 및 피선거권을 가진다.

제6조 대한민국의 인민은 교육, 납세 및 병역의 의무가 있다.

제7조 대한민국은 신의 의사에 의하여 건국한 정신을 세계에 발휘하고 나아가 인류의 문화 및 평화에 공헌하기 위하여 국제 연맹에 가입한다.

제8조 대한민국은 구황실을 우대한다.

제9조 생명형, 신체형 및 공창제를 완전히 폐지한다.

제10조 임시 정부는 국토 회복 후 만 1년 내에 국회를 소집한다.

사료 독해

• 1919년 상하이 프랑스 조계에서 국내외 대표자 29인이 모여 임시 의정원을 구성하고, 10개조의 '대한민국 임시 헌장'을 발표하였다. 임시 헌장에서는 국호를 대한민국으로 정하고, 대한민국은 민주 공화제로 한다고 규정하였다.

• 임시 헌장에는 선진적이고 독창적인 내용도 포함되어 있다. 특히 여성의 인권 옹호, 모든 분야의 차별 철폐, 균등한 권리와 의무의 향유, 보통 선거제와 같은 균등한 참정권, 사형 및 태형의 폐지 등이 그러하다.

10 대한민국 임시 헌법

아(我) 대한 인민은 아국이 독립국임과 아민족이 자유민임을 선언하도다. 차로써 세계만방에 고하야 인류 평등의 대의를 극명하였으며, 차로써 자손만대에 고하야 민족자존의 정권을 영유케 하였도다.

제1조 대한민국은 대한 인민으로 조직한다.

제2조 대한민국의 주권은 대한 인민 전체에 있다.

제4조 대한민국의 인민은 일체 평등하다.

제5조 대한민국의 입법권은 의정원이, 행정권은 국무원이, 사법권은 법원이 행사한다.

제6조 대한민국의 주권 행사는 헌법 범위 내에서 임시 대통령에게 전임한다.

제7조 대한민국은 구황실을 우대한다. – 『대한민국 임시 정부 의정원 문서』

사료 독해

• '대한민국 임시헌장'을 개정하여 공포한 대한민국 임시 정부의 헌법이다.

• 대한민국 임시 헌법은 주권이 인민에게 있음을 규정하여 '민주 공화정'을 정치 체제로 하였다. 제4조에서 인민의 평등을 규정하였으며, 제5조에서는 입법권과 행정권, 사법권의 삼권 분립을 명시하고 있다. 또한, 제6조에서 주권 행사의 주체를 대통령제로 하고 있다.

11 이승만의 위임 통치 청원서

미국 대통령 각하, 대한인 국민회 위원회는 본 청원서에 서명한 대표자로 하여금 다음과 같이 공식 청원서를 각하에게 제출합니다. …… 그러면 …… 한국을 일본의 지배로부터 해방시켜 국제 연맹의 위임 통치 아래 두는 조치를 취할 수 있을 것입니다. 이렇게 된다면 한반도는 모든 나라에게 이익이 되는 중립적인 통상 지역으로 바뀔 것입니다. …… 이러한 조치는 극동에 하나의 완충국을 탄생시킴으로써 동양에서 어떤 한 세력의 팽창을 방지하고 평화를 유지하는 데 도움이 될 것입니다. – 독립운동사편찬위원회(1938)

사료 독해

이승만이 미국 대통령 윌슨에게 보낸 위임 통치 청원서에는 국제 연맹이 일본을 대신하여 한국을 통치해 달라는 내용이 담겨 있다. 이에 신채호와 박용만 등 무장 투쟁론자는 이승만을 강력히 비판하였으며, 임시 정부의 해산을 요구하였다.

12 국민 대표 회의

본 국민 대표 회의는 2천만 민중의 공정한 뜻에 바탕을 둔 국민적 대 회합으로 최고의 권위를 지녀 국민의 완전한 통일을 견고하게 하며 광복 대업이 근본 방침을 수립하여 이로써 우리 민족의 자유를 만회하며 독립을 완성하기를 기도하고 이에 선언하노라. …… 그러나 독립운동의 실질적 통일이 완성되지 못하여 삼천리 강토는 여전히 말발굽 아래 유린당하며 이천만의 동포는 아직도 질곡 속에서 도탄에 빠져 있도다. 본 대표 등은 국민이 위탁한 사명을 받들어 국민적 대단결에 힘쓰며, 독립운동이 나아갈 방향을 확립하여 통일적 기관 아래서 대업을 완성하고자 하노라. ─ 「한국 민족 독립운동 사료(중국편)」

사료 독해

대한민국 임시 정부의 활동이 침체되자, 민족 운동의 과정을 평가·반성 하고, 노선 방향을 모색하기 위해 1923년 상하이에서 국민 대표 회의가 열렸다. 그러나 참가자들은 새로운 정부를 수립하자는 창조파와 임시 정부의 조직만 바꾸자는 개조파로 분열되었다.

13 국민 대표 회의에서 주장한 민족 운동 방안

일제로부터 독립을 쟁취하는 길은 결국 무력으로 일본을 타도하는 방법밖에 없다. 우리 동포들이 많이 살고 있는 만주나 연해주를 민족 운동의 중심지로 삼아야 한다. ─ 이동휘

일본과의 직접적·물리적 충돌보다는 국제 사회에서 일본에 압력을 행사할 수 있는 나라들을 상대로 외교 활동을 전개해야 한다. ─ 이승만

우리가 지금 해야 할 것은 무기·자금·병력 등을 확보하여 앞으로 있을 독립 전쟁에 대비하는 일이다. 이를 위해 우리는 교육이나 경제면에서 실력을 양성하는 일이 필요하다. ─ 안창호

사료 독해

국민 대표 회의에서 무장 투쟁론자들은 외교론을 중심으로 하는 기존의 임시 정부를 해체하고, 무장 투쟁을 중심으로 하는 새로운 정부를 수립하자고 하였다(창조파). 반면 실력 양성론자나 외교론자들은 개조파의 입장을 견지하였다.

한국사 Q&A ▶ 3·1 운동은 어떠한 사람들이 주도하고 참여하였을까?

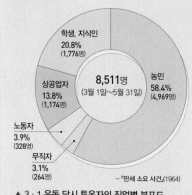

학생, 지식인 20.8% (1,776명)
상공업자 13.8% (1,174명)
8,511명 (3월 1일~5월 31일)
농민 58.4% (4,969명)
노동자 3.9% (328명)
무직자 3.1% (264명)
─ 「만세 소요 사건」(1964)

▲ 3·1 운동 당시 투옥자의 직업별 분포도

3·1 운동은 손병희, 이승훈, 한용운 같은 민족 대표가 계획하였으나 만세 운동을 이끌어 나간 것은 학생과 시민들이었다.

만세 시위가 확산되자 참여 계층도 다양해졌다. 교사, 농민, 노동자는 물론 상인들도 가게 문을 닫고 시위에 가담하였고, 기생과 걸인 등도 참여하였다.

만세 시위가 도시에서 농촌으로 확산되자 시위 양상이 달라졌는데, 농촌에서는 장날에 장터를 중심으로 전개되었다. 농민들의 시위에 일제가 주동자를 체포하고 무차별적인 사격과 탄압을 가하였다. 이에 농민들은 경찰서 등을 습격하고 파괴하는 등 무력 투쟁을 벌였다.

3·1 운동으로 투옥된 사람들의 직업별 분포를 보면 다양한 직업과 계층의 사람들이 시위에 참가하였음을 알 수 있다. 특히, 농민의 수가 절반 이상을 차지한 것은 농촌에서 벌인 시위가 무력 투쟁이었음을 보여준다.

23 문화 통치와 산미 증식 계획

KEY WORD

문화 통치
3·1 운동 이후 일제가 실시한 식민지 통치 방식이다. 일제는 무력과 강압으로 한국을 지배하기 어렵다는 것을 깨닫고, 친일파로 양성하여 우리 민족을 이간·분열시키려 하였다.

신은행령
한국인 소유의 은행을 강제로 합병하여 조선 은행에 예속시키는 정책이다. 일제는 1927년 신은행령을 선포하여 한국 산업 전반의 지배를 강화해 나갔다.

치안 유지법
1925년에 일제가 국가 통치 체제나 사유 재산 제도를 부정하는 사상을 단속하기 위하여 만든 법이다. 일제는 이 법을 사회주의자 뿐 아니라 한국의 민족 운동가 탄압에도 이용하였다.

주제 열기

1899년 개항한 군산항은 일본이 내륙으로 진출하는 발판으로서의 역할과 호남평야에서 생산된 막대한 양의 쌀을 일본으로 가져가는 통로 역할을 하였다. 일제가 실시한 문화 통치는 어떠하였으며, 그 기반 위에서 식민지 경제 수탈은 어떻게 전개되었을까?

▲ 군산항(전북 군산)

시대 흐름 잡기

문화 통치의 실상	일본의 산업화	산미 증식 계획
○ 3·1 운동으로 촉발된 한국인들의 저항을 무마하고자 함 → 친일파 양성 ○ 헌병 경찰을 보통 경찰로 전환 → 실제는 더욱 감시가 심해진 기만적인 민족 분열 통치	○ 제1차 세계 대전 이후 일본의 공업화가 비약적으로 진전 → 도시로 농촌 인구 이주 증가 ○ 농업 생산력의 급격한 감소와 도시의 쌀 소비 증가로 쌀값이 폭등 → 쌀 소동 발생	○ 일제가 한국에서 산미 증식 계획 실시 ○ 수리 시설의 확충, 토지 및 종자 개량 → 쌀 생산량 증가 ○ 증산된 쌀보다 더 많은 양이 일본으로 반출 → 한국의 쌀 부족 → 중국 만주의 잡곡으로 대체

조선 통치의 방침인 일시동인의 대의를 존중하고 동양 평화를 확보하여 민중의 복리를 증진시키는 것은 대원칙으로 일찍이 정한 바이다. …… 정부는 관제의 행정 시설을 개혁하여 총독 임용의 범위를 확장하고 경찰 제도를 개정한다. 또한 일반 관리나 교원 등의 복장을 개정한다. 조선인 임용과 대우를 개선하여 장차 일본인과 같은 대우를 받게 한다. 이는 요컨대 문화적 제도의 혁신에 의하여 조선인을 유도 제시하고, 그로써 그 행복 이익의 증진을 도모하여 장래 문화의 발달과 민력의 충실에 응하여 정치, 사회상의 대응에 있어서도 내지인과 동일한 취급을 할 궁극의 목적을 달성하고자 하는 바이다.

– 조선 총독부, 『사이토 마코토 문서』 1

불순한 조선인 등이 안팎으로 호응하여 불온한 행동을 일으키거나 …… 혹은 언론·출판·집회 등에서 불온사상을 선전하는 등 형세가 반드시 낙관을 허락하지 않았다. …… 이러한 행동은 양민의 독이 될 뿐 아니라 실로 동양 평화를 교란하여, 일선 병합의 본뜻에 배반하는 것이므로 조금도 용납하지 말고 단호하게 제압할 방법을 강구하였다. …… 일본인과 조선인 사이의 차별 대우를 철폐하고 동시에 조선인 소장층 중 유력자를 발탁하는 방법을 강구하여, 군수·학교장 등에 발탁된 자가 적지 않다. 그뿐 아니라 현재 관제를 개정하여 직예 총독부에 조선인 사무관 5인, 도(道)에 이사관 13인을 신설하여 조선인 임용의 길을 열었고, 이로써 일반 조선인의 발분 노력을 촉진하였다.

– 조선 총독부, 『사이토 마코토 문서』 1

1. 핵심적인 친일 인물을 골라 그 인물로 하여금 귀족, 양반 유생, 부호, 교육가, 종교가에 침투하여 계급과 사정을 참작하여 각종 친일 단체를 조직하게 한다.
2. 각종 종교 단체도 중앙 집권화해서 그 최고 지도자에 친일파를 앉히고 고문을 붙여 어용화시킨다.
3. 조선 문제 해결의 성공 여부는 친일 인물을 많이 얻는 데에 있으므로 친일 민간인에게 편의와 원조를 주어 수재 교육의 이름 아래 많은 친일 지식인을 긴 안목으로 키운다.
5. 농민들을 통제 조정하기 위해 민간 유지가 이끄는 친일 단체인 교풍회, 진흥회를 두게 하고, 이들에게 국유림의 일부를 불하해 주고 입회권을 주어 회유, 이용한다.

이상의 방법에 따라 친일파와 배일파를 번별하여 배일파에 대해서는 직·간접적으로 그 행동을 구속하는 방책을 취하되, 친일파에 대해서는 사정이 허락하는 한 편의와 원조를 줄 필요가 있다.

– 조선 총독부, 『사이토 마코토 문서』 9

02 제2차 조선 교육령

제2조 국어(일본어)를 상용하는 자의 보통 교육은 소학교령·중학교령 및 고등여학교령에 따른다.

제3조 국어(일본어)를 상용하지 않는 자에게 보통 교육을 행하는 학교는 보통학교·고등보통학교 및 여자고등보통학교로 한다.

제11조 실업 교육은 실업 학교령에 따른다.

제12조 전문 교육은 전문 학교령에, 대학 교육 및 그 예비 교육은 대학령에 따른다.

제23조 보통학교·고등보통학교·여자고등보통학교 및 사범학교의 교과, 편제, 설비 및 수업 과목 등에 관해서는 조선 총독이 정한 바에 따른다.

제24조 공립 또는 사립의 보통학교·고등보통학교 및 여자고등보통학교와 공립 사범학교의 설립 및 폐지는 조선 총독의 인가를 받아야 한다.

– 제2차 조선 교육령

"배워라, 글을 배워라 …… 지식만 있으면 누구나 양반이 되고 잘 살 수가 있다." 이러한 정열의 외침이 방방곡곡에서 소스라쳐 일어났다. ……

"배워라! 배워야 한다. 상놈도 배우면 양반이 된다."

"가르쳐라! 논밭을 팔고 집을 팔아서라도 가르쳐라. 그나마도 못하면 고학이라도 해야 한다."

"공자 왈 맹자 왈은 이미 시대가 늦었다. 상투를 깎고 신학문을 배워라." 사이토 총독이 문화 정치의 간판을 내걸고 골고루 학교를 증설하였다. 보통학교의 교장이 감동하고 분발하여 촌으로 돌아다니며 입학을 권유하였다. 생도에게는 월사금을 받기는커녕 교과서와 학용품을 대주었다. 민간의 유지는 돈을 거둬 학교를 세웠다. 민립 대학도 생기려다가 말았다. 청년회에서 야학을 세웠다. …… 이와 같이 조선의 관민이 일치되어 민중의 지식 정도를 높이는 데 전력을 다했다. ……

– 채만식, 『레디메이드 인생』

03 신문과 잡지 검열

…… 많지 않은 사람 중에 반이나 되는 사람이 구속되었고, 편집 책임자인 신형철 군이 입원하여 5월호의 편집이 2주나 늦어졌다. 또 당국의 검열을 받는 중에 많은 기사들이 삭제 당하여 2차의 편집을 속히 진행하여 추가 검열을 받아야 했다. 그러나 불행하게도 또 기사들이 삭제를 당해 도저히 그대로 발행하지 못한다고 생각하여 다시 3차의 기사를 수집해서 간신히 삭제 없는 검열을 받았다. …… 지난 4월호와 이번 본 호가 그다지 뛰어나거나 깨끗하지 못한 것을 아울러 용서하시고 더 나은 것은 8월호에 기대해 주시길 바랍니다.

– 『별건곤 제7호』(1927. 7. 01)

1922년 2월에 공포한 제2차 조선 교육령이다. 일제는 형식상 일본 교육 제도에 동일하게 학제를 개혁하고 일본어 보급에 힘을 쏟았다. 그리고 교육 기회 확대를 표방하면서, 보통학교와 고등 보통학교를 증설하였다. 또 보통학교의 수업 연한을 일본과 같은 6년으로 연장하고, 한국인을 일본인과 동일하게 교육하겠다고 선전하였다. 그러나 보통학교는 여전히 부족하고 학비도 비쌌으며, 1920년대 말까지 한국인의 보통학교 취학률은 20%를 넘지 못하였다.

일제는 언론·출판·집회·결사의 자유를 일부 허용하였고, 그 결과 『조선일보』, 『동아일보』 등 한글 신문과 잡지가 발행되었다. 그러나 일제는 검열을 통해 기사를 삭제하거나 간행물을 정간시켰다.

04 치안 유지법

제1조 국체를 변혁하거나 사유 재산 제도를 부인하는 것을 목적으로 결사를 조직하거나 또는 사정을 알고 이에 가입한 자는 10년 이하의 징역 또는 금고에 처한다.

제2조 전조 제1항의 목적으로 그 목적이 되는 사항의 실행에 관하여 협의를 한 자는 7년 이하의 징역 또는 금고에 처한다.

제3조 제1조 제1항의 목적으로 그 목적이 되는 사항의 실행을 선동한 자는 7년 이하의 징역 또는 금고에 처한다.

제4조 제1조 제1항의 목적으로 소요와 폭행, 기타 생명과 신체 또는 재산에 해를 가할 수 있는 범죄를 선동한 자는 10년 이하의 징역 또는 금고에 처한다.

제5조 제1조 제1항 및 전 3개조의 죄를 범하게 할 것을 목적으로 하여 금품 기타의 재산상의 이익을 공여하거나 그 신청 또는 약속을 한 자는 5년 이하의 징역 또는 금고에 처한다. 사정을 알고 공여를 받거나 그 요구 또는 약속을 한 자도 같다.

제6조 전 5개조의 죄를 범한 자가 자수한 때에는 그 형을 감경 또는 면제한다.

제7조 이 법은 누구를 막론하고 이 법의 시행 구역 외에서 죄를 범한 자에게도 적용한다.
　　　　　　　　　　　　　　　　　　　　　　　　　　　　　 – 조선 총독부 관보(1925. 4. 27.)

사료 독해

일제가 1925년 4월에 제정한 치안 유지법이다. 1920년대 들어 일본과 조선에 사회주의 사상이 급격히 전파되고 사회주의자를 중심으로 천황제와 사유 재산 제도를 부정하였다. 일제는 이 같은 사상을 가진 자와 단체를 탄압하기 위하여 치안 유지법을 만들었다. 이는 일본 내뿐 아니라 조선에서 일어나는 민족 운동과 공산주의 운동의 탄압에 적극적으로 활용한 법률이었다.

05 1920년대 경성의 변화

20년 전의 경성과 현재의 경성을 누가 같은 경성으로 보겠는가. 변하더라도 여간 변한 것이 아니다. 첫째로는 주인이 변하였다. 그때에는 그래도 경성의 주인은 조선인이었다. 오늘날 '본정'이라는 어림도 없는 외람된 이름을 가진 곳이 그때에는 '진고개'라고 하여 외국 상인의 거류지에 지나지 않았다. 행정 관청으로는 한성부라는 것이 서대문 밖에 있어서 그 장관인 한성 판윤 이하 모든 관리가 모두 조선인이었다. 그리고 경찰로는 경무청이라는 것이 있어서 경무사, 경무관, 총순, 권임, 순검 등 모든 직원이 전부 조선인이었다. 지금 광화문 앞은 요즘에도 노인들이 '육조 앞'이라고 부르는데, 그때의 육조는 없어졌지만 외부, 학부, 법부, 탁지부, 내부, 군부, 농상공부 아문이 있고 그 안에는 대신, 협판, 국장, 참서, 주사 등 여러 관리가 있었는데 다 조선인이었다. 또한 원수부, 시위대, 진위대 등 영문이 다 있어서 부장, 참장, 정령, 부령, 참령, 참위, 정교, 부교, 참교 등 군관과 병대가 있었고, 헌병과 군악대도 있었다. …… 또 그때 정동에는 각국 공사관이 있었다. 지금 영국 영사관은 영국 공사관, 러시아 영사관과 미국 영사관은 각각 러시아 공사관, 미국 공사관이었고, 정동에 있는 서대문 소학교는 본래 프랑스 공사관이다. – 경성의 20년간 변천, 『개벽』 제25호(1924. 6. 1)

사료 독해

1920년대 문화 통치 시기 경성의 생활 모습을 되돌아보는 방식으로 정리한 글이다. 대한 제국이 멸망하고 조선 총독부가 설치되어 일제 식민지 체제가 수립되면서, 한국 사회는 유형·무형의 엄청난 변화를 겪었다. 총독부의 설치에 따른 행정 기관 명칭과 관직의 변화, 일본식으로 바뀐 지명을 통해 식민지를 체험하였다.

06 산미 증식 계획

일본 내 쌀 소비는 연간 약 6천 5백 만 석인데 생산고는 약 5천 8백 만 석을 넘지 못해 해마다 그 부족분을 제국 반도 및 외국의 공급에 의지하는 형편이다. 게다가 일본의 인구는 해마다 약 70만 명씩 증가하고 있을 뿐만 아니라, 국민 생활의 향상과 함께 1인 소비량도 역시 점차 증가하게 될 것은 필연적인 대세이다. 장래 쌀의 공급은 계속 부족해질 것이고, 따라서 지금 미곡의 증수 계획을 수립하여 일본 제국의 식량 문제를 해결하는 데 도움을 주는 것은 진실로 국책상 급무라고 믿는다.   – 조선 총독부 농림국(1926)

1920년 사이토 마코토가 조선 총독을 맡고 있을 당시, 일본은 중농 정책을 표방하며 조선인에 대한 수탈과 착취를 가속화하였다. 당시 조선 총독부는 '조선 산미 증식 30년 계획'을 수립하고 토지 개량과 관개 수리 시설의 확충을 독려하여, 일시 미곡 생산량이 상당히 증가하였다. 지난 20년간 조선의 미곡 생산량은 약 6백만 석 정도가 증가하였다. 그러나 조선의 미곡 생산량이 증가한 이상으로, 일본으로의 이출양도 증가하였다. 1932년부터 1936년까지 5년간 조선의 미곡 생산량은 8천 4백여 만 석에 달하였다. 동일 기간 일본으로의 이출양은 8천 4백여 만 석이었다. 즉 조선에서 생산된 쌀의 절반 이상이 일본으로 이출된 것이다. 1912년 조선인 일인당 연평균 쌀 소비량은 7.74석이었다. 그러나 1927년에는 연평균 5.24석으로 감소하였고, 1932년에는 4.11석으로 줄어들었다. 이는 조선 총독부가 발표한 통계 숫자이므로 과장되지 않았을 것이다. 결론적으로, 조선의 미곡 생산량은 분명 상당한 증가가 있었지만, 수많은 조선 인민은 오히려 날이 갈수록 기아와 빈곤에 허덕이고 있는 것이다.   – 『신한민보』(1940. 9. 13.)

사료 독해

일제는 자국의 식량 문제를 해결할 목적으로 산미 증식 계획을 실시하였다. 쌀 증산량은 계획대로 이루어지지 못하였으나 쌀 반출량은 계속 늘어나 1934년에는 거의 목표량에 가깝게 되었다. 이로 인해 조선 내에서는 식량이 부족하여 만주에서 들여오는 잡곡으로 식량을 충당해 갔다.

07 군산항의 모습

군산 부두는 밀물 때를 따라 활기가 넘치고 시끌벅적해졌다. 밀물을 타고 일본 배들을 다투어 몰려드는 것이었다. 군산 포구도 서해안에 자리 잡은 터라 썰물이 지면 거무튀튀하면서 윤기 나는 뻘밭을 질펀하게 드러냈다. 뻘밭은 차지고 미끄럽고 물컹거렸다. 게나 물새 같은 몸 가벼운 것들이 아니고서는 뻘밭에 발을 들였다 하면 푹푹 빠지기 마련이었다. 그런 배들은 다시 밀물이 들어야만 배 구실을 할 수 있었다. 군산항에 드나드는 모든 배들은 밀물을 타고 들어왔다가 썰물을 타고 나가야 했다. 마치 시계바늘이 돌 듯 아침과 저녁으로 어김없이 밀물이 져오면 부두는 크고 작은 배들로 북새통을 이루었다. 그런데 군산의 중심지를 일본 사람들이 장악했듯이 부두에 밀려드는 거의 모든 배들도 일본 배였다.   – 조정래, 『아리랑』

사료 독해

개항한 지 10년만에 조선에서 생산되는 쌀의 약 30%가 군산항을 통해 일본으로 빠져 나갔다. 일제는 호남평야의 곡물을 목포나 부산까지 운송하기 어려워 군산항을 주로 이용하였고 이 때문에 많은 일본인들이 군산에 들어와 살았다.

08 수리 조합 시설의 설치

일본인들은 풍부한 자본력을 무기로 다량의 토지를 사들여 한국인들에게 경작시켜 지조를 거두는 식으로 이익을 취하고 있다. …… 한 마디로 말해 일본 제국주의 식민 정책의 모든 것은 일본인의 이익을 위해 마련된 것이다. 자기들 마음대로 농업 장려책을 정하고, 마음대로 수리 조합법을 제정하고, 마음대로 산미 증식을 계획하고, 한국에서 펼쳐지고 있는 일본의 모든 시책은 결국 자신들의 이익을 극대화시키기 위한 착취의 수단에 불과하다. 전 방위적인 일본의 억압과 착취로 인하여 한국인들은 모두 극빈층으로 전락하고 말았다. 극소수의 한인 지주와 자본가를 제외하고, 한국인은 모두 아무 것도 가진 것 없는 무산 계층이 되고 말았다.

-『한성』 제3호

사료 독해

조선 총독부는 산미 증식 계획 시행을 위해 수리 시설을 확충하고 개간과 간척을 확대해 나갔다. 이에 조선 총독부는 지주들에게 수리 조합을 설립하여 수시 시설을 만들게 하였고 이에 농민들은 그 결과 소작 농민들은 수리 조합 운영에 드는 비용까지 떠맡게 되었다.

09 농민의 몰락

우리가 농촌에서 보고 들은 것은 아무리 말해도 상상할 수 없는 사실이 많다. …… 우리가 보고 들었던 가난한 농민의 식량을 참고로 보면 잡곡이 한 홉 정도에 풀뿌리나 나무껍질을 섞어 끓여서 먹는다. 봄에는 풀의 새싹을, 겨울에는 뿌리를 채굴한다. 나무껍질은 소나무 속껍질, 아까시나무, 기타 모든 껍질을 잘게 하거나 도토리 열매로 가루를 낸 후 물을 넣어 단자를 만들어 소금을 쳐서 먹는다. 어떤 지방에서는 고령토를 먹는 경우도 있다. 그 상태는 일본에서는 전혀 보이지 않는 비참하고 진기한 현상이다.

-「내외사정」

사료 독해

산미 증식 계획으로 한국에서는 쌀 부족 현상이 나타났다. 이에 많은 자작농(자영농)이 몰락하여 소작농으로 전락하였고, 화전민 또는 도시 빈민이 되거나 고향을 떠나 만주나 연해주로 이주하였다.

한국사 Q&A 일제가 산미 증식 계획을 추진한 배경은 무엇일까?

▲ 쌀 생산과 일본으로의 유출량

- 『조선 미곡 요람』(1937)

제1차 세계 대전 당시 일본은 유럽과 아시아 각지로 수출이 크게 늘어 경제 호황을 누렸다. 자본이 축적되고 공업화가 급속히 진행되면서 많은 농촌 인구가 일자리를 찾아 도시로 떠났고, 경작지에는 공장과 회사가 들어섰다. 일본 내에서는 점차 농촌 인구가 감소하면서 쌀 생산량 역시 줄어들었다. 이에 쌀값이 폭등하였고, 일본 국민이 곳곳에서 폭동을 일으켰다. 수십만 명이 참가한 이 폭동은 군대가 출동하고 나서야 겨우 가라앉았다.

일제는 본토의 쌀 부족 문제를 해결하기 위하여 식민지인 한국에서 산미 증식 계획을 실시하게 되었다. 산미 증식 계획 결과, 한국인의 1인당 쌀 소비량이 감소하였다. 이에 부족한 식량을 보충하기 위해 만주에서 조·수수 등의 잡곡까지도 들여와야만 했다.

24 비밀 결사와 독립군의 활동

KEY WORD

비밀 결사 운동
1910년대에 나타난 민족 운동의 한 형태이다. 국권 피탈 이후 일제의 탄압을 피해서 국내의 민족 운동은 비밀 결사를 조직하여 일제에 저항하는 형태로 전개되었다.

청산리 대첩
김좌진이 이끄는 북로 군정서군과 홍범도가 지휘하는 대한 독립군 등이 독립군 토벌을 위해 출병한 일본군을 청산리 일대에서 크게 격파한 전투이다.

3부의 성립
자유시 참변 이후 독립군의 통합을 추진하면서 참의부, 신민부, 정의부가 성립되었다. 3부는 입법·행정·사법 조직을 구성한 공화주의적 자치 정부로, 항일 투쟁을 전개하였다.

주제 열기

1910년대 이래로 민족 운동가들은 해외로 이주하여 항일 무장 투쟁을 전개하였다. 1920년을 전후하여 독립군 부대가 국내 진공 작전을 전개하자 일본군은 두만강을 건너 독립군을 공격해 왔고, 홍범도와 최진동의 대한 북로 독군부는 봉오동에서 일본군을 격파하였다. 국외 민족 운동은 어떻게 전개되었을까?

▼ **봉오동 전투 현장** 산 밑이 일본군과의 주요 전투 장소였다.

시대 흐름 잡기	1910년대 국내외 민족 운동	1920년대 국내외 민족 운동	민족 운동 조직 재정비
	○비밀 결사 운동 → 군자금을 모금하고 친일파를 처단하는 등의 활동 전개 ○독립 운동 기지 건설 → 국외 독립운동 기지를 건설하여 장기적인 민족 운동 기반 마련	○항일 무장 투쟁 전개 → 봉오동 전투와 청산리 대첩 등 무장 독립 투쟁을 활발히 전개 ○의열 투쟁 전개 → 김원봉 주도로 조직된 의열단, 상하이와 국내를 중심으로 활동	○참의부, 신민부, 정의부 성립과 독립 운동 조직의 재정비 ○중국 관내와 만주에서 민족 유일당 운동 전개

01 마지막 의병장 채응언

　나는 나라와 민족을 위해 목숨을 걸고 싸웠는데 강도란 당치도 않다. 자기 나라를 위하고 자기 민족을 사랑하는 사람을 살인, 강도죄로 더럽히지 말고 내란죄로 처벌하라. 의로서 죽는 것은 기쁠 뿐, 티끌만치도 여한이 없다.

– 채응언의 옥중 진술(1915. 8.)

02 105인 사건 날조

　1910년 12월 25일 평양 및 평안도 내 각지로부터 정주에 모여든 음모자 일당 60여 명이 12월 27일 주모자 이승훈·안태국의 인솔하에 오전 6시 정주발 북행 열차에 승차하여 선천에 도착, 이어서 선우혁의 인솔로 신천에 도착한 20여 명과 황해도 동지 20여 명이 이에 합류하였다. 이때 선교사 맥큔이 구국 대업에 대한 격려 연설을 하고, 제7교실 천정 속에 있는 감자 상자를 꺼내 그 안에서 권총 75정을 꺼내 그중 용감한 자들에게 분배하였다. 27일 1시 이들은 전원 선천역에 회집하여 이승훈·안태국의 지휘로 총독 데라우치 마사타케가 탄 열차를 기다렸으나 열차는 정차하지 않고 통과하여 실패하였고 다음 거사를 기약하였다. 29일이 되자 이승훈·안태국이 총지휘자가 되고, 동지들은 한복·학생복·양복 등의 차림으로 환영객들 속에 잠입하여 귀경하는 총독의 열차를 기다렸다. 열차가 정각에 의천역에 도착하자 총독이 하차하여 맥큔과 악수한 다음 일본 거류민들의 환영을 받았다. 이어서 한국인 대표 2명과 악수하고 암살 모의자들의 면전을 답례하며 통과하였다. 그러나 안태국 일당은 일본인 헌병·순사의 삼엄한 감시를 받고 있었으며, 총독의 당당한 위엄에 눌려 정신이 혼란하여 목적을 달성하지 못하고 실패하였다.

– 『독립운동사』 7

03 대한 광복회 강령

1. 부호의 의연금 및 일본인이 불법 징수하는 세금을 압수하여 무장을 준비한다.
2. 남북 만주에 군관 학교를 세워 독립 전사를 양성한다.
3. 종래의 의병 및 만주 이주민을 소집하여 훈련한다.
4. 중국, 러시아 등 여러 나라에 의뢰하여 무기를 구입한다.
5. 본 회의 군사 행동, 집회 왕래 등 모든 연락 기관의 본부를 상덕태 상회에 두고, 한만 각 요지와 북경, 상해 등지에 그 지점 또는 여관 등을 두고 연락 기관으로 한다.
6. 일인 고관 및 친일 반역자를 수시 수처에서 처단하는 행형부를 둔다.
7. 무력이 완비되는 대로 일인 섬멸전을 단행하여 최후 목적을 달성한다.

– 『고등 경찰요사』

04 만주 동포의 삶

8월 초에 여러 형제가 모여서 같이 만주로 갈 준비를 하였다. 비밀리에 땅과 집을 파는데, 여러 집을 한꺼번에 처분하니 얼마나 어려우리요. 그때만 해도 여러 형제의 집에 종살이를 하는 사람이 수없이 많았고 …… 우리 집 어른(이회영)은 옛날 범절을 따지지 않고 위아래 구분 없이 뜻만 같으면 동지로 대접하였다. …… 1만여 석의 재산과 가옥을 모두 팔고 경술년 12월 30일에 큰집, 작은집이 함께 압록강을 건너 떠났다.
　　　　　　　　　　　　　　　　　　　　　　　　　　　- 『서간도 시종기』

군정서 회의로 항상 손님은 많았는데, 땟거리는 부족했다. …… 마당의 땡볕 아래에서 맷돌을 돌려 가루를 내고, 또 그것을 반죽해서 국수를 뽑았다. …… 삼시 세 끼 준비가 결코 녹록지 않았다. 한번은 감기가 들었으나 누워서 쉴 수가 없었다. 무리를 했던지 부뚜막에서 죽 솥으로 쓰러졌다.
　　　　　　　　　　　　　　　　　　　- 『아직도 내 귀엔 서간도 바람 소리가』

처음 도착하면 자치구에서 당번들이 나와 누구네 몇 가구, 또 누구네 몇 가구 하며 새로 온 사람들을 돌보게 한다. …… 만주 허허 벌판은 이때부터 흰옷 입은 우리 민족으로 허옇게 덮여 갔다. …… 이렇게 되자 애국지사들이 한인 자치 단체를 만들어 엄격한 규율을 세우고 학교도 세웠다.
　　　　　　　　　　　　　　　　　　　- 『아직도 내 귀엔 서간도 바람 소리가』

임은댁(허은)은 감히 남부끄러워 이 노래(독립군가)를 어디서고 불러 보지를 못하였다. 왜냐하면 역사를 모르는 사람들은 '남의 종가 자손들이 좋은 집 두고 무엇 때문에 타국에 가서 고생하며 그 좋은 재산 다 털어먹었는가.'하고 눈에 보이게 힐책하기 때문이다.
　　　　　　　　　　　　　　　　　　　- 『아직도 내 귀엔 서간도 바람 소리가』

05 국내 진공 작전

1919년 3·1 운동이 일어나기 전 국경 지방에서는 때때로 중국 마적이 침입했을 뿐 조선 독립군에 관련된 큰일은 없었다. 3·1 운동 뒤 이 사건에 연루된 자 가운데 일부가 중국으로 숨어들었다. 이들은 그곳에 사는 무뢰배와 손잡고 독립군이 되어 각종 불온 단체를 조직하고 각지에 근거지를 구축하였다. 이들은 상하이 임시 정부 등과 연계하여 무력 침공을 감행하기 위해 늘 우리 경비 능력을 엿보다 교묘하게 국경 연안 경비망을 통과한다. 조선 내로 침입한 뒤에는 독립운동을 달성하는 데 필요한 자금을 얻는다며 민가를 습격하고, 때로는 주재소, 면사무소, 기타 관공서를 습격한다. 국경 일부에서는 아직 이러한 일이 계속되고 있다.
　　　　　　　　　　　　　　　　　　　　　　　　　　　- 『조선 경찰 개요』

- 1910년 이회영은 형제와 가족 및 친척 60여 명을 데리고 남만주 유하현 삼원보로 가서 신한민촌을 건설하고, 신흥 강습소를 만들어 독립군 양성에 힘썼다. 이들은 척박한 땅을 손수 일구어 농경지를 만들었지만, 만주의 추운 날씨와 식량 부족으로 늘 끼니를 걱정해야 하였다.

- 두 번째~네 번째 사료는 임시 정부 국무령이었던 이상룡의 손자며느리 허은의 회고록이다. 허은은 1915년에 일가족들과 함께 서간도로 망명하였다. 그리고 16세가 되던 1922년에 이병화와 결혼하였다. 그때부터 1932년 조국으로 돌아오기 전까지 10년 동안 시부모와 시조부모 봉양뿐만 아니라 집안 살림까지 책임져야 했다. 또한, 그녀는 서로 군정서군 회의 때마다 민족 운동가들의 식사를 챙겼고, 독립군이 입을 옷도 지었다.

일제의 침략과 수탈을 피하여 간도로 이주한 사람들이 많았고, 민족 운동자들도 독립 운동의 힘을 키우기 위하여 간도로 건너가 독립군을 양성하였다. 3·1 운동 이후 독립에 대한 열망이 커지면서 간도 지방의 독립군 활동도 확대되었다. 이들은 국내로 진입하여 일제의 통치 기관을 습격하기도 하였다.

06 봉오동 전투

북간도에 주둔한 아군 7백은 북로 사령부 소재지인 왕칭현 봉오동을 향하여 행군하다가 뜻하지 않게 같은 곳을 향하는 적군 3백을 발견하였다. 아군을 지휘하던 홍범도와 최명록(최진동) 두 장군은 …… 적 120여 명의 사상자를 내게 하고 도주하는 적을 즉시 추격하여 현재 전투 중에 있다.　 － 「독립신문」

사료 독해

1920년 6월 일제는 국내 진공 작전을 하는 북간도의 독립군을 추격하기 위해 봉오동 쪽으로 진격해 왔다. 이에 홍범도의 대한 독립군과 최진동의 군무 도독부 등은 일본군을 봉오동 골짜기로 유인하여 대파했다.

07 훈춘 사건

1920년 9월 12일 아침 5시경, 갑작스러운 총소리가 고요한 훈춘성의 정적을 깨뜨렸다. 진동, 만순을 두목으로 마적이 훈춘으로 쳐들어왔다. 마적 두목 만순은 친일 비적 코산의 영향 밑에서 활동하고 있었다. …… 이날 동북쪽으로 쳐들어온 마적들은 경찰서를 진공했고 동문과 남문으로 쳐들어온 마적들은 육군 병영과 헌병 병영을 진공, 현공서를 포격했다. 소규모의 마적들은 여러 갈래로 나뉘어 민간에 덮쳐들어 살인, 방화, 약탈하면서 만행을 저질렀다. …… 마적들은 가는 곳마다에 불을 놓아 훈춘 시가지는 삽시에 화광이 충천하고 자지러진 총소리로 아비귀환이 되고 말았다. 당시 훈춘 시내에는 관병 270여 명이 있었으나 아무런 준비도 없었던지라 간신히 잠자리에서 일어나 응전할 뿐이었다.　 － 「훈춘사건과 장강호마적단」

사료 독해

봉오동 전투에서 패한 일제는 중국 마적을 매수하여 훈춘에 있는 일본 영사관과 일본인을 공격하게 하였다. 일제는 이를 독립군의 소행으로 주장하였고, 대규모 병력을 동원하여 만주의 독립군 근거지를 공격하였다.

08 청산리 대첩

적군의 수는 우리보다 10배나 되었으며, 모두 훈련을 받아 전투에 익숙하고 각종 정예 무기를 지니고 있었다. …… 아군의 태반이 신참이고 …… 수일 동안 굶주려 피곤함과 배고픔을 감당하지도 못하고 있었다. 그들이 소지한 것이라고는 겨우 소총과 기관총뿐이었다. 4회에 걸친 격전을 통해 적 천여 명을 섬멸하였으나, …… 세계에 일찍이 없던 위대한 전공으로 자랑할 만한 것이었다.　 － 「한국독립운동지혈사」

대한 군정서 총재 서일로부터 1월 15일 우리 대본영에 도착한 보고에 따르면 경과한 상황은 다음과 같다. ……
아군의 전승 이유
－ 생명을 돌보지 않고 용전분투하는 독립에 대한 군인 정신이 먼저 적의 사기를 압도하였다.
－ 양호한 진지를 미리 차지하고, 완전한 준비를 하여 사격 성능을 극도로 발휘할 수 있었다.
－ 임기응변의 전술과 예민 신속한 활동이 모두 적의 의표를 찔렀다.
　 － 「독립신문」

사료 독해

• 김좌진의 북로 군정서와 홍범도의 대한 독립군 부대는 10월 21일 백운평과 완루구에서 일본군을 격파하였다. 이후 10월 26일까지 천수평과 고동하 등 청산리 일대에서 10여 차례 전투를 치러 일본군을 크게 무찔렀다.

• 북로 군정서가 대한민국 임시 정부에 제출한 보고서에 따르면, 일본군 사상자는 연대장 1명, 대대장 2명 외 1천 2백 54명인 반면, 독립군 사상자는 전사 60명, 부상자 90여 명이었다고 한다.

09 간도 참변

1920년 10월 31일, 연기가 자욱하게 낀 마을에 가 보았다. 사흘 전 새벽에 무장한 1개 대대가 이 마을을 포위하고 남자라면 늙은이, 어린이를 가리지 않고 끌어내어 죽였다. …… 반만 탄 19채 집 주위를 차례로 돌아보니 할머니와 딸들이 잿더미 속에서 타다 남은 살덩이와 부서진 **뼈**를 줍고 있었다. 이 것을 보고나는 신에게 기도를 드렸다. …… 얼마나 화가 났던지 사진기를 고 정시킬 수 없어 네 번이나 다시 찍었다.

- 선교사 마틴의 수기

사료 독해

간도 참변 당시 일본군의 만행을 목격한 외국인 선교사가 증언한 내 용이다. 청산리 대첩에서 크게 패 한 일본군은 그에 대한 보복으로 한국인 항일 단체·학교·교회 등 을 초토화하는 것으로 방향을 바꾸 었다.

10 미쓰야 협정

1. 한국인이 무기를 가지고 다니거나 한국으로 침입하는 것을 엄금하며, 위 반자는 검거하여 일본 경찰에 인도한다.
2. 만주에 있는 한인 단체를 해산시키고, 무기와 탄약을 몰수한다.
3. 일본이 지명하는 독립운동가를 체포하여 일본 경찰에 인도한다.

    미쓰야 협정을 기회로 만주 관료들이 독립군 체포에 전력하게 되니, 독립 군은 물론이고 일반 농민까지 안심하고 살 수가 없었다. 수없이 많은 혁명 투 사가 만주 관료에게 붙들려 봉천 일본 영사관으로 넘겨졌다. …… 물욕에 눈 이 어두운 만주 관료 중에는 죄 없는 백의민족 농민을 잡아다가 죽이고 독립 군을 잡아 왔다고 보상금을 받는 참극도 있었다.

- 「무장독립운동사」

사료 독해

• 미쓰야 협정은 1925년 6월에 조 선 총독부 경무국장 미쓰야 미야 마쓰와 중국 경무처장인 위전 사 이에 체결한 재중 한국인 단속에 관한 협정이다.

• 미쓰야 협정 체결 이후부터 만주 의 관리들은 독립군 체포에 혈안 이 되었으며, 그 결과 일반 농민 까지도 많은 피해를 입었다. 특 히 장쭤린의 강력한 단속으로 만 주에서 활동하던 독립군의 기세 는 약화되었다.

11 의열단

    그들의 생활은 밝음과 어두움이 기묘하게 혼합된 것이다. 언제나 죽음을 눈앞에 두고 있었으므로 살아 있는 동안이라도 마음껏 즐기려 했던 것이다. …… 사진 찍기를 아주 좋아했으며, 언제나 이번이 죽기 전에 마지막으로 찍 는 것이라 생각하였다.

- 「아리랑」

    …… 곧바로 총독부로 들어가서 총독부 2층 건물에서 익상은 위층으로 올 라가 폭탄을 던지니, 그 소리가 천지를 진동하였다. 이때 헌병 몇 사람이 와 서 익상에게 "이것이 무슨 소립니까"라고 물어, 익상이 "모릅니다"라고 대답 하고 기회를 보아 달아났다. …….

- 「동아일보」

    가슴에 맺힌 한을 풀지 못한 김상옥의 혼령은 지금 어디 가서 있을꼬. …… 쇠망치를 들어서 번 돈과 단련한 팔뚝으로 독립운동에 참가하여 수만 원의 돈을 그 일에 바치고 나중에는 …… 아, 가슴에 품은 그 뜻은 어디 두고 이제 공동묘지 한 모퉁이에 누웠느뇨.

- 「동아일보」

사료 독해

• 1919년 11월 만주 지린성에서 김원봉 등 민족 운동가 13명의 주도하에 의열단이 조직되었다. 의열단은 암살·파괴·폭동 등을 중요한 운동 전략으로 채택하였 다. 당시 창단 단원은 신흥 무관 학교 출신이 많았다.

• 의열단원인 김익상과 김상옥은 일제의 식민 통치 기관인 조선 총독부와 종로 경찰서에 폭탄을 던지는 의열 투쟁을 벌렸다.

내정 독립이나 참정권이나 자치를 운동하는 자, 누구이냐? 너희가 '동양 평화', '한국 독립 보전' 등을 조건으로 내건 조약이 먹도 마르지 아니하여 삼천리 강토를 시어먹던 역사를 잊었느냐? …… 강도 일본의 구축을 주장하는 가운데 또 다음과 같은 논자들이 있으니, 첫째는 외교론이니, …… 청원서나 여러 나라 공관에 던지며 탄원서나 일본 정부에 보내어 국세의 약함을 애걸하여 국가의 존망, 민족 사활의 대문제를 외국인 심지어 적국인의 처분으로 결정하기만 기다렸도다. 둘째는 준비론이니, …… 강도 일본이 정치, 경제 양방면으로 구박을 주어 경제가 날로 곤란하게 생산 기관이 전부 박탈되어 입고 먹을 방법도 단절되는 때에 무엇으로? 어떻게? 실업을 발전하며, 교육을 확장하며, 더구나 어디서? 얼마나? 군인을 양성하며, 양성한들 일본 전투력의 백분의 일에 비교라도 되게 할 수 있느냐? …… 강도 일본을 쫓아내려면 오직 혁명으로만 가능하며, 혁명이 아니고는 강도 일본을 쫓아낼 방법이 없는 바이다. …… 우리 2천만 민중은 일치하여 폭력 파괴의 길로 나아갈 것이다. …… 민중은 우리 혁명의 대본영이다. 폭력은 우리 혁명의 유일한 무기이다. 우리는 민중 속에 가서 민중과 손을 잡아 끊임없는 폭력, 암살, 파괴, 폭동으로써 강도 일본의 통치를 타도하고, 우리 생활에 불합리한 일체 제도를 개조하여, 인류로서 인류를 압박하지 못하며, 사회로서 사회를 약탈하지 못하는 이상적 조선을 건설할지니라.

사료 독해

• 의열단의 폭력적인인 민족 운동에 대해 비판과 비난이 일면서 내부에서 민족 운동의 이념 및 방략을 정립해야 한다는 요구가 나타났다. 이에 김원봉은 신채호에게 선언문을 요청하였으며, 신채호는 1923년 1월 의열단의 민족 운동 이념과 전략을 이론화해 발표하였다.

• 조선 혁명 선언은 자치론, 내정 독립론, 참정권론, 문화 운동론, 외교론, 준비론 등에 대하여 비판하고 일제를 타도하기 위한 방안으로 오직 폭력적인 민중 직접 혁명을 통해서 일제를 타도하고 독립을 쟁취할 것을 주장하였다.

한국사 Q&A 간도 참변 이후 만주의 독립군은 어떻게 되었을까?

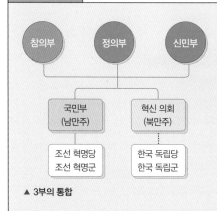

▲ 3부의 통합

간도 참변 이후 독립군은 보다 자유로운 무장 활동을 위하여 간도를 떠나 러시아의 자유시로 이동을 하였다. 당시 러시아는 혁명이 끝난 지 얼마 되지 않았다. 러시아는 한국의 독립군이 영토 내로 들어온다면 일본군까지 따라 들어 올 것이라 판단하여 한국 독립군의 무장 해제를 단행하였다. 그 과정에서 수백 명의 독립군이 희생되었다(자유시 참변).

독립군은 다시 간도 지역으로 내려와 통합을 추진하면서 참의부, 정의부, 신민부를 설립하였다. 3부는 입법 · 행정 · 사법 조직을 갖춘 공화주의적 자치 정부이며, 군사를 조직하여 항일 투쟁을 벌였다. 이후 중국과 여러 지역에서 민족 운동의 역량을 하나로 모으자는 민족 유일당 운동이 전개되어 만주에서도 3부 통합 운동이 일어났다. 그 결과 1929년 3부를 해체하고 국민부로 통합을 하였으나, 그 전에 사회주의자들은 혁신 의회라는 조직을 따로 만들어 완전한 통합을 이루지는 못하였다.

25 민족 운동의 분화와 다양한 사회 운동

KEY WORD

민족 운동 분화
3·1 운동 이후 일부 민족주의 세력이 이탈하고 사회주의 사상이 확산되는 가운데 민족 운동의 이념, 방법, 조직 등을 둘러싸고 민족주의자와 사회주의자 간에 경쟁이 나타났다.

사회주의 운동
사회주의 세력은 노동 운동, 농민 운동, 청년 운동 등을 지원하였다. 그 결과 1924년 조선 노농 총동맹, 조선 청년 총동맹 등 전국 단위의 단체가 결성되었다.

여성 운동, 형평 운동
3·1 운동 이후 여성들의 지위 향상을 위한 여성 운동 단체를 통합하여 근우회가 결성되고 백정에 대한 사회적 편견과 차별에 맞서 조선 형평사가 조직되었다.

주제 열기

일제 강점기 방정환은 민족 운동의 일환으로 소년 운동을 전개하였고, 어른보다 더 높이 대접하라는 의미에서 '어린이'라는 호칭을 사용하였다. 1920년대의 다양한 사회 운동은 어떻게 전개가 되었을까?

▶ **방정환 동상**(어린이 대공원)

시대 흐름 잡기	민족 운동의 분화	다양한 민족·사회 운동	사회적 차별 반대
	◦3·1 운동 이후 민족 운동의 이념, 조직, 방법을 둘러싼 경쟁 ◦민족주의: 실력 양성 운동과 친일적 타협주의로 분화 ◦사회주의: 대중 운동 단체 조직 → 노동·농민·청년 운동 지원	◦물산 장려 운동: 국산품 애용 장려 → 민족 산업 육성 ◦민립 대학 설립 운동: 한국인의 교육 열망 → 학교 설립 추진 ◦노동·소작 쟁의: 노동자·농민의 민족의식 고취, 생존권 투쟁	◦소년 운동: 어린이를 대우하자→ 방정환이 '어린이날' 제정 ◦여성 운동: 여성 해방과 지위 향상 → 근우회 조직 ◦형평 운동: 백정에 대한 차별 철폐 → 조선 형평사 조직

01 민족 운동의 분화

현하 우리 사회에는 두 가지 조류가 있다. 하나는 민족 운동의 조류요, 또 하나는 사회 운동의 조류인가 한다. 이 두 가지 조류가 물론 해방의 근본적 정신에 있어서는 조금도 다를 것이 없다. 그러나 왕왕 운동의 방법과 이론적 해석에 이르러서 털끝의 차이로 천리의 차이가 생겨 도리어 운동의 전선을 혼란스럽게 하여 당파적 분규를 소생케 하여 결국은 어부의 이를 취하게 골육의 다툼을 일으키는 것은 어찌 우리 민족의 장래를 위하여 통탄할 바가 아니랴.

— 「동아일보」

사료 독해

3·1 운동 이후 일제가 식민 통치 방식을 전환히자 민족주의 세력 일부에서 일제의 식민 지배를 인정하는 타협론과 자치론 등이 등장하여 민족 운동에서 이탈하였다. 한편 사회주의 사상이 확산으로 민족 운동의 이념, 조직, 방법 등을 둘러싸고 민족주의자와 사회주의자 간에 경쟁과 대립이 나타났다.

02 실력 양성 운동

일본 제국은 대전쟁으로부터 그 힘이 증대 발전하였으므로 그들이 우리를 압박할 힘은 한층 강대해졌다. 그러므로 오늘, 오인이 여하한 열심과 노력을 기울인다 해도 급속히 독립하기에는 어려운 실정이다. — 도산 안창호

평소 우리가 큰 신뢰와 경의를 표하고 있는 미국, 영국 양국 또한 모두 자기 나라의 이익을 도모하는 데만 급급했을 뿐만 아니라 조선 문제 때문에 일본 측의 감정을 상하는 일에는 양국이 다 회피하였다. 조선 독립은 당분간 절망적이므로 우리 조선인은 힘써 교육과 산업과 문화적 시설에 열중하여 실력 양성에 주력하지 않으면 안 된다. — 「조선치안상황」

사료 독해

3·1 운동 이후 민족주의자들은 가까운 시일 내에 독립을 이루기 어렵다고 판단하여 먼저 민족의 실력을 길러 독립을 준비하자고 주장하였다. 특히, 이들 중 일부는 약육강식과 사회 진화론 세계관에 입각하여 일제가 허용하는 범위 내에서 실력 양성 운동에 주력할 것을 강조하였다.

03 민립 대학 설립 운동

우리의 운명을 어떻게 개척할까? 정치냐, 외교냐, 산업이냐? 물론 이와 같은 일이 모두 필요하도다. 그러나 …… 가장 급한 일이 되고, 가장 먼저 해결해야 할 필요가 있으며, 가장 힘 있고, 필요한 수단은 교육이 아니면 아니 된다. …… 교육에도 계단과 종류가 있어 민중의 보편적인 지식은 이를 보통교육으로 능히 수여할 수 있으나 심원한 지식과 온오한 학리는 고등 교육에 기대하지 아니하면 불가할 것은 설명할 필요도 없거니와 사회 최고의 비판을 구하여 유능유위의 인물을 양성하려면 최고 학부의 존재가 가장 필요하다. …… 오늘날 조선인이 세계 문화 민족의 일원으로 남과 어깨를 견주고 우리의 생존을 유지하며 문화의 창조와 향상을 기도하려면, 대학의 설립이 아니고는 다른 방도가 없다. 그런데 수삼 년 이래 각지에서 향학렬이 힘차게 일어나 학교의 설립과 교육 시설을 설치하라고 요구함이 많은 것은 실로 우리의 고귀한 자각에서 나온 것이다. 모두가 경하할 일이나 우리에게는 아직도 대학이 없다. …… 그러므로 우리는 감히 만천하 동포에게 민립 대학의 설립을 제창하노니, 형제자매는 모두 와서 성원하라 — 민립 대학 설립 기성회의 발기 취지서(1923)

사료 독해

- 3·1 운동 이후 민족 운동은 다양한 형태로 전개되었는데, 그 중 실력 양성 운동의 일환으로 민립 대학 설립 운동이 추진되었다. 그러나 일제는 이 운동에 불온 사상이 내포되어 있다면서 민립 대학 설립을 못하게 하였다.

- 민립 대학 설립 운동은 일부 사회주의자들의 비판과 원활하지 못한 모금 운동으로 실패하였다. 일제는 우리 민족의 자발적인 대학 설립 운동을 무마하기 위하여 1924년에 경성 제국 대학을 세웠다.

04 물산 장려 운동

우리에게 먹을 것이 없고 입을 것이 없고 의지하여 살 것이 없으면 우리의 생활은 파괴가 될 것이다. 우리가 무슨 권리와 자유와 행복을 기대할 수가 있으며, 또 참으로 사람다운 발전을 희망할 수가 있으리오. 우리 생활에 제일 조건은 곧 이 의식주의 문제, 즉 산업적 기초라. 이 산업적 기초가 파멸을 당하여 우리에게 남은 것이 없으면 그 아무 것도 없는 우리가 사람으로 사람다운 생활을 하지 못하고 사람다운 발전을 하지 못할 것은 당연하지 아니한가 …… 부자와 빈자를 막론하고 우리가 우리의 손에 산업 권리 생활의 제일 조건을 장악하지 못할지니 우리는 이와 같은 견지에서 우리 조선 사람의 물산을 장려하기 위하여 조선 사람은 조선 사람이 지은 것을 사 쓰고, 조선 사람은 단결하여 그 쓰는 물건을 스스로 제작하여 공급하기를 목적하노라. 이와 같은 각오와 노력 없이 어찌 조선 사람이 그 생활을 유지하고 그 사회가 발전할 수 있으리오.

- 「산업계」

보아라! 우리의 먹고 입고 쓰는 것이 다 우리의 손으로 만든 것이 아니었다. 이것이 세상에 제일 무섭고 위태한 일인 줄을 오늘에야 우리는 깨달았다. 피가 있고 눈물이 있는 형제자매들아, 우리가 서로 붙잡고 서로 의지하여 살고서 볼 일이다.

- 입어라! 조선 사람이 짠 것을
- 먹어라! 조선 사람이 만든 것을
- 써라! 조선 사람이 지은 것을
- 조선 사람, 조선 것

- 조선 물산 장려회 궐기문

물산 장려 운동의 사상적 도화수가 된 것이 누구인가? 저들의 사회적 지위로 보나 계급적 의식으로 보나 결국 중산 계급임을 벗어나지 못하였으며, 적어도 중산 계급의 이익에 충실한 대변인인 지식 계급이 아닌가. …… 실상을 말하면 노동자에게는 이제 새삼스럽게 물산 장려를 말할 필요가 없는 것이다. 그네는 벌써 오랜 옛날부터 훌륭한 물산 장려 계급이다. 그네는 자본가 중산 계급이 양복이나 비단 옷을 입는 대신 무명과 베옷을 입었고, 저들 자본가가 위스키나 브랜디나 정종을 마시는 대신 소주나 막걸리를 먹지 않았는가? …… 이리하여 저들은 민족적, 애국적 하는 감상적 미사로써 눈물을 흘리면서 저들과 이해가 전연 상반한 노동 계급의 후원을 갈구하는 것이다. 그러나 진실로 계급적으로 자각한 노동자에게 있어서는 저들도 외래 자본가와 조금도 다를 것이 없는 것을 알며, 따라서 저들 신사랑류의 침략에 빠져 계급 전선을 몽롱케는 못할 것이다.

- 「동아일보」

사료 독해

- 첫 번째 사료는 1923년 1월 경성에서 조직된 조선 물산 장려회의 설립 취지서이다. 여기에는 민족이 산업의 기초를 상실하면 부유층과 빈곤층을 막론하고 멸망의 길을 걷게 될 것이라는 계몽적 취지를 담고 있으며, 그 실행 조건으로 의복에서 남자는 두루마기, 여자는 치마를 한국인이 만든 제품 또는 그 가공품을 염색해 착용할 것, 음식물은 소금·설탕·과일·청량음료 등을 제외하고는 전부 국산품을 사용할 것, 일용품은 한국인 제품으로 대용 가능한 것을 사용하자고 제시하였다.

- 두 번째 사료는 국산품 사용을 장려하는 「조선 물산 장려회 궐기문」이다. 물산 장려 운동은 청년 운동 단체의 금주·금연, 절약 운동과 함께 전개되면서 한때 전국적으로 큰 호응을 얻었다.

- 물산 장려 운동의 결과 조선 상품의 가격이 크게 올라 한국인 기업가와 자본가들만 이익을 얻는 등의 한계가 나타났다. 이에 일부 사회주의 계열과 소비자 조합을 중심으로 '물산 장려 운동은 자본가와 중산층의 이익을 위한 이기적인 운동'이라는 비판이 제기되었다. 물산 장려 운동은 일본의 경제적인 침략에 대응해 민족 자본을 중심으로 자립 경제를 이루자는 계몽적 운동으로서 일부 성과를 얻었으나, 운동 자체의 한계를 극복하지 못하고 점차 쇠퇴하였다.

05 노동 운동

이 동리(서울 청파동)에는 제면 회사, 간장 공장, 정미소가 있고 고무 공장이 있다. 일반 부녀자들과 어린 유년들은 …… 주먹만 한 조밥덩이를 가지고는 햇발이 보이지 않는 음침한 공장 안으로 발길을 재촉한다. 종일토록 마음대로 앉거나 서지도 못하고 먼지를 마시며 뼈가 빠지도록 기계를 돌리며 손발을 움직인 땀과 고통스러운 노동의 유일한 보수는 단돈 삼십 전을 넘지 못하니 자기 한 사람 한 달 동안 이것저것 잡비를 제하고 나면 집안 살림에 보탤 것은 찾으려야 찾을 수 없게 된다.
― 「동아일보」

우리는 49명 파업단의 임금 감하를 크게 여기지 않습니다. 이것이 결국은 평양의 2,300명 고무 직공의 임금 감하의 원인이 될 것이므로 우리는 죽기로써 반대하려는 것입니다. …… 나는 평원 고무 공장 사장이 이 앞에 와서 임금 감하의 선언을 취소하기까지는 결코 내려가지 않겠습니다. 나는 근로 대중을 대표하여 죽음을 명예로 알 뿐입니다. 여러분, 구태여 나를 여기서 강제로 끌어내릴 생각은 마십시오. 누구든지 이 지붕 위에 사닥다리를 대놓기만 하면 나는 곧 떨어져 죽을 뿐입니다.
― 「동광」

사료 독해

• 일제는 장시간 노동과 저임금으로 노동자들을 혹사시켰다. 이에 노동자들은 임금 인상이나 노동 시간 단축 등을 내걸고 일제에 맞서 노동 쟁의를 일으켰고, 사회주의 사상이 확산되면서 각종 노동 운동 단체와 노동조합이 만들어졌다. 1920년대 대표적인 노동 운동은 1929년에 일어난 원산 총파업이다.

• 두 번째 사료는 1931년 평양 을밀대에 올라 한국 최초의 고공 농성을 벌인 강주룡에 관한 기사이다. 그녀는 강제로 끌려 내려온 뒤에도 옥중 단식 투쟁으로써 임금 삭감을 막았다.

06 농민 운동

소작료는 지방에 따라 다르지만 많은 곳은 수확량의 8할 내지 9할까지 받기도 한다. …… 보통은 5할이 평균이다. 그러나 전라북도의 어느 지방에서는 소작인들에게 수확량의 8할을 내도록 하는 것이 보통이라고 한다. 충청북도 어느 지방도 지주가 소작인과 계약을 맺을 때마다 소작료를 올려서 요즘에는 6할 내지 7할에 이르게 되었다. 경상남도의 어느 지역에서는 소작료로 수확량의 8할을 거두는 것이 보통이라고 한다.
― 「동아일보」

농촌의 쇠퇴는 극에 달하여 농민의 생활은 비참하다. …… 조선의 농촌이 이와 같은 참상에 이른 것은 소작 관행이 불합리하다는 것에 이유가 있다. 우리 농민의 생활을 빈궁으로부터 구제하고자 하면 더 성의 있는 근본적인 대책을 내놓아야 한다. …… 무엇보다도 소작 제도의 개선을 절규하는 바이다. 소작인들의 요구 조건을 간단하게 정리하면 다음과 같다.
1. 소작권을 보장하라! 지주가 자유자재로 경작지를 몰수함에 따라 소작인들은 안심하고 농업에 종사할 수 없는 형편이다.
2. 소작료를 인하하라! 소작인이 죽도록 경작에 노력하여 생산이 증가해도 그 대가를 제대로 받지 못하고 있다.
― 「개벽」

사료 독해

• 일제가 토지 조사 사업과 산미 증식 계획을 실시하면서 농민들이 소작농으로 몰락하는 경우가 많았다. 1920년대 농민의 대다수를 차지하던 소작농은 소작료 이외에도 수리 조합비, 비료, 농약, 기타 세금을 추가로 부담하였다.

• 농민의 몰락이 계속되면서 이에 저항하는 소작 쟁의가 이어졌다. 소작 쟁의는 소작료 인하, 지세와 공과금의 지주 부담 등을 주장하는 생존권 투쟁이었다. 전라남도 신안군 암태도의 소작 쟁의가 대표적이다.

07 청년 운동

조선 청년 운동의 연혁이 어떠한 것인지를 생각할 때 우리는 많은 느낌을 가지지 않을 수 없다. 제1차 세계 대전 직후 전 세계에 가득 찬 개조의 새로운 기운은 마침내 조선 민족의 가슴에 불을 일으켰고, 이 불길이 요원의 형세로 되어 다시 신문화 건설의 부르짖음을 낳게 되었다. 이와 같은 부르짖음은 제일선으로 청년 운동을 일으켰으니, 이것은 조선 민족의 정치적 해방을 목표로 한 것이었다. 이와 같은 제1기의 청년 운동은 전 조선 각지에 수백 개의 청년 단체를 조직하게 하여 사상·교육·상업 각 방면에 걸쳐 모든 의미의 초기 운동을 시도하였다. 이리하여 민족 정신의 고취와 민족적 해방 운동의 선봉이 되었던 것이다. …… 사상과 경향을 생활의 내용과 분리하여 상상할 수 없는 것처럼 운동은 반드시 일반 민중이 움직이는 데서 큰 힘이 있으리라. 아, 조선 민중의 혼란한 사상에 통일의 광명을 비추라. 그리고 생존의 위협에 자위의 활로를 열라.

― 「조선 청년 총동맹 창립 선언문」, 「동아일보」

사료 독해

이 사료는 1920년대 중반 청년 운동 가운데 하나인 「조선 청년 총동맹 창립 선언문」이다. 그 동안의 청년 운동 과정에서 드러난 한계와 청년 운동 단체들의 위상을 분명히 보여 주고 있다. 제1차 세계 대전과 3·1 운동 이후 전개된 개조의 열기에 발맞추어 벌인 제1기 청년 운동은 민족의 정치적 해방을 목표로 하였으며, 이에 따라 수백 개의 청년 단체가 조직되어 민족 정신 고취와 민족 해방 운동의 선봉이 되었다.

08 소년 운동

새로운 살림을 부르짖는 우리 사회도 장래를 위하여 사는 것이오, 장래가 곧 우리가 춤출 때임은 누구나 다 같이 바라고 믿는 바거니와, 한 나라 한 사회나 한 집안의 장래를 맡은 사람은 누구인가. 곧 그 집안이나 그 사회나 그 나라의 아들과 손자일 것이다. 장래에 희망을 두고 어린이에게 장래를 맡기는 가정이나 사회에서 어찌 어린이의 일을 등한시할 수 있으며 새 살림을 부르짖는 우리 사회에서는 과연 아들과 손자를 위하여 어떠한 일을 하였는가. 수년 동안 우리의 부형은 그 자손을 위하여 이전에는 없던 애를 써왔다. …… 천도교 소년회가 어린이를 위하여 부모의 도움이 더욱 두터워지기를 바라는 마음으로 이번 일을 계기로 '어린이의 날'이라는 이름으로 "항상 10년 후의 조선을 생각하십시오."라고 쓴 네 가지의 인쇄물을 시내에 배포하며 그 소년 회원이 거리마다 늘어서서 취지를 선전한다는데, 이러한 일은 조선 소년 운동의 처음이라 하겠으며, 다른 사회에서도 많이 응원하여 "조선 사람의 10년 후의 일"을 위하여 노력하기를 바란다.

― 「동아일보」

첫째, 어린이를 재래의 압박으로부터 해방하여 그들에게 완전한 인격적 대우를 허하게 하라.

둘째, 어린이를 재래의 경제적 압박으로부터 해방하여 만 14세 이하의 그들에 대한 무상, 유상의 노동을 폐하게 하라.

셋째, 어린이 그들이 고요히 배우고 즐거이 놀기에 족한 각양의 가정, 사회적 시설을 행하게 하라.

― 「소년 운동 선언」, 「동아일보」

사료 독해

• 첫 번째 사료는 천도교 소년회가 창립 1주년이 되는 1922년 5월 1일을 '어린이의 날'로 선포했음을 알리는 신문 기사이다. 천도교 소년 운동 지도자인 김기전, 방정환 등은 유교적인 전통 아래에서 생겨난 압박을 벗어나 자유롭고 동등한 권리를 가진 독립된 인격체로 대우하는 문화가 뿌리내려야 한다고 주장하였다. 그리하여 소년들을 신조선 건설에 앞장설 인재로 양성할 것을 주장하였다.

• 두 번째 사료는 소년 운동 협회에서 제시한 「소년 운동 선언」이다. 소년 운동 협회는 방정환 등이 조직한 단체로, 「소년 운동 선언」을 통해 어린이에 대한 인식을 새롭게 하고, 어린이를 인격적으로 대우할 것을 호소하였다.

09 형평 운동

공평은 사회의 근본이고 사랑은 인간의 본성이라. 그러므로 우리는 계급을 타파하고 모욕적인 칭호를 폐지하며 교육을 장려하여 우리도 참사람이 되고자 함이 본사의 주지니라. 지금까지 조선의 백정은 어떠한 지위와 압박을 받아 왔는가? 과거를 회상하면 종일 통곡하고도 피눈물을 금할 수 없다. …… 천하고 가난하고 연약해서 비천하게 굴종하였던 자는 누구였는가? 아아, 그것은 우리 백정이 아니었던가? 그러나 이러한 비극에 대한 사회의 태도는 어떠했던가? 소위 지식 계층에 의한 압박과 멸시만이 있지 않았던가? …… 본사는 시대의 요구에 의해 사회의 실정에 대응하여 창립되었으며, 또한 우리도 조선 민족 2천 만의 한 사람으로서 갑오년 6월 이후 칙령에 의해 백정이라는 호칭이 없어지고 평민으로 되었던 바, 사랑으로써 상부상조하고 생명의 안정을 도모하고 공동의 번영을 기하고자 한다. 이에 40여 만이 단결하여 본사의 목적인 이 주지를 표방하는 바이다. — 「조선 형평사 창립 취지서」, 「조선일보」

사료 독해

1923년 경상남도 진주에서 백정에 대한 차별에 반대하여 칭립한 조선 형평사의 취지서이다. 백정은 1894년 갑오개혁 때 법제상으로 해방되었으나 실제로는 사회 곳곳에 편견과 차별이 여전히 존재하였다. 백정들은 관공서와 학교뿐만 아니라 목욕탕, 이발소, 음식점 등 사회 곳곳에서 공공연하게 차별 대우를 받았다. 이러한 사회적 편견과 차별 대우에 백정들은 조선 형평사를 조직하여 차별 철폐 운동을 전개하였다.

10 여성 운동

강향란이라는 기생이 돌연히 머리를 깎고 남자 옷을 입고 정치 강습원에 통학 중이라 한다. 암탉이 새벽에 우는 것도 그 집안이 기우는 장본이라 하였다. 하물며 여자가 남자로 환형한 그것이야 변괴가 아니고 무엇이리오, 이렇게 천한 물건은 우리 사회에서 하루라도 빨리 매장해 벌려야 될 것을 …… — 「시사평론」

사료 독해

여성 운동은 전통 사회에서 이어져 온 여성 차별과 사회적 차별로부터 여성 해방을 시도하였으나, 그 차별은 쉽게 사라지지 않았다.

한국사 Q&A   농민과 노동 운동은 1930년에 어떻게 달라졌을까?

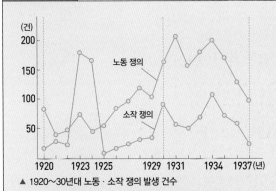

▲ 1920~30년대 노동·소작 쟁의 발생 건수

"토지를 농민에게!", "일본 제국주의를 타도하자!", "노동자·농민의 정부를 수립하자!"

1930년대 농민 운동과 노동 운동의 구호이다. 1930년대 농민 운동과 노동 운동은 급진적인 구호를 내세우고 비합법적인 폭력 투쟁으로 발전하였다. 이는 일제가 지주와 자본가 편에서 농민 운동과 노동 운동에 대한 탄압을 강화한 것이 주된 원인으로, 농민과 노동자는 사회주의 세력과 연대하여 혁명적 농민 조합과 혁명적 노동조합을 만들어 저항하였다. 1920년대의 농민 운동과 노동 운동이 생존권 투쟁이었다면, 1930년대에는 계급 해방을 위한 혁명 운동이자 반제국주의 항일 투쟁으로 발전하였음을 보여준다.

KEY WORD

민족 유일당 운동
6·10 만세 운동을 준비하는 과정에서 민족주의 진영과 사회주의 진영의 통합을 필요성을 인식하였고, 민족 운동의 역량을 강화하기 위하여 민족 협동 전선을 추구하였다.

정우회 선언
사회주의자들의 연합 조직인 정우회가 새로운 투쟁의 방향을 밝힌 선언이다. 특히 비타협적인 민족주의 진영과 협동 전선을 제창하여 신간회 결성의 기폭제가 되었다.

신간회
민족 협동 전선으로 국내에서 조직된 최대 민족 운동 단체로서 민족 해방이라는 공통의 목표를 위해 이념을 넘어 민족주의자들과 사회주의자들이 함께 참여하였다.

주제 열기

1920년대 중반 비타협적 민족주의 세력과 사회주의 세력이 연합한 민족 협동 전선으로 신간회가 결성되었다.
1920년대 국내에서 항일 민족 협동 전선 운동이 전개된 배경은 무엇일까?

△ 신간회 울산 지회 설립 1주년 기념 사진(1927)

시대 흐름 잡기	1920년대 민족 운동 진영	항일 민족 협동 전선	신간회의 성립과 해소
	● 민족주의 진영: 교육과 산업 진흥으로 민족의 힘을 길러 독립 준비 → 실력 양성 운동 ● 사회주의 진영: 노동자·농민 운동으로 자본주의와 일제 타도 → 노동·소작 쟁의 전개	● 국외: 중국의 제1차 국·공 합작, 코민테른의 민족 통일 전선 → 민족 유일당 운동 전개 ● 국내: 6·10 만세 운동 계기 → 비타협적 민족주의와 사회주의 진영의 연합 → 신간회 결성	● 성립: 정우회 선언으로 사회주의와 민족주의 진영 결합 ● 발전: 지회 설립 → 광주 학생 항일 운동, 각종 사회 운동 지원 ● 해소: 일제의 탄압과 지도부의 타협주의 노선 → 발전적 해소

01 이광수의 「민족적 경륜」

조선 민족은 지금 정치적 생활이 없다. 왜 지금의 조선 민족에게는 왜 정치적 생활이 없는가? 그 답은 간단하다. 일본이 조선을 병합한 이래로 조선인에게는 보는 정치 활동을 금지한 것이 첫째 원인이다. 또, 병합 이래로 조선인은 일본의 통치권을 승인해야만 할 수 있는 모든 정치적 활동, 즉 참정권, 자치권 운동 같은 것은 물론이요, 일본 정부를 상대로 하는 민족 운동조차 원치 아니하는 강렬한 절개 의식이 있었던 것이 둘째 원인이다. …… 지금까지 해 온 정치적 운동은 모두 일본을 적대시하는 운동뿐이었다. 이런 종류의 정치 운동은 해외에서나 할 수 있는 일이고, 조선 내에서는 허용되는 범위 내에서 일대 정치적 결사를 조직해야 한다는 것이 우리의 주장이다. 그 이유는 어디에 있는가. 우리는 두 가지를 들려고 한다. 첫째, 우리 당면의 민족적 권리와 이익을 옹호하기 위하여, 둘째, 조선인을 정치적으로 훈련하고 단결하여 민족의 정치적 중심 세력을 만들어 이로써 장래 멀고 먼 정치 운동의 기초를 이루기 위하여 ……

– 「동아일보」

사료 독해

이광수가 주장한 정치적 결사는 일제가 허용하는 범위 내에서 합법직인 정치 활동을 하자는 것을 의미한다. 이러한 주장은 일제의 식민 통치를 용인하는 것으로 받아들여졌고, 이에 대하여 사회주의자들은 맹렬히 공격하였다. 일제가 이른바 문화 통치를 내세우며 친일 세력을 육성하고, 민족 운동을 분열시키려 하였으므로 이 글은 당시에 큰 논란을 일으켰다.

02 6·10 만세 운동

우리는 일찍이 독립과 국제 평화를 위하여 1919년 3월 1일에 조선의 독립을 선언하였다. …… 우리들의 국권과 자유를 회복하려 함에 있다. 우리는 결코 일본 전 민족에 대한 적대가 아니요, 다만 일본 제국주의의 야만적 통치로부터 탈퇴코자 함에 있다. …… 식민지에 있어서는 민족 해방이 곧 계급 해방이고 정치적 해방이 곧 경제적 해방이라는 것을 알지 않으면 안 된다. 즉, 식민지 민족이 모두가 무산 계급이며 제국주의가 곧 자본주의이기 때문이다. 그러므로 현재 우리는 당면한 적인 정복국의 지배 계급으로부터 정치적 또는 경제적인 모든 권리를 탈환하지 않으면 사선에서 탈출하는 것은 불가능하다.

– 조선은 조선인의 조선이다!
– 학교 용어는 조선어로!
– 학교장은 조선인이어야 한다!
– 일본인 물품을 배척하자!
– 8시간 노동제를 실시하라!
– 동일 노동에는 동일 임금을 지급하라!
– 동양 척식 주식회사를 철폐하라!
– 일본인 지주에게 소작료를 바치지 말자!
– 소작권을 이동하지 못한다!
– 소작제를 4·6제로 하고 공과금은 지주가 납부한다!

사료 독해

• 첫 번째 사료는 「6·10 만세 운동 격고문」이다. 6·10 만세 운동은 여러 운동 세력의 연합에 의해 항일 민족 운동을 전개하려 했다는 점에서 의의가 있다. 천도교를 중심으로 하는 민족주의자들과 조선 공산당을 중심으로 하는 사회주의자들이 순종의 인산일을 기해 만세 운동을 계획하였다. 특히 이후 학생 운동의 발전에 커다란 공헌을 하였다.

• 두 번째 사료는 6·10 만세 운동 때 뿌린 격문이다. 이 격문에는 일제의 식민 정책에 대한 세부적인 저항과 함께 일반 대중이나 농민, 노동자의 요구 사항이 포함되어 있다. 그러나 6·10 만세 운동은 사전에 발각되었다. 결국 일제의 탄압으로 서울에서 학생 중심으로 만세 시위가 일어났을 뿐이고 각 지역에서도 산발적인 시위만 일어났다.

03 민족 유일당 운동과 민족 협동 전선

동일한 목적과 동일한 성공을 위해 운동하고 투쟁하는 혁명자들은 반드시 하나의 기치 아래 모여 하나의 호령 아래 단결해야만 비로소 상당한 효과를 거둘 수 있다는 것은 말할 필요도 없다. …… 바란다! 일반 동지는 깊이 양해하라! 일본 제국주의를 타도하라! 한국의 절대 독립을 주장하라! 민족 혁명의 유일한 전선을 만들라! 전 세계 피압박 민중은 단결하라!

－「한국독립운동사」

조선 민흥회는 조선 민족의 공동 권익을 쟁취하고, 조선민의 단일 전선을 결성할 목적으로 창설되었다. 조선 민흥회는 산업 종사자, 종교인, 학생, 지식인 등 전 국민의 단합과 통일을 주장한다. 민족적 통합의 그 목적은 '조선의 해방'에 있다. …… 과거의 운동은 계급 의식이 내연되어 있었고, 국가 전체적으로 볼 때 분열되어 있었다. 그러나 최근의 운동에서는 계급 운동의 참여자라 할지라도 연합 민족 운동을 강렬히 요구하고 있다. …… 유럽의 프롤레타리아 계급이 봉건주의와 독재주의를 타파할 목적으로 자본가들과 뭉쳤던 것처럼, 조선의 사회주의자들도 반제국주의 운동에 있어서 공동 권익을 지향하는 계급들의 일체적 동원에 대한 필요성을 절감하고 있다. …… 각 계층 간의 권익은 궁극에 가서는 불가피하게 상충할 것이다. 그러므로 조선민 전체의 결속도 영원히 지속될 수 없다. 그러나 그렇다고 해서 현재의 당면 문제점을 해결하기 위한 양 진영의 연합의 필요성을 누구도 간과해서는 안 된다. …… 우리는 중국의 국민당을 본보기로 하여 이 운동을 발전시키고자 한다.

－「조선일보」

04 정우회 선언

민주주의적 노력의 집결로 인하여 전개된 정치적 운동의 방향에 대하여는 그것이 필요한 과정의 형세인 이상, 우리는 차갑게 강 건너 불 보듯 할 수 없다. 아니 그것보다도 먼저 우리 운동 자체가 벌써 종래에 국한되어 있던 경제적 투쟁의 형태에서, 보다 더 계급적·대중적·의식적 정치 형태로 비약하지 아니하면 아니 될 전환기에 달한 것이다. 고로 우리는 우리 자체의 종래의 모든 소아병적 자세를 지양하고 우리의 승리로의 구체적 전진을 위하여 현실적 모든 가능의 조건을 충분히 이용하지 않으면 아니 될 것이다. 따라서 민족주의적 세력에 대하여는 그 부르주아 민주주의적 성질을 명백하게 인식하는 동시에 또 과정적·동맹자적 성질도 충분히 승인하여, 그것이 타락하는 형태로 출현되지 아니하는 것에 한하여는 적극적으로 제휴하여, 대중의 개량적 이익을 위하여서도 종래의 소극적 태도를 버리고 분연히 싸워야 할 것이다.

－「조선일보」

사료 독해

- 첫 번째 사료는 「한국 독립 유일당 북경 촉성회 선언서」이다. 안창호의 주도하에 단합된 통일 노선을 만들기 위하여 북경 촉성회를 결성하였다. 이들은 선언문을 통하여 러시아와 중국, 아일랜드의 독립 운동을 예로 들면서 당적 결합의 당위성을 강조하면서 '이당치국(以黨治國)' 형태의 민족 협동 전선의 결성을 주장했다.

- 두 번째 사료는 조선 민흥회가 제안하였던 단일 선언이다. 조선 민흥회는 서울 청년회와 조선 물산 장려회가 중심이 되어 발기한 단체이다. 이들은 조선의 해방을 위하여 각 계급의 역량을 집중한 조직력이 필요하다는 것을 강조하면서 민족주의 계열이 지향하는 가치(민족)와 사회주의 계열이 지향하는 가치(계급)를 결합하는 단일 전선을 제안하였다.

사료 독해

사회주의 계열 단체인 정우회는 종래에 국한되었던 경제적인 투쟁에서 계급적·대중적·의식적 정치 형태로 전환해야 한다고 주장하였다. 이 과정에서 "비타협적 민족주의자와 일시적인 공동 전선이 필요하다."라고 판단하여 사회주의 진영이 투쟁 노선을 변경하였고, 그 결과 민족주의 진영과의 통합의 길을 열었다.

05 신간회

신간회 강령

1. 우리는 정치적 · 경제적 각성을 촉구함.
2. 우리는 단결을 공고히 함.
3. 우리는 기회주의를 일체 부인함. ─ 『동아일보』

신간회의 주장

1. 언론, 집회, 출판, 결사의 자유
2. 조선 민족을 억압하는 모든 법령의 철폐
8. 단결권, 파업권, 단체 계약권 확립
11. 소작인의 노예적 부역 폐지
14. 최저 임금, 최저 봉급제의 실시
17. 일체 학교 교육의 조선인 본위
20. 여자의 법률상 및 사회상의 차별 철폐
23. 형평사원 및 취업에 대한 일체 차별 반대 ─ 『대중신문』

사료 독해

• 1927년 2월, 신간회 창립과 함께 이상재를 회장으로 선출하였다. 신간회의 강령을 보면, 신간회가 민족 협동 전선의 결과임을 보여 준다. 또한 일제와 타협하자고 주장하며 자치 운동을 전개한 사람들을 기회주의자로 간주하면서 배격하였다.

• 신간회는 조직을 확산시켜 전국 각지에 140여 개의 지회를 만들고 만주와 일본에도 지회를 조직하였다 그 결과 4만 명의 회원을 확보하여 일제 치하 최대 규모의 민족 운동 단체로 성장하였다.

06 신간회 해소론

해소 투쟁의 전개는 우익 민족주의자의 정체 폭로와 노농 주체의 강대화에 기반해야 한다. 우익 민족주의자의 정체는 이상 우리의 해소 이론에 의해 폭로되었으리라고 믿는다. …… 소시민의 개량주의적 정치 집단으로 변질한 현재의 신간회는 무산 계급의 투쟁욕 성장에 장애가 되고 있다. 노동자 투쟁과 농민 투쟁을 강력하게 펼치기 위해서는 신간회를 해소하고 노동자는 노동조합에, 농민은 농민 조합에 돌아가서 투쟁해야 한다. …… 신간회의 조직에 쓰던 노력을 산업별 조합의 조직을 위해 쓰지 않으면 안 된다. 그리하여 소부르주아를 고립화, 무력화해 놓고 그들의 비명을 듣고 발악을 보면 우리는 그 정체를 잘 알 수 있다. ─ 『삼천리』

사료 독해

광주 학생 항일 운동을 전후하여 지도부 대거 구속과 민족주의 계열의 온건 노선에 대한 사회주의 계열의 불만이 있었다. 또한, 국제 공산당 조직인 코민테른은 민족주의 세력과의 연합 대신 계급 투쟁을 강조하는 방향으로 노선을 변경하였다. 그 결과 사회주의 계열에서 신간회 해소론(폐지론)이 제기되었다.

07 신간회 반대론

단결은 힘이다. 약자의 힘은 단결이다. 모든 역량을 집중하여 단결을 공고히 하자. …… 조선인의 대중적 운동의 목표는 정면의 일정한 세력을 향하여 집중되어야 할 것이니, 이에서 민족 운동과 계급 운동은 동지적 협동으로 병립 병진하여야 할 것이요, 그 내부에 영도권이 다른 세력이 섞여 있으므로 전체적으로 협동하여 일을 진행하기는 어려우므로, 역량을 분산시키거나 제 살 깎아 먹는 식의 과오를 범하지 않도록 하는 데 주력해야 한다. ─ 『비판』

사료 독해

1930년대 신간회 해소론이 등장하자, 민족 운동의 힘을 강화하려면 더 많은 대중의 합류가 필요하고 그것이 민족 전체의 이익을 위한 것이란 주장도 나타났다.

08 근우회

인류 사회는 많은 불합리를 생산하는 동시에 그 해결을 우리에게 요구해 마지않는다. 여성 문제는 그중의 하나이다. 세계 자매는 수천 년 동안의 악몽으로부터 깨어 우리 앞에 가로막고 있는 모든 질곡을 분쇄하기 위해 싸워 온 지 이미 오래다. 이 역사적, 세계적 혁명에서 낙오될 수 있으랴. 우리 사회에서도 여성 운동이 개시된 것은 또한 이미 오래이다. 그러나 회고하여 보면 여성 운동은 거의 분산되어 있었다. 그것에는 통일된 조직이 없었고 통일된 목표와 지도 정신도 없었다. 그러므로 그 운동은 효과를 충분히 내지 못하였다. 우리는 운동상 실천으로부터 배운 것이 있으니 우리가 실지로 우리 자체를 위하여 우리 사회를 위하여 분투하려면 우선 조선 자매 전체의 역량을 공고히 단결하여 운동을 전반적으로 전개하지 아니하면 아니 된다. 일어나라! 오너라! 단결하자! 분투하자! 조선의 자매들아! 미래는 우리의 것이다.

– 근우회 창립 취지문

1. 여성에 대한 사회적, 법률적 일체 차별 철폐
2. 일체 봉건적인 인습과 미신 타파
3. 조혼 방지 및 결혼의 자유
4. 인신 매매 및 공창 폐지
5. 농촌 부인의 경제적 이익 옹호
6. 부인 노동의 임금 차별 철폐 및 산전 산후 임금 지불
7. 부인 및 소년공의 위험 노동 및 야업 폐지

– 근우회 행동 강령

사료 독해

• 첫 번째 사료는 「근우회 창립 취지문」이다. 1927년 2월 신간회가 결성되자 여성계에서도 여성 운동 통합론이 일어나 마침내 1927년 5월에 근우회가 조직되었다. 근우회의 창립 취지는 "과거의 여성 운동은 분산적이었으므로 통일된 조직과 통일된 목표, 지도 정신도 없어 충분한 효과를 거두지 못하였으므로, 여성 전체의 역량을 견고히 단결하여 새로운 여성 운동을 전개하려는 것"이었다.

• 두 번째 사료는 근우회 행동 강령이다. 여성의 공고한 단결과 지위 향상에 대해 제시하고 있다. 근우회의 운동 목표는 봉건적 굴레에서 벗어나는 여성 자신의 해방과 일제 침략으로부터의 해방이었다.

09 성진회

한·일 간의 두 지방 학교의 대립과 함께 1919년 3·1 운동 이후 민족 운동의 방편으로 전국 각 학교에서 조직되었던 비밀 결사인 독서회의 조직과 동맹 휴학의 파동이 광주에 밀려와 광주 학생 운동의 주도적인 역할을 담당하게 되었다. 광주에 있어서 이러한 현상은 1926년 6·10 만세 운동 이후인 동년 11월 3일 성진회가 조직되면서였다. 성진회는 광주고등보통학교와 광주농업학교의 장재성·정우채·왕재일 등 16명이 최규창의 하숙에서 조직한 비밀 결사였다. …… 이 회의 임원과 강령은 다음과 같았다.

임원 : 총무 왕재일, 서기 박인생, 회계 장재성.

강령　1. 일제의 굴레와 속박에서 벗어나 한국의 독립을 쟁취한다.

　　　2. 일제의 식민지 노예 교육을 절대 반대한다.

　　　3. 언론·출판·결사의 자유를 요구한다.

– 『3·1 운동 이후의 민족 운동』 1

사료 독해

6·10 만세 운동 이후 학생들의 항일 의식이 고양되면서 전국적으로 많은 독서회와 비밀 결사가 만들어졌다. 광주 지역에서는 성진회라는 비밀 결사 조직이 있었다. 이들은 조선의 독립, 식민지 교육의 반대 등을 주장하였다. 1929년 광주 학생 항일 운동 때는 주도적인 역할을 하였지만 다수가 체포되어 옥고를 치렀다.

나는 피가 머리로 거꾸로 치솟는 듯한 분노를 느꼈다. 가뜩이나 그놈들과는 한차로 통학하면서도 민족 감정 때문에 서로를 멸시하고 혐오하며 지내온 터인데, 그자들이 우리 여학생을 희롱하였으니 나로서는 당연히 감정적으로 대응할 수밖에 없었다. …… "후쿠다, 너는 명색이 중학생인 녀석이 야비하게 여학생을 희롱해?" 그러자 후쿠다는 "뭐라고 센징 놈이 까불어!" 이 센징이란 말이 후쿠다의 입에서 떨어지기가 무섭게 내 주먹은 그자의 얼굴에 날아가 작렬하였다.

– 『신동아』

학생 대중이여! 최후까지 우리의 슬로건을 지지하라! 그리고 궐기하자! 싸우자! 굳세게 싸우자!

1. 검거자를 즉시 우리 손으로 탈환하자.
2. 교내에 경찰의 침입을 절대 반대한다.
3. 교우회 자치권을 획득하자.
4. 언론, 출판, 집회, 결사, 시위의 자유를 획득하자.
6. 조선인 본위의 교육 제도를 확립하라.
7. 식민지적 노예 교육 제도를 철폐하라.
8. 사회과학 연구의 자유를 획득하라.

– 독립운동사편찬위원회, 『학생독립운동사』

사료 독해

- 첫 번째 사료는 광주 학생 항일 운동의 발단이 되었던 통학 열차 내 박준채와 후쿠다의 다툼 내용이다. 한국인 여학생 박기옥을 희롱하는 일본인 학생 후쿠타를 박준채가 말리면서 광주 학생 항일 운동은 시작되었고, 이후 광주 지역뿐 아니라 전국으로 확대되었다.

- 두 번째 사료는 광주 학생 항일 운동 때 격문이다. 광주 학생 항일 운동 초기에는 주로 검거된 학생의 석방을 주장하거나 한국인을 위한 교육을 실시하라는 주장이 많이 등장하였다. 그러나 시위가 확산되고 전국으로 학생 운동이 번져나가자, 일본 제국주의 타도를 내세우며 일제의 식민 통치에 저항하는 모습을 보였다.

한국사 Q&A **신간회가 해소하게 된 까닭은 무엇일까?**

▲ 신간회 해소를 주장하는 팸플릿

1927년 여러 가지 어려움 속에서도 국내의 민족주의 진영과 사회주의 진영이 독립운동의 역량을 하나로 모으기 위하여 민족 협동 전선인 신간회를 창립하였다. 신간회는 전국적으로 조직을 갖추고 4만여 명에 달하는 회원을 거느린 명실상부한 민족 운동의 대표 기관이 되어, 농민 운동과 노동 운동을 지원하고 계몽 운동을 펼치는 등의 활동을 하였다.

1929년 광주 학생 항일 운동이 일어나자 이를 전국적인 시위로 확산하고자 하였으나 지도부가 일제에게 사전에 발각되어 검거되는 사태를 맞이하였다. 새로이 구성된 지도부는 조직을 안정적으로 유지하기 위하여 타협주의 노선과 합법적인 노선을 주장하여 사회주의 진영의 비난을 받았다. 한편, 국제적으로는 중국의 국·공 합작이 결렬되면서 사회주의 진영은 더 이상 민족주의 진영을 믿지 않게 되었다. 또한, 국내에서는 노동 운동과 농민 운동이 빈번히 발생하고 이는 사회주의자들을 고무하였다. 그래서 사회주의자들은 이들을 조직하는 새로운 형태의 운동을 꾀하면서 신간회에 대한 해소론을 주장하였는데 부산 지회 해소를 계기로 전국적인 해소가 이루어졌다.

만주 사변

1929년 대공황으로 사회 · 경제적 불안이 확산되자 일제는 만주 침략을 통해 활로를 찾기 위해 남만주 철도를 폭파하고, 이를 중국군의 소행으로 조작하여 만주를 침략하였다.(1931)

민족주의 사학

일제의 왜곡된 식민 사학에 대항하여 우리 민족의 고유성과 자주적 역사관을 강조한 민족주의 사학이 등장하였다. 민족주의 사학은 박은식, 신채호, 정인보 등이 주도하였다.

조선 의용대

1938년 조선 민족 전선 연맹의 군사 조직으로 중국 국민당의 지원을 받아 조직하였다. 김원봉을 대장으로 일본군에 대한 심리전과 후방 공작을 펼쳤다.

주제 열기

일제는 만주 사변 이후 한반도 병참 기지로 만들고, 일본어를 '국어'라고 하며 일본어 사용을 강요하였다. 이에 조선어 학회는 우리말과 글을 지키고 한글 연구와 보급에 앞장섰다. 1930년대 국내외에서 항일 운동은 어떻게 전개되었을까?

▲ 조선어 학회 회원들

시대 흐름 잡기

1930년대 국제 정세	국내 민족 운동	국외 민족 운동
• 대공황: 1929년 대공황 발생 → 일본은 경제 · 사회적 위기를 만주 침략으로 극복하려 함. • 만주 사변: 1931년 만주 점령, 만주국 수립 → 한반도를 중국 침략의 병참 기지화	• 농민 · 노동 운동: 혁명적 농민 · 노동조합 조직 → 항일 운동 • 민족 문화 수호 운동: 한글과 한국사 연구 → 민족의식 고취 • 문학 · 예술계: 식민 통치에 대한 저항, 식민지 현실의 아픔 표현	• 만주 지역: 한국 독립군, 조선 혁명군 등 → 중국군, 팔로군과 연합하여 항일 무장 투쟁 전개 • 중국 관내: 한인 애국단의 활약, 독립 단체의 통합 운동 전개, 조선 의용대 창설 등

01 문자 보급 운동과 브나로드 운동

현재 조선인에게 무엇 하나 필요하지 않은 것이 없다. 산업·건강·도덕이 다 그렇다. 그러나 그 중에서도 가장 필요하고 긴급한 것을 들지면 지식 보급일 것이다. 지식 없이는 산업이나 건강이나 도덕이나 지지되고 발달될 수 없다. 문맹자 앞에는 항상 바닥 모를 함정이 놓여 있다. 그들이 가는 곳에는 위험과 저주가 따라다닐 뿐이다. 농민의 생활을 보라. 노동자의 생활을 보라. 그리고 부인의 생활을 보라. 그들이 무지몽매하기 때문에 그 생활은 한층 더 저열하고 향상되지 못하지 않는가. 전 인구의 1000분의 20밖에 문자를 알지 못하고, 학령기 아동의 30%밖에 취학할 수 없는 현재 조선의 상황에서 간편한 문자 보급은 민족 최대의 긴급한 일이라고 하겠다. …… 제4회 문자 보급 운동을 다시 계속 조직하는 이때에 만천하 제현의 열렬한 지원을 바라는 바이다.

－『조선일보』

본사의 여름 학생 브나로드 운동은 계획을 발표한 때가 여름 직전이었음에도 불구하고 감격적인 반응을 받아 이제는 브나로드 대원이 전 조선 13도 200여 주에 가득 차게 되었다. 강습을 위한 교본도 이미 한글, 실용 산수에 관한 것이 인쇄되어 각지의 대원에게 발송되고 있다. 또 본사에서 주최하고 조선어 학회에서 후원하는 한글 강습회는 이미 문자를 아는 이, 특히 교육자와 학생에게 바른 철자와 문법을 가르쳐 주는 것을 목적으로 하고 있다. …… 그러나 브나로드 운동은 다만 문자와 숫자만을 보급하는 데 국한된 것은 아니다. 기타에도 무엇이든지 민중에게 필요한 것이요, 학생이 할 수 있는 일이면 다할 수 있는 것이다.

－『동아일보』

사료 독해

- 첫 번째 사료는 1934년 『조선일보』에 게재된 문자 보급 운동 참여를 독려하는 기사이다. 『조선일보』는 애국 계몽 운동의 일환으로 1929년부터 '아는 것이 힘, 배워야 산다!'라는 표어 아래 방학으로 귀향하는 중등학교 이상의 학생들을 동원해 문맹 퇴치를 목적으로 문자 보급 운동을 전개하였다.

- 두 번째 사료는 『동아일보』가 전개한 농촌 계몽 운동인 브나로드 운동과 관련한 기사이다. 브나로드 원래 '민중 속으로'라는 뜻의 러시아어에서 비롯된 것으로, 이상 사회를 건설하려면 지식인들이 민중을 계몽해야 한다는 취지로 만든 구호이다. 『동아일보』는 1931년부터 학생들을 각 지방 마을로 파견하여 야학을 개설하여 한글을 가르치고, 미신 타파, 구습 제거, 근검절약 등의 계몽 활동을 전개하였다.

02 한글 연구

오늘날 이 시대에 매일 진보해 가는 온갖 과학, 온갖 학문, 또 사회의 모든 문화부터 우리의 일상생활에 이르러 어느 것 하나 말과 글의 힘없이 된 것이 없다. 말과 글이 이렇듯 우리 인생에 잠시도 없으면 안 될 가장 귀중하고 필요한 것임은 여기에서 새삼스레 떠들 필요가 없을 것이다. …… 우리 조선 민족에게는 좋은 말, 좋은 글이 있다. 더욱이 우리 글-한글은 말과 소리가 같고, 모양이 곱고, 배우기 쉽고, 쓰기 편한 훌륭한 글이다. …… 40여 년 전에 주시경 선생이 바른 길을 열어 준 뒤부터 그 뒤를 따르는 이가 적지 않았고, 또 이를 위하여 꾸준히 일하려는 이가 많이 일어난 것은 우리 한글의 앞길을 위해 크게 기뻐할 일이다. …… 오직 뜻을 같이하고 힘을 합쳐 우리말과 글이 더욱 환한 빛을 내도록 하자. 이로써 『한글』을 내기에 앞서 한마디 하는 바이다.

－ 잡지 『한글』, 창간호

사료 독해

- 잡지 『한글』은 조선어 연구회를 조선어 학회로 개칭하면서 학술 기관지의 필요성을 느껴 1932년 5월 1일 다시 창간호로 발간한 것이다.

- 조선어 학회는 주시경의 제자들이 중심이 되어 그의 정신과 학문을 이어받는 데 힘쓰고, 국어학의 원리와 이론을 연구하는 한편, 말과 글을 통해서 민족정신을 지키는 일을 실천하였다.

03 조선사 편찬 요지

조선인은 다른 식민지의 야만 혹은 미개 민족과는 달리 독서를 하는 문화에 속해 있으며 문명인보다 열등하지 않다. 옛날부터 전해져 오는 역사서들이 많으며, 또한 새롭게 저술된 것도 적지 않다. 그런데 전자는 독립 시대의 저술로서 현대와는 관계가 없으며, 단지 독립국의 옛 꿈을 되새기게 만드는 폐단이 있다. 후자는 근대 조선에서 일·청, 일·러 사이의 세력 경쟁을 서술하면서 조선의 나아갈 바를 설명하고 있거나, 혹은 『한국통사』라고 불리는 재외 조선인의 저서와 같이 사건의 진상을 밝히려 하지 않고 함부로 헛된 주장을 마음대로 하고 있다. 이러한 역사 서적이 인심을 고혹하는 해독은 진실로 이루 말할 수 없을 것이다. 그러나 이를 제거하는 방책으로, 절멸의 방책을 강구하는 것은 헛된 노력만 기울이고 효과가 없을 뿐 아니라 오히려 그 전파를 촉진하게 될 수도 있다. 차라리 옛 역사를 금지하는 것 대신 공명 정확한 역사서를 만드는 것이 지름길이며, 효과가 더욱 현저해질 것이다. 이것이 조선반도사의 편찬이 필요한 주된 이유이다. — 「조선사 편수회 사업 개요」

04 민족주의 사학

옛 사람이 말하기를, 나라는 멸망할 수 있으나 그 역사는 결코 없어질 수 없다고 했으니, 이는 나라가 형체라면 역사는 정신이기 때문이다. 이제 우리나라의 형체는 없어져 버렸지만, 정신은 살아남아야 할 것이다. 이 때문에 나는 우리나라의 역사를 쓰는 것이다. 정신이 살아 있으면 형체도 부활할 때가 있을 것이다. …… 그러나 이 책은 갑자년(1864) 이후 50년사에 불과할 뿐이니, 어찌 족히 우리 4천년 역사 전부의 정신을 전할 수 있겠는가. 이것은 우리 민족이 우리의 조상을 생각하여 잊지 않는데 있을 것이다. 대저 예루살렘이 비록 망하여 유대인들이 다른 나라를 떠돌고 있으나 다른 민족에게 동화되지 아니하고 이제 2천년에 이르기까지 유대 민족의 칭호를 잃지 않고 있는 것은, 그들 조상의 가르침을 보존할 수가 있었기 때문이다. — 박은식, 『한국통사』

05 사회 경제 사학

우리 조선의 역사적 발전의 전 과정은 가령, 지리적 조건, 인종학적 골상, 문화 형태의 외형적 특징 등 다소의 차이는 인정되더라도, 외관적인 소위 특수성은 다른 문화 민족의 역사적 발전 법칙과 구별되어야 하는 독자적인 것이 아니며, 세계사적, 일원론적인 역사 법칙에 의하여 다른 제 민족과 거의 동일한 발전 과정을 거쳐 온 것이다. 그 발전 과정의 빠름과 느림, 각 문화의 특수한 모습의 짙고 옅음은 결코 본질적인 특수성이 아니다.

—백남운, 『조선사회경제사』

06 한국 독립군

1. 한·중 양군은 최악의 상황이 오는 경우에도 장기간 항전할 것을 맹세한다.
2. 중동 철도를 경계선으로 서부 전선은 중국이 맡고, 동부 전선은 한국이 맡는다.
3. 전시의 후방 전투 훈련은 한국 장교가 맡고, 한국군에 필요한 군수품 등은 중국군이 공급한다.

— 『광복』

대전자령의 공격은 2천만 대한 인민을 위하여 원수를 갚는 것이다. 총알한 개 한 개가 우리 조상 수천 수만의 영혼이 보우하여 주는 피의 사자이니, 제군은 단군의 아들로 굳세게 용감히 모든 것을 희생하고 만대 자손을 위하여 최후까지 싸우라.

— 『지청천 장군 어록 비』

사료 독해

• 첫 번째 사료는 한국 독립군과 항일 중국군의 합의 내용이다. 한국 독립군은 만주 사변 이후 중국 호로군 등과 연합군을 결성하여 항일 독립 전쟁을 전개해 나갔다.

• 두 번째 사료는 지청천 장군의 어록비 내용이다. 대한 독립군은 1932년에 중국 의용군과 연합하여 쌍성보·사도하자·동경성 등지에서 일본군을 물리쳤고, 1933년에는 대전자령에서 일본군을 대파하였다.

07 조선 혁명군

중국과 한국 양국의 국민은 한마음 한뜻으로 일제에 대항하여 싸우고, 인력과 물자는 서로 나누어 쓰며, 합작의 원칙 아래 국적과 관계없이 그 능력에 따라 항일 공작을 나누어 맡는다.

— 『광복』

때는 해동 무렵이어서 얼음이 풀린 소자강은 수심이 깊었다. 게다가 성애장이 뗏목처럼 흘러내렸다. 하지만 앞에 있는 이 강을 건너지 못하면 영릉가로 쳐들어갈 수 없다. 밤 12시 정각까지 영릉가에 들어가 반드시 공격을 알리는 신호탄을 울려야만 했다. 양 사령은 전사들에게 소자강을 건너라고 명령하고 나서 자기부터 언 강물에 뛰어들었다. 강을 무사히 건넌 양 사령은 강행군에 거추장스런 바지를 벗어던지고 잠방이 차림으로 나섰다. 전사들은 사령을 본받아 다 잠방이만 입고 행군했으나 찬바람이 살을 에어 모두들 고통스러워했다.

— 『봉화』

사료 독해

조선 혁명군은 단독으로 혹은 중국인 무장 부대와 연합 활동을 통해 수많은 전과를 올렸다. 1932년 3월에 도령 전투, 영릉가 전투에서 승리하였으며, 이에 한·중 연대 의식은 크게 높아졌다. 그 후 1932년 4월부터 10월까지 랴오닝성 민중 자위군과 공동 연합 작전을 펼쳤다. 그러나 1932년 10월에서 12월에 걸쳐 일본 관동군과 만주국군의 대규모 공세로 말미암아 랴오닝성 민중 자위군이 와해되면서 조선 혁명군도 타격을 받았다. 그러던 중 양세봉이 피살되자, 조선 혁명군의 세력은 크게 약화되었다.

08 동북 항일 연군

4일에 함남 갑산군 보천보에 김일성 일파 2백여 명이 습격하였음은 이미 보도하였고, 현재 6일까지 조사하여 밝혀진 피해액은 약 50만 원 가량이며, 습격 당시 살해된 사람은 일본 내지인 2명으로 …… 우편소와 면사무소, 삼림보호구사무소는 방화로 모두 타 버렸는데 …… 보천보를 습격하고서 도주하는 김일성 일파와 이를 추격하는 경찰대가 충돌하여 쌍방의 사상자가 다수 발생하였는데 경찰 측에서는 순사 7명이 사망하고 6명이 부상당하였다.

— 『동아일보』

사료 독해

사료는 1937년 6월 7일 『동아일보』의 보천보 전투 관련 기사이다. 보천보 전투는 일제이 탄압이 극심하던 시기에 함경남도 보천보의 일본 경찰 주재소와 면사무소를 공격하여 일제를 놀라게 했던 사건이다.

09 한인 애국단

지금 한국이 망하고 중화가 동북(만주)을 잃어버렸으니 동북을 잃고는 한국의 광복이 더욱 어렵다는 것도 명백히 증명되는 바이다. …… 오호! 대세는 분명하다. 불행히도 중화는 일본의 압제를 받게 되었으니 …… 중국이 멸망한다면 우리 한국은 영원히 광복할 수 없는 아픔을 가져야 할 것이다. 그러므로 우리 한국은 한국을 위하여 광복을 꾀하려 해도 반드시 먼저 중국을 구해야 하고, 중국을 위해 광복을 꾀함에도 한국은 또한 중국을 구해야 할 것이다. 이것이 내가 입이 닳도록 애원하며 우리 한·중 양국 동지에게 다 같이 각성해 새 전장에 목숨을 함께 바치자는 까닭이다. – 『도왜실기』

대통령 이승만이 물러나고 박은식이 대신 대통령이 되었으나, 대통령제를 국무령제로 고쳐만 놓고 나가고, 제1대 국무령으로 뽑힌 이상룡은 서간도로부터 상하이로 취임하러 왔으나 …… 내각 조직에 실패하였다. 이리하여 한참 동안 무정부 상태에 빠져서 의정원에서 큰 문제가 되었다. ……만보산 사건, 만주 사변 같은 것으로 우리 한인에 대해 심히 악화된 중국인의 악감정을 풀기로 보나 무슨 새로운 국면을 타개할 필요가 있었다. 그래서 우리 임시 정부에서 회의한 결과 한인 애국단을 조직하여 암살과 파괴 공작을 하되, 돈이나 사람이나 내가 전담하고, 다만 그 결과를 정부에 보고하도록 위임을 받았다. – 『백범일지』

나(이봉창)는 참된 적성(정성)으로써 조국의 독립과 자유를 회복하기 위해 한인 애국단의 일원이 되어 적국의 수괴를 도륙하기로 맹서하나이다.
– 한인 애국단 선서문

09 민족 혁명당 강령

본 당은 혁명적 수단으로써 원수이며 적인 일본의 침탈 세력을 박멸하여 5천 년 독립 자주해 온 국토와 주권을 회복하고 정치, 경제, 교육의 평등에 기초를 둔 진정한 민주 공화국을 건설하여 국민 전체의 생활 평등을 확보하고 나아가서 세계 인류의 평등과 행복을 촉진한다.
- 국내의 혁명 대중을 중심으로 내외의 전 민족적 혁명 전선을 결성한다.
- 국내의 무장 부대를 조직하여 총동원을 준비한다.
- 적의 세력에 아부하는 반동 세력을 박멸한다.
- 국외의 무장 부대를 확대 강화한다.
- 해외 우리 민족의 총단결을 촉성한다.
- 우리 혁명 운동에 동정 원조하는 민족 및 국가에 대해서는 이와의 연결을 도모한다.

10 조선 의용대

중국에서 활동하고 있는 우리 조선 혁명자들은 이 정의로운 전쟁에 직접 참가하기 위해, 나아가 중국 항전을 조국 독립 쟁취의 기회로 삼기 위해 '조선 민족 전선 연맹'의 기치 아래 일치단결하였다. …… 조선 의용대의 임무는 매우 중대하다 할 수 있다. 우리는 식민지 노예가 되기를 원하지 않는 천백만 조선 동포의 민족적 각성을 일깨우고 이들을 조선 의용대의 깃발 아래 결집시키기 위해 노력할 것이다.

조선 의용대 가속들은 모두들 그럭저럭 나름대로 편안한 삶을 유지하고 있는 듯 하였습니다. 생각건대, 그들은 유한한 물질 환경 속에서도 정결하고 품위 있는 생활을 유지하기 위해 많은 노력을 기울이는 듯 하였습니다. 약산(김원봉) 선생을 비롯한 조선 의용대 대원과 그 가족들의 겸손한 어조는 허풍떨기 좋아하는 사람들이 꼭 배워야 할 부분이라는 생각을 떨쳐 버릴 수 없었습니다. ……
– 『구망일보』

11 전국 연합 진선 협회의 정치 강령

제1조 일본 제국주의 통치를 전복하고 조선 민족의 자주 독립 국가를 건설한다.
제2조 봉건 세력과 일체의 반혁명 세력을 숙청하고 민주 공화제를 건설한다.
제5조 토지는 농민에게 분배하고 토지의 일체 매매를 금지한다.
제8조 국민은 언론, 출판, 집회, 결사, 신앙의 자유를 가진다.
제9조 국민의 의무 교육과 직업 교육은 국가의 경비로써 실시한다.
제10조 자유, 평등, 상호 부조의 원칙에 기초하여 인류의 평화와 행복을 촉진한다.

한국사 Q&A 한인 애국단의 활동은 대한민국 임시 정부에 어떠한 영향을 주었을까?

◀태극기 앞에서 선서하는 이봉창

대한민국 임시 정부는 1923년에 국민 대표 회의 이후 침체기를 맞았다. 국무령이 된 김구는 경제적인 어려움과 중국인의 반감을 해결하기 위하여 의열 투쟁을 계획하였다. 그리하여 1931년 10월 김구는 한인 애국단을 조직하고 활동을 전개하였다. 그중 가장 대표적 성과는 1932년 1월에 이봉창의 일왕 저격 의거와 4월에 윤봉길의 홍커우 공원 의거였다. 이 의거로 임시 정부는 국제 사회에 이름을 널리 알리게 되었으며, 국민당 정부의 전폭적인 지지를 얻었다. 그런데 경제적인 어려움은 해결하였으나 이 일로 대한민국 임시 정부는 13년간 머물던 상하이를 떠나 유랑길에 올라서 1940년 9월 충칭에 이르기까지 일제를 피해 8년간 긴 장정 생활을 하였다.

28 일제 강점기의 사회·문화의 변동

KEY WORD

식민지 도시
일제 강점기의 도시 개발은 식민지 정책과 교통 시설을 연관하여 이루어졌다. 도시 공간은 일본인과 한국인이 거주하는 지역이 분리되었고, 이 공간을 매개로 차별이 이루어졌다.

토막민
도시 변두리에 빈민촌을 형성하고 짚이나 거적으로 움집을 짓고 사는 사람들이다. 도시에서는 인구 증가와 주택난이 심각하여, 많은 도시 빈민은 집이 없어 토막집을 지어 거주해야 했다.

대종교
나철 등이 단군 신앙을 바탕으로 창시한 종교이다. 만주를 근거로 활동하였으며, 북로 군정서군, 중광단 등 독립군 부대를 운영하여 항일 무장 투쟁을 벌였다.

주제 열기

경성역이 처음 선보일 당시 웅장하고 화려하며, 르네상스식 돔 지붕과 유럽식 건물 외관이 화제였다. 그러나 한반도 철도는 일본이 한국 경제를 수탈하고 만주를 통해 대륙을 진출할 수 있는 약탈과 침략의 수단이었다. 일제의 침략 속에서 한국의 사회·문화는 어떻게 바뀌었을까?

▼ 1925년 완공된 서울역

시대 흐름 잡기

교통과 통신의 발달
- 일제는 1910년 이후에 호남선을 시작으로 한반도에 X자형 간선 철도망 구축.
- 교통과 통신의 발달은 각종 자원을 수탈하는 도구로 사용
- 일제의 만주 진출에도 활용

식민지 도시의 발달
- 개항장과 철도역, 공업 중심지에 신흥 도시 발달
  - 항만 도시로 성장한 도시: 부산, 인천, 군산, 목포
  - 철도 건설로 성장한 도시: 대전, 조치원, 이리(익산), 신의주
  - 공업 발달로 성장한 도시: 흥남, 진남포

사회·문화의 변화
- 의식주 생활의 변화
- 대중문화의 형성: 잡지, 영화·라디오, 대중 가요 유행, 축구·야구 등 근대 스포츠 발달
- 문학과 예술의 발달

01 교통과 통신의 발달

조선에서의 산업 개발은 홀로 반도 2천만의 민중을 안정시키는 소이일 뿐만 아니라, 제국의 인구, 식량 및 연료 문제를 해결하고, 현재의 수입 무역을 전환시킬 수 있는 바 또한 적지 않다. 그리고 산업의 개발을 꾀하는 데는 철도의 보급을 전제로 하지 않으면 안 된다. 즉 조선 철도의 보급을 도모하는 것은 오로지 조선 내의 급무일 뿐만 아니라, 실로 제국의 매우 긴요한 업무에 속한다.

– 『조선 철도 논찬』

사료 독해

철도 노선은 한국의 행정 중심지와 경제적인 요충지 곳곳을 연결하였다. 그래서 목재, 광물, 놋그릇, 옷감, 식량이 될 만한 농수산물, 고물과 수저까지도 철도로 실어 날랐다.

02 식민지 도시의 빛과 그림자

남대문을 통과하여 아카시아 가로수의 보도를 따라 '조선은행 앞 광장'으로 향했다. …… 정면의 한끝을 차지하고 있는 것은 지나가면서도 보이는데, 메이지 분위기가 강한 빨간 벽돌의 중앙 우편국(지금의 중앙 우체국)이다. …… 우측의 한끝에는 마찬가지로 화강암 외장이 호장한 감을 주는 조선 저축 은행과 고딕 르네상스풍의 장식을 입힌 미쓰코시 백화점 경성 지점이 줄을 잇고 있다.

– 『경성명소 이야기』

철근 콘크리트, 벽돌 등의 고층 건물이 날 보아라 자랑하면서 그 위대한 형체를 하루하루 쌓아 올려, 경성 시내에는 도처에 '강철의 거리'를 이루고 있는데, 이제 조선 사람 손으로 건축되는 것만 태평통의 조선일보사 오층 큰 집이 이십만 원 예산으로 착착 공사 진행되고 …… 이 밖에도 내자동에 수백 실을 가진 커다란 아파트도 건축 중이라 하니 경성 거리에는 갑자기 하늘까지 솟는 근대식 대건물이 명랑하게 가득 들어설 모양이라고.

– 『삼천리』

신당리는 왕십리로 가는 큰길 연변에 2천 7백 여 호의 절반 이상이 과연 이곳에 사람이 거처할 수 있는가 싶은 토막들이다. …… 토막민의 사는 모양을 들여다보면 과연 눈으로 볼 수 없다. …… 바람이 불면 한 손으로는 기둥을 붙들고 한 손으로는 지붕을 누르고 섰다. 세상에서 제일 먼저 일어나서 먹을 것이 있으면 먹고 없으면 굶은 채로 정한 곳이 없이 일터를 찾아간다. 그날 하루를 온종일 이리저리 찾아 다녀도 굶는 것이 일상이다. 철모르는 아이와 불쌍한 아내는 아버지와 남편의 그림자를 바라보며 기다리고 있다. – 『별건곤』

외양간처럼 음습한 토막집의 내부. 온돌방과 그에 접한 부엌. 방과 부엌 사이에는 벽도 없이 통했다. …… 온돌방의 뒤편에는 골방으로 통하는 방문이 보인다. 왼편에 한길로 통한 출입구. 오른편에는 문 없는 창 하나. 창으로 가을 석양의 여윈 광선이 흘러들어 올 뿐, 대체로 토막 안은 어두컴컴하다. – 『토막』

사료 독해

• 일제의 공업화 정책이 시행되면서 도시의 노동력 수요는 증가하였다. 이에 많은 농민이 도시로 이주하면서 도시의 외형상 변화가 나타났다. 신작로가 뚫리고 새로운 시가지가 형성되었으며, 근대식 건축물이 등장하였다.

• 도시로 내몰린 농민들 중 대다수는 도시 빈민으로 전락하였다. 경성을 비롯하여 대도시 변두리에는 토막집이 많았고 일본은 이곳에 사는 토막민을 구제의 대상이 아닌, 도시 미관을 위해 내쫓아야 할 대상으로 여겼다.

03 거주 지역의 분화

경성 전체의 상가를 보면 남북의 양 촌으로 그 경계선이 너무 분명하게 된 지 오랜 일이다. 그러나 시간이 지나면서 그 경계선이 점점 북촌으로 다가감을 매년 깨달을 수가 있다. 이 말은 일본 사람이 진을 치고 있는 남촌 상가의 구역이 조선인 상점의 집합처인 북촌으로 확대되어 간다는 말이다. 이와 같이 남촌 상가가 확대됨에 따라서 조선 사람들의 상점은 동대문, 서대문 쪽으로 밀리며 또 그 수가 줄어들 뿐이라는 결과를 나타내고 있다.
— 「삼천리」

사료 독해

일제 강점기 도시는 대부분 일본인과 한국인 거주 지역이 분리되었다. 경성의 경우 일본인은 오늘날 충무로 일대인 남촌에, 한국인은 종로 일대인 북촌에 모여 살았다. 남촌과 북촌의 경제력 차이는 권력과 자본력의 차이로 점점 커졌다.

04 일상생활의 변화

혈색 좋은 흰 피부가 드러날 만큼 반짝거리는 엷은 양말에, 금방 발목이나 삐지 않을까 보기에도 조마조마한 구두 뒤로 몸을 고이고, 스커트 자락이 비칠 듯 말 듯한 정강이를 지나는 외투에 단발 혹은 미미가쿠시(당시 유행하던 머리 모양)에다가 모자를 푹 눌러 쓴 모양 …… 분길 같은 손에 경복궁 기둥 같은 단장을 휘두르면서 두툼한 각테 안경, 펑퍼짐한 모자, 코 높은 구두를 신고 ……
— 「별건곤」

오십 전만 가져도 하루저녁 위안을 얻을 수 있는 극장과 십 전짜리 백동전 한 푼만 있어도 브라질에서 온 커피에 겸하여 미인 웨이트리스까지 볼 수 있는 카페조차 없다면, 경성의 젊은이는 가뜩이나 고색하고 건조무미한 생활에 얼마나 더 적막을 느낄 것인가?
— 「별건곤」

조선인의 생활 내용은 물질적으로나 정신적으로 다른 나라 사람들의 생활 내용에 비하여 차이가 있다. 그러나 개인 생활이 국제화됨에 따라 각 국민의 생활도 점차 비슷해지고 있다.
— 「개벽」

사료 독해

• 일제 강점기에는 일상생활에 많은 변화가 나타났다. 의생활에서는 직장인을 중심으로 양복을 입는 사람이 늘어났다. 그러나 대부분은 여전히 한복을 입으면서 고무신을 신고 모자를 쓰는 방식으로 한식과 양식을 혼용하였다.

• 식생활에도 큰 변화가 나타났다. 1910년 이후, 과자, 빵, 케이크, 카스텔라, 비프스테이크, 수프, 아이스크림 등 서양 음식이 대중에게도 본격 소개되었다.

05 시간 관념의 변화

도쿄에 있는 생활 개선 동맹회에서는 작년과 같이 오는 6월 10일에 '때의 기념일'을 거행한다. 시간을 존중히 여기는 사상과 정한 시간을 기꺼이 지키는 습관을 일반 국민에게 가르치고자 함이다. 국민 생활의 진보와 향상을 도모하기 위한 목적 아래 행사를 일본에서는 물론 조선에서도 그 사상을 선전하기 위하여 그 동맹회장 이토 히로구니 씨로부터 사이토 총독에게 부탁하였고, 총독부에서는 이를 매우 환영하였다. 내무국장으로부터 각 도지사에게 전게 일자에 '때의 기념일'을 거행할 것을 통첩하였다. 그 선전 내용은 다음과 같고, 경성에서는 그날 정오에 종로에 있는 인경을 친다고 한다.
— 「동아일보」

사료 독해

철도의 운행과 함께 동경 표준시가 들어왔다. 사람들은 도시 주변의 공장으로 정해진 시간에 출근해야 했으며, 서서히 주 단위와 요일제, 하루 24시간이라는 근대적인 시간 분할제에 익숙해져 갔다.

06 종교계의 활동

존경하는 천도교인 및 민중 여러분! 우리는 일어나야 합니다. 그래서 섬나라 사람은 섬으로 보내고 대한 사람은 대한을 지켜야 합니다. …… 우리는 틀림없이 광복하고 말 것이니, 민중이여 안심하고 경건하게 이번의 독립 시위 운동에 참가하십시오.

　　　　　　　　　　　　　　　　　　　　　　　－ 자주독립 선언문(1922)

대종교의 간부인 서일이 독립군의 수령으로 그 교도를 이끌고 일본에 항전하였으니, 대종교는 곧 반동 군단의 모체로서 종교를 가장한 항일 단체이다. 이 단체가 중국 영토에서 활동하고 있으므로 책임을 지고 이를 해산해야 한다.

　　　　　　　　　　　　　　　　　　　　　　　　　　　　－ 미쓰야 협정

제1조: 사찰을 병합하고 이전하고 폐지하고자 할 때는 조선 총독의 허가를 얻어야 함.
제3조: 사찰의 본말 관계, 승규(僧規), 법식, 기타의 필요한 사범은 각 본사에서 정하여 조선 총독의 인가를 얻어야 함.　　　－ 조선 총독부 관보

정치와 종교는 서로 보조할 수 있는 것이요, 서로 간섭할 수 없는 것이다. 정치는 국가를 본위로 하는 사무적 행위니 인민의 표현 행위를 관리하는 것이요, 종교는 지역과 족별을 초월하여 인생의 영계 즉 정신을 정화 순화, 즉 존성화하여 표현 행위의 근본을 함양하며, 안심입명의 대도를 개척하는 것이다. 그러므로 종교를 인위적 제도로써 제한 혹은 좌우할 수 없는 것이다. 종교는 그 성질에 있어서 시간과 공간을 초월하여 전 인류의 정신계를 영도하느니, 지역적이고 단명적인 인위적 제도 즉 정치로써 종교를 간섭한다는 것은 향기로운 풀과 악취 나는 풀을 같은 그릇에 담는 것과 같아서 도저히 조화를 얻을 수 없을 뿐 아니라 도리어 사람에게 불행한 결과를 줄 뿐인 것이다.　　－「불교」

07 대중문화

작금에 와서는 유행 가수에 미인 가수를 예찬하는 경향이 대두하고 있고, 마치 영화배우의 미모가 상품 가치를 많이 갖게 하듯이 개인의 미가 유행가의 유포에 영향을 주는 것을 보니, 때는 바야흐로 에로티시즘의 퇴폐 시대다.

　　　　　　　　　　　　　　　　　　　　　　　　　　　　－「조광」

유행이라는 것은 그 이름과 마찬가지로 일종의 전염병 같은 것이니, 한번 미균이 발생만 하면 어떠한 힘으로도 막으려야 막을 수 없이 일사천리의 세로 쑥 퍼지고야 마는 것이다.

　　　　　　　　　　　　　　　　　　　　　　　　　　　　－「별건곤」

• 일제 강점기의 암울한 시기에 종교에 기대려는 사람이 점차 늘어났지만 조선 총독부는 종교계를 통제하고 압박하였다. 이에 종교계는 여러 민족 운동을 전개하였다.

• 첫 번째 사료는 천도교에서 제2의 3·1 운동 계획이다. 이 자주독립 선언문은 천도교 지도자인 이종일이 작성한 것이다. 이종일은 3·1 운동으로 일제에 붙잡혀 3년 동안 감옥에서 복역하는 중 다시 만세 운동을 전개하려고 하였다.

• 두 번째 사료는 대종교에 대한 기록이다. 대종교는 북로 군정서군을 조직하여 무장 독립 전쟁을 벌였지만 미쓰야 협정으로 탄압을 받았다.

• 세 번째 사료는 1911년에 일제가 한국 불교를 통제 관리하기 위해 제정한 사찰령이다. 한국 불교는 호국적인 성격이 강했기 때문에 사찰은 일제에 위협적인 존재였다. 그래서 포교 활동도 지방관의 허가가 있어야 할 수 있도록 제한하였다.

1930년대는 한국에서 현대적인 대중문화가 다양하게 등장하였다. 특히 도시 지역의 대중에게 크게 유행하면서 이른바 '모던 걸'과 '모던 보이'라는 유행어가 등장하였다.

참회록

윤동주

파란 녹이 낀 구리 거울 속에/ 내 얼굴이 남아 있는 것은
어느 왕조의 유물이기에/ 이다지도 욕될까./
나는 나의 참회의 글을 한 줄에 줄이자
만 이십사 년 일 개월을 무슨 기쁨을 바라 살아왔던가.……
밤이면 밤마다 나의 거울을/ 손바닥으로 발바닥으로 닦아 보자.

그날이 오면

심훈

그날이 오면, 그날이 오면은/ 삼각산이 일어나 더덩실 춤이라도 추고,
한강 물이 뒤집혀 용솟음칠 그날이/ 이 목숨이 끊기기 전에 와 주기만 하량
이면/ 나는 밤하늘에 나는 까마귀와 같이/ 종로의 인경을 머리로 들이받아
울리오리다./ 두개골은 깨어져 산산조각이 나도/ 기뻐서 죽사오매 오히려
무슨 한이 남으오리까.

나그네

박목월

강나루 건너서/ 밀밭 길을
구름에 달 가듯이/ 가는 나그네
길을 외줄기/ 남도 삼백 리
술 익는 마을마다/ 타는 저녁놀

님의 부르심을 받고서

노천명

남아면 군복에 총을 메고/ 나라 위해 전장에 나감이 소원이리니
이 영광의 날/ 나도 사나이였으면 나도 사나이였으면
귀한 부르심 입는 것을
갑옷 떨쳐 입고 머리에 투구 쓰고/ 창검을 휘두르며 싸움터로 나감이
남아의 장쾌한 기상이어든
이제/ 아세아의 큰 운명을 걸고
우리의 숙원을 뿜으며/ 저 영미를 치는 마당에랴
영문으로 들라는 우렁찬 나팔 소리
오랜만에/ 이 강산 골짜구니와 마을 구석구석을
흥분 속에 흔드네

윤심덕 양은 본래 평양에서 태어나 자랐으며 평양승의여학교, 평양여자고등보통학교를 마친 후 다시 경성여자고등보통학교 사범과를 졸업하고 강원도 어느 곳 보통학교의 교원으로 봉직했다. 그 후 직예총독부 관비 유학생으로 일본에 건너가선 동경 음악 학교에서 수업한 후 1년 동안 더 성악에 관한 연구를 한 뒤 5년 전에 귀국했다. 그 집안사람들이 모두 경성으로 올라왔으며 윤양은 당시 조선에 그 음악적 재능을 널리 알리다가 …… 성악가로 유명했던 윤심덕 양이 저승길로 떠났다. 그의 자태를 다시는 무대에서 볼 수가 없으며 청중을 매혹시키던 그의 음성도 들을 수가 없다. …… 윤심덕은 다시 볼 수 없으나 그의 남겨진 목소리는 영원히 세상을 떠돌 것이다.　　– 『동아일보』(1926. 8. 5.)

제가 여러 해를 일본이나 기타 해외로 돌아다니다가 귀국해서 처음 내놓은 작품이 「아리랑」이었습니다. 「아리랑」에 대해서는 벌써 신문이나 잡지에 여러 번 비평이 실렸기 때문에 제가 지금 새삼스럽게 그에 대한 말을 하지는 않겠습니다. 다만 4년 전에 처음 경성 단성사에서 개봉한 뒤 오늘까지 평양, 대구, 부산 등 주요 각 도시에서 16회나 상영되었다니, 나로서는 여러분의 지지가 이렇게 두터운 것에 송구한 마음을 금할 길이 없을 뿐입니다.

– 『삼천리』 제7호(1930. 7.)

사료 독해

• 첫 번째 사료는 『동아일보』에 실린 윤심덕에 관한 기사이다. 윤심덕은 경성 여자고등보통학교를 졸업한 뒤, 일본에서 유학 후 귀국하여 우리나라 최초의 소프라노 가수로 데뷔하였다. 이 당시 성악을 공부한 사람이 많지 않아 윤심덕은 명성을 얻을 수 있었다.

• 두 번째 사료는 『삼천리』에 소개된 나운규의 인터뷰 내용이다. 「아리랑」은 우리 고유의 정서를 바탕으로 식민지 현실의 아픔을 표현한 영화이다.

한국사 Q&A　'모던 걸'과 '모던 보이'는 어떠한 사람들이었을까?

▲ '모던 걸'과 '모던 보이'

'모던 걸'은 1925년 여성 잡지 『신여성』 6월호에 처음 등장하였다. 1927년부터는 신문과 잡지에 '모던 걸'과 '모던 보이'라는 용어가 오르내리기 시작하였다. 1930년대 사전에서는 '모던'이라는 단어를 '새로운' 혹은 '근대적'이라고 표현하였다. 그리하여 '모던 걸'이라면 '새로운 여성' 혹은 '근대 여자'를 의미하였고, '모던 보이'라면 같은 의미의 남성을 뜻한다.

'모던 걸'과 '모던 보이'가 다른 사람들과 구분되는 일차적 특성은 바로 패션이었다. 짧은 치마와 작은 양산, 대모테 안경과 젬병 모자가 그들 사이에서 크게 유행하였다. 그러나 실용적이지도 않고, 당장 필요하지도 않은 보석 반지와 금시계, 작은 양산으로 치장한 패션은 위화감을 조성하기도 하였다. 양복과 어울리지 않는 넥타이를 매거나 남성도 화장을 하고, 가슴을 열어젖히는 등의 노출은 모던 보이를 비판석이고 퇴폐적인 존재로 인식하게 하였다.

'모던 걸'이나 '모던 보이'는 말 그대로 보면 부정적 의미가 없지만, 경멸과 조소를 담은 불량소녀 혹은 불량소년이라는 의미로도 통하는 시대였다.

29 민족 말살 정책과 전시 동원 체제

KEY WORD

황국 신민화 정책
일제가 침략 전쟁을 원활히 수행하고 한국인을 일본 천황에 충성하는 국민으로 동화시키기 위해 시행한 정책이다.

일본군 '위안부'
일제가 만주 사변을 일으킨 이후부터 패전한 1945년까지, 군 '위안소'에 강제 동원되어 일본군의 성 노예 생활을 강요당한 여성을 말한다.

남면북양 정책
남부 지방에는 면화를 기르게 하고 북부 지방에는 양을 기르도록 한 사업이다. 이는 대공황 이후 세계 경제가 블록화하자 일본 방직 산업의 원료를 확보할 목적으로 시행되었다.

주제 열기

남해군 '숙이공원'에 있는 평화의 소녀상은 남해군의 군민들이 일본군 '위안부' 피해자 박숙이 할머니를 기억하자는 뜻으로 세운 것이다. 중·일 전쟁 이후 일제는 한국에서 인적, 물적 수탈을 강화하여 필요한 노동력을 징발하고, 전장에서는 일본군 '위안부'를 강제로 동원하였다. 전시 동원 체제하에 한국인은 어떤 희생을 당하였을까?

▶ 평화의 소녀상(경남 남해)

시대 흐름 잡기

병참 기지화 정책	민족 말살 정책	전시 동원 체제
○중화학 공업과 군수 산업에 일본 독점 자본 집중 투자 ○남면북양 정책 실시 → 농민의 몰락과 불만 증가 → 농촌의 경제 몰락과 사회 불안을 해결하기 위해 농촌 진흥 운동 추진	○학교와 관공서에서 황국 신민 서사 암송 강요 ○궁성 요배와 신사 참배 강요 → 거부하면 처벌과 탄압 ○내선일체와 창씨개명을 강요→ 한국인의 민족정신 말살	○군량미 조달을 위한 산미 증식 계획 재개 ○식량 배급제를 실시하고 금속류를 강제로 공출 ○인적 수탈 → 징병제, 징용령, 일본군 '위안부' 동원

01 내선일체

내선일체는 반도 통치에서의 최고 지도 목표입니다. …… 원래 내선일체의 이념은 극히 고매하고 장엄한 것으로, 한반도라고 하는 작은 범위에서만 완성해야 할 성질의 것이 아닙니다. 세계 어느 곳이라도 일본인과 조선인이 사는 곳에서는 모두 내선일체의 취지가 철저하게 실행되지 않으면 참된 효과를 거둘 수 없습니다. …… 나는 내선일체라는 것이 매우 어려운 것은 아니라고 생각합니다. 우리나라와 같이 정의에 입각한 통치는 세계 여러 나라에도 유례가 없는 숭고한 통치이기 때문입니다. …… 내가 항상 역설하는 바는, 내선일체는 서로 손을 잡는다든가 형상이 융합한다든가 하는 미지근한 것이 아닙니다. 잡은 손은 놓으면 떨어져 버리고 맙니다. 물과 기름도 무리하게 뒤섞으면 융합된 형태가 되지만 그 정도로는 안 됩니다. 형상도 마음도 피도 육체도 모두 일체가 되지 않으면 안 됩니다.

― 조선 총독부, 『조선에서의 국민 정신 총동원』

02 황국 신민화 정책

1. 나는 대일본 제국의 신민입니다.
2. 나는 마음을 합해 천황폐하께 충의를 다합니다.
3. 나는 인고단련하여 훌륭하고 강한 국민이 되겠습니다.

― 황국 신민 서사(아동용), 『시정 30년사』(1940)

봉안전이라는 것은 일본 천황의 사진과 교육 칙서, 선전 칙서를 모셔 놓은 조그만 사당인데, 그 앞을 지날 때면 누구나 최경례(가장 존경하는 뜻으로 정중히 하는 경례)를 해야 했다. 그룹으로 지나갈 때는 한 사람의 호령에 의해서 일제히 절을 하는데, 그때 이런 식으로 호령을 하면서 우리는 이 강요된 의식의 거북함을 덜곤 하였다. 한국인이 볼 때 일본인의 습관 중에서 가장 낯선 것이 바로 천황에 대한 지나친 예였다. 교장이 하얀 장갑을 낀 두 손으로 칙서를 머리 위까지 높이 쳐들고 걸어가는 것은 솔직히 꼴불견이었고, 신사 앞에서 손뼉을 치고 절을 하는 것도 관객의 호기심으로 바라볼 일이지 정색을 하고 우리가 할 일은 아니었다.

― 『일제 시대, 우리 가족은』

신사 참배는 국가적인 의식이지 종교적인 의식이 아니다. 그러므로 신사에 참배하지 않는다는 것은 국가 의식에 참배하지 않는다는 것이 된다. 그렇다고 하면 일본 영토 안에서 일본 국가 의식에 참가하지 않는 것은 결국 일본에 복종하지 않는 것이 된다. 헌법에도 신사는 종교가 아니라는 것이 명백하다. 이럼에도 불구하고 조선에 많은 공헌이 있는 기독교 선교사가 경영하는 학교들이 이 문제 때문에 폐교한다고 하는 것은 당국으로서는 알 수 없는 것이다.

― 『동아일보』

03 제3차 조선 교육령

제1조 조선에서의 교육은 본령에 의한다.

제2조 보통 교육은 소학교령, 중학교령 및 고등 여학교령에 의한다. 다만 이들 칙령 중 문부 대신의 직무는 조선 총독이 행한다. 전항의 경우 조선의 특수 사정에 따라 특례를 둘 필요가 있다는 것은 조선 총독이 별도의 규정을 정할 수 있다.

제3조 실업 교육은 실업 학교령에 의한다. 다만 실업 보습 학교에 관해서는 조선 총독이 정하는 바에 의한다. 실업 학교령 중 문무 대신의 직무는 조선 총독이 이를 정한다. 실업 학교의 설립 및 교과서에 관해서는 조선 총독이 정하는 바에 의한다.

제4조 전문 교육은 전문 학교령에, 대학 교육 및 그 예비 교육은 대학령에 의한다. 다만 이들 칙령 중 문무 대신의 직무는 조선 총독이 이를 행한다. 전문학교의 설립 및 대학 예과의 교원 자격에 관해서는 조선 총독이 정하는 바에 의한다.

제6조 사범 학교의 수업 연한은 7년으로 하고 보통과 5년, 연습과 2년으로 한다. 다만 여성의 경우 수업 연한을 6년으로 하고 보통과에서 1년을 단축한다.

제13조 심상소학교의 교과목은 수신, 국어(일본어), 산술, 국사, 지리, 이과, 직업, 도화, 수공, 창가, 체조이다. 조선어는 수의 과목으로 한다.

제15조 공립 사범 학교의 설립 및 폐지는 조선 총독의 인가를 받아야 한다.

제16조 본령에서 규정하는 것을 제외한 사립 학교, 특설한 교육을 하는 학교 기타 교육 시설에 관해서는 조선 총독이 정하는 바에 의한다.

－ 조선 총독부 관보 호외, 소학교 규정

사료 독해

• 중·일 전쟁 이후 미나미 총독은 국체명징, 내선일체, 인고단련의 3대 요소를 반영한 제3차 조선 교육령을 공포하였다.

• 제3차 조선 교육령에서 한국인이 다니는 학교와 일본인이 다니는 학교의 명칭을 동일하게 소학교, 중학교, 고등여학교 등으로 통일하였다. 제도상으로는 일본인과 차별을 철폐하였으나, 일본인이 사립학교의 교장이나 교무주임을 하는 방침이었다. 또한, 교육 목적을 뒷받침하는 내용으로 일본어, 일본사, 수신, 체육 등의 교과를 강화하였으며 사립 중학교의 설립을 금지하고, 한국어 사용을 금지하였다.

04 창씨개명

황국 신민으로서의 신념과 긍지를 가진 조선인 중에서 법률상으로 일본식 씨(氏)를 부를 수 있기를 희망하는 자가 생기게 된 점은 나도 이미 알고 있었다. 같은 조상, 같은 뿌리인 일본과 조선 두 민족이 혼연일체 되어가는 시점에서 개인의 호칭을 동일한 형식으로 하려는 요망이 대두한 것은, 내용적인 측면과 표리를 이루어 형식적인 측면에서도 내선일체의 구현이 고조에 달했다고 하지 않을 수 없다. 이번에 조선 민사령이 개정되었는데, 그 내용은 여러 가지 사항을 담고 있다. 그중에서 조선인의 진지하고 열렬한 요망에 대하여 조선인이 법률상 일본인식의 '씨(氏)'를 부를 수 있는 길을 열었다는 점이 개정의 중요한 안목으로, 내선일체의 연선에 따른 친족법상의 획기적 개정이라고 할 수 있다.

－ 「씨제도의 해설」

사료 독해

창씨개명은 한국의 가족 제도, 특히 부계 혈통에 기반한 가족 집단의 힘을 약화시키고, 일본식 가족 제도를 도입하여 천황에 대한 충성심을 심기 위한 조치였다. 시행 초기에는 창씨개명에 호응한 자가 그리 많지 않았다. 그러나 창씨개명을 하지 않은 사람은 그 자녀가 학교에 입학과 진급을 할 수 없었고, 식량과 기타 생필품을 배급받지 못하도록 조치하였다. 그리하여 창씨개명을 한 호수는 전체 호수의 80%에 달했다.

05 친일파의 활동

　조선인은 쉽게 말하면 내가 조선인인 것을 잊어야 한다. 나는 일찍이 조선인의 동화는 일본 신민이 되기에 넉넉한 정도면 그만이라는 생각을 가진 일이 있었나. 그러나 나는 지금에 와서는 이러한 신념을 가진다. 즉, 조선인은 전혀 조선인인 것을 잊어야 한다고, 아주 피와 살과 뼈가 일본인이 되어 버려야 한다고. 이것에 진정으로 조선인이 영원히 살 수 있는 유일한 길이 있다고.

－「심적 신체제와 조선 문화의 진로」

　이제야 기다리고 기다리던 징병제라는 커다란 감격이 왔다. …… 지금까지 우리는 나라를 위하여 귀한 아들을 전장으로 보내는 내지의 어머니들을 물끄러미 바라만 보고 있었다. 실제로 내 아들이나 남편을 나라에 바쳐 보지 못한 우리에게는 대단히 막연한 일이다. 그러나 우리는 아름다운 웃음으로 내 아들이나 남편을 전장으로 보낼 각오를 가져야 한다. …… 이제 우리에게도 국민으로서의 책임을 다할 기회가 왔고, 그 책임을 다함으로써 진정한 황국 신민으로서의 영광을 누리게 된 것이다.

－「신시대」

　우리들 반도 민중은 창씨도 하였고 기쁜 낯으로 제국 군인이 되어 무엇으로 보나 황국 신민이 된 것이다. 이제부터는 있는 힘으로 다하여 연성을 쌓아서 군국의 방패로서 부끄럽지 않은 심신을 만들어 두지 않으면 안 된다.

－「매일신보」

06 국가 총동원법

제1조 국가 총동원이란 전시(전시에 준할 경우도 포함)에 국방 목적을 달성하기 위해 국가의 전력을 가장 유효하게 발휘하도록 인적 및 물적 자원을 운용하는 것을 말한다.

제4조 정부는 전시에 국가 총동원상 필요할 때는 칙령이 정하는 바에 따라 제국 신민을 징용하여 총동원 업무에 종사하게 할 수 있다.

제7조 노동 쟁의의 예방 혹은 해결에 관하여 필요한 명령을 내리거나 작업소의 폐쇄, 작업 혹은 노무의 중지, 기타의 노동 쟁의에 관한 행위의 제한 혹은 금지를 행할 수 있다.

제8조 정부는 전시에 국가 총동원상 필요할 때는 칙령이 정하는 바에 따라 물자의 생산, 수리, 배급, 양도, 기타의 처분, 사용, 소비, 소지 및 이동에 관하여 필요한 명령을 내릴 수 있다.

제20조 정부는 전시에 국가 총동원상 필요할 때는 칙령에 따라 신문지, 기타의 출판물의 게재에 대하여 제한 또는 금지를 행할 수 있다.

－「조선 법령 집람」

사료 독해

• 일제가 내세운 '문화 통치' 시기 이후, 식민 통치에 협력하는 무리가 늘어갔다. 이들 중 '직업적 친일파'는 일제 통치 기구에서 중심 역할을 하였다. 또한, 일제의 민족 분열 정책에 가담한 친일 세력들은 단체를 만들어 '독립 불능론'을 전파시켰다.

• 1930년대 이후에는 지식인들의 친일 행위가 노골적으로 나타났다. 그들은 일제의 전시 동원 체제하에서 황국 신민화를 외치며 한국인을 전쟁터로 내모는 데 앞장섰다. 이들의 행위는 일제의 강요에 의한 것이라기보다는 잘못된 현실 인식에서 출발한 경우가 많았다. 독립은 불가능하니 차라리 일제의 신민으로 사는 것이 낫다는 생각을 한 것이다.

• 세 번째 사료는 3·1 운동 때 민족 대표 33인 중의 한 사람이었다가 친일파로 변절한 최린의 글이다.

사료 독해

• 일제는 1937년에 중·일 전쟁을 일으키면서 국가를 전시 총동원 체제로 바꾸기 위해 총력을 기울였다. 이를 법제적으로 뒷받침하기 위해 제정한 것이 국가 총동원법이다. 이 법은 일제의 식민지였던 한국, 대만, 사할린에도 똑같이 적용되었다.

• 국가 총동원법은 전시 또는 준전시적 사변의 경우에만 적용되는 한시적인 법이었다. 하지만 이 법은 일제의 인적·물적 자원에 대한 작위의 전체를 천황의 위임 명령과 집행 명령에 복속시킨 독재적인 법률이다.

"일본 제철소에 노무자로 갔다 오면 한국 제철소 기술자를 시켜 준다더라." 라고 친구가 말했다. 귀가 번쩍 뜨인 신씨는 17살에 돈 벌러 간 그곳에서 12시간 막일에 주먹밥 하나를 받았다. 나중에야 취직이 아니라 징용이었다는 사실을 알았다. "만일 도망치다 붙잡히면 육신을 못 쓰도록 만들겠다."라는 공장에 배치된 순사들의 협박을 들으며, 1943년 9월 10일 오사카 일본 제철 공장에서 신씨는 처참한 강제 노동을 시작했다. 아직 어렸던 신씨는 순사의 위협보다 배고픔이 더 힘들었다. …… 신씨는 용광로에 연료를 공급하는 배관을 청소했다. 배관 안의 열기로 살이 빨갛게 익었다. 침을 뱉으면 새까만 재가 섞여 나왔다. 하루 12시간씩 일했다. 굶주리며 일했어도 돈을 받지는 못했다. 월급을 저금해뒀다는 통장은 한번도 보지 못했다.   – 『한겨레 신문』

1944년 4학년이 되자, 개학한 첫날의 조회 시간에 4학년 전원에 대한 '학도 보국 근로령'의 적용을 전달 받았다. …… '학도 보국 근로령' 내용은 간단하다. 앞으로 1년간 학교에는 나올 필요 없이 각기 지정된 현장에서노동을 한다는 말이다. 이날부터 나는 학생이 아니었다. …… 중학생들은 비행장 닦기, 도로 공사, 군수 화물 나르기, 방공호 파기, 소개할 건물, 주택 부수기, 군복 세탁 등에 동원되었다. 우리 학교 학생들은 학과의 전공에 따라 총포탄 생산, 비행기 제조, 토목 설계, 군수 주물 공장, 화학 공장 등으로 흩어졌다. 이렇게 흩어진 우리는 …… 그 후 그대로 해방이 되었기 때문에 서로 만나지 못하였다.   – 『역정』

어느 날 공장에 갈 직공을 모집한다는 말을 들었습니다. 저뿐만이 아니라 모든 사람들이 단순히 공장에 일하러 간다고만 생각했고, 그래서 모인 사람들 대부분이 가난하고 어린 시골 처녀들이었습니다. 이때가 싱가포르가 함락되던 1942년 4월이었습니다. 20~30명이 짐짝처럼 실려 히노마루 부대에 도착했습니다. 밤낮을 가리지 않고 하루에 20여 명 정도의 군인을 상대해야만 했습니다. 우리들 중에는 견딜 수 없어 자살하는 처녀들이 계속해서 나왔습니다. 반항을 하면 일본인들은 "나라의 명령이고 천황의 명령이다. 할 말 있으면 천황에게 말해!"라고 하며 심하게 구타했습니다. 어느 날 군인들이 도망치는 것을 보았습니다. 드디어 해방이 된 것입니다. 저는 두 달 동안을 계속 걸어서 겨우 살아 돌아왔습니다. 부끄러워 가족에게도 가지 못했습니다. 아이를 낳을 수 없는 몸이 되어 버렸기 때문에 버려진 아이들 네 명을 데려다 키웠습니다. 일본인들이 우리들에게 한 일들은 너무나 지독했습니다. 시간이 흘러도 말로 다할 수 없는 그 울분은 줄어들지 않습니다.   – 『일제 강점기』

08 일본군 '위안부'에 대한 일본의 인식

금번 조사의 결과, 장기적이고도 광범위한 지역에 걸쳐 위안소가 설치되었으며 많은 위안부가 존재했었다는 것이 확인되었다. 위안소는 당시 군 당국의 요청에 의해 설치 운영되었으며, 위안소의 설치, 관리 및 위안부의 이송에 대해서는 구일본군이 직접 또는 간접적으로 이에 관여했다. 위안부 모집에 대해서는 군의 요청을 받은 업자가 주로 담당했으나 그 경우도 감언, 강압 등에 의한 본인들의 의사에 반하여 모집된 사례가 많으며, 더욱이 관헌 등이 직접 이에 가담한 적도 있었던 사실이 밝혀졌다. 또한 위안소에서의 생활은 강제적인 상황하에서의 참혹한 것이었다.

– 고노 담화(1993)

우리 정부가 직접 일본군 위안부 피해자들의 기본권을 침해하는 행위를 한 것은 아니지만, 일본에 대한 청구권의 실현 및 인간으로서의 존엄과 가치의 회복에 대한 장애 상태가 초래된 것은 우리 정부가 청구권의 내용을 명확히 하지 않고 '모든 청구권'이라는 포괄적인 개념을 사용하여 이 사건 협정을 체결한 것에도 책임이 있다는 점에 주목한다면, 그 장애 상태를 제거하는 행위로 나아가야 할 구체적 의무가 있음을 부인하기 어렵다. …… 일본국에 의하여 자행된 반인도적 범죄 행위에 대하여 일본군 '위안부' 피해자들이 일본에 대하여 가지는 배상 청구권은 헌법상 보장되는 재산권일 뿐만 아니라, 그 배상 청구권의 실현은 무자비하게 침해된 인간으로서의 존엄과 가치 및 신체의 자유를 사후적으로 회복한다는 의미를 가지는 것이므로 피청구인의 부작위로 인하여 침해되는 기본권이 매우 중대하다.

– 헌법 재판소(2011)

사료 독해

- 첫 번째 사료는 일본군 '위안부'와 관련하여 일본의 고노 관방 장관의 담화이다. 고노 관방 장관은 일본군 '위안부' 문제에 대하여 처음으로 강제성이 있음을 인정하고 일본에 책임이 있음을 명확히 하였다. 하지만 지금까지 일본 정부의 태도는 여전히 요지부동이다.

- 두 번째 사료는 일본군 '위안부' 관련 헌법 재판소 권고 내용이다. 헌법 재판소는 일본군 '위안부' 할머니의 기본권이 외교적 불편보다도 중요하다고 판단하며 외교적 마찰을 우려한 우리 정부의 소극적 태도를 강하게 질타하였다. 이에 한·일 청구권 협정 제3조에 근거해 2011년 9월과 11월에 두 차례나 일본에 양자 협의를 요청하는 구상서를 전달했다. 그러나 일본 정부는 여전히 한·일 청구권 협정으로 위안부 피해자들의 배상 청구권 등이 소멸됐다는 태도를 고수하고 있다.

한국사 Q&A 친일 반민족 행위자는 어떠한 사람들이었을까?

▲ 자발적 친일 행위로 비난 받은 이광수(경성일보, 1939. 12.12.)

반민족 행위 진상 규명에 관한 특별법에 따르면 친일 반민족 행위는 "일본 제국주의의 국권 침탈이 시작된 1904년 러·일 전쟁 개전 당시부터 1945년 8월 15일 광복 때까지 행한 20개 법호의 어느 하나에 해당하는 행위"라고 하여 20여 개 항목을 규정하고 있다.

이들을 크게 세 부류로 나누어 보면 첫째, 을사늑약 등 일제의 강점 과정에 적극 참여한 자들이다. 이들은 부귀영화를 누리며 일제로부터 받은 대부분을 후손에게 물려주었다. 둘째, 일제의 식민 통치에 적극적으로 협력한 자들이다. 이들은 일제의 하수인 노릇을 하며 광복 후 군장성과 고위 경찰 등이 되었다. 셋째, 일제의 침략 전쟁에 적극 협력한 자들로 가장 많은 부류가 이에 속하고 있다. 지주와 자본가, 교육가, 예술가 등 다양한 분야의 인물이 포함되어 있다. 특히 이들 중에 이광수와 김활란 같은 명망가가 많아 대중에게 많은 악영향을 끼쳤다.

30 민족 운동 세력의 결집과 건국을 위한 준비 활동

KEY WORD

한국 독립당

1940년에 조소앙의 한국 독립당, 김구의 한국 국민당, 지청천의 조선 혁명당이 통합을 추진하여 결성한 임시 정부의 정당으로 통합된 한국 독립당은 3당의 정통성을 계승하였다.

한국광복군

1940년 창설된 대한민국 임시 정부의 정규군으로 중국, 미국, 영국 등과 연합하여 일제에 대항하였다. 해방 후 한국광복군은 대한민국 국군의 모체가 되기도 하였다.

삼균주의

대한민국 건국 강령의 토대가 된 사상이다. 삼균은 개인과 개인, 민족과 민족, 국가와 국가 사이의 완전한 균등을 뜻하며 이를 실현하기 위해 정치·경제·교육의 균형을 추구한다.

주제 열기

일제의 침략 전쟁이 확대되자 대한민국 임시 정부를 비롯한 민족 운동 세력은 결집을 추진하며 새로운 국가 건설을 준비하였다. 민족 운동 세력은 어떻게 신국가 건설을 준비하였을까?

▼ 한국광복군 제2지대 신년 경축 대회(1941)

시대 흐름 잡기	민족 운동 세력의 결집	한국광복군 창설과 활동	건국을 위한 준비
	○ 윤봉길 의사 의거 이후 대한민국 임시 정부 충칭에 정착 ○ 김구, 조소앙, 지청천 등 민족주의 계열 인사들이 모여 한국 독립당 창당 ○ 임시 정부, 김구를 주석으로 하는 단일 체제 마련	○ 지청천을 총사령관, 이범석을 참모장으로 하는 한국광복군 창설 ○ 인도·미얀마 전선에 공작대 파견 ○ 대일 선전 포고문 발표 ○ 미국 전략 정보국과 협력하여 국내 진공 작전 계획	○ 대한민국 임시 정부 → 민주 공화국 수립 목표 ○ 조선 독립 동맹 → 사회주의 계열이 결성, 조선 민주 공화국 건설 표방 ○ 조선 건국 동맹 → 여운형 주도, 국내 좌우 세력 합작으로 결성

01 한국 독립당 전당 대표 대회 선언문

임시 정부의 발전을 위하여 역량을 총집결하고 광복군으로 하여금 민족의 독립성을 수호하도록 노력할 것이며, 전후 한국 독립과 임시 정부의 국제적 지위를 획득하기 위하여 일치 노력할 것이다.　　– 한국 독립당 전당 대표 대회 선언문(1943. 6.)

사료 독해

1940년대에 들어 중국 관내에서 활동하던 항일 단체들은 임시 정부를 중심으로 통합하려는 움직임을 보였다.

02 민족 혁명당의 임시 정부 참여 선언

민족 혁명당은 …… 1941년 5월 대한민국 임시 정부에 합류하여 지원하기로 결정하였다. 왜냐하면 세계 민주주의 국가들이 현재 반파시즘 블록을 형성하여 파시스트 세력에 대항하여 출정하였고, 유럽에서는 민주주의 국가들로부터 정식 승인을 받고 지원받는 폴란드·네덜란드·프랑스와 같은 나라들의 망명 정부 설립이 있었기 때문이다. 이와 유사한 대한민국 임시 정부 또한 정식 승인 및 지원을 기대해 볼 수 있을 것이다. 현재 중국 정부는 대한민국 임시 정부에 대한 적극적인 지원을 준비 중이며, 이는 틀림없이 독립운동에 커다란 가치가 있을 것이다." …… "싸우자, 당의 동지들과 동포들이여, 우리나라의 신성한 국토의 회복을 위하여, 우리 3천만 동포의 자유와 행복을 위하여, 참을 수 없는 일본 압제자들의 타도와 자주적·독립적인 새로운 한국의 창립을 위하여 싸우자! 승리를 위하여!"　　–「대한민국 임시 정부 자료집」 37

사료 독해

1941년에 아시아·태평양 전쟁이 일어나자, 민족 운동 세력의 결집이 더욱 필요해졌다. 이 무렵에 연합국도 일부 망명 정부를 승인하였다. 김원봉은 이러한 국제 정세의 변화로 임시 정부에 대한 연합국의 승인 가능성이 높아지자, 민족 혁명당을 이끌고 임시 정부에 참여하였다.

03 한국광복군 창설

대한민국 임시 정부는 대한민국 원년(1919)에 정부가 공포한 군사 조직법에 의거하여 …… 광복군을 조직하고 …… 공동의 적인 일본 제국주의자들을 타도하기 위해 연합군의 일원으로 항전을 계속한다. …… 우리 민족의 확고한 독립 정신은 불명예스러운 노예 생활에서 벗어나기 위하여 무자비한 압박자에 대한 영웅적 항쟁을 계속하여 왔다. …… 이때 우리는 큰 희망을 갖고 우리 조국의 독립을 위해 우리의 전투력을 강화할 시기가 왔다고 확신한다.　　– 한국광복군 선언(1940)

1. 한국광복군은 중국의 항일 작전 기간에 중국 군사 위원회에 직할 예속하여 참모 총장이 장악 운영함.
2. 중국의 군령을 받는 기간에 한국광복군과 한국 독립당 임시 정부와의 관계는 고유한 명의 관계를 보류함.
3. 중국의 군사 위원회에서 한국광복군을 원조하여 …… 중국의 항전 공작과 배합시킴을 원칙으로 하되 …… 우리 중국 전구 제1선 부근에서 군사 훈련하는 것을 준허하되, 우리 군 사령관의 절제를 받아야 함.

– 한국광복군 행동 준수 9개항

사료 독해

• 첫 번째 사료는 한국광복군 선언문이다. 대한민국 임시 정부는 일제와 최후의 일전이 불가피하다고 판단하여 한국광복군을 창설하였다.

• 두 번째 사료는 한국광복군의 행동 준승 9개 조항이다. 이는 중국 정부가 한국광복군 창설을 승인하는 조건으로, 한국광복군의 활동을 규제하기 위한 조치였다. 대한민국 임시 정부는 이를 받아들였고, 이후 1944년에 중국과 교섭하여 군대 통수권을 되찾았다.

우리는 삼천만 한국 인민과 정부를 대표하여 삼가 중국, 영국, 미국, 캐나다, 호주, 네덜란드, 오스트리아 기타 제국의 대일 전선이 일본을 격패하게 하고 동아를 재건하는 가장 유효한 수단이 됨을 축하하여 이에 특히 다음과 같이 성명하노라.

1. 한국 전 인민은 현재 이미 반침략 전선에 참가하였으니 한 개의 전투 단위로서 추축국에 선전한다.
2. 1910년의 합방 조약 및 일체 불평등 조약의 무효를 거듭 선포하며 아울러 반침략 국가의 한국에 있어서의 합리적 기득 권익을 존중한다.
3. 한국, 중국 및 서태평양으로부터 왜구를 완전히 구축하기 위하여 최후의 승리를 얻을 때까지 혈전한다.   – 임시 정부의 대일 선전 포고문(1941)

드디어 3개월간의 제1기생 50명의 OSS 특수 공작 훈련이 끝났다. 나는 무전 기술 등이 시험에서 괜찮은 성적을 받았고 국내로 침투하여 모든 공작을 훌륭하게 수행할 수 있는 자신을 얻었다. …… 제1기생 훈련이 성공적으로 끝나자 우리는 말할 것도 없고 미군도 대만족하여 즉각 국내로 침투시킬 계획을 작성하였다.   – 「장정」

나는 오늘의 대한민국을 만든 아주 특별한 사람과 함께한 모자입니다. 나의 주인 이신성은 …… 한국광복군입니다. …… 국내 진공 작전은 늘 그가 꿈에 그리던 것이었죠. 국내 진공 작전과 관련해 광복군 OSS에게 맡겨진 임무는 …… 잠수함이나 낙하산으로 한반도에 침투해 종보 송신을 하는 것은 물론, 일본군 시설 파괴 등이었습니다. 마침내 국내 정진군에게 특별 대기령이 떨어졌습니다. 모두는 들떴죠. 두려움보다는 조국의 광복을 위해 제대로 싸울 수 있다는 기쁨 때문이었습니다. 그 역시 마찬가지였어요. 그는 수도 없이 나를 만지작거리며 흥분하였습니다.   – 「사물의 기억」

여러 가지 정보에 의하면 국내의 정황은 겉으로는 다소 평온한 듯 보이나 이는 적의 억압으로 인하여 잠시 그 침잠을 지킬 따름이요, 그 실상인즉 장차 폭발하려는 화산 같아서 어떤 동기와 기운만 성숙하면 일촉즉발 할 기세를 가지고 있다. …… 임시 정부가 의연히 존재하여 운동을 추진시키고 있는 것과 광복군이 성립되어 방금 적과 더불어 전쟁을 하고 있다는 것까지 국내 사람이 알게 되었다. 그 광복군의 발동이 어느 정도에까지 이르면 모두 향응할 기세를 보일 것이며 …… 한국인들 중에 비록 표면으로 보아 전부가 구명도생만을 위하는 듯 보이나 그중에는 수십만의 열혈 청년들도 있어서 사기를 엿보아 광복 전선에 참가하여 광복 사업에 헌신하려 하고 있다. – 「임시 정부 공보」

• 1941년 일제가 아시아·태평양 전쟁을 일으키자, 대한민국 임시 정부는 대일 선전 포고를 하였다. 한국광복군은 그 당시 많은 병력이 없었기 때문에 일본군과 단독으로 전투를 하기에는 어렵다고 판단하고 대한민국 임시 정부는 대일 선전 포고를 하여 연합군과 함께 작전을 전개함으로써 전후에 연합국의 승인을 얻으려는 전략을 세웠다.

• 한국광복군은 중국 시안에 주둔하고 있던 미군과도 합작하여 국내 진공 작전을 추진하였다. 지청천과 이범석 등은 미군 전략 정보국(OSS)의 도움을 받아 비행 편대를 편성하고, 국내에 침투할 특수 요원을 육성하였다.

• 한국광복군이 국내 진공 작전을 실시하기로 한 날이 1945년 8월 20일이었다. 목숨까지 내놓고 작전에 지원한 한국 대원들의 바람은 일본의 갑작스러운 항복으로 끝내 실행되지 못하였다.

05 재미한족연합위원회가 대한민국 임시 정부에 보낸 전보

독립금 1천 원과 인구세 4백 25원 합 1천 4백 25원을 보내 드립니다. 이승만 박사의 동지회는 1943년 12월 23일에 재미 한족 연합 위원회에서 탈퇴하였으며 정신적, 재정적, 정치적으로 적지 아니한 혼란과 곤란을 일으켰습니다. 1944년 1월부터 본 위원회는 이승만 씨에 대한 일체 원조를 단절하였으므로 워싱턴 외교 위원부는 임시 정부로부터 새로운 조직이 있기 전까지는 본 위원회는 그 후원을 정지합니다.

— 『신한민보』

사료 독해

재미한족연합위원회는 재미 한인 사회 최대의 민족 운동 연합 단체이다. 대한민국 임시 정부의 재정을 지원하고, 미국 사회에 한국의 독립 의지를 알리는 데 큰 역할을 하였다.

06 임시 정부 민족 운동가 가족의 생활

정오가 좀 지나자 적기의 공습경보가 났다. 얼마 있다가 비행기 오십여 대가 세 편대로 나누어 중경을 향해 비행하는 것이 보이더니 약 한 시간쯤 지나서 다시 적기가 돌아오는 소리가 났다. 그리고는 바로 기강 상공에 이르자 우박 쏟아지는 소리를 내며 폭탄 터지는 소리가 천지를 진동하였다. 계속해서 화재가 나고 불꽃이 하늘에 치솟았다. 오륙 분이 채 못 되어 다시 비행기 소리가 나기에 이번엔 잠자고 있던 제시를 부둥켜안고 의복도 제대로 입히지 못한 채 집을 나와 북쪽으로 향했다. 몇 분쯤 지났을까? 다시 우박 쏟아지는 소리가 나면서 몇 십 개의 작탄이 북쪽 작은 냇가 근처에 떨어지며 천지가 진동하였다. 아찔한 순간이었다. 순간, 품에 안은 제시의 눈과 귀를 가려 주었다.

— 『제시의 일기』

사료 독해

대한민국 임시 정부에서 민족 운동을 했던 양우조, 최선화 부부가 쓴 육아 일기이다. 이 책은 1938년부터 1946년 환국까지 중국에서 맏딸 제시를 낳으며 기르던 순간순간의 일을 기록하였다.

07 조소앙의 삼균주의

한국 독립당이 표시하는 바의 주의는 과연 어떤 것인가. 그것은 개인과 개인, 민족과 민족, 국가와 국가가 균등한 생활을 하게 하는 주의이다. 개인과 개인이 균등되게 하는 길은 무엇인가. 그것은 정치의 균등화요, 경제의 균등화요, 교육의 균등화이다. 보통 선거제를 실시하여 정권에의 참여를 고르게 하고 국유제를 실시하여 경제 조건을 고르게 하며, 국비에 의한 의무 교육제를 실시하여 교육 기회를 고르게 함으로써 국내에서의 개인과 개인 사이의 균등 생활을 실현하는 것이다. 민족과 민족이 균등되게 하는 길은 무엇인가. 그것은 '민족 자결'을 자기 민족뿐만 아니라 또 다른 민족에게도 적용시킴으로써 소수 민족과 약소민족이 압박받고 통치 받는 지위로 떨어지지 않게 하는 것이다. 국가와 국가가 균등되게 하는 길은 무엇인가. 그것은 식민 정책과 자본 제국주의를 무너뜨리고 전쟁 행위를 금지시킴으로써 모든 국가가 서로 침략하지 않고 국제 생활에 있어서 전혀 평등한 지위를 가지고 나아가서 사해 일가와 세계 일원이 되게 하는 것이 삼균주의의 궁극적인 목적이다.

— 『조소앙 선생 문집』

사료 독해

• 대한민국 임시 정부는 일제의 패망과 한국의 광복을 대비하여 조소앙의 삼균주의를 바탕으로 대한민국 건국 강령을 발표하였다.

• 삼균주의에서 개인의 균등은 정치·경제·교육을 통해, 민족의 균등은 민족 자결을 통해, 국가의 균등은 식민 정책과 자본 제국주의의 배격, 침략 전쟁 행위 금지를 통해 실현하고자 하였다.

제1장 총강

6. 보통 선거 제도를 시행하여 정권을 균등히 하고, 국유 제도를 채용하여 이권을 균등히 하고, 공비 교육으로써 학권을 균등히 하며, 국내외에 대해 민족 자결의 권리를 보장하여서 민족과 민족, 국가와 국가의 불평등을 깨뜨려 없앨 것이니 ……

제3장 건국

2. 삼균 제도를 골자로 한 헌법을 실시하여 정치, 경제, 교육의 민주적 시설로 실제상 균형을 도모하며, …… 극빈 계급의 물질과 정신상 생활 정도와 문화 수준이 최고 보장되는 과정을 건국의 제2기라 함.
4. 보통 선거에는 만 18세 이상 남녀로 선거권을 행사하되 신앙, 거주 연수, 사회 출신, 재정 상황과 과거 행동을 분별치 아니한다.
6. 대생산 기구의 공구와 수단을 국유로 하고 토지, 광산, 어업, 농림, 수리, 소택과 수상, 육상, 공중의 운수 사업과 은행, 전신, 교통 등과 대규모의 농상 기업과 성시 공업 구역의 공용적 주요 건물과 산업은 국유로 하고 소규모 혹 중등 기업은 사영으로 함.
7. 6세부터 12세까지의 초등 기본 교육과 12세 이상의 고등 기본 교육에 관한 일체 비용은 국가가 부담한다.　　　　　　　　　　－ 대한민국 임시 정부 건국 강령

본 동맹은 조선에 대한 일본 제국주의의 지배를 전복하고 독립 자유의 조선 민주 공화국을 수립할 목적으로 다음 임무를 실현하기 위하여 싸운다.
1. 전 국민의 보통 선거에 의한 민주 정권을 수립한다.
2. 언론·출판·집회·결사·신앙·사상·태업의 자유를 확보한다.
6 조선에 있는 일본 제국주의자의 일체 자산 및 토지를 몰수하고, 일본 제국주의와 관계에 있는 대기업을 국영으로 귀속하며, 토지 분배를 실현한다.
7. 8시간 노동제를 실시하여 사회의 노동을 보장한다.
9. 국민 의무 교육 제도를 실시하고, 이에 필요한 경비는 국가가 부담한다.
　　　　　　　　　　　　　　　　　　　－ 조선 독립 동맹 강령

1. 각인 각파를 대동단결하여 거국일치로 일본 제국주의 모든 세력을 몰아내고 조선 민족의 자유와 독립을 회복할 것
2. 반주축 제국(연합국)과 협력하여 대일 연합 전선을 형성하고 조선의 완전한 독립을 저해하는 일체 반동 세력을 박멸할 것
3. 건설 부면에 있어서 일체 시정을 민주주의적 원칙에 의거하고, 특히 노농 대중의 해방에 치중할 것　　　　　　　　　　－ 조선 건국 동맹 강령

사료 독해

• 아시아·태평양 전쟁이 발발하자 국내외의 민족 운동 단체들은 일제의 패망에 대비하여 정치 이념과 독립 전쟁의 준비가 되었음을 알리는 건국 강령을 발표하였다.

• 대한민국 임시 정부는 민주 공화국 건설에 중점을 두었다. 그래서 국민 주권에 바탕을 둔 민주 국가의 수립을 지향하면서 사회주의 방식의 경제 개혁을 통하여 부의 균등 분배를 이루고자 하였다.

• 중국 화북 옌안에서는 조선 독립 동맹이 조선 민주 공화국 수립을 목표로 건국 강령을 발표하였다. 건국 강령에는 보통 선거 시행과 국민 기본권 확보, 남녀평등, 대기업의 국유화, 토지 분배 등을 담았다.

• 국내에서 활동하고 있던 여운형은 비밀리에 좌우 세력 합작으로 조선 건국 동맹을 조직하였다. 여운형은 민주주의 원칙에 바탕을 둔 국가를 건설하여 노동자와 농민 대중을 해방시키겠다는 강령을 발표하였다.

일본국은 또한 폭력 및 탐욕에 의하여 일본국이 약취한 다른 일체 지역으로부터도 구축될 것이다. 전기 삼대국은 조선 인민의 노예 상태에 유의하여 적당한 시기에 조선을 자유롭게 독립시킬 것을 결정한다.

— 카이로 회담

소련, 미국, 영국은 독일이 항복하고 또 유럽에서 전쟁이 끝나고 …… 다음 조건으로 연합국 측에서 일본에 대한 전쟁에 참가하기로 협정하였다.

제1조 외몽골(몽골 인민 공화국)의 현재 상태는 계속 유지되어야 한다.

제2조 1904년 일본의 배신적 공격으로 침해된 러시아 제국의 옛 권리는 회복되어야 한다.

— 얄타 회담

제1조 우리 미합중국 대통령, 중화민국 정부 주석 및 대영 제국 총리는 …… 일본이 지금의 전쟁을 종결할 기회를 줄 것에 의견이 일치하였다.

제2조 미국, 영국, 중국의 거대한 육·해·공군은 사방의 지원을 받아 전력을 크게 증강하여 일본에 대해 최종 타격을 가할 태세를 정비하였다.

제7조 …… 신질서가 건설되고 또 일본국의 전쟁 수행 능력이 파쇄되었다는 확증이 있을 때까지 연합국이 지정하는 일본국 영역 내의 제 지점은 우리가 이에 지시하는 근본 목적의 달성을 확보하기 위하여 점령될 것이다.

제8조 카이로 선언의 조항은 이행될 것이며, 일본의 주권은 …… 우리가 결정하는 섬들에 한정될 것이다.

— 포츠담 선언

사료 독해

• 제2차 세계 대전이 1943년 이탈리아의 항복으로 연합국에 유리하게 전개되자, 주요 연합국 수뇌들은 전후 처리 문제를 놓고 여러 차례 회의를 열었다.

• 1943년 11월에 미국, 영국, 중국 등 연합국 대표들이 이집트의 카이로에 모여 상호 협력과 종전 후 문제를 논의하였다. 이 회담에서 한국의 독립 문제를 처음으로 거론하였다.

• 얄타 회담에서 미국은 한국에 대한 신탁 통치를 소련에 제안하였다. 독일 항복 이후에는 미·영·중의 지도자들이 포츠담 회의를 열어 일본의 무조건 항복과 카이로 선언의 모든 조항이 이행되어야 함을 선언하였다.

한국사 Q&A 광복을 위해 민족 운동가들은 어떻게 국제 연대하였을까?

▲황푸 군관 학교 한국인 학생의 장례식

민족 운동가들은 우리 나라의 독립을 위해 중국, 베트남 등의 동아시아 민족과 연대하여 일제에 대한 투쟁을 전개해 나갔다.

국권 피탈 이후에 중국으로 건너간 한국인들은 동제사, 중한호조사 등 한·중 연대 단체를 결성하여 한국의 독립을 위해 힘썼다. 1920년대에는 의열단과 많은 민족 운동가가 황푸 군관 학교에 입학하여 근대 군사학을 배웠다. 1930년대 들어서 일제가 대륙 침략을 본격화하자, 민족 운동가들은 일본과 싸우는 중국을 지원하면서 한국의 독립을 이루고자 하였다.

제2차 세계 대전이 일어나자, 한국광복군은 미국 전략 정보국(OSS)과 합작하여 국내 진공 작전을 계획하였으며, 조선 의용대는 타이완 의용대, 재화 일본 인민 반전 동맹 등과도 연대하였다.

31 8·15 광복과 남북 분단

KEY WORD

냉전
무기를 들고 싸우는 전쟁인 열전에 대비되는
용어로, 제2차 세계 대전 후 미국을 중심으로
하는 자본주의 진영과 소련을 중심으로 하는
사회주의 진영 간의 대립을 말한다.

38도선
일본군의 무장 해제를 명목으로 미국의 제안
에 의해 그어진 것으로, 미·소 양군의 관할권
을 표시하는 경계선이었으나 점차 국토 분단
의 선으로 바뀌어 갔다.

조선 건국 준비 위원회
여운형의 조선 건국 동맹을 기반으로 좌우익
세력이 함께 참여한 단체로 광복 후 조선 인민
공화국 수립을 선포하고 지방 조직을 인민 위
원회로 바꾸어 갔다.

주제 열기

1945년 8월 15일 우리 민족은 광복을 맞았으나, 이후 미·소 양군이 한반도를 분할 점령함으로써 남북 분단의 길을 걷게 되었다. 8·15 광복 후 북위 38도선은 어떻게 그어졌을까?

▼ 38도선을 넘어 남한으로 넘어오는 북한 주민들

시대 흐름 잡기

8·15 광복
- 1945년 8월, 히로시마·나가사키에 원폭 투하, 소련의 참전
- 일본의 무조건 항복 → 일본의 식민 통치로부터 해방
- 연합국 승리의 결실, 우리의 끈질긴 민족 운동의 결과

미·소 양군의 분할 점령
- 미국이 북위 38도선을 경계로 한반도 분할 점령 제안
- 소련의 수락 → 미·소 양군의 한반도 분할 점령
- 미·소 양군의 관할권 경계 → 점차 국토 분단선으로 전환

남북 분단의 그림자
- 국외 민족 운동 세력과 국내 정치 세력이 경쟁
- 남한: 이승만과 한국 민주당 등이 미군정에 적극 가담
- 북한: 김일성과 사회주의 세력이 소련의 지지로 권력 장악

01 일왕 히로히토의 항복 방송문 – 태평양 전쟁 종전 선언

짐은 깊이 세계 대세와 일본 제국의 현실을 생각하여 비상조치로써 이 사태를 수습하고자 충성스럽고 선량한 너희 신하와 백성에게 고한다. 짐은 제국 정부로 하여금 미·영·중·소 4개국에 대하여 그 공동 선언을 수락할 뜻을 통보하게 하였다. 무릇 제국 신하와 백성의 안녕을 꾀하고 세계 번영의 즐거움을 함께 하는 것은 황실 역대 조상의 남겨진 규범으로서 …… 앞서 미국과 영국 두 나라에 대하여 선전 포고한 이유도 실은 일본 제국의 자존과 동아시아의 안정을 이룩하기 위하여 나온 것으로, 타국의 주권을 배제하고 영토를 침탈하려는 것은 애초부터 짐의 뜻이 아니었다. 그런데 교전을 치른 지난 4년을 살펴보니, 짐의 육해군 장병들의 용감한 싸움, 짐의 관료들의 성실함과 짐의 일억 백성의 봉사 등 각각 최선을 다 했음에도 불구하고 전쟁의 국면은 마침내 호전되지 않았다. 세계의 대세 또한 우리에게 이롭지 않고 게다가 적은 새로이 잔학한 폭탄을 사용하여 빈번히 무고한 사람들을 살상하는 참해를 벌이는 등 진실로 예측할 수 없는 지경에 이르렀다. 그럼에도 전쟁을 계속한다는 것은 마침내 우리 민족의 멸망을 초래할 뿐만 아니라 나아가 인류 문명을 파괴하게 될 것이다. 이렇게 된다면 짐이 어떻게 우리 수많은 백성들을 보전하며 황실 역대 조상에게 용서를 드릴 수 있겠는가. 이것이 짐이 제국 정부로 하여금 공동 선언에 응하도록 하게 됨에 이른 까닭이다.　　　　　－ 조선 총독부 관보 호외

사료 독해

• 1945년 8월 15일 일본 천황이 패전을 인정하고 연합국에게 무조건 항복한다는 뜻을 라디오 방송으로 발표한 내용을 담은 항복 선언문이다.

• 1945년 7월 26일 포츠담 회담에서 일본에 대한 항복 권고와 종전 후 일본에 대한 처리 문제 등이 논의되었고, 일본이 이 선언을 묵살하자 미국은 8월 6일 히로시마에, 8월 9일 나가사키에 원자폭탄을 투하하였다. 소련도 8월 8일 일본에 선전 포고를 한 뒤 참전하였다. 결국 일본은 8월 10일 천황의 국가 통치 대권을 변경하지 않는다는 조건을 내밀고 미국 측에 수락 의사를 전달하였고, 1945년 8월 15일 '무조건 항복'함에 따라 제2차 세계 대전은 막을 내렸다.

02 미국과 소련의 38도선 분할 점령

일본의 돌연한 항복으로 국무성과 군 당국은 맥아더 장군에게 필요한 명령을 내리고 다른 연합국 정부와 일본 항복에 대해 필요한 협의를 위해 긴급회의를 가졌다. …… 의제는 일본 항복의 수락에 관한 협의였다. …… 군으로서는 즉시 이용할 만한 병력이 부족하였고, 또한 시간과 거리상의 조건으로 보아도 소련군이 이 지역에 진입하기 전에 더 북쪽으로 가기는 어려웠다. …… 맥클로이는 본인(러스크)과 본스틸 대령에게 대기실에 가서 미군을 가능한 한 북상시켜 항복을 받아들여야 한다는 정치적 요망과 미군 진주 능력의 명백한 한계를 조화시키는 안을 작성해 오라고 요청하였다. 우리들은 소련이 동의하지 않을 경우 미군이 현실적으로 진주할 수 있는 것보다 더 북쪽이었지만 38도선을 건의하였다. 우리들은 미군 관할 지역 내에 한국의 수도를 포함하는 것이 중요하다고 생각했기 때문에 그렇게 하였다. 38도선은 국무성에 대한 육군 측 건의의 일부가 되었으며 이 방침은 나중에 국제적으로 합의되었다. 소련이 38도선을 받아들였을 당시 본인은 약간 놀랐던 것으로 기억된다. 왜냐하면 본인은 그 지역에 대한 우리들의 상대적인 군사력에 비추어볼 때 소련은 훨씬 남쪽의 선을 고집할 것이라고 생각했기 때문이다.　　　　　－ 송건호 등, 『해방전후사의 인식』

사료 독해

• 38도선이 미국과 소련 간 군사적 편의 조치로 결정된 것임을 보여주는 '딘 러스크의 진술'이다.

• 1945년 8월 6일과 8일, 미국은 히로시마와 나가사키에 원자폭탄을 투하하였고, 8월 8일에는 소련이 일본에 선전 포고한 후 8월 13일 청진에 상륙하였다. 결국 일본은 8월 14일 무조건 항복하였다. 미국이 제시한 38선 분할 점령 안을 소련·영국·중국이 받아들이자, 맥아더는 9월 2일 한반도에서 38도선 이북의 일본군 항복은 소련이, 38도선 이남의 일본군 항복은 미군이 접수한다고 포고하였다.

03 맥아더 사령부 포고 제1호

조선 인민에게 고함.

미국 태평양 방면 육군 총사령관으로서 이에 다음과 같이 포고한다. 일본 제국 정부의 연합국에 대한 무조건 항복은 아래 여러 국가 군대 간에 오래 행해져 왔던 무력 투쟁을 끝나게 하였다. …… 본관은 본관에게 부여된 태평양 방면 미 육군 총사령관의 권한으로써 이에 북위 38도 이남의 조선과 조선 주민에 대하여 군정을 세우고 다음과 같은 점령에 관한 조건을 포고한다.

제1조 북위 38도 이남의 조선 영토와 조선 인민에 대한 통치의 전 권한은 당분간 본관의 권한 하에서 시행된다.

제2조 정부 공공 단체 및 기타 명예 직원과 고용인 또는 …… 기타 제반 중요 사업에 종사하는 자는 별도 명령이 있을 때까지 종래 정상적인 기능과 의무를 수행하고 모든 기록과 재산을 보존 보호하여야 한다.

제3조 주민은 본관 및 본관 권한 하에서 발포한 명령에 즉각 복종하여야 한다. 점령군에 대한 모든 반항 행위 또는 공공 안녕을 교란하는 행위를 감행하는 자에 대해서는 용서 없이 엄벌에 처할 것이다.

제6조 이후 공포하게 되는 포고 법령 규약 고시 지시 및 조례는 본관 또는 본관의 권한 하에서 발포될 것이며 주민이 이행하여야 될 사항을 명기할 것이다.

– 시사연구소 편, 『(시사자료) 광복30년사』

사료 독해

- 1945년 9월 9일 남한 지역에 진주한 미 육군 총사령관 더글러스 맥아더가 발표한 포고문이다.

- 미군은 9월 8일 서울에 진주하면서 공포된 「맥아더 포고 제1호」를 통해 남한에 미군정을 실시할 것이라고 밝혔고, 정부 공공단체에 종사하는 자, 즉 일제 강점기 당시 활동하던 행정 기관원에게 계속 집무할 것을 명령하였다. 또 미군은 대한민국 임시 정부나 건국 준비 위원회가 개편한 조선 인민 공화국을 인정하지 않았다. 이후 1948년 8월 15일 남한에서 대한민국 정부가 수립되기까지 미군정이 한국 국민을 대신해 통치권을 행사하였다.

04 소련 치스차코프 대장 포고문

조선 인민들에게! 조선 인민들이여! 붉은 군대와 연합국 군대들은 조선에서 일본 약탈자들을 구축하였다. 조선은 자유국이 되었다. 그러나 이것은 오직 새 조선 역사의 첫 페이지가 될 뿐이다. …… 이와 같이 조선의 행복도 조선 인민이 영웅적으로 투쟁하며 꾸준히 노력하여야만 달성할 수 있다. 일제의 통치하에서 살던 고통의 시일을 추억하라! …… 이런 노예적 과거는 다시 돌아오지 않을 것이다. 진저리나는 악몽과 같은 그 과거는 영원히 없어져 버렸다. 조선 사람들이여! 기억하라! 행복은 당신들의 수중에 있다. 당신들은 자유와 독립을 찾았다. 이제는 모든 것이 죄다 당신들에게 달렸다. 붉은 군대는 조선 인민이 자유롭게 창조적 노력에 착수할 만한 모든 조건을 지어주었다. 조선 인민 자체가 반드시 자기의 행복을 창조하는 자로 되어야 할 것이다. 공장 제조소 및 공작소 주인들과 상업가 또는 기업가들이여! 왜놈들이 파괴한 공장과 제조소를 회복시키라! …… 조선 노동자들이여! 노력에서의 영웅심과 창작적 노력을 발휘하라! …… 조선의 경제적 및 문화적 발전에 대하여 고려하는 자라야만 모국 조선의 애국자가 되며 충실한 조선 사람이 된다. 해방된 조선 인민 만세!

– 김준엽 외, 『북한연구자료집』

사료 독해

- 1945년 8월 25일 북한 지역에 주둔한 소련군 사령관 치스차코프 대장이 발표한 포고문이다.

- 미·소의 한반도 분할 점령 후 미군은 일본인을 포함한 총독부 관리를 그대로 임용했지만, 소련군은 진주하자마자 일본군을 무장 해제하였고, 경찰과 고위 관리들을 모두 축출하였다. 그 뒤 1945년 10월 구성된 도 임시 인민 위원회는 10월 28일 다시 5도 행정국으로 개편되었다. 조만식이 이끄는 5도 행정국은 공산주의자와 비공산주의자가 연립한 조직이었다.

05 조선 건국 준비 위원회의 선언과 강령

본 준비 위원회는 우리 민족을 진정한 민주주의적 정권에로 재조직하기로 한 새 국가 건설의 준비 기구인 동시에 모든 진보적 민주주의적 세력을 집결하기 위하여 각층 각계에 완전히 개방된 통일 기관이다. …… 이 정권은 전국적 인민 대표 회의에서 선출된 인민 위원으로서 구성될 것이며, 그 동안 해외에서 조선 해방 운동에 헌신하여 온 혁명 전사들과 특히 그 지향적 집결체에 대하여는 적당한 방법에 의하여 온 마음으로 맞이하여야 할 것은 물론이다. 그리하여 조선 전 민족의 총의를 대표하여 이익을 보호할 만한 완전한 새 정권이 나와야 하며, 이러한 새 정권이 확립되기까지의 일시적 과도기에서 본 위원회는 조선의 치안을 자주적으로 유지하며 한걸음 더 나가 조선의 완전한 독립 국가 조직을 실현하기 위하여 새 정권을 수립하는 산파적인 사명을 다하려는 의도에서 아래와 같은 강령을 내세운다.

－ 우리는 완전한 독립 국가의 건설을 기함.
－ 우리는 전 민족의 정치적 경제적 사회적 기본 요구를 실현할 수 있는 민주주의적 정권의 수립을 기함.
－ 우리는 일시적 과도기에서 국내 질서를 자주적으로 유지하며 대중 생활의 확보를 기함.

－ 민주주의민족전선사무국 편, 「조선해방연보」

06 조선 공산당의 정치 노선 － 「8월 테제」

1. 현 정세

독일의 붕괴, 일본의 무조건 항복으로 2차 세계 대전은 마침내 끝이 나고 말았다. …… 이에 조선의 해방은 실현되었다. 그러나 그것은 우리 민족의 주관적 투쟁적인 힘에 의해서라기보다도 진보적 민주주의 국가 소련·영국·미국·중국 등 연합국 세력에 의하여 실현된 것이다. …… 솔직하게 말하면 그것은 우리 민족의 혁명적 투쟁이 대중적으로 전개되지 못한 약점이다. 여기에서 우리 조선은 민족적 자기비판을 하여야 할 순간에 이르렀다. 이것은 조선이 앞으로는 국제 정국에 있어서 진보적 역할을 하기 위한 전제 조건이 되기 때문이다.

2. 조선 혁명의 현 단계

오늘날 조선은 부르주아 민주주의 혁명의 계단을 걸어가고 있으니 민족적 완전 독립과 토지 문제의 혁명적 해결이 가장 중요하고 중심 되는 과업으로서 있다. 즉 다시 말하면 일본의 세력을 완전히 조선으로부터 몰아내는 동시에 모든 외래 자본에 의한 세력권 결정과 식민 문화 정책을 절대 반대하고 노동 인민의 이익을 옹호하는 혁명적 민주주의 정권을 내세우는 문제와 동시에 토지 문제의 해결이다.

－ 「이정 박헌영 전집」

07 아놀드 미군정 장관의 조선 인민 공화국 부인 성명

북위 38도 이남의 조선에는 오직 한 정부가 있을 뿐이다. 이 정부는 맥아더 원수의 포고와 하지 중장의 명령과 아놀드 소장의 행정령에 의하여 정당히 수립된 것이다. 아놀드 군정장관과 군정관들이 엄선하고 감독하는 조선인으로 조직된 정부로서 행정 각 방면에 있어서 절대의 지배력과 권위를 가지었다. (자칭) 관리라든가, 경찰이라든가, 국민 전체를 대표하였노라는 대소 회합이라든가, 조선 인민 공화국이든가, 조선 공화국 내각은 권위와 세력과 실재가 전혀 없는 것이다. …… 조선 인민은 이런 무책임한 인물들로 하여금 국가의 안녕 질서를 위협하는 일이 없도록 단연코 엄금하여야 할 것이다. 이렇게 한다면 이 정부가 가진 권력을 가지고 간섭할 필요조차 없을 것이다.

- 『매일신보』(1945. 10. 11.)

사료 독해

• 1945년 10월 10일 미군정 장관 아놀드가 발표한 조선 인민 공화국 부인 성명 내용이다.

• 이 성명 이후 조선 인민 공화국은 대한민국 임시 정부를 지지하는 민족주의 계열과 대립하였고, 10월 16일 귀국한 이승만은 독립 촉성 중앙 협의회를 발족하고 인민 공화국 중앙 인민 위원회 주석 취임을 거절하였다.

08 이승만과 독립 촉성 중앙 협의회의 결의문

우리는 삼천만 조선 대중의 공동 성명을 발표하여 4연합국과 아메리카 민중에게 보낸다. …… 우리는 우리의 공동의 목적을 위하여 한 덩어리가 되었다. 우리의 목적은 즉 우리의 완전한 독립이다. 우리는 주권국으로서의 영토적·정치적·행정적 모든 특권을 회복하는 권리를 요구한다.

조선을 남북의 양 점령 구역으로 분할하는 가장 중대한 과오는 우리가 스스로 취한 것이 아니다. 우리나라는 양단이 되었다. …… 귀 열국은 조선 사람이 분열이 되었으므로 자유 국민의 자격이 없다 하나 우리 조선을 마치 양단된 몸과 같이 양단한 것은 우리가 스스로 취한 것이 아니요, 귀 열국이 강행한 것임을 이에 선명하지 않을 수 없다. …… 우리는 카이로 선언에 발표된 모든 조건을 수행할 수 있도록 우리의 전 민족적 생활을 통일로서 조직하는 기회가 허여되기를 이에 단호히 요구하는 바이다.

1. 우리는 자주할진대 1년 이내에 국내를 안돈할 수 있을 뿐 아니라 외국의 물질적 기술적 후원으로써 비교적 단시일간에 평화로운 정상 생활을 회복할 수 있다.
2. 우리는 연합국과 우호 관계로서 협력할 것이며 극동 평화 유지에 응분의 노력을 경주할 것이다.
3. 우리 임시 정부가 연합국의 승인 하에 환도하면 1년 이내에 국민 선거를 단행할 것이요, 1919년에 선포된 독립 선언서와 경성에서 건설된 임시 정부의 취지에 의하여 천명된 민주주의의 정치 원칙을 존중할 것이다.

…… 우리는 단연코 공동 신탁제를 거부하며 기타 여하한 종류를 물론하고 완전 독립 이외의 모든 정책을 단연 반대하는 것이다. 우리는 우리의 자유를 위하여 전 생명을 바치기로 결의하였다.

- 『자유신문』(1945. 11. 3.)

사료 독해

• 1945년 10월 16일 이승만이 귀국하고 한 달여 지난 뒤 연합국 측에 보낸 일명 「이승만 기초 결의서」 전문이다.

• 광복 이후 건국 준비 위원회와 조선 인민 공화국을 통한 민족 통일 전선 결성이 실패한 뒤 시도된 정당 통일 운동은 이승만 중심의 독립 촉성 중앙 협의회 발족으로 귀결되었다. 1945년 10월 23일 정당·사회단체 등 50여 단체 대표 200여 명이 모여 안재홍의 제안에 따라 '독립 촉성 중앙 협의회'를 구성하고, 이승만을 회장으로 추대하였다. 독립 촉성 중앙 협의회는 이승만을 중심으로 범우익 세력을 결집하였고, 아울러 좌익 진영의 상당 부분을 포괄하였다. 독립 촉성 중앙 협의회는 이승만과 미군정이 긴밀히 연대하여 국제 연합 신탁 통치 계획안을 무산시킨 후 모스크바 3상 회의에 그 대안을 제출할 목적으로 준비·조직한 단체라는 견해가 제기되고 있다.

나와 나의 동료들은 과거 20~30년간을 중국의 원조 하에서 생명을 부지하고 우리의 공작을 전개해 왔습니다. …… 그러므로 나와 니의 동료는 중·미 양군에 대하여 큰 존경의 뜻을 표하는 바입니다. …… 나와 나의 동료는 각각 한 사람의 시민 자격으로 귀국하였습니다. 동포 여러분의 부탁을 받아서 노력한 결과 이와 같이 여러분과 얼굴을 마주하게 되니 대단히 죄송합니다. …… 나와 나의 동료는 오직 완전히 통일된 독립 자주의 민주 국가를 완성하기 위하여 여생을 바칠 결심을 가지고 귀국하였습니다. 여러분은 조금이라도 가림 없이 심부름을 시켜주시기 바랍니다. 조국의 통일과 독립에 도움이 되는 일이라면 불구덩이나 물속에라도 들어가겠습니다. 우리는 미국과 중국의 도움을 받아 여러분과 기쁘게 만나게 되었습니다. 그러나 우리는 오래지 않아 또 소련의 도움으로 북쪽의 동포도 기쁘게 대면할 것을 확신합니다. 여러분도 우리와 함께 이 날을 기다립시다. 그리고 완전히 독립 자주할 통일된 신민주 국가를 건설하기 위하여 함께 노력합시다.

– 『자유신문』(1945. 11. 24.)

사료 독해

• 광복 이후 대한민국 임시 정부 요인이 기국한 직후, 임시 정부 선전부장 엄항섭이 김구를 대신하여 낸 성명이다.

• 미·소 양국이 한반도를 분할 점령한 상황에서 미군정은 임시 정부 요인들이 개인 자격으로 입국하는 것만을 허용하였다. 1945년 11월 23일 김구·김규식·이시영 등이 귀국했고, 이어서 12월 2일에 홍진·조성환·조소앙·김원봉 등이 귀국하였다. 이들이 개인 자격으로 입국하였다는 것은 미군정이 대한민국 임시 정부의 대표성을 인정하지 않았음을 보여 준다.

한국사 Q&A   국제 연합은 어떻게 탄생하였을까?

▲ 국제 연합 본부와 국제 연합을 상징하는 로고

제2차 세계 대전 중 연합국 간에는 전후 국제 평화와 안전을 유지하기 위한 국제기구 설립의 필요성이 검토되었다. 그 결과 1944년 미국 워싱턴에서 국제 연합의 설립 목적과 원칙 등에 합의하며 국제 연합 헌장 초안을 마련하였다. 이후 1945년 연합국 50개국 대표들이 샌프란시스코에 모여서 국제 연합 헌장을 채택하고, 이 헌장에 서명함으로써 국제 연합이 정식으로 발족하였다.

국제 연합 헌장은 국제 연합의 '헌법'으로서 회원국의 권리와 의무를 명시하고, 제반 기관과 절차를 규정하는 내용을 담고 있다. 국제 연합의 설립 목적은 국제 평화 및 안전 유지, 국가 간 우호 관계 발전, 경제·사회·문화·인도적 문제의 해결 및 인권과 기본적 자유의 존중을 증진하기 위한 국제 협력 달성 등이다. 또한 활동으로는 모든 회원국의 주권 평등과 헌장 의무 준수, 국제적 분쟁의 평화적 해결, 국제 관계에서 무력 사용 및 위협 금지, 비회원국의 지원 행동 확보, 국내 문제 불간섭 등을 원칙으로 내세우고 있다. 주요 기관으로는 총회, 안전 보장 이사회, 경제 사회 이사회, 신탁 통치 이사회, 국제 사법 재판소 및 사무국 등이 있다. 총회는 전 국제 연합 회원국 대표로 구성되는 최고 기관으로, 국제 평화와 안전 유지, 국제 협력 촉진, 신탁 통치 등 모든 사항에 관하여 심의하거나 권고한다. 안전 보장 이사회는 국제 평화 및 안전 유지에 대한 일차적 책임을 지며, 군사적 강제 조치의 실시를 요청하고 집행할 수 있다는 점은 제1차 세계 대전 직후 만들어진 국제 연맹에 비해, 국제기구로서의 역량이 강화된 것으로 평가된다.

32 대한민국 정부의 수립과 과제

KEY WORD

모스크바 3국 외상 회의
1945년 12월 모스크바에서 미·영·소 3국 외무 장관이 참여한 회의로, 한국 임시 정부 수립, 미·소 공동 위원회 설치. 최장 5개년간 의 신탁 통치에 관한 결의에 합의하였다.

5·10 총선거
직접·평등·비밀·보통 선거의 원칙에 따라 한국 역사상 최초로 실시된 총선거로 38도선 이남 지역에서 198명의 제헌 국회 의원을 선 출하였다.

대한민국 국호
제헌 국회의 헌법 기초 위원회에서 격론 끝에 대한민국 17표, 고려 공화국 7표, 조선 공화국 2표, 한국 1표를 얻어 대한민국이 국호로 결정 되었다.

주제 열기

1948년 5월 10일 실시된 총선거로 제헌 국회가 구성되었다. 제헌 국회는 헌법을 제정·공포하고 정·부통령 을 선출함으로써 대한민국 정부가 수립되었다. 대한민국 정부 수립은 우리 역사에서 어떤 의미가 있을까?

▼ 대한민국 정부 수립 국민 축하식(1948. 8. 15.)

시대 흐름 잡기

신탁 통치와 좌우익 대립
- 모스크바 3국 외상 회의 → 우익 (반탁 운동), 좌익(결정 지지)
- 미·소 공동 위원회 → 참여 단 체 문제로 대립 → 결렬
- 한반도 문제 유엔 이관 → 유엔 한국 임시 위원단 파견

통일 정부 수립 노력
- 좌우 합작 위원회 활동 → 좌우 합작 7원칙 발표
- 김구·김규식 등의 남한 단독 정 부 수립 반대 → 남북 협상 추진
- 이승만의 정읍 발언 → 단정 수 립 반대 → 제주 4·3 사건

대한민국 정부 수립
- 5·10 총선거 실시 → 제헌 국회 구성(남한 지역 198명)
- 제헌 국회: 헌법과 국호 제정, 정 부통령 선출
- 대한민국 정부의 과제: 친일파 청산 문제와 농지 개혁 등

01 모스크바 3국 외상 회의 결정서

1. 조선을 독립국으로 부흥시키고 조선이 민주주의 원칙 위에서 발전하게 하며 장기간에 걸친 일본 통치의 악독한 결과를 신속히 청산할 조건들을 창조할 목적으로 '조선 민주주의 임시 정부'를 창설한다. 임시 정부는 조선의 산업, 운수, 농촌 경제 및 조선 인민의 민족 문화의 발전을 위하여 모든 필요한 방책을 강구할 것이다.

2. 조선 임시 정부 조직에 협력하며 이에 적응한 방책들을 예비 작성하기 위하여 남조선 미군 사령부 대표들과 북조선 소련군 사령부 대표들로써 공동 위원회를 조직한다. 위원회는 자기의 제안을 작성할 때에 조선의 민주주의 정당들, 사회단체들과 반드시 협의할 것이다. 위원회가 작성한 건의문은 공동 위원회 대표로 되어 있는 양국 정부의 최종적 결정이 있기 전에 미·소·영·중 각국 정부의 심의를 받아야 된다.

3. 공동 위원회는 조선 민주주의 임시 정부를 참가시키고 조선 민주주의 단체들을 끌어들여 조선 인민의 정치적, 경제적, 사회적 진보와 민주주의적 자치 발전과 또는 조선 국가 독립의 확립을 원조 협력(후견)하는 방책들도 작성할 것이다. 공동 위원회의 제안은 조선 임시 정부와 협의 후 5년 이내를 기한으로 하는 조선에 대한 4개국 신탁 통치(후견)의 협정을 작성하기 위하여 미·소·영·중 각국 정부의 공동 심의를 받아야 한다.

4. 남북 조선과 관련된 긴급한 여러 문제를 심의하기 위하여 또는 남조선 미군 사령부와 북조선 소련군 사령부의 행정·경제 부문에 있어서의 일상적 조정을 확립하는 제 방안을 작성하기 위하여 2주일 이내에 조선에 주둔하는 미·소 양국 사령부 대표로서 회의를 소집할 것이다.

– 김남식 외, 『한국현대사 자료 총서』

사료 독해

• 1945년 12월 28일, 소련 모스크바에서 미·영·소 3국 외상이 전후 문제와 연합국의 한국 신탁 통치 실시 방안 등을 논의한 뒤 최종 타결한 결정문이다.

• 모스크바 3국 외상 회의 결정의 핵심은 한국에 "임시 정부를 수립한다"는 것이었지만, 국내에는 모스크바 협정 내용이 정확히 알려지지 않고 소련이 신탁 통치를 주장한 것처럼 왜곡되었다. 이후 신탁 통치 문제 때문에 이념 간, 정당 간 분열이 확대되었고, 민족 반역자·친일파·친일 잔재 청산 등 해방 후 한국 사회의 당면 과제가 외면당했다.

02 신탁 통치 반대 국민 총동원 위원회의 반탁 선언과 결의문

1. 3천만 전 국민이 절대 지지하는 대한민국 임시 정부를 우리의 정부로서 세계에 선포하는 동시에 세계 각국은 우리 정부를 정식으로 승인함을 요구함.

2. 우리는 5천 년의 유구한 문화를 가진 민족으로서 도저히 미·영·중·소 4개국의 관리 하에 신탁 통치를 받지 못함을 미·영·중·소국 원수에게 통고함.

3. 현하 우리 국토 남북으로 진주하고 있는 미·소 양군의 즉시 철퇴 요구를 연합군에 통고함.

4. 우리나라가 완전한 자주 독립을 획득할 때까지 3천만 전 민족이 힘을 모아서 신탁 통치 반대 운동을 결사적으로 계속할 것을 4개국에 통고함.

– 『중앙신문』(1946. 1. 1.)

사료 독해

1945년 12월 27일 『동아일보』가 "소련은 신탁 통치 주장, 미국은 즉시 독립 주장"이라는 오보를 보도하면서 모스크바 3국 외상 회의의 협상 내용이 국내에 처음 알려지자 대한민국 임시 정부는 즉시 '신탁 통치 반대 국민 총동원 위원회'를 결성하고, 1946년 1월부터 대규모 반탁 시위를 개최하였으며, 이후 반탁 시위가 전국으로 확산되었다.

03 모스크바 3국 외상 회의 결정에 대한 조선 공산당의 지지 담화문

　모스크바 3국 외상 회의의 결정을 신중히 검토한 결과, 우리는 다음의 태도를 표명한다. …… 예컨대 조선 문제에서 '조선을 독립 국가로 부흥하고 민주주의 기초 위에서 나라가 발전될 조건을 만들기 위하여 또는 장구한 일본 지배의 해독이 있는 잔인한 자취를 신속히 청산할 목적으로 조선에서 공업·농업·교통·민족 문화 발전의 방책을 진행할 수 있는 정부와 조선 민주주의 정부를 조직한다'는 결정문의 국제적 결정은 오늘날 조선을 위하는 가장 정당한 것이라고 우리는 인정한다. 이것은 조선으로 하여금 민주주의 국가로 발전시키자는 것이다. 조선의 독립은 민주주의 국가로서만 해결되어야 한다는 것을 의미하는 것이다. 문제의 5년 기한은 그 책임이 삼국 회의에 있는 것이 아니라, 실인즉 우리 민족 자체의 결점(장구한 일본 지배의 해독과 민족적 분열 등)에 있다고 우리는 반성하지 않으면 안 된다. 그럼에도 불구하고 이번 결정의 책임을 의식적으로 삼국에 돌리고 이것을 정면으로 반대 배격함에 열중하고 삼국의 우호적 협조와 협력을 마치 제국주의적 위임 통치(신탁)라고 왜곡하고 …… 민주주의적 연합국을 적대하는 방향으로 대중을 기만하는 …… 반신탁 운동은 조선을 위하여 극히 위험천만한 결과를 나타날 것은 필연이다. …… 카이로 회담은 조선 독립을 적당한 시기에 준다는 것인데 이 적당한 시기라는 것이 이번 회담에서 5년 이내로 결정된 것이다. 이것을 우리가 5년 이내에 통일이 되고 우리 발전이 상당한 때에는 그 기한은 단축될 수 있는 것이니 이것은 오직 우리 역량 발전 여하에 있는 것이다. 그러므로 이번 모스크바 결정은 카이로 결정을 더욱 발전 구체화시킨 것이다. 그러므로 우리의 할 일은 무엇보다도 먼저 통일의 실현에 있다. 민족의 통일 …… 이것을 중심으로 조선 민족 통일 전선을 완성함에 전력을 집중하여야 한다. － 「해방일보」(1946. 1. 6.)

사료 독해

• 1946년 1월 2일 조선 공산당 중앙 위원회가 모스크바 3상 회의 결정에 대한 지지 의사를 처음 공식적으로 표명한 지지 담화문이다.

• 좌익은 처음에는 반탁 입장이었으나, 1945년 12월 30일 국내 언론에 모스크바 3국 외상 회의 협정문 전문이 공개되고, 주된 내용이 신탁 통치가 아닌 임시 정부 수립이라는 점을 파악한 뒤부터 찬탁으로 입장을 바꿨다. 좌익 세력은 이 담화문에서 모스크바 3국 외상 회의 결정의 핵심은 조선에서 민주주의 국가를 수립하는 것이기 때문에 신탁 통치는 제국주의적 위임 통치가 아니라고 주장하였다. 또한 신탁 통치 기간 5년 동안 우리가 할 일은 친일파·민족 반역자·국수주의자를 제외한, '민주주의 원칙'에 근거한 조선 민족 통일 전선의 완성이라고 주장하였다.

04 이승만의 남한 단독 정부 수립 주장-정읍 발언

　정읍 환영 강연회에 임석한 이승만은 미·소 공동 위원회의 재개의 가망이 없는 경우의 남조선 임시 정부 수립과 민족주의 통일 기관 설치에 관하여 주목되는 연설을 하였는데, 그 요지는 다음과 같다.

　"이제 우리는 무기 휴회된 공위가 재개될 기색도 보이지 않으며 통일 정부를 고대하나 여의케 되지 않으니 남한만이라도 임시 정부 혹은 위원회 같은 것을 조직하여 38선 이북에서 소련이 철퇴하도록 세계 공론에 호소하여야 될 것이니 여러분도 결심하여야 될 것이다. 그리고 민족 통일 기관 설치에 대하여 지금까지 노력하여 왔으나 이번에는 우리 민족의 대표적 통일 기관을 귀경한 후 즉시 설치하게 되었으니 각 지방에 있어서도 중앙의 지시에 순응하여 조직적으로 활동하여 주기 바란다." － 「서울신문」(1946. 6. 4.)

사료 독해

제1차 미·소 공동 위원회가 결렬되자 이승만은 '남한 단독 정부 수립론'을 공개적으로 제기하였다. 1946년 6월 3일 전라북도 정읍에서 "우리는 남방만이라도 임시 정부 혹은 위원회 같은 것을 조직하여 38선 이북에서 소련이 철퇴하도록 세계 공론에 호소해야 될 것이다."라고 선언한 것이다. 이것이 바로 '6·3 정읍 발언'이다.

05 좌우 합작 위원회의 좌우 합작 7원칙

본 위원회의 목적(민주주의 임시 정부를 수립하여 조국의 완전 독립을 촉성할 것)을 달성하기 위하여 기본 원칙을 아래와 같이 의논하여 정함.

1. 조선의 민주 독립을 보장한 3상 회의 결정에 의하여 남북을 통한 좌우 합작으로 민주주의 임시 정부를 수립할 것.
2. 미·소 공동 위원회 속개를 요청하는 공동 성명을 발표할 것.
3. 토지 개혁에 있어서 몰수, 유조건 몰수, 체감 매상 등으로 토지를 농민에게 무상으로 나누어 주며, 시가지의 기지와 큰 건물을 적정 처리하며, 중요 산업을 국유화하며, 사회 노동 법령과 정치적 자유를 기본으로 지방 자치제의 확립을 속히 실시하며, 통화와 민생 문제 등등을 급속히 처리하여 민주주의 건국 과업 완수에 매진할 것.
4. 친일파 민족 반역자를 처리할 조례를 본 합작 위원회에서 입법 기구에 제안하여 입법 기구로 하여금 심리 결정하여 실시케 할 것.
5. 남북을 통하여 현 정권하에 검거된 정치 운동가의 석방에 노력하고 아울러 남북 좌우의 테러 행동을 일절 즉시로 제지토록 노력할 것.
6. 입법 기구에 있어서는 일체 그 권능과 구성 방법 운영에 관한 대안을 본 합작 위원회에서 작성하여 적극적으로 실행을 기도할 것.
7. 전국적으로 언론, 집회, 결사, 출판, 교통, 투표 등 자유를 절대 보장되도록 노력할 것.

– 「동아일보」(1946. 10. 8.)

사료 독해

• 1946년 10월 7일, 좌우 합작 위원회에서 좌익의 주장과 우익의 주장을 절충하여 결정한 「좌우 합작 7원칙」이다.

• 좌우 합작 운동은 제1차 미·소 공동 위원회가 결렬된 후 각 정파가 난립하는 가운데 미군정이 김규식과 여운형계가 이끄는 중도 세력을 중심으로 한 좌우 합작 정책을 지원하며 주목을 받았다. 그러나 「좌우 합작 7원칙」이 결정될 무렵 이미 좌익과 우익간의 대립이 심화되어 여운형이 암살되고 공산당은 미군정의 탄압을 받아 지하로 들어간 상태였다. 또한 미국과 소련도 자신들에게 우호적인 정부를 세우기로 결정하고 남과 북에 각각 독자적인 정권을 수립하는 작업을 시작하였다.

06 유엔 총회에서 채택된 남북한 총선거 결의안

총회는, 한국 국민의 독립에 대한 요청이 긴급 정당함을 인정하고 한국의 국가 독립이 재설정되어야 하며, …… 한국 국민의 자유와 독립은 한국 국민의 대표의 참여 없이는 공명정대히 해결될 수 없다는 전술의 결론과 또 선거에 의한 한국 국민의 대표의 참여를 용이케 하며, 촉진시킬 목적으로 유엔 한국 임시 위원단을 설치한다는 결의를 상기하며, 다음과 같이 권고한다.

1. 위원단은 호주, 캐나다, 중국, 엘살바도르, 프랑스, 인도, 필리핀, 시리아, 우크라이나 소비에트사회주의공화국 대표로써 구성할 것을 결정한다.
2. 한국 국민의 자유와 독립의 조속한 달성에 관하여 동 위원회와 협의할 수 있는 대표자들을 선출하기 위하여, 1948년 3월 31일 이내에 성년자 선거권 원칙과 비밀 투표에 의한 선거를 시행하고, 이 대표자들로 하여금 국회를 구성케 하고 한국의 중앙 정부를 수립할 것을 권고하며 각 투표 지구 또는 지역에서 선출될 대표자 수는 위원단 감시 하에 시행되어야 한다.
3. 다시 선거 후 가급적 조속히 국회가 소집되어 중앙 정부를 수립해야 하며 그 수립을 위원단에 통고하여야 한다. –외무부 정무국, 「국제 연합 한국 관계 결의문집」

사료 독해

• 1947년 11월 14일 유엔 총회에서 채택된 남북한 총선거 결의안이다.

• 모스크바 3국 외상 회의 결의에 따라 임시 정부 수립 임무를 맡은 미·소 공동 위원회가 두 차례 개최되었지만 결렬되고 말았다. 이에 미국은 한반도 문제를 유엔 총회에 이관하였다. 유엔 총회에서 결정된 남북한 총선거 결의안의 주요 내용은 인구 비례에 따른 비밀 투표에 의한 선거를 1948년 3월 31일 이전에 실시하여 제헌 의회를 구성하고, 이들에 의한 국회 구성, 헌법 제정, 유엔 한국 임시 위원단 설치, 그리고 90일 이내에 점령국과 철군 문제 협의 등이다.

07 유엔 소총회에서 채택된 남한만의 총선거 결의안

소총회는, 유엔 한국 임시 위원단 의장이 표명한 여러 의견을 명심하며, 1947년 11월 14일 총회 결의에서 설정된 계획이 실시될 것과 또 이에 필요한 조치로서 유엔 한국 임시 위원단이 한국 전역 선거의 감시를 진행시킬 것과 만일 그것이 불가능하다면 위원단이 접근할 수 있는 한의 한국 내 지역의 선거 감시를 진행시킬 것이 필요하다고 간주하며, …… 유엔 한국 임시 위원단이 접근할 수 있는 지역에서 결의문 제2호에 기술된 계획을 시행함이 동 위원단에 부과된 임무임을 결의한다. — 외무부 정무국, 「국제연합한국관계결의문집」

사료 독해

1948년 1월 소련이 유엔 한국 임시 위원단의 설치와 활동을 거부하겠다고 선언하자, 2월 26일 열린 유엔 소총회에서 미국이 제시한 남한만의 단독 총선거안이 찬성 31, 반대 2, 기권 11로 채택되었다. 소련을 비롯한 사회주의 진영 국가들은 회의와 표결에 불참하였다.

08 남한만의 단독 정부 수립 반대 – 김구의 성명 발표

지금 이때 나의 단일한 염원은 3000만 동포와 손을 잡고 통일된 조국, 독립된 조국의 달성을 위하여 공동 분투하는 것뿐이다. 이 육신을 조국이 요구한다면 당장에라도 제단에 바치겠다. 나는 통일된 조국을 건설하려다가 38선을 베고 쓰러질지언정 일신에 구차한 안일을 취하여 단독 정부를 세우는 데는 협력하지 아니하겠다. 나는 내 생전에 38선 이북에 가고 싶다. 그쪽 동포들도 제 집을 찾아가는 것을 보고서 죽고 싶다. …… 3000만 형제자매여! 붓이 이에 이르매 가슴이 눌러 막히고 눈물이 앞을 가리어 말을 더 이루지 못하겠다. 바라건대 나의 애달픈 고충을 명확히 살피고 내일의 건전한 조국을 위하여 한 번 더 심사하라. — 「서울신문」(1948. 2. 11~13.)

사료 독해

1948년 2월 10일 김구가 발표한 「3000만 동포에게 읍고함」이라는 성명서이다. 김구는 광복 후 반탁 운동을 주도하였고 남한만의 단독 정부 수립에 반대하여 김규식과 함께 남북 협상을 추진하였다. 그 결과 1948년 4월에 평양에서 남북 협상이 진행되었으나 큰 성과를 거두지는 못하였다.

09 제헌 국회에서 제정된 제헌 헌법

유구한 역사와 전통에 빛나는 우리들 대한 국민은 기미 삼일 운동으로 대한민국을 건립하여 세계에 선포한 위대한 독립 정신을 계승하여 이제 민주 독립 국가를 재건함에 있어서 정의, 인도와 동포애로써 민족의 단결을 공고히 하며 모든 사회적 폐습을 타파하고 민주주의 제 제도를 수립하여 정치, 경제, 사회, 문화의 모든 영역에 있어서 각인의 기회를 균등히 하고 능력을 최고도로 발휘케 하며 각인의 책임과 의무를 완수케 하여 안으로는 국민 생활의 균등한 향상을 기하고 밖으로는 항구적인 국제 평화의 유지에 노력하여 우리들과 우리들의 자손의 안전과 자유와 행복을 영원히 확보할 것을 결의하고 우리들의 정상 또는 자유로이 선거된 대표로서 구성된 국회에서 단기 4281년 7월 12일 이 헌법을 제정한다.

제1조 대한민국은 민주 공화국이다.
제2조 대한민국의 주권은 국민에게 있고 모든 권력은 국민으로부터 나온다.
제3조 대한민국의 국민이 되는 요건은 법률로써 정한다. — 대한민국 「관보」 제1호

사료 독해

• 1948년 7월 17일 제정·공포된 우리나라 최초의 헌법이다.

• 1948년 5월 10일, 남한에서 총선거가 실시되었다. 단독 선거를 통한 정부 수립에 반대했던 김구와 김규식 등이 선거에 불참한 가운데, 제주 4·3 사건이 일어난 제주도를 제외한 전 지역에서 국회의원 198명이 선출되었다. 5월 31일 국회가 개원되어 제헌 작업이 시작되었다. 제헌 국회는 1948년 7월 17일 대통령제와 단원제 국회를 주요 골자로 하는 우리나라 최초의 「대한민국 헌법」을 제정하고 이를 공포하였다.

10 반민족 행위 처벌법 제정

제1조 일본 정부와 통모하여 한·일 합병에 적극 협력한 자, 한국의 주권을 침해하는 조약 또는 문서에 조인한 자와 모의한 자는 사형 또는 무기 징역에 처하고 그 재산과 유산의 전부 혹은 2분의 1 이상을 몰수한다.

제2조 일본 정부로부터 작위를 받은 자 또는 일본 제국 의회의 의원이 되었던 자는 무기 또는 5년 이상의 징역에 처하고 그 재산과 유산의 전부 혹은 2분의 1 이상을 몰수한다.

제3조 일본 치하 독립운동자나 그 가족을 악의로 살상, 박해한 자 또는 이를 지휘한 자는 사형, 무기 또는 5년 이상의 징역에 처하고 그 재산의 전부 혹은 일부를 몰수한다.

사료 독해

1948년 9월 22일 제헌 국회에서 제정한 「반민족 행위 처벌법」이다. 이어 반민족 행위 특별 조사 위원회(반민특위)가 구성되어 반민족 행위자 검거에 들어갔지만 곧 친일 경찰의 습격을 받았고, 이승만 정부의 방임과 방해 속에 1951년 반민족 행위 특별법이 폐지됨으로써 친일 잔재 청산에 실패하였다.

한국사 Q&A 광복 후에 남과 북의 농지 개혁은 어떻게 추진되었을까?

▲ 북한의 토지 개혁 포스터
▶ 1950년 3월에 개정되어 공포된 남한의 농지 개혁 법안

광복 이후 남북한의 당면 과제는 지주적 토지 소유, 식민지 지주제 철폐를 내용으로 하는 토지 개혁이었다.

북한은 1946년 3월 5일을 기해 '무상 몰수 무상 분배'의 원칙 아래 일본인과 조선인 지주의 토지를 몰수한 후 이를 소작 농민이나 소농 등에 분배하였다.

반면 남한의 미군정이 취한 토지 정책은 농민이 접수한 일본인 토지를 군정청에 이속시키고 소작료를 3·1제로 하는 정도의 소극적인 농업 정책을 실시하였다. 그리고 귀속 농지는 일제 강점기 동양 척식 주식회사를 인수·개편한 신한공사로 하여금 관리토록 하여 농민적 토지 소유를 향한 농민들의 노력을 좌절시켰다. 미군정이 취한 토지 정책 중 소작료 인하는 사실상 지주제를 인정하는 것이었고, 일본인 소유 농지였던 귀속 농지의 분배는 유상 분배의 원칙에 입각한 한계를 지녔다.

농지 개혁은 대한민국 정부 수립 이후 농민적 토지 소유의 실현을 촉구하는 농민 운동과 지주의 권리를 고수하려는 지주층 사이의 대립이 치열한 가운데 '유상 매수, 유상 분배'의 원칙이 채택되었다. 1950년 3월 10일 「농지 개혁법」이 공포된 이후, 1957년에 종결된 농지 개혁은 귀속 농지 20만 정보와 일반 농지 27만 정보를 합해 47만 정보를 분배하였다. 이는 1945년 당시 소작지 면적 147만 정보의 32%에, 1949년의 분배 대상 면적에 대비하면 57%에 불과하였다. 하지만 그동안 지연되었던 농지 개혁이 시행되면서 3정보 이상 농지 소유를 제한함으로써 토지가 경작자인 농민에게로 옮겨졌으며, 지주 계급은 위축·소멸되어 갔다. 이로써 다소 미흡하게나마 지주적 토지 소유가 폐지되고 농민적 토지 소유가 확립되었다.

6·25 전쟁과 남북 분단의 고착화

KEY WORD

애치슨 선언
1950년 1월, 미국 국무장관 애치슨이 미국의 태평양 지역 방어선을 발표한 선언이다. 이 방어선에서 한반도 지역이 제외되어 있었다.

정전 협정
중국군의 참전으로 38도선 부근에서 공방전을 벌이던 양측이 군사 분계선 설정과 포로 교환 방식을 놓고 약 2년간 협상을 진행하여 1953년 7월 27일 휴전에 서명하였다.

한·미 상호 방위 조약
한국과 미국 사이에 상호 방위를 목적으로 체결한 동맹 조약이다. 1953년 체결되어 1954년부터 발효되었다. 이를 통해 주한 미군이 주둔할 수 있는 근거가 마련되었다.

주제 열기

1948년 남과 북에 각각 수립된 정부는 서로 대립하였고, 이는 6·25 전쟁으로 이어졌다. 전쟁의 피해는 참혹하였고, 이후 한반도의 분단 체제는 더욱 견고하게 굳어져 갔다. 6·25 전쟁은 어떻게 일어났으며, 전쟁이 남긴 피해는 무엇일까?

▶ 6·25 전쟁 중 아기를 업은 소녀

시대 흐름 잡기	6·25 전쟁	분단의 고착화	전후 복구
	○배경: 소련과 중국 북한 지원 → 북한군 남침(1950. 6. 25.) ○경과: 북한군 남하 → 인천 상륙 작전 → 중국군 참전 → 1·4 후퇴 → 치열한 공방전 ○정전 협정 체결(1953. 7. 27.)	○인적 피해: 남북한 군인과 민간인 수백만 명 사상자 발생 ○물적 피해: 산업 시설과 학교, 주택, 도로, 교량 대부분 파괴 ○상처: 전쟁고아, 과부, 이산가족 → 남북 간 불신과 증오	○남한: 미국의 원조 → 소비재 산업 발달(삼백 산업) → 높은 교육열 → 60년대 경제 성장 ○북한: 사회주의 국가의 지원과 원조 → 민·관·군 총동원 체제 → 사회주의 경제 체제 수립

01 소련 공산당 문서

스탈린 동지는 김일성에게 국제 환경과 국내 상황이 모두 조선 통일에 더욱 적극적인 행동을 취할 수 있도록 바뀌었다고 강조하였다. 국제적 여건으로는 중국 공산당이 국민당에 승리를 거두어 조선에서 행동하는 데 유리한 환경이 만들어졌다. 중국 국내 문제로 시름을 덜었기 때문에 관심과 에너지를 조선 지원에 쏟을 수 있게 되었다. 중국은 이제 필요하다면 자기 군대를 무리 없이 조선에다 투입할 수 있다. 중국이 소련과 동맹 조약을 체결하였기 때문에 미국은 아시아 공산 세력에 대한 도전을 더 망설일 것이다. 미국에서 오는 정보에 따르면 미국 내에도 타국에 개입하지 말자는 분위기가 주조를 이루고 있다. 소련이 원자탄을 보유하고 유럽에서 위상이 강화됨으로써 이런 불개입 분위기는 더 심화되고 있다. …… 김일성은 미국이 개입치 않을 것이란 견해를 밝혔다. 그것은 북조선 뒤엔 소련과 중국이 있기 때문만은 아니고, 미국 스스로 대규모 전쟁을 벌이려 하지 않을 것이기 때문이라고 하였다.

– 김일성의 소련 방문 건, 「구소련 문서」(1950. 3. 30.~4. 25.)

02 애치슨 선언

군사적 안전 보장의 입장에서 본 태평양 지역의 정세 및 이 지역에 대한 미국의 정책은 어떤 것인가? 첫째로 일본의 패배와 무장 해제에 의해 미국은 미국과 전 태평양 지역의 안전 보장을 위해 필요한 기간 동안 일본의 군사적 방비를 담당하게 되었다. 이 방위선은 알류산 열도에서 일본을 거쳐 오키나와 필리핀 군도에 이어진다. 기타 태평양 지역의 군사적 안전 보장에 관해서 말하자면 누구라도 이 지역을 군사적 공격으로부터 보증할 수 없다는 사실을 명백히 해두지 않으면 안 된다.

– 오소백, 「광복 30년사」

03 이승만의 북진 통일론

나는 몇 가지 한국 정세에 대하여 당신에게 간단히 이야기하려고 합니다. 나는 지금이 우리가 쳐 올라가 평양에 있는 잔당을 소탕할 수 있는 절호의 시기라고 느끼고 있습니다. 우리는 얼마 되지 않는 김일성과 인간들을 산악 지대로 내쫓아 굶어 죽게 할 것입니다. 그 다음에 우리는 두만강과 압록강 연안에 걸친 방어선을 굳건히 해야 할 것입니다. …… 만주와 시베리아에 있는 중국인, 일본인 및 조선인 등 모든 공산주의자들은 젖 먹던 힘까지 내어 저항을 하겠지만, 우리들은 그자들을 격퇴할 수 있을 것입니다. 우리 국민들은 북벌을 갈망하고 있습니다. 북한에 있는 우리 국민들도 금방이라도 궐기를 하려고 하고 있습니다. …… 시간을 끌수록 일은 어렵게 될 것 이외다.

– 이승만 대통령이 미 국무부 올리버에게 보낸 편지(1949. 9. 30.)

04 미·소 양 군의 철수

미국과 소련 양군은 외교적 협력과 합의를 내세우며 통일 정부를 수립한다고 하였으나, 1947년에 이미 자국에게 우호적인 '사실상의 정부'를 수립하였고, …… 38도선 경비를 목적으로 국제법에 위반되는 국립 경찰과 군대를 각각의 지역에서 조직하였다. 격화되는 이데올로기적 · 정치적 · 군사적 충돌 속에서 …… 미국과 소련은 모든 연락과 연대의 끈을 자른 채 증오와 38도선을 남기고 철수하였다. …… 『주한미군사』는 미 · 소 양진영의 토착 군대 양성이 불러올 결과를 이렇게 예언하였다. "만약 소련과 미국이 동시에 철수한다면 한국인들은 의문의 여지없이 내전에 돌입해 각각의 목을 조이게 될 것이다."

– 정병준, 『역사학의 시선으로 읽는 한국 전쟁』

05 국제 연합 안전 보장 이사회 결의 제83호

안전 보장 이사회는, 북한군이 대한민국을 무력 공격한 것은 평화의 파괴임을 단정하고, 적대 행위를 즉각 중지할 것과 북한 당국이 38도선 이북으로 그들의 군대를 철수시킬 것을 요구하였다. 그러나 북한 당국이 적대 행위를 중지하지 않고 38도선까지 철수하지도 아니하였다. 이에 국제 평화와 안전을 회복하기 위하여 긴급히 군사 조치가 필요하다고 한 국제 연합 한국 위원단의 보고와 평화와 안전을 확보하기 위하여 즉각적이고 효과적인 조치를 취하여 달라는 국제 연합에 대한 대한민국의 호소에 유의하며, 국제 연합 회원국은 북한군의 무력 침공을 격퇴하고 동 지역의 국제 평화와 안전을 회복하기 위해 필요한 원조를 대한민국에 제공할 것을 권고한다.

– 통일원, 『한반도 평화 체제 문제 관련 주요 문건집』

06 전쟁의 상처 – 인적 피해

어머니 전쟁은 왜 해야 하나요? 이 복잡하고 괴로운 심정을 어머니께 알려드려야 내 마음이 가라앉을 것 같습니다. …… 지금 내 옆에는 수많은 학우들이 죽음을 기다리는 듯 적이 덤벼드는 것을 기다리며 뜨거운 햇볕 아래 엎드려 있습니다. …… 적병은 너무나 많습니다. 우리는 71명입니다. 이제 어떻게 될 것인가 생각하면 무섭습니다.

– 학도의용군 이우근의 편지

피난민의 상당수는 집단 수용되어 보호를 받고 있다. 직업을 찾지 못하고 자활 능력이 없는 그들은 오직 외국의 원조 구호 물자에 의지하여 기아를 면하고 있을 뿐이다. 특히 서울을 제외한 경기 지구 내의 월남 피난민 대부분은 식량 구호 물자의 원활한 수송을 기대할 수 없어 극도로 궁핍한 생활난에 빠져 있다.

– 『자유신문』(1951. 12. 12.)

07 전쟁의 상처 – 물적 피해

장기화된 전쟁으로 산업 시설은 대부분 파괴되고, 국내 경제 질서는 혼란에 빠졌다. 기간산업을 위시한 생산 업체는 마심한 고통 속에 신음하고 있다. 최근에 당국은 전쟁과 함께 재건을 위해 노력하고 있으며, 유엔과 미국 역시 부흥 사업을 돕고자 준비하고 있다. …… 독립 국가로서 의식주의 기본 산업을 자급 수준까지 끌어올려야 하며, 외국 자본 및 기술과 협조 생산을 하는 데 노력하여 일관된 종합적 체계가 확립되어야 할 것이다.

– 「서울신문」(1953. 4. 12.)

사료 독해

6·25 전쟁으로 산업 피해도 심각하였다. 공장을 비롯한 산업시설은 물론이고 주택, 학교, 도로, 교량 등 대부분의 기반 시설이 파괴되어 전후 이를 복구하는 과제가 시급해졌다.

08 전쟁의 상처 – 민간인 학살

일제와 한국의 사상 통제 기제는 '사상범', 즉 각각 '아까'와 '빨갱이'라는 존재를 탄생시켰다. '아까'와 '빨갱이'는 둘 다 사람의 속성을 '빨강'이라는 색깔로 표현했다는 점에서 공통적인 데가 있다. …… '아까'라는 낙인은 지극히 부정적인 것이었음에도 극단적인 배제(예컨대 절멸, 섬멸 등)를 의미하는 것은 아니었다. …… 그러나 '빨갱이'는 '아까'와 달리 죽여도 되는 존재, 더 나아가 반드시 '죽여야만 하는 존재'를 의미했다. 다시 말해 '빨갱이'라는 용어에 절멸과 섬멸이 내포되어 있는 것이다. 이것은 대한민국 정부 수립 전후 내전 상황에서, 즉 국가 건설, 혁명과 반혁명, 봉기와 진압 등의 내전이 교차하는 예외적 상황에서 '빨갱이'의 의미화가 극단적으로 치달으면서 생긴 결과였다. 한국 전쟁기 수많은 비무장 민간인들이 대량 학살되었다. 그 가운데 '보도연맹 사건'으로 개전 직후 약 3~4개월 동안 전국에 걸쳐 약 10만 명에 가까운 보도연맹원이 목숨을 잃었다. 전선에서 계속 패퇴하는 급박한 상황 속에서 이루어진 자국민에 대한 학살이었다. 당시 이승만 정부는 보도연맹원을 전시 내부의 적이자 외부의 적과 내통할 수 있는 '빨갱이'로 인식하였다. 이승만 정부의 보도연맹원 학살에서 생존한 보도연맹원들은 북한 점령 하에서도 그 처지가 크게 달라지지 않았다. 북한 점령 당국 역시 보도연맹원을 변절자이자 반동분자로 분류하여 배제했다. 이에 따라 정치보위국과 내무서에 의해 처단 내지 숙청되었거나, 혹은 의용군 동원을 통해 전장으로 동원돼 죽었다.

– 강성현, 「한국 사상 통제 기제의 역사적 형성과 보도연맹 사건」

그저께 마을에서 반장을 통하여 한 집에 한 사람씩 성균관 앞으로 모이라기에 나가 보았더니 청년 몇 사람들을 끌어다 놓고 따발총을 맨 인민군들이 군중을 향하여 "이 사람이 반동분자요 아니요?" 하고 물으매, 모두들 기가 질려서 아무 말이 없는데 그 중에 한 두 사람이 "악질 반동분자요"하고 소리치니 두말없이 현장에서 총을 쏘아 죽였다. ……

– 김성칠, 「역사 앞에서」

사료 독해

• 광복 이후 좌우익의 이념 대립은 반대 세력에 대한 배제와 차별로 이어졌고, 전쟁 중 남과 북 상호 간에 수많은 민간인 학살이 계속되었다.
특히, 국민보도연맹은 1949년 좌익 계열 전향자로 구성된 반공 단체로 1948년 12월 시행된 국가보안법에 따라 좌익 사상에 물든 사람들을 사상 전향시켜 이들을 보호하고 인도한다는 취지와 국민의 사상을 국가가 나서서 통제하려는 이승만 정부의 대국민 사상 통제 목적으로 결성되었다. 전쟁이 발발하자 이승만 정부는 '보도연맹에 가입된 사람들이 북한 군에 협조하여 배신할 수 있는 존재로 보고 헌병대·경찰·교도관 등을 동원하여 전국 각지에서 보도연맹에 가입한 사람들을 무차별 검속하여 학살하였다.

• 보도연맹 학살 사건은 북한군 점령 지역에서 일어난 좌익 세력에 의한 보복 학살의 원인이 되기도 하였다. 전쟁 중 북한군은 인민재판의 형식으로 우익 세력을 반공주의자, 자본가, 반동주의자 등으로 몰아 처형하였다.

09 미국의 원조와 한국 경제의 성장

1950년의 6·25 전쟁 전까지 미군 점령 지구 구호 대책 위원회(GARIOA), 미국 경제 협조처(ECA)로부터 약 6억 달러의 원조를 받았다. …… 이 원조는 한국 경제의 장기 및 단기 발전 계획에 입각해서 이루어진 것은 아니고 미군의 잉여 물자를 주로 한 소비 물자를 원조 받았던 것이다. …… 그 후 6·25 전쟁으로 모든 생산 시설이 파괴되었다. 전쟁으로 인한 막대한 군사비는 화폐량을 계속 증가시켰고 악성 인플레이션의 누적은 걷잡을 수 없을 정도로 매우 빠른 속도였으므로 미국 원조의 주력은 이 인플레이션 방지에 집중되었다. …… 재건 사업으로 인해 발생하는 수요와 물자의 절대량 부족은 이때에도 계속되었으나 확대된 원조 도입으로 마침내 1956년부터 물가의 상승을 억제하기 시작하여 1958년에 이르러서는 불안정한 요인이 경제 구조에 전혀 없는 것은 아니었으나 여하튼 물가는 안정되었던 것이다. 이렇게 장기간에 걸쳐 막대한 원조를 받아들이는 동안에 한국의 경제는 현저하게 발전상을 보여 왔다. 국민 총생산의 성장률은 1953년 이래 연평균 6%를 유지하여 왔고 2차 산업의 연평균 성장률은 14.5%로 1차 또는 3차 산업의 5% 내외에 비하면 비약적인 발전이었다고 할 것이다. 그러나 20억 달러 이상의 원조를 기초로 세워진 한국 경제가 구조면에서 차별적인 특색을 띠어 온 것도 사실이다. 첫째, 무엇보다 바라던 국민 경제의 공업화는 여의치 못한 반면, 3차 산업은 산업별 국민 총생산의 구성 면에서 45%라는 높은 수준을 지속하여 왔다. 둘째로 …… 전력, 교통 등에의 투자보다 제당, 제분, 방직 등 소비 산업 부문에 과잉 생산을 초래할 만큼 자본을 투입시켰다는 것은 투자 계획이 장기적인 면에서 충분히 고려되지 못하였다고 할 수 있다. 또 하나 국민 소득 분배에서 소득 균형을 상실케 하여 소득 편중을 초래하였다는 사실이다. 이는 국민 자본 형성에 불가피한 현상이라고도 하겠지만 전반적인 국민 경제면에서 볼 때 재고되어야 할 문제이다. — 이정환, 「미국의 외원 정책 변경과 한국의 경제 성장 문제」

사료 독해

- 광복과 더불어 미군정이 실시되면서 미국의 한국에 대한 원조가 시작되었다. 미군정의 원조는 점령지 긴급 구호 원조로서 주로 식료품, 농업 용품, 피복, 기존 시설 유지 용품 및 의약품 등 소비재였다.

- 대한민국 정부 수립 후 미국의 한국에 대한 원조는 소비재 중심이었고, 민간 기업체의 경우 원조 물자를 배정받는 몇몇 소비재 공업에 자원이 집중되었다. 특히 삼백 산업으로 불리는 섬유·제분·제당업과 같은 소비재 산업의 성장이 두드러졌다. 당시 원조 물자 배당은 대기업과 도시에 집중되었다. 이에 중소기업은 소규모 사채에 의존할 수밖에 없어, 대기업과 중소기업, 도시와 농촌 간의 산업 불균형이 심화되었다.

- 1955년 이후에도 한국에 대한 원조는 소비재 산업에 집중되어 불필요한 중복 투자가 일어났고, 기초 산업 부문의 건설과 항만·철도·통신 등에 배정된 일부를 제외하면 광공업 진흥을 위한 시설 투자는 활성화되지 못하였다. 이 가운데 물가는 지속적으로 상승하였다.

10 한·미 상호 방위 조약

제1조 당사국은 관련될지도 모르는 어떠한 국제적 분쟁이나 국제적 평화와 안전과 정의를 위태롭혜 하지 않는 방법으로 평화적 수단에 의하여 해결하고 또한 국제관계에 있어서 국제연합의 목적이나 당사국이 국제연합에 대하여 부담한 의무에 배치되는 방법으로 무력의 위협이나 무력의 행사를 삼갈 것을 약속한다.
제4조 상호 합의에 의하여 미합중국의 육군, 해군과 공군을 대한민국의 영토 내와 그 부근에 배치하는 권리를 대한민국은 이를 허용하고 미합중국은 이를 수락한다. — 외교통상부 국가법령정보센터

사료 독해

정전 협상 진행 중 한국은 미국에게 전후 북한의 재침에 대비한 강력한 군사 동맹을 요구하였고, 이 조약에 따라 미국의 육·해·공군을 한국 영토와 그 부근에 배치할 수 있게 되었다. 이후 주한 미군은 동북아시아 지역의 평화와 안정을 유지하는 데 중요한 역할을 하여왔다.

11 북한의 전후 복구 사업

북한이 전후 경제 복구 사업에서 성공할 수 있었던 원인은 전쟁의 참혹함에서 벗어나고자 하는 인민의 열망과 그것을 복구 사업으로 직절히 동원한 당 및 정부의 효율성에서 찾을 수 있다. 소련으로서는 북한에서 사회주의 경제가 발전해야 이 지역에서 힘을 유지할 수 있었다. 소련은 1953년에 10억 루블, 1956년에는 3억 루블의 경제 원조를 했다. 소련의 원조는 수풍 발전소, 청진 금속 공장, 김책 제철소 등 주로 대규모 산업 단지와 산업시설의 복구 건설에 쓰였다. 동유럽의 사회주의 국가들도 1953년~1954년 사이에 약 1억 2,000만 달러 상당의 원자재와 설비들을 원조해 주었다. 중국은 8조 원 가량의 원조를 해주었다. 1954년부터 1956년 사이에 사회주의 국가들이 북한에 제공한 원조액은 당시 북한 전체 예산의 23퍼센트에 이르렀다.

– 김성보 외 2인, 「사진과 그림으로 보는 북한 현대사」

사료 독해

북한은 전쟁으로 산업 시설 대부분이 파괴되고 인구가 크게 감소하였다. 북한은 전후 복구 과정에서 중공업을 중시하면서도 농업과 경공업을 동시에 발전시키려 하였고, 민·관·군을 전후 복구에 총동원한 결과 1956년에는 전쟁 이전 수준을 회복하였다. 이러한 북한의 전후 복구에는 소련과 중국을 비롯한 동유럽 사회주의 국가들의 지원이 큰 역할을 하였다.

한국사 Q&A   제주 4·3 사건을 무엇이라 불러야 할까?

▲ 제주 4·3 평화 기념관 백비

제주 4·3 평화 기념관에는 누워 있는 백비가 전시되어 있다. '백비'란 어떤 까닭이 있어 글을 새기지 못한 비석을 일컫는다. 이 비의 안내문에는 "언젠가 이 비에 제주 4·3의 이름을 세기고 일으켜 세우리라."라는 글과 함께 "봉기·항쟁·사태·폭동·사건 등 다양하게 불러온 제주 4·3은 아직까지도 올바른 역사적 이름을 얻지 못하고 있다. 분단의 시대를 넘어 남과 북이 하나가 되는 통일의 그날, 진정한 4·3의 이름을 새길 수 있으리라."라는 글이 보인다.

우리가 막연히 아름다운 관광 유적지 정도로만 알고 있는 제주도에는 어떤 슬픔과 아픈 기억을 간직하고 있는 것일까? 어떤 사연이 있기에 아직도 그 이름을 짓지 못하고 이 비는 이렇게 누워 있는 것일까? 그리고 통일의 그날, 우리는 이 비에 어떤 이름을 새겨야 하는 것일까?

제주 4·3 사건은 한국 현대사에서 6·25 전쟁 다음으로 인명 피해가 컸던 사건이다. 2000년 1월 공포된 '제주 4·3 사건 진상 규명 및 희생자 명예 회복을 위한 특별법'은 제주 4·3 사건을 '1947년 3월 1일 경찰의 발포 사건을 기점으로 하여 경찰과 서북 청년단의 탄압에 대한 저항, 그리고 단독 선거와 단독 정부 수립 반대를 기치로 1948년 4월 3일 남조선 노동당 제주도당 무장대가 봉기한 이래 1954년 9월 21일 한라산 금족 지역이 전면 개방될 때까지 제주도에서 발생한 무장대와 토벌대 간의 무력 충돌과 토벌대의 진압 과정에서 수많은 제주도 주민들이 희생된 사건'이라고 정의하였다.

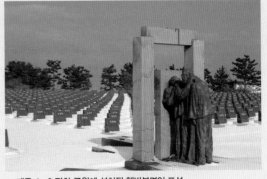

▲ 제주 4·3 평화 공원에 설치된 행방불명인 표석

34 4·19 혁명과 민주화를 위한 노력

KEY WORD

3·15 부정 선거
1960년 3월 15일에 치러진 정·부통령 선거에서 자유당 정권이 이기붕을 부통령에 당선시키기 위해 저지른 대대적인 부정 선거로 학생과 시민들의 저항에 부딪혔다.

4·19 혁명
3·15 부정 선거에 반발하여 부정 선거 무효와 재선거를 주장하는 학생들의 시위에서 비롯된 민주주의 혁명이다. 4·19 혁명으로 이승만이 물러나고 자유당 정권이 무너졌다.

장면 내각
이승만이 하야한 후 의원 내각제와 양원제를 주요 내용으로 하는 헌법 개정이 이루어지고, 이 헌법에 따라 총선거가 실시되어 민주당의 장면 내각이 수립되었다.

주제 열기

4·19 혁명에는 초등학생부터 대학교수까지 다양한 계층의 사람들이 참여하였다. 특히, 대학 교수단 시위 이튿날 이승만이 대통령직에서 물러나면서 자유당 정권이 무너졌다. 4·19 혁명의 배경과 그것이 한국 사회에 끼친 영향은 무엇일까?

▼ 국립 4·19 묘지(서울 강북)

시대 흐름 잡기	이승만 정부의 장기 집권	민주화를 위한 노력	장면 내각 출범
	◦ 발췌 개헌(1952): 대통령 직선제 → 간선제	◦ 2·28 대구 학생 의거: 이승만 정부 독재와 부정부패 규탄	◦ 4·19 혁명 후 허정 과도 정부 → 내각 책임제와 양원제 개헌
	◦ 사사오입 개헌(1954): 초대 대통령에 한해 3선 제한 철폐	◦ 3·15 마산 의거: 3·15 부정 선거 규탄 → 4·19 혁명 촉발	◦ 민주당 총선 압승 → 대통령 윤보선, 총리 장면 선출
	◦ 반공 체제 강화: 진보당 사건, 보안법 개정, 『경향신문』폐간	◦ 4·19 혁명: 이승만 하야 → 독재 정권 타도, 민주주의 발전	◦ 민주당 내분 → 부정 선거 책임자·부정 축재자 처벌 미흡

01 발췌 개헌

제31조 입법권은 국회가 행한다. 국회는 민의원과 참의원으로써 구성한다.

제53조 대통령과 부통령은 국민의 보통, 평등, 직접, 비밀 투표에 의하여 각
각 선거한다.

제55조 대통령과 부통령의 임기는 4년으로 한다. 단, 재선에 의하여 1차 중
임할 수 있다. 부통령은 대통령 재임 중 재임한다.

부   칙 이 헌법은 공포한 날로부터 시행한다. 단, 참의원에 관한 규정과 참의
원의 존재를 전제로 한 규정은 참의원이 구성된 날로부터 시행한다.

– 대한민국 「관보」

사료 독해

발췌 개헌(1952)은 6·25 전쟁 중 임시 수도 부산에서 야당 국회의원이 연행되는 강압적인 분위기 속에서 통과되었다. 중요 내용은 국회 양원제와 대통령 직선제 도입이다. 바뀐 대통령 선출 방식으로 이승만은 재선에 성공할 수 있었다.

02 사사오입 개헌과 개헌안 통과 과정

제31조 입법권은 국회가 행한다. 국회는 민의원과 참의원으로써 구성한다.

제55조 ① 대통령과 부통령의 임기는 4년으로 한다. 단, 재선에 의하여 1차
중임할 수 있다.

② 대통령이 궐위된 때에는 부통령이 대통령이 되고 잔임 기간 중 재
임한다.

부   칙 이 헌법 공포 당시의 대통령에 대하여는 제55조 제1항 단서의 제한
을 적용하지 아니한다.   – 대한민국 「관보」

토요일 국회에서 개헌안에 대하여 135표의 찬성표가 던져졌다. 그런데 민
의원 재석 수 203석 중 찬성표 135 반대표 60 기권 7 결석 1이었다. 60표의
반대표 수는 총수의 3분의 1에 훨씬 못하다는 사실을 잘 주의해서 보아야 한
다. 민의원의 3분의 2는 정확하게 계산할 때 135, 3분의 1인 것이다. 한국은
표결에 있어서 단수를 계산에 넣지 않아야 할 것이며, 따라서 개헌안은 통과
되었다는 것이 정부의 견해이다.   – 개헌안 통과에 대한 공보처 담화(1954. 11. 28)

사료 독해

• 1952년 제2대 대통령에 당선된 이승만은 장기 집권을 위하여 1954년 다시 헌법을 개정하였다. 그 결과 초대 대통령은 횟수 제한 없이 대통령에 출마할 수 있게 되었다.

• 당시 국회 재적 의원(203명)의 2/3는 135.33… 명으로 개헌을 통과하기 위한 정족수는 136명이 필요하였다. 투표 결과 찬성은 135표로 개헌안이 부결되었으나, 이승만 정부는 4사5입(반올림)하여 135명이 의결 정족수라고 억지 주장을 하며 부결된 개헌안을 통과시켰다.

03 보안법 파동

자유당은 야당의 국가 보안법 개정안 반대 투쟁에 대항하기 위하여 반공 투
쟁 위원회를 구성한다. 6.25 전쟁으로 우리 국민의 반공 사상은 깊이 배어 있
다. 그러나 지금 반공 투쟁을 내세우는 것은 야당이 국가 보안법 개정안에 반
대하고 있는 만큼 이를 통과시키기 위한 명분을 만드는 것에 불과하다. 반공
이라는 굴레를 씌워 보려는 것이다. …… 언론 통제를 위하여 반공의 굴레를
씌우고 야당 탄압의 도구로 이 법을 이용하며 국민으로 하여금 침묵을 강요하
는 것이거니와, 결국 이것은 자유당이 자기 몸을 옭아매는 것이 될 것이다.

– 「경향신문」 사설(1958. 11. 22.)

사료 독해

1958년 자유당은 국가 보안법 개정안을 국회에 상정하여 통과시켰다. 개정된 국가 보안법에는 허위 사실을 발설하거나 유포한 자는 5년 이하의 징역에 처한다는 언론 통제 조항, 대통령을 비난하는 자는 10년 이하의 징역에 처한다는 조항 등의 내용이 있었다.

04 진보당 강령과 진보당 사건 재심

1. 우리는 공산 독재는 물론 자본가와 부패 분자의 독재도 이를 배격하고 진정한 민주주의 체제를 확립하여 책임 있는 혁신 정치의 실리를 기한다.

2. 우리는 생산 분배의 합리적 통제로 민족 자본의 육성과 농민, 노동자, 모든 문화인 및 봉급 생활자의 생활권을 확보하여 조국의 부흥 번영을 기한다.

3. 우리는 안으로 민주 세력의 대동단결을 추진하고 밖으로 민주 우방과 긴밀히 제휴하여 민주 세력이 결정적 승리를 얻을 수 있는 평화적 방식에 의한 조국 통일의 실현을 기한다.

— 『동아일보』(1955. 12. 23.)

피고인(조봉암)이 평화 통일의 실현 등을 강령·정책으로 하여 결성한 '진보당'은 그 경제 정책이 사회적 민주주의의 방식에 의하여 자본주의 경제 체제의 부작용이나 모순점을 완화·수정하려고 하였을 뿐 사유 재산제와 시장 경제체제의 골간을 전면 부인하는 취지가 아니고, 정치 형태 역시 주권 재민과 대의 제도, 국민의 자유와 권리의 보장 등을 목표로 하였을 뿐 자유 민주주의를 부정하는 내용이 아니어서 그 결성 목적이 대한민국 헌법에 위배된다고 할 수 없고, 또한 진보당의 통일 정책인 평화 통일론이 북한의 위장 평화 통일론에 부수하는 것으로 인정되지 아니하고 이를 인정할 다른 아무런 증거도 없어 …… 이러한 행위는 그 사실 자체로서 형법 제98조 제1항에 규정된 간첩 행위, 즉 우리나라의 기밀을 탐지·수집하는 간첩 행위라고 보기 어렵다. …… 원심 판결 중 피고인에 대한 유죄 부분은 모두 파기되어야 한다.

— 대법원 판결문(2011. 1. 20.)

사료 독해

• 진보당은 1956년 조봉암을 중심으로 창당되었고, 1958년 '진보당 사건'과 연루되어 해산되었다. 진보당은 강령에서 공산 독재와 자본가, 부패 분자의 독재를 배격하고 책임 있는 혁신 정치를 실현할 것과 생산·분배의 합리적 통제로 민족 자본을 육성할 것, 민주 우방과 제휴를 토대로 평화 통일을 실현할 것 등을 내걸고 혁신 정치를 추구하였다.

• 1956년 제3대 대통령 선거 직전에 민주당 후보인 신익희가 갑자기 사망하면서 이승만이 대통령에 당선되었다. 그러나 진보당의 조봉암도 총 유효 투표의 30%를 얻는 돌풍을 일으켰다. 이에 위기의식을 느낀 이승만 정부는 1958년 조봉암에게 간첩죄를 씌워 처형하였다(진보당 사건). 이후 2011년 이루어진 대법원 재심에서 조봉암은 무죄 판결을 받았다.

05 3·15 부정 선거 지시

선거인 명부는 실재한 유권자 중 야당계와 사망자, 전거자(주소를 옮긴 사람), 입대자를 조사하여 가공의 유권자를 약간 가입시켜 총 유권자의 4할은 당일 번호표를 주지 않을 방침이다. 3월 12일까지에는 각 투표구위원장의 인장을 경찰에서 회수하여 여유 있는 투표용지에 선거인 명부에 표시해둔 유권자 4할의 수에 자유당 후보자에게 미리 찍어놓는다. 그러다가 투표 당일 오전 3시 경부터 투표구마다 반공 청년단 50명, 자유당 50명의 씩씩한 자로 투표장 100미터 주위를 철통같이 경비케 하고 당일 오전 6시 50분 경 일제히 자유당계 투표 위원만 입회한 가운데 4할을 투입시킨다. 나머지 6할은 오전 7시부터 투표케 하되 경찰에서 조직해 둔 9인조를 어떠한 방법으로든지 매수 또는 '위협'하여 3인조 조장이 조원 2명을 인솔하여 …… 조장이 자유당에 찍은 것을 확인한 뒤 용지를 접지 않고 투표함 옆에 있는 자유당계 위원이 재차 확인하여 투입 족족 몇 매가 투입되는지 계산토록 공개 투표를 한다.

— 『동아일보』(1960. 3. 4.)

사료 독해

1960년 3·15 정·부통령 선거를 앞두고 자유당 정권이 경찰관과 공무원에게 지시한 부정 선거 방법의 일부이다.

이 선거에서 민주당의 대통령 후보였던 조병옥이 사망하면서 이승만의 당선이 확실시되었으나 고령인 이승만의 건강에 문제가 발생하면 부통령이 대통령직을 승계하도록 되어 있어, 자연히 부통령 선거가 중요해졌다. 이승만 정부는 자유당의 부통령 후보인 이기붕을 당선시키기 위하여 온갖 부정을 저질렀다.

06 민주당이 폭로한 3·15 부정 선거 주요 내용

– 투표 당일 자연 기권표와 선거인 명부에 허위 기재한 유령 유권자표, 금전
으로 매수하여 기권하게 만든 기권표 등을 그 지역 유권자의 4할 정도씩 만
들어 투표 시작 전 자유당 후보에게 기표하여 투표함에 미리 넣도록 할 것.
– 자유당 후보에게 투표하도록 미리 공작한 유권자로 3인조 또는 9인조를 편
성하여 그 조장이 조원의 기표 상황을 확인한 뒤 다시 각 조원이 기표한 투
표 용지를 자유당 측 선거 운동원에게 제시하고 투표함에 넣도록 할 것.
– 자유당 측 유권자에게 자유당이란 완장을 착용시켜 투표소 부근 분위기를
자유당 일색으로 만들어 야당 성향의 유권자에게 심리적인 압박을 주어
자유당에게 투표케 할 것.
– 민주당 측 참관인을 매수하여 투표 참관을 포기하게 하거나 그것이 여의
치 않을 때는 적당한 구실을 만들어 투표소 밖으로 축출할 것.

– 『동아일보』(1960. 3. 4.)

사료 독해

1960년 3월 3일 민주당은 경찰관과 공무원들로부터 부정 선거 방법에 관한 정보를 입수한 뒤, 「정부의 부정 선거 감행 방법」을 발표하였다. 행정 관청과 경찰, 각급 선거 위원회에 지시된 「정부의 부정 선거 감행 방법」은 4할 사전 투표, 3인조 또는 9인조 공개 투표, 완장 부대 활용, 야당 참관인 축출 등이 대표적이다.

07 3·15 마산 의거

1960년 3월 15일 실시된 정·부통령 선거에서 이승만 자유당 독재 정권
은 장기 집권을 꾀하기 위해 온갖 부정 선거를 획책하자 이에 분개한 학생과
시민들이 항거해 싸웠다. 3월 15일 1차 의거, 4월 11일 2차 의거에서 12명이
총격으로 사망하고 700여 명이 체포·구금되어 많은 고문을 당했다. 이는 곧
4·19 혁명의 도화선이 되어 4월 26일 이승만 정권은 국민 앞에 무릎을 꿇었
다. 그날 가장 치열했던 투쟁 현장에 이 탑을 세워 우리 마산 시민의 기개와
3·15 의거 정신을 기리고자 한다.　　　　–3·15 의거 기념탑 비문(경남 창원)

사료 독해

3·15 부정 선거 당일 마산 지역에서 가장 먼저 선거 무효를 선언하고, 시위에 나선 마산 의거는 이후 이승만 정부와 자유당 정권에 반대하는 저항을 전국으로 확산시키는 촉매제가 되어 4·19 혁명이 일어나는 계기가 되었다.

08 서울대학교 문리대학 학생의 4·19 선언문

상아의 진리탑을 박차고 거리에 나선 우리는 질풍과 같은 역사의 조류에 자
신을 참여시킴으로써 이성과 진리, 그리고 자유의 대학 정신을 현실의 참담
한 박토에 뿌리려 하는 바이다. …… 민주주의와 민중의 공복이며 중립적 권
력체인 관료와 경찰은 민주를 위장한 가부장적 전제 권력의 하수인으로 발 벗
었다. 민주주의 이념에서 가장 기본적인 공리인 선거권마저 권력의 마수 앞
에 농단되었다. 언론·출판·집회·결사 및 사상의 자유의 불빛은 무식한 전
제 권력의 악랄한 발악으로 하여 깜박이던 빛조차 사라졌다. …… 보라! 우리
는 기쁨에 넘쳐 자유의 횃불을 올린다. 보라! 우리는 캄캄한 밤의 침묵에 자유
의 종을 난타하는 타수의 일익임을 자랑한다. …… 나가자! 자유의 비결은 용
기일 뿐이다. 우리의 대열은 이성과 양심과 평화, 그리고 자유에의 열렬한 사
랑의 대열이다. 모든 법은 우리를 보장한다. 　– 시사연구소 편, 『(시사자료) 광복30년사』

사료 독해

3월 15일 선거 당일부터 부정 선거를 규탄하는 시위가 전개되었고 4월 11일 마산 앞바다에서 김주열 학생의 시신이 발견되면서 시위가 전국으로 확산되었다.
이승만 정부는 경찰을 동원하여 시위를 탄압하였다. 4월 18일에는 서울에서 시위를 끝내고 돌아가던 고려대 학생들이 정치 깡패들에게 폭행을 당하는 사건이 발생하였다. 이에 분노한 학생과 시민들은 4월 19일 전국에서 대규모 시위를 전개하였다.

09 4·19 혁명과 학생 시위

어머니. 데모에 나간 저를 책하지 마시옵소서. 우리들이 아니면 누가 데모를 하겠습니까. 저는 아직 철없는 줄 압니다. 그러나 국가와 민족을 위하는 길이 어떻다는 것을 알고 있습니다. 저의 모든 학우는 죽음을 각오하고 나선 것입니다. 저는 생명을 바쳐 싸우려고 합니다. 데모하다 죽어도 원이 없습니다. 어머니. 저를 사랑하시는 마음으로 무척 비통하게 생각하시겠지만 온 겨레의 앞날과 민족의 해방을 위하여 기뻐해 주세요. 이미 저의 마음은 거리로 나가 있습니다. 너무도 조급하여 손이 잘 놀려지지 않는군요. 부디 몸 건강히 계세요. 거듭 말씀드리지만 저의 목숨은 이미 바치려고 결심했습니다.

– 한성여자중학교 진영숙이 어머니께 남긴 편지

아침 하늘이 밝아 오면 달음박질 소리가 들려옵니다.
저녁놀이 사라질 때면 탕 탕 탕 총소리가 들려옵니다.
아침 하늘과 저녁놀은 오빠 언니들의 피로 물들었어요.
오빠 언니들은 책가방을 안고서 왜 총에 맞았나요.
잊을 수 없는 4월 19일 그리고 25일과 26일
학교에서 파하는 길에 총알은 날아오고 피는 길을 덮는데
외로이 남은 책가방 무겁기도 하더군요.
나는 알아요. 우리는 알아요.
엄마 아빠 아무 말 안 해도 오빠와 언니들이 왜 피를 흘리는지

– 수송초등학교 4학년 강명희 어린이의 시, 「나는 알아요」

10 대학 교수단 시국 선언문

1. 마산 서울 기타 각지의 데모는 주권을 빼앗긴 국민의 울분을 대신하여 궐기한 학생들의 순수한 정의감의 발로이며 불의에는 언제나 항거하는 민족정기의 표현이다.
2. 이 데모를 공산당의 조종이나 야당의 사주로 보는 것은 고의적인 왜곡이며 학생들의 정의감에 대한 모독이다.
3. 합법적이요. 평화적인 데모 학생에게 총탄과 폭력을 기탄없이 남용하여 공전의 민족 참극을 빚어낸 경찰은 자유와 민주를 기본으로 한 대한민국의 국립 경찰이 아니라 불법과 폭력으로 권력을 유지하려는 일부 정치집단의 사병이다.
4. 누적된 부패의 부정과 횡포로써 민권을 유린하고 민족적 참극과 국제적 수치를 초래케 한 현 정부와 집권당은 그 책임을 지고 속히 물러가라.
5. 3·15 선거는 부정 선거다. 공명선거에 의하여 정·부통령을 재선거하라.

사료 독해

• 4·19 혁명에 앞장선 이들은 학생들이었다. 이승만 정부는 전국에 등교 금지령을 내리고 학생들의 시위 참여를 막으려 하였다. 4월 19일 서울에만 약 10만 명에 이르는 대규모 시위가 발발하자 이승만 정부는 학생과 시민들에게 총을 쏘는 등 강경하게 대응하여, 이날에만 100여 명이 넘는 사망자가 발생하였다.

• 시위에는 대학생뿐만 아니라 중고등학생과 초등학생까지 참여하였다. 한성여자중학교 진영숙 학생의 편지와 서울 수송초등학교 4학년 강명희 어린이가 쓴 시를 통해 4·19 혁명 당시의 분위기를 짐작할 수 있다. 이승만 정부는 시위 확산을 막기 위해 전국 대도시에 계엄령을 선포하였으나 시위는 계속되었다. 시위 당시 동급생을 잃은 서울 수송초등학교 어린이 100여 명이 '국군아저씨들, 부모 형제에게 총부리를 대지 말라'라는 플래카드를 들고 시위에 참여하기도 하였다.

사료 독해

4월 25일에는 대학 교수 200여 명이 시위대를 옹호하는 시국 선언문을 발표하고 가두시위를 벌였다. 교수단은 학생 데모를 불의에 항거한 민족정기의 발로로 규정하였으며, 대통령과 국회의원, 대법관 사퇴, 정·부통령 선거 재실시, 부정선거 원흉 처단을 요구하였다. 교수단까지 '학생들의 피에 보답하라'고 쓰인 플래카드를 들고 시위에 나서자 다음 날인 4월 26일 이승만 대통령은 대통령직 하야를 발표하였다.

11 이승만 대통령 하야 성명

나는 해방 후 본국에 들어와서 우리 여러 애국애족하는 동포들과 더불어 잘 지내왔으니 이제는 세상을 떠나도 한이 없으니, 나는 무엇이든지 국민이 원하는 것만 알면 민의를 따라서 하고자 하는 것이며 또 그렇게 하기를 원하는 것이다. 보고를 들으면 사랑하는 우리 청소년 학도들을 위시하여 우리 애국애족하는 동포들이 내게 몇 가지 결심을 요구하고 있다 하니 여기에 대해서 내가 아래 말하는 바를 할 것이며, 한 가지 내가 부탁하고자 하는 바는 이북에서 우리를 침략하려고 공산당이 호시탐탐하게 기다리고 있다는 것을 명심하고 그들에게 기회를 주지 말도록 힘써 주기를 바라는 바이다.

첫째는 국민이 원하면 대통령직을 사임할 것이며, 둘째는 지난 번 정·부통령 선거에 많은 부정이 있었다고 하니 선거를 다시 하도록 지시하였고, 셋째는 선거로 인연한 모든 불미스러운 것을 없게 하기 위해서 이미 이기붕 의장이 공직에서 완전히 물러가겠다고 결정한 것이다. 넷째는 내가 이미 합의를 준 것이지만 만일 국민이 원하면 내각 책임제 개헌을 할 것이다.

– 국가기록원 대통령기록관

한국사 Q&A '제1', '제2', 제3'의 공화국은 어떻게 나누어질까?

▲ 장면 총리와 윤보선 대통령

공화국이란 국민의 대표가 통치하는 정치 체제를 말한다. '제1', '제2', '제3' 등 공화국의 순번을 매기는 것에 대한 합의된 기준은 없으나 통치 구조 또는 정치 체제에 중대한 변화가 있을 경우 공화국을 구분하여 표기하는 경우가 많다. 우리나라의 경우 이승만 정부를 제1공화국, 4·19 이후 장면 내각 시기를 제2공화국, 5·16 군사 정변 이후 박정희 정부를 제3공화국, 박정희 정부의 유신 시기를 제4공화국, 5·18 민주화 운동 탄압 후 들어선 전두환 정부를 제5공화국, 6월 민주 항쟁 이후를 제6공화국으로 부른다.

이중 제2공화국은 유일하게 내각 책임제를 실시하였던 시기이다. 내각 책임제를 규정한 헌법에서 대통령인 윤보선은 상징적인 존재에 불과하였고, 실권은 국무총리인 장면이 행사하였다. 장면 내각은 먼저 개헌을 통해 3·15 부정 선거의 주모자를 처벌을 위한 소급 법을 만들었다. 그러나 막상 부정 선거의 책임자를 처벌하는 데 소극적인 모습을 보였다. 또 가난을 해결하기 위해 경제 개발 계획을 수립하였다.

4·19 혁명 이후 다양한 사회적 요구가 쏟아져 나왔다. 학생들은 학원 자율화와 학도 호국단 폐지를 주장하였고, 교사들은 교원 노조의 결성을 요구하였다. 6·25 전쟁 유가족들은 양민 학살에 관한 진상 조사를 요구하였으며, 통일 운동도 분출되었다. 진보 세력들은 중립화 통일론과 남북 협상을 주장하였고, 학생들은 '가자 북으로, 오라 남으로'라며 학생 회담을 요구하였다. 그러나 장면 내각은 민간 차원의 통일 운동은 반대하였다. 장면 내각이 국민의 다양한 개혁 욕구와 통일 열망을 제대로 수용하지 못하는 가운데, 민주당 내부에서는 장면 중심의 신파에 맞서 윤보선이 속한 구파가 신민당이라는 이름으로 분당하는 등 분열이 심화되었다.

주제 열기

5·16 군사 정변으로 집권한 박정희는 민족적 민주주의를 정치 이데올로기로 내세웠다. 이는 한국의 특수한 현실을 강조하면서 민족주의를 전면에 내세워 민주주의를 제한하려는 것이었다. 5·16 군사 정변 후 민주주의는 어떤 시련을 겪었을까?

▲ 한·일 회담에 반대하는 경기고등학교 학생들의 시위(1964)

시대 흐름 잡기

5·16 군사 정변
- 5·16 군사 정변: 박정희를 비롯한 일부 군인이 쿠데타로 집권
- 군사 정부 수립: 혁명 공약 발표, 국가 재건 최고 회의 조직
- 군정 실시: 중앙정보부 설치, 민주 공화당 창당 → 헌법 개정

박정희 정부 출범
- 제5대 대통령 선거(1963): 민주 공화당 박정희 당선
- 한·일 국교 정상화: 한·일 회담 반대 시위 → 한·일 협정 체결
- 베트남 파병: 국군 전력 증강, 차관 원조 약속(브라운 각서)

3선 개헌과 장기 집권
- 제6대 대통령 선거(1967): 박정희 당선
- 북한의 군사적 도발 → 예비군 창설, 국민교육헌장 제정
- 박정희의 장기 집권: 3선 개헌(1969) → 제7대 대통령 당선

01 5·16 군사 정변의 혁명 공약

1. 반공을 국시의 제일로 삼고, 지금까지 형식적이고 구호에만 그친 반공 체제를 재정비, 강화한다.
2. 유엔 헌장을 준수하고 국제 협약을 충실히 이행할 것이며, 미국을 비롯한 자유 우방과의 유대를 더욱 공고히 한다.
3. 이 나라 사회의 모든 부패와 구악을 일소하고 퇴폐한 국민 도의와 민족정기를 바로잡기 위해 청신한 기풍을 진작시킨다.
4. 절망과 기아선상에서 허덕이는 민생고를 시급히 해결하고 국가 자주 경제의 재건에 총력을 경주한다.
5. 민족적 숙원인 국토 통일을 위하여 공산주의와 대결할 수 있는 실력의 배양에 전력 집중한다.
6. (군인) 이와 같은 과업이 성취되면 참신하고도 양심적인 정치인들에게 언제든지 정권을 이양하고 우리들 본연의 임무에 복귀할 준비를 갖춘다.
   (민간) 이와 같은 과업을 조속히 성취하고 새로운 민주공화국의 굳건한 토대를 이룩하기 위하여 우리는 몸과 마음을 바쳐 최선의 노력을 경주한다.
   − 국가재건최고회의 한국군사혁명사편찬위원회 편, 「한국군사혁명사」 제1집

사료 독해

1961년 5월 16일 박정희를 비롯한 일부 군인들이 장면 내각의 무능과 사회 혼란을 이유로 쿠데타를 일으켜 정권을 장악하였다. 이들은 군사 혁명 위원회 이름으로 반공을 국시로 내세운 혁명 공약을 발표하였다. 군사 혁명 위원회는 다시 국가 재건 최고 회의로 재편되었고, 입법·사법·행정 3권을 장악하였다. 혁명 공약에서 민정 이양을 약속하였던 군사 정부는 대통령제와 단원제를 중심으로 하는 개헌을 단행하였다. 이 개헌에 따른 선거로 박정희가 제5대 대통령에 당선되었다.

02 5·16 군사 정변에 대한 평가

내가 보기에 걱정은 이 혁명에 아무 말이 없다는 것이다. …… 신문이나 라디오에는 일체 이렇다는 소감 비평이 없다. 언론인 다 죽었나? 죽였나? 이따금 있는 형식적인 칭찬 그까짓 것은 말이 아니다. 그것은 혁명의 말이 아니다. …… 아무래도 이 사람들이 총칼을 보고 겁을 집어 먹었지. 겁난 국민은 아무것도 못한다. 국민을 겁이 나게 하여 가지고는, 비겁한 민중 가지고는, 다스리기는 쉬울지 몰라도 혁명은 못한다. …… 혹들 하는 말이 우리 사회는 아직 민주주의를 하기에는 정도가 모자란다 하지만 모르는 말이다. 민주주의일수록 어린 아기 때부터 해야 한다. …… 착한 일에도 무슨 시기가 있느냐? 없다. 아직은 독재를 좀 하다가 점진적으로 민주 정치를 한다는 그런 모순된, 어리석은, 거짓말이 어디 있나? …… 혁명은 민중의 것이다. 민중만이 혁명을 할 수 있다. 군인은 혁명 못한다. 아무 혁명도 민중의 전적 찬성, 전적 지지, 전적 참가를 받지 않고는 혁명이 아니다. 그러므로 독재가 있을 수 없다. 민중의 의사를 듣지 않고 꾸미는 혁명은 아무리 성의로 했다 하여도 참이 아니다. …… 그러므로 민중을 앞에 두지 않고 꾸미는 혁명은 참 혁명이 아니다. 반드시 어느 때 가서는 민중과 관계가 나빠지는 날이 오고야 만다. 즉 다시 말하면 지배자로서의 본색을 나타내고야 만다. 그리고 오래 속였으면 속였을수록 그 죄는 크고 그 해악은 깊다. − 「사상계」 1961년 7월호, 함석헌, 「5·16을 어떻게 볼까?」

사료 독해

함석헌은 군사 정변 직후 「5·16을 어떻게 볼까」라는 글을 통해 5·16 군사 정변에 대해 비판적 입장을 밝혔다. 총칼을 앞세우고 민주주의를 유보시킨 군인들은 혁명의 주체가 될 수 없으며, 민중만이 혁명의 주체가 될 수 있다는 요지이다. 1963년 군사 정부는 약속을 어기고 군정을 4년간 더 연장한다는 성명을 발표하였으나 미국과 국내의 거센 반대로 민정 이양이 이루어졌다. 하지만 「사상계」는 이것 역시 형식적이고 기만적인 것으로 평가하였다. 1964년 「사상계」는 5·16을 불법적인 군사 쿠데타로 규정하고 4·19 혁명을 계승하고 발전시킨 것이 아니라 오히려 이를 부정한 것으로 평가하였다.

03 김종필·오히라 메모

– 일제 35년간의 지배에 대한 보상으로 일본은 3억 달러를 10년간 걸쳐서 지불하되 그 명목은 '독립 축하금'으로 한다.
– 경제 협력의 명분으로 정부 간의 차관 2억 달러를 3.5%, 7년 거치 20년 상환이라는 조건으로 10년간 제공하며, 민간 상업 차관으로 1억 달러를 제공한다.

– 박태균, 『사건으로 읽는 대한민국』

사료 독해

한·일 국교 정상화를 위한 막후 협상 내용을 담은 메모이다. 주요 내용은 일제 35년 지배에 대한 보상으로 무상 3억 달러, 유상 2억 달러 외에 차관 1억 달러 도합 6억 달러로 합의한다는 내용이었다.

04 한·일 협정 반대 운동

시체여! 너는 오래 전에 이미 죽었다. 죽어서 썩어가고 있었다. 넋없는 시체여! 반민족적, 비민주적, 민족적 민주주의여! …… 어둡고 괴로웠던 3년 전 안개 낀 어느 봄날 새벽, 네가 3천만 온 겨레에게 외치던 귀에도 쟁쟁한 그 역사적인 절규를 너는 벌써 잊었는가? 절망과 기아선상에서 허덕이는 민생고를 시급히 해결하겠다던 공약 밑에 너는 그러나 맨 먼저 민족적 양심 세력에 대한 무자비한 탄압을 시작하였다. …… 길고 긴 독재자의 채찍을 휘두르다가 오히려 자신의 치명적인 상처는 스스로 때리고 넘어진 너, 누더기와 악취와 그 위에서만 피는 사쿠라의 산실인 너. 박의장의 이른바 민족적 민주주의여! 너의 본질은 곧 안개다! …… 5월 16일만의 민족적 민주주의여! 백의 민족이 너에게 내주는 마지막의 이 새하얀 수의를 감고 훌훌히 떠나가거라!

– 김지하, 『민족적 민주주의 장례식 조사』

사료 독해

1964년 5월 20일, 서울대 문리대 교정에서 한·일 협정에 반대하는 '민족적 민주주의 장례식'이 열렸다. 학생들은 선언문을 통해 반외세, 반독재의 민족·민주 정신과 민족 자립의 중요성을 강조하고, 5·16 군사 정변이 4·19 혁명을 부정하는 것으로 규정하였다. 이를 계기로 한·일 협정 반대 운동은 더욱 뜨거워져 6월 3일 절정에 달하였다(6·3시위).

05 박정희 정부의 비상계엄 선포

지금 그들 일부 몰지각한 학생들에게는 헌법도 없고 국회도 없고 정부도 없습니다. 법 위에 있고 법 테두리밖에 있는 방자한 그들의 난동으로 빚어지는 걷잡을 수 없는 혼탁 속에서 과연 무엇을 생산하고 무엇을 건설해나가겠습니까? 정부는 학생들에게 인내로써 끝내 다스리려 했으나 인내의 이 이상의 계속은 더욱 사태의 악화를 초래할 것이 예측되므로 …… 이 기회에 일부 불순한 학생들의 오만과 불손의 파괴적 행동으로 말미암아 앞으로 한없이 조성될 만성적 정치 불안을 우려하여 그 고질을 도려내어 차제에 「데모」 만능의 풍조를 발본색원할 방침인 것을 분명히 해두는 바입니다. 친애하는 국민 여러분! 불가피하게 요청된 계엄령 선포가 결코 문제 해결을 위한 최상의 방법이 아님을 모르는 바 아니나 현실이 정치 문제 이전으로 돌아가 국가 자체의 통치 기능과 대의 질서를 수호해야 한다는 엄연한 명제 앞에서 정부는 최단 시일 내에 안정을 회복시키는 한편 「데모」로써 혼돈된 행정력을 정비하여 민생 문제를 비롯한 본연의 임무에 전력을 경주하면서 조속히 계엄을 해제할 것입니다.

– 『동아일보』(1964. 6. 4.)

사료 독해

학생들의 한·일 협정 반대 시위를 탄압하기 위해 1964년 6월 3일, 서울 일원에 선포된 비상계엄에 대한 박정희 대통령의 담화문이다. 이후 6월 4일 자정부터 수도경비사령부 예하 4개 사단이 서울에 진주하였다. 이때부터 7월 29일 계엄이 해제되기까지 55일 동안 학생 168명, 민간인 173명, 그리고 언론인 7명 등 총 348명이 구속되었다. 또한 포고령 위반으로 890건, 1120명이 검거되어 540명이 군사 재판, 86명이 민간 재판, 216명이 즉결 재판에 회부되었다.

06 한·일 기본 조약(한·일 협정)

대한민국과 일본국은 양국 간의 관계의 역사적 배경을 고려하며 또한 선린 관계 및 주권 상호 존중의 원칙에 입각한 양국 간의 관계의 정상화를 상호 희망함을 고려하고 양국의 공통의 복지 및 공동의 이익을 증진하고 국제평화 및 안전을 유지하는 데 양국이 국제 연합 헌장의 원칙에 합당하게 긴밀히 협력함이 중요하다는 것을 인식하고 ……

제1조 양 체약 당사국 간에 외교 및 영사 관계를 수립한다. 양 체약 당사국은 대사급 외교 사절을 지체 없이 교환한다. 양 체약 당사국은 또한 양국 정부에 의하여 합의되는 장소에 영사관을 설치한다.

제2조 1910년 8월 22일 및 그 이전에 대한 제국과 대 일본 제국 간에 체결된 모든 조약 및 협정이 이미 무효임을 확인한다.

제3조 대한민국 정부가 국제 연합 총회 결정 제195호(Ⅲ)에 명시된 바와 같이 한반도에 있어서 유일한 합법 정부임을 확인한다.

제4조 두 조약 체결 당사국은 양국 상호 관계에 있어서 국제 연합 헌장의 원칙을 지침으로 삼는다. 상호의 복지와 공통 이익을 증진함에 있어서 국제 연합 헌장의 원칙에 합당하게 협력한다.   – 동아일보사, 「동아연감」

07 서울 소재 대학 교수단의 한·일 협정 비준 반대 선언

첫째로 기본 조약은 과거 일본 제국주의 침략을 합법화시켰을 뿐 아니라 우리 주권의 약화 및 제반 협정의 불평등과 국가적 손실을 초래한 굴욕적인 전제를 설정해 놓았다.

둘째로 청구권은 당당히 요구할 수 있는 재산상의 피해를 보상하는 것이 못 되고, 무상 제공 또는 경제 협력이라는 미명 아래 경제적 시혜를 가장하였으며 일본 자본의 경제적 지배를 위한 소지를 마련해 주었다.

셋째로 어업 협정은 허다한 국제적 관례와 선례에 비추어 의당히 정당화되는 평화선을 포기함으로써 우리 어민의 생존권을 치명적으로 위협하고 한국 어업을 일본 어업 자본에 예속시키는 결과를 초래하였다.

넷째로 재일 교포의 법적 지위에 관한 제 규정은 종래의 식민주의적 처우를 청산시키기기는커녕 징병, 징용 등 일본 군국주의의 강제 노력 동원 등에 의해 야기된 제 결과를 피해자(재일 교포)에 전가시킴으로써 비인도적 배신을 사행했다.

다섯째 강제로 빼앗기고 또는 남의 것을 훔쳐 불법으로 반입 해갔던 문화재의 반환에 있어서 정부는 과장적 나열에 그친 실속 없는 품목만을 인도받음으로써 마땅히 요구해야 할 귀중한 품목의 반환을 자진 포기한 결과가 되었다.
   – 한일 굴욕 외교 반대 투위 재경대학 교수단 선언문

08 베트남 파병과 브라운 각서

군사 원조

1. 한국에 있는 한국군의 현대화 계획을 위하여 앞으로 수년 동안에 걸쳐 상당량의 장비를 제공한다.
2. 월남에 파견되는 추가 증파 병력에 필요한 장비를 제공하는 한편, 증파에 따른 모든 추가적 원화 경비를 부담한다.
3. 월남에 파견되는 추가 병력을 완전히 대치하게 될 보충 병력을 정비하고 훈련하며 이에 따른 재정을 부담한다.

경제 원조

1. 이 같은 추가 병력의 월남 파병과 한국에서 1개 예비 사단, 1개 예비 여단 및 지원 부대를 동원 유지하는 데 필요한 순 추가비용의 전액과 동액의 추가「원화」를 한국 측 예산을 위하여 방출한다.
3. 주월 대한민국 부대에 드는 보급 물자와 용역 및 장비를 대한민국에서 구매하며, 주월 미군과 월남군을 위한 물자 가운데 선정된 구매 품목을 한국에 발주한다.
4. 수출을 진흥시키기 위한 모든 분야에서 한국에 대한 기술 원조를 강화한다.
5. 1965년 5월에 한국에 대해 약속했던 1억 5천만 달러 규모의 차관에 덧붙여 미국정부는 적절한 사업이 개발됨에 따라 …… 한국의 경제 발전을 돕기 위한 추가 AID차관을 제공한다.

– 국방부 군사편찬위원회, 『국방조약집』

사료 독해

박정희 정부는 미국의 요청에 따라 1964년 비전투 부대 파견을 시작으로 1973년까지 연인원 32만 명에 이르는 부대를 베트남에 파병하였다(베트남 파병). 박정희 정부는 베트남 파병의 대가로 미국에 국군의 현대화를 위한 장비 제공, 경제 발전을 지원하기 위한 차관 제공, 한국 기업의 베트남 진출과 군수 물자 수출 협력 등을 요구하였다. 당시 주한 미군 대사였던 브라운은 한국의 외무 장관에게 미국이 한국의 요구를 받아들인다는 약속을 전달하였는데, 이것이 브라운 각서이다. 박정희 정부는 베트남전에 참전한 대가로 10억 달러 이상의 외화를 획득하여 제2차 경제 개발 5개년 계획에 필요한 재원을 충당하였다. 하지만 그 돈은 베트남전에 참전한 한국 청년들의 목숨을 건 대가였다.

09 국민교육헌장 제정

우리는 민족 중흥의 역사적 사명을 띠고 이 땅에 태어났다. 조상의 빛난 얼을 오늘에 되살려, 안으로 자주 독립의 자세를 확립하고, 밖으로 인류 공영에 이바지할 때다. 이에, 우리의 나아갈 바를 밝혀 교육의 지표로 삼는다.

성실한 마음과 튼튼한 몸으로, 학문과 기술을 배우고 익히며, 타고난 저마다의 소질을 계발하고, 우리의 처지를 약진의 발판으로 삼아, 창조의 힘과 개척의 정신을 기른다. 공익과 질서를 앞세우며 능률과 실질을 숭상하고, 경애와 신의에 뿌리박은 상부상조의 전통을 이어받아, 명랑하고 따뜻한 협동 정신을 북돋운다. 우리의 창의와 협력을 바탕으로 나라가 발전하며, 나라의 융성이 나의 발전의 근본임을 깨달아, 자유와 권리에 따르는 책임과 의무를 다하며, 스스로 국가 건설에 참여하고 봉사하는 국민 정신을 드높인다.

반공 민주 정신에 투철한 애국 애족이 우리의 삶의 길이며, 자유 세계의 이상을 실현하는 기반이다. 길이 후손에 물려줄 영광된 통일 조국의 앞날을 내다보며, 신념과 긍지를 지닌 근면한 국민으로서, 민족의 슬기를 모아 줄기찬 노력으로, 새 역사를 창조하자.

사료 독해

1968년 박정희 대통령은 문교부 장관에게 '국민 교육의 장기적이고 건전한 방향의 정립과 시민 생활의 건전한 윤리 및 가치관의 확립'을 위해서 교육 장전을 제정할 것을 지시하였다. 그 결과 '국민교육헌장'이 제정되어 12월 5일에 대통령이 선포하였다. 그러나 이후 정부가 국가주의적 가치를 담은 헌장을 통해 국민 교육과 정신을 획일화하고 있다는 비판의 목소리가 높아져 가면서 1994년부터 국민교육헌장 선포일 기념행사가 폐지되고, 모든 교과서에서도 사라졌다.

박정권 10년의 집권 기록은 어떠한가? 자유 민주 체제의 마비와 말살을 지향히고 있다. 1. 학원은 세밀한 데까지 징부의 지시에 굴종하게 되고, 구김살 없는 민족정기의 기수인 젊은 학생들의 바른 외침은 무장 경찰의 폭력 밑에 무자비하게 유린되고 있고, …… 2. 언론은 취재와 비판의 자유를 대폭 상실하였고, …… 3. 국회는 부정 선거에 의하여 선출된 절대 다수의 여당 의원과 소수의 야당 의원으로 구성되었고 정부의 시녀화한 무력한 허수아비로 전락하여 변칙 · 횡포의 의사 진행 등으로 민주 헌정의 미덕을 상실한 지 오래다. …… 이런 상황임에도 불구하고 집권자는 1인 장기 집권을 위한 3선 개헌을 추진하고 있다. 만약에 이와 같은 배신과 우롱에 주권자인 국민이 묵종한다면 그것은 자유 민주 한국의 임종을 재촉하는 것밖에 다른 아무것도 없을 것이다. 우리는 합법적인 법 절차에 따라 헌법을 고친다는 것을 문제 삼지 않는다. …… 누가 무엇을 위해 개헌하려는 것인가 하는 근본을 문제 삼는 것이다. 특정인의 장기 집권을 위한 3선 개헌의 끝은 무한 전술에 의한 무한 독재임이 자명하다. 박정권은 북괴 침공의 위협을 선전한다. 그러나 박정권 자신이 민주 국민의 충고를 무시하고 헌정을 말살하는 3선 개헌을 강행하여 국론 분열과 사회의 격동을 조장한다면 그것이야말로 북괴의 흉계에 호기를 제공하는 것이다. 우리는 이제 3선 개헌을 감행하여 자유 민주에의 반역을 기도하는 어떤 명분이나 위장된 강변에도 현혹됨이 없이 헌정 20년 간 모든 호헌 세력들의 공통된 신념과 결단 위에서 전 국민의 힘을 뭉쳐 단호히 이에 대처하려 한다.

사료 독해

3선 개헌은 1969년 박정희가 정권을 연장하기 위해 대통령의 3선이 가능하도록 헌법을 개정한 대한민국의 여섯 번째 헌법 개정이다.
3선 개헌안의 주요 내용은 ① 대통령의 3선 연임 허용, ② 대통령에 대한 탄핵 소추 결의 요건 강화, ③ 국회의원의 국무총리 및 국무위원 겸직 허용 등이다. 이에 전국 각지의 대학생들은 시위, 농성, 단식 투쟁, 가두 데모 등을 통해 개헌 저지 반대 투쟁을 전개하였다. 야당과 재야 인사들은 '3선 개헌 반대 범국민 투쟁 준비 위원회'를 결성하고 3선 개헌에 반대하는 성명을 발표하였다. 국민과 재야 세력, 야당의 반대가 거셌지만 3선 개헌안은 국회에서 변칙으로 통과되었고, 국민 투표에서 확정되었다. 그후 박정희는 1971년 제7대 대통령 선거에 출마하여 당선되었다.

한국사 Q&A   3선 개헌 반대 운동은 왜 일어났을까?

▲ 3선 개헌에 반대하는 학생들의 시위(1969)

3선 개헌은 대한민국의 여섯 번째 헌법 개정이다. 주요 내용은 대통령의 연임 금지 조항을 삭제하고 3번 연임을 허용, 대통령 탄핵 발의에 필요한 의원 수를 30명에서 50명으로 하며 통과에 필요한 의원 수를 과반수에서 2/3로 상향 조정, 국회의원들의 행정부 장 · 차관 겸직 허용, 국회의원 최대 정수를 200명에서 250명으로 증가시킨 것 등이다.

이는 박정희의 정권 연장을 위한 헌법 개헌이었다. 3선 개헌에 맞서 야당과 재야 세력은 3선 개헌 반대 범국민 투쟁 위원회를 결성하였고, 학생들은 전국적으로 반대 시위를 전개하였다. 그러나 개헌안은 1969년 9월 14일 일요일 새벽 2시에 국회 별관에 모인 여당 의원들에 의해 변칙 통과되었다. 이후 박정희는 1971년 제7대 대통령 선거에 출마하여 3선에 성공하였다. 그리고 이듬해인 1972년, 유신 헌법이 제정되면서 박정희는 영구 집권이 가능하게 되었다.

36 유신 체제와 유신 반대 운동

주제 열기

유신 헌법에 따라 1972년 12월 23일 장충체육관에서 열린 통일 주체 국민 회의에서 박정희가 제8대 대통령에 선출되었다. 유신 헌법이 민주주의의 기본 원칙을 훼손하고 있는 점은 무엇일까?

▲ 통일 주체 국민 회의의 대통령 선출(1972. 12. 23.)

시대 흐름 잡기

유신 체제의 성립	유신 체제 반대 운동	유신 체제 붕괴
○ 국제 정세: 냉전 완화(닉슨 독트린, 7·4 남북 공동 성명) ○ 10월 유신 선포: 국회 해산, 정치 활동 금지 → 헌법 개정 ○ 유신 헌법 제정: 대통령에게 초헌법적 권한 부여	○ 통일 주체 국민 회의: 박정희 제8, 9대 대통령에 선출 ○ 유신 반대 운동 : 개헌 청원 1백만인 서명 운동, 언론 자유 수호 운동, 3·1 민주 구국 선언 → 긴급 조치 발동하여 탄압	○ 제10대 총선에서 야당 선전, 제2차 석유 파동과 경제 악화 ○ YH 무역 사건, 김영삼 제명 → 부·마 민주 항쟁 발생 ○ 유신 정권 내부의 갈등 → 박정희 피살(10·26 사태)

01 닉슨 독트린

1. 미국은 앞으로 베트남 전쟁과 같은 군사 개입을 피한다.
2. 미국은 아시아 여러 나라와의 조약상 약속을 지키지만, 상대국의 핵에 의한 위협의 경우를 제외하고는 내란이나 침략에 대하여 아시아 각국이 스스로 협력하여 그에 대처해야 할 것이다.
3. 미국은 태평양 국가로서 그 지역에서 중요한 역할을 계속하지만 직접적·군사적 또는 정치적인 과잉 개입은 하지 않으며, 스스로의 의사를 가진 아시아 각국의 자주적 행동을 측면 지원한다.
4. 아시아 각국에 대한 원조는 경제 중심으로 바꾸며 여러 나라 상호 원조 방식을 강화하여 미국의 과중한 부담을 피한다.

– 닉슨 대통령, 괌 독트린 선언(1969. 7. 25.)

사료 독해

닉슨 미국 대통령이 해외 순방 중인 1969년 7월 25일 괌에서 발표한 이른바 '닉슨 독트린' 또는 '괌 독트린'의 내용이다.
닉슨 독트린은 아시아에 대한 새로운 외교 전략으로 이후 미국은 베트남 전쟁에서 철수하기 시작하며, 전 세계적으로 냉전 체제가 완화되는 데탕트(긴장 완화)의 시대가 열리는 계기였다.

02 7·4 남북 공동 성명

쌍방은 오랫동안 서로 만나 보지 못한 결과로 생긴 남북 사이의 오해와 불신을 풀고 긴장의 고조를 완화시키며 나아가서는 조국 통일을 촉진시키기 위하여 다음과 같은 문제들에 완전한 견해의 일치를 보았다.

첫째, 통일은 외세에 의존하거나 외세의 간섭을 받음이 없이 자주적으로 해결하여야 한다.

둘째, 통일은 서로 상대방을 반대하는 무력 행사에 의거하지 않고 평화적인 방법으로 실현하여야 한다.

셋째, 사상과 이념, 제도의 차이를 초월하여 우선 하나의 민족으로서 민족 대단결을 도모하여야 한다.

– 합동통신사, 「합동연감」

사료 독해

1972년 7월 4일, 한반도에 평화를 정착하고 남북 대화의 계기를 마련하기 위하여 남북한 당국이 서울과 평양에서 동시에 발표한 최초의 합의 문건이다. 남북은 평화 통일 3대 원칙에 합의하고, 남북 조절 위원회를 설치하였으나 이는 남북한의 정권을 강화하는 데 이용되었다.

02 10·17 박정희 대통령 특별 선언문

우리 헌법과 각종 법령, 그리고 현 체제는 동서 양극 체제하의 냉전 시대에 만들어졌고, 하물며 남북의 대화 같은 것은 전혀 예상치도 못했던 시기에 제정된 것이기 때문에 오늘과 같은 국면에 처해서는 마땅히 이에 적응할 수 있는 새로운 체제로의 일대 유신적 개혁이 있어야 하겠습니다. ……

1. 1972년 10월 17일 19시를 기하여 국회를 해산하고 정당 및 정치 활동의 중지 등 현행 헌법의 일부 조항 효력을 정지시킨다.
2. 일부 효력이 정지된 헌법 조항의 기능은 비상 국무 회의에 의하여 수행되며 비상 국무 회의의 기능은 현행 헌법의 국무 회의가 수행한다.
3. 비상 국무 회의는 1972년 10월 27일까지 조국의 평화 통일을 지향하는 헌법 개정안을 공고하며, 이를 공고한 날로부터 1개월 이내에 국민 투표에 부쳐 확정한다.

– 「중앙일보」(1972. 10. 18.)

사료 독해

박정희 대통령은 1972년 10월 17일 특별 선언문을 발표하여 비상계엄을 선포하고, 국회를 해산함과 동시에 모든 정치 활동을 금지하였다. 또 유신을 단행하여 한국적 민주주의를 실현하고, 국론을 통일하여 급변하는 주변 정세에 대응하며, 평화 통일과 남북 대화를 뒷받침하기 위한 새로운 헌법을 제정하겠다고 선언하였다. 이후 유신 헌법이 국민 투표를 거쳐 확정됨으로써 유신 체제가 성립되었다.

04 유신 헌법

제39조 ① 대통령은 통일 주체 국민 회의에서 토론 없이 무기명 투표로 선출한다.

제40조 ① 통일 주체 국민 회의는 국회 의원 정수의 3분의 1에 해당하는 수의 국회 의원을 선거한다.

제47조 대통령의 임기는 6년으로 한다.

제53조 ① 대통령은 천재지변 또는 중대한 재정 경제상의 위기에 처하거나, 국가의 안전 보장 또는 공공의 안녕 질서가 중대한 위협을 받거나 받을 우려가 있어 신속한 조치를 할 필요가 있다고 판단할 때에는 내정, 외교, 국방, 경제, 재정, 사법 등 국정 전반에 걸쳐 필요한 긴급 조치를 할 수 있다.

② 대통령은 제1항의 경우에 필요하다고 인정할 때에는 이 헌법에 규정되어 있는 국민의 자유와 권리를 잠정적으로 정지하는 긴급 조치를 취할 수 있고, 정부나 법원의 권한에 관하여 긴급 조치를 할 수 있다.

제59조 ① 대통령은 국회를 해산할 수 있다.   – 관보 제6337호(1972. 12. 27.)

사료 독해

• 1972년에 12월 일곱 번째로 개정된 제4공화국 헌법을 '유신 헌법'이라고도 부른다.

• 유신 헌법은 삼권 분립, 견제와 균형이란 의회 민주주의 기본 원칙을 완전히 부정하고, 대통령에게 막강한 권력을 집중시킨 것이 특징이다. 이를 위해 대통령 임기를 6년으로 연장하고 중임 제한 조항을 철폐하였으며, 대통령을 통일 주체 국민 회의에서 간접 선거로 뽑게 하였다. 또 대통령에게 긴급 조치권과 국회 해산권 등 초헌법적 권한을 부여하였다.

05 대통령의 긴급 조치

1. 대한민국 헌법을 부정, 비방 및 개정, 폐지를 요구하는 행위를 금한다.
2. 대한민국 헌법의 개정 또는 폐지를 주장, 발의, 제안 또는 청원하는 일체의 행위를 금한다.
3. 유언비어를 날조, 유포하는 일체의 행위를 금한다.
4. 위의 1, 2, 3호에서 금한 행위를 권유, 선동, 선전하거나 방송, 보도, 출판, 기타의 방법으로 이를 타인에게 알리는 일체의 언동을 금한다.
5. 이 조치를 위반한 자와 이 조치를 비방한 자는 법관의 영장 없이 체포, 수색할 수 있으며 비상 군법 회의에서 심판, 처단한다.   – 대통령 긴급 조치 제1호

1. 다음 각 호의 행위를 금한다.
   가. 유언비어를 날조, 유포하거나 사실을 왜곡하여 전파하는 행위
   나. 집회, 시위 또는 신문, 방송, 통신 등 공공 전파 수단이나 문서, 도서, 음반 등 표현물에 의하여 대한민국 헌법을 부정, 반대, 왜곡, 비방하거나 그 개정 또는 폐지를 주장, 청원, 선동, 선전하는 행위
   다. 학교 당국의 지도, 감독하에 행하는 수업, 연구 또는 학교장의 사전 허가를 받았거나 기타 예외적 비정치적 활동을 제외한 학생의 집회, 시위 또는 정치 관여 행위
8. 이 조치 또는 이에 의한 주무부 장관의 조치에 위반한 자는 법관의 영장 없이 체포, 구속, 압수 또는 수색할 수 있다.   – 대통령 긴급 조치 제9호

사료 독해

• 긴급 조치는 유신 헌법에 근거해 대통령이 발령한 특별 조치로, 헌법이 보장하는 국민의 자유와 권리를 정지할 수 있는 무소불위의 권한이었다. 2010년 대법원은 긴급 조치 제1호에 대해 "국민의 기본권을 침해하기에 위헌"이라고 밝혔다.

• 긴급 조치 제9호는 집회·시위, 유신 헌법에 대한 부정·반대, 개정·폐지 주장 등을 일절 금지하고, 이 조치에 따른 명령·조치는 사법 심사 대상에서 제외하는 내용으로, 유신 체제 반대 운동을 탄압하는 수단으로 사용되었다. 2013년 대법원은 긴급 조치 제9호에 대해 "헌법상 보장된 국민의 기본권을 지나치게 제한하거나 침해한 것으로 유신 헌법은 물론 현행 헌법에도 위반되어 무효"라고 밝혔다.

06 전국 민주 청년 학생 총연맹(민청학련) 선언서

극심한 물가고와 공포 정치에 짓눌린 우리의 현실을 타개하고자 …… 학우들이 피의 항쟁을 벌여 왔다. 앞서간 애국 시민 학생의 뒤를 이으며 민중의 편에 서서 민중의 이익을 대변하고자 전국의 모든 학생들은 이 시각을 기하여 총궐기하였다.

　– 국민이여 모두 민주 전선에 우리의 뜨거운 피를 뿌리자!
　– 근로 대중이여 궐기하라!
　– 핍박 받는 민중이여 궐기하라!
　– 지식인, 언론인, 종교인이여 궐기하라!
1. 굶어 죽을 자유 말고 먹고 살 권리 찾자!
2. 배고파서 못 살겠다. 기아 임금 인상하라!
3. 유신이란 간판 걸고 국민 자유 박탈 마라!
4. 남북 통일 사탕발림 영구 집권 최후 수단!
5. 재벌 위한 경제 성장 정권 위한 국민 총화!
6. 왜놈 위한 공업화에 민중들만 죽어난다!

– 전국 민주 청년 학생 총연맹, 「민중·민족·민주 선언」(1974. 4. 3.)

사료 독해

1973년 중앙정보부가 유신 반대 운동을 전개한 김대중을 납치한 사건을 계기로 유신 체제를 반대하는 민주화 운동은 본격화되었다. 학생들은 민청학련을 조직하여 유신에 반대하는 운동을 벌였다. 이에 박정희 정부는 1974년 민청학련 중심의 학생 1백 80여 명이 폭력으로 국가를 전복 하고 공산 정권을 수립하려 하였다는 혐의로 구속·기소하였다.

07 인혁당 재건위 사건

'국정원 과거 사건 진실 규명을 통한 발전 위원회'는 세칭 '인민 혁명당 사건(1964)', '민청학련 사건(1974)', '인민 혁명당 재건 위원회 사건' 등에 대한 조사를 진행하여 왔다. 이들 사건은 학생들의 반정부 시위로 궁지에 몰린 박정희 정권이 독재 권력을 유지하기 위해 중앙정보부를 동원하여 고문 등을 통해 민주 인사와 학생들을 탄압한 대표적인 사례들로, 특히 민청학련의 배후로 지목된 '인혁당 재건위 사건'의 경우 8명의 피고인들이 사형 선고를 받은 지 불과 18시간 만에 처형되어 사법 살인의 논란을 불러일으킨 사건이다. …… 세칭 '인혁당 재건위 사건'은 1974년 4월 3일 박정희 대통령이 민청학련 관련 담화문에서 민청학련이라는 불법 단체가 반국가적 불순 세력의 배후 조종하에 '인민 혁명'을 획책하고 있다고 발표한 뒤 중앙정보부는 민청학련의 배후로 '과거 공산계 불법 단체인 인민 혁명당 조직'이 있다며 사건 관련자들을 구속·수사하였고, 도예종 등 사건 관련자들은 인혁당을 재건하려는 지하 비밀 조직을 만들어 학생 데모를 배후 조종 하는 등 국가 변란을 획책했다는 혐의로 1, 2심 군사 법정을 거쳐 1975년 4월 8일 7명이 사형, 8명이 무기 징역, 4명이 징역 20년, 3명이 징역 15년을 선고 받았는데, 인혁당 재건위 사건으로 사형을 선고 받은 7명과 민청학련 관련자 여정남 등 총 8명에 대해서는 대법원에서의 형 확정 18시간 만인 다음 날 새벽 4시 55분경부터 전격적으로 사형이 집행되었다.

– 국정원 진실위 보고서·총론(I)」

사료 독해

박정희 대통령은 1974년 4월 3일 특별 담화를 통해 민청학련이라는 불법 단체가 불순 세력의 배후 조종 아래 그들과 결탁하여 '인민 혁명'을 수행하기 위해 정체를 위장하고 사회 각계각층에 침투하여 활동하고 있다며 긴급 조치 제4호를 선포하였다. 그 직후 중앙정보부는 인민 혁명당 재건 위원회를 민청학련의 배후로 지목하며 인민 혁명당을 재건하고 반정부 학생 운동을 사주했다고 발표하였다. 그러나 이 사건은 2007년 재심에서 관련자 중 대다수가 무죄 판결을 받았다. 이는 과거 국가 기관이 행한 고문과 조작에 의하여 억울하게 유죄 판결을 받은 피해자들의 명예를 회복하고 더불어 과거 청산을 이룩한 획기적인 사례로 기록되었다.

08 자유 언론 실천 선언

우리는 오늘날 우리 사회가 처한 위중의 난국을 극복할 수 있는 길이 언론의 자유로운 활동에 있음을 선언한다. 민주 사회를 유지하고, 자유 국가를 발전시키기 위한 기본적인 사회 기능인 자유 언론은 어떠한 구실로도 억압될 수 없으며, 어느 누구도 간섭할 수 없는 것임을 선언한다.

- 신문, 방송, 잡지에 대한 어떠한 외부 간섭도 우리의 일치된 단결로 강력히 배제한다.
- 기관원의 출입을 엄격히 거부한다.
- 언론인의 불법 연행을 일절 거부한다. 만약 어떠한 명목으로라도 불법 연행이 자행되는 경우 그가 귀사할 때까지 퇴근하지 않기로 한다.

– 「동아일보」(1974. 10. 24.)

사료 독해

유신 체제하에서 언론에 대한 탄압과 통제가 심해지자 1974년 「동아일보」 기자들은 자유 언론 실천 선언을 발표하였다. 이에 정부는 광고주들에게 광고를 철회하라고 압력을 가하였다. 백지 광고가 나가게 되자 시민들이 익명으로 성금을 내 빈 광고 지면을 채웠으며, 언론 자유 수호 운동을 지지하였다.

09 3·1 민주 구국 선언

삼권 분립은 허울만 남았다. 국가 안보라는 구실 아래 신앙과 양심의 자유는 날로 위축되어 가고 언론의 자유와 학원의 자주성은 압살당하고 말았다. …… 우리는 이를 보고만 있을 수 없어 여·야의 정치적인 전략이나 이해를 넘어 이 나라의 먼 앞길을 내다보면서 '민주 구국 선언'을 선포하는 바이다.

1. 이 나라는 민주주의 기반 위에 서야 한다. 민주주의는 대한민국의 국시이다. 따라서 대한민국의 정통성은 민주주의에 있다. 그러므로 어떤 구실로도 민주주의가 위축되어서는 안 된다. 이북 공산주의 정권과 치열한 경쟁에 뛰어든 이 마당에 우리가 길러야 할 힘은 민주 역량이다. 국방력도 경제력도 길러야 하지만 민주 역량의 뒷받침이 없을 때 그것은 모래 위에 세운 집과 같다. …… 첫째로 우리는 국민의 자유를 억압하는 긴급 조치를 곧 철폐하고 민주주의를 요구하다가 투옥된 민주 인사들과 학생들을 석방하라고 요구한다. 둘째로 우리는 유신 헌법으로 허울만 남은 의회 정치가 회복되어야 한다고 주장한다. 셋째로, 우리는 사법권의 독립을 촉구한다. 사법권의 독립 없이 국민은 강자의 횡포에서 보호 받을 길이 없기 때문이다.
2. 경제 입국의 구상과 자세가 근본적으로 재검토되어야 한다. 경제 발전이 국력 배양에 중요하다는 것을 우리는 잘 안다. 그렇다고 경제력이 곧 국력인 것은 아니다. 그런데 현 정권은 경제력이 곧 국력이라는 좁은 생각을 가지고 모든 것을 희생시키면서 경제 발전에 전력을 쏟아 왔다.
3. 민족 통일은 오늘 이 겨레가 짊어진 지상의 과업이다. 국토 분단의 비극은 해방 후 30년 동안 남과 북에 독재의 구실을 마련해 주었고 국가의 번영과 민족의 행복, 창조적 발전을 위해서 동원되어야 할 정신적, 물질적 자원을 고갈시키고 있다.

– 명동천주교회 편, 「한국가톨릭 인권운동사」

사료 독해

- 1976년 3월 1일 명동 성당에서 각계 지도층 인사가 발표한 선언문으로, 「3·1 민주 구국 선언」이라고도 한다. 당시 명동 성당에는 가톨릭 신자 700여 명과 수십 명의 개신교 신자가 미사를 마친 뒤 기도회를 열었는데 이 기도회에서 선언문이 낭독되었다. 이 선언은 민주주의를 강조하고 유신 체제와 경제 발전 논리를 정면으로 비판하였다. 검찰은 관련자들을 대통령 긴급 조치 제9호 위반 혐의로 입건하였다.

- 「3·1 민주 구국 선언」 사건으로 윤보선·김대중·정일형 등 18명이 기소되었고, 관련자 전원에게 실형이 선고되었다. 유신 반대 운동 가운데 하나인 이 사건은 유신 체제뿐 아니라 박정희 정권에 대한 도전으로써 민주화 운동의 촉매제가 되었다. 이후 유신 반대 운동은 1979년 부·마 민주 항쟁 등으로 이어졌다.

모든 경제적 모순과 실정을 근로자의 불순으로 뒤집어씌우고 협박, 공포, 폭력으로 짓눌러 왔음을 YH 사건에서 단적으로 보여 주고 있고, 저들의 입으로나마 나불대던 민주 공화국의 형식 논리마저도 이제는 부정함을 야당의 파괴 음모에서 깨닫게 하여 주었다. 우리는 학원이 정의와 양심의 최후 보루라는 것을 멀지 않은 역사에서 배워 왔다. 적과 마주하여 스스로 펜을 총으로 대신하였고, 민주주의의 혼이 꺼져갈 때 피를 흘리며 쓰러져 간 선배 형들의 끓어오르는 함성이 귀에 메아리쳐 옴을 어찌하랴!

학우여! 오늘 우리의 광장은 군사 교육장으로 변하였고, 자유로운 토론은 정보원과 그 앞잡이 상담 지도관과 호국단이 집어 삼키지 않았는가! 타율과 굴종으로 노예의 길을 걸어 천추의 한을 맺히게 할 것인가, 아니면 박정희와 유신과 긴급 조치 등 불의의 날조와 악의 표본에 의연히 투쟁함으로써 역사 발전의 장도에 나설 것인가? 불을 보듯 훤한 이 시대의 비리를 바로잡을 역사의 소명 앞에 아무 두려움도 아쉬움도 남김없이 훨훨 타오른다. 오직 오늘 보람 있는 삶과 내일 부끄럽지 않은 과거를 갖기 위하여 우리는 이제 투쟁의 대열에 나서는 환희를 찾는다.

학우여! 동지여! 독재자의 논리를 박차고 일어서서 모여 대열을 짓고 나서자! 꺼지지 않는 자유의 횃불을 들고 자유 민주주의의 노래를 외치면서.

— 「부·마 민주 항쟁 10주년 기념 자료집」

사료 독해

• 1979년 8월에 방직 회사인 YH 무역의 여성 노동자들이 회사이 폐업 조치에 항의하며 야당인 신민당 당사에서 농성을 벌였다. 그런데 경찰이 폭력으로 진압하는 과정에서 여성 노동자 한 명이 사망하고 말았다.

• 이 사건을 계기로 신민당은 박정희 정부의 노동자 탄압을 강력히 비난하였고, 이에 여당은 신민당 총재였던 김영삼을 국회 의원직에서 제명하였다. 그러자 김영삼의 정치 근거지인 부산과 마산에서는 민주 항쟁이 일어났다. 박정희 정부는 부산 지역에 계엄령을 선포하고 이를 탄압하였다. 그러나 이후 정권 내부에서 대립이 발생하여 박정희 대통령이 피살됨으로써 유신 체제도 막을 내렸다 (10 · 26 사태).

한국사 Q&A **대중가요 「아침 이슬」은 왜 금지곡이 되었을까?**

▲ 통기타 가수 양희은의 노래 「아침 이슬」을 담은 앨범

1970년대는 문화 예술의 대중화가 촉진된 시기였다. 당시 억압적인 분위기에 대한 청년들의 저항 의식은 통기타와 청바지, 장발 등이 유행하는 것으로 표출되었다.

1975년 긴급 조치 제9호가 발표된 이후 대중문화에 대한 정부의 통제가 강화되었다. 특히 정부는 대중가요에 대해서 국가 안보와 국민 총화에 악영향을 줄 수 있는 것, 외래 풍조의 무분별한 도입과 모방, 패배 · 자학 · 비관적인 내용, 선정 · 퇴폐적인 것들을 골라내어 음반까지 폐기한다는 방침을 세웠다.

당시 유행하였던 가요 중 이장희의 「그건 너」는 책임 전가, 김민기의 「아침 이슬」은 부정적인 표현이 들어간 가사, 송창식의 「왜 불러」는 퇴폐적이며 시의 부적절, 신중현의 「미인」은 창법의 부적절, 김추자의 「거짓말이야」는 불신 풍조 조장, 배호의 「0시의 이별」은 당시 통행금지 시간에 있을 수 없는 일이라며 음반 발매 및 방송을 금지하였다.

37 신군부 집권과 5·18 민주화 운동

KEY WORD

12 · 12 사태
1979년 12월 12일, 전두환, 노태우 등이 지휘 계통을 무시하고 계엄 사령관을 체포하여 군 사권을 장악하였다. 그래서 박정희 군부 세력 과 구분하여 이들을 '신군부'라 한다.

5 · 17 비상계엄 확대
신군부 세력은 민주화를 요구하는 시위를 탄 압하기 위해 1980년 5월 17일에 비상계엄을 전국으로 확대하여 모든 정치 활동을 금지하 고 대학교에는 휴교령을 내렸다.

5 · 18 민주화 운동
1980년 5월 18~27일까지 광주 지역을 중심 으로 전개된 민주화 운동이다. 신군부는 광주 에 공수 부대를 투입하여 민주화 시위를 폭력 으로 진압하였다.

주제 열기

10 · 26 사태 이후 신군부 세력이 군사 반란을 통해 군사권을 장악하였다. 신군부는 무차별적인 폭력과 발포로 5·18 민주화 운동을 진압하고 집권에 성공하였으나 정 권의 정당성과 도덕성에 심각한 타격을 입었다. 5·18 민주화 운동의 역사적 의의는 무엇일까?

▼ 국립 5 · 18 민주 묘지(광주 북구)

시대 흐름 잡기

신군부의 등장

- 12 · 12 사태: 신군부 세력이 군 사 반란으로 군사권 장악
- 서울의 봄: 1980년 5월, 시민들 이 조속한 민주화 실현 요구
- 5 · 17 비상계엄 전국 확대 → 정 치 활동 금지, 대학교 휴교령

5 · 18 민주화 운동

- 광주에 공수 부대를 투입하여 학 생과 시민들에게 무차별 폭행
- 계엄군의 집단 발포에 맞서 광주 시민들 시민군 조직
- 계엄군의 전남 도청 무력 진압 → 많은 광주 시민들 희생

전두환 정부 출범

- 신군부의 정권 장악: 국가 보위 비상 대책 위원회 설치 → 언론 통폐합, 삼청 교육대 설치
- 제5공화국 성립: 제11대 대통령 에 전두환 선출 → 헌법 개헌 → 제12대 대통령에 다시 선출

01 서울의 봄

오늘의 난국은 기본적으로 지난 19년간 독재 정권의 반민중적인 경제 시책과 강권 정치의 소산이다. 이는 민주 발전을 저해하는 비상계엄령의 장기화로 빚어진 필연적 사태 악화이다. 만약 국민이 납득할만한 발전적인 조치를 과도 정부 당국이 하루빨리 취하지 않으면 정국 불안에 경제 위기까지 겹쳐 회복할 수 없는 파국이 초래되지 않을까 염려된다. 이에 우리는 오늘의 시국을 근본적으로 타개할 몇 가지 당면 책을 제시하고자 한다.

– 비상계엄령은 즉각 해제되어야 한다. 비상계엄령은 10 · 26, 12 · 12 사태 등 전적으로 집권층 내부의 사정에서 선포된 것으로 이는 분명이 위법일 뿐만 아니라 정치 발전을 저해하는 가장 큰 요인이다.

– 최규하 과도 정권은 평화적인 정권 이양의 시기를 금년 안으로 단축시켜야 하며, 그 일정을 구체적으로 밝혀야 한다.

– 학원은 병영적인 성격을 일체 청산하고, 학문의 연구와 발표의 자유가 보장되어야 하며 이 같은 자유를 위한 대학인들의 자율적인 민주화 운동은 존중되어야 한다.

– 언론의 독립과 자유는 민주 발전에 가장 불가결한 요소로서 절대 보장되어야 한다. 언론인들은 그간의 잘못을 반성하고 특히 동아 · 조선 두 신문사는 부당하게 해직한 자유 언론 기자들을 지체 없이 전원 복직시켜야 한다.

– 지식인 134인 시국 선언문(1980. 5. 15.)

사료 독해

• 1979년 10 · 26 사태로 사회 전반에 유신 체제가 끝나고 민주 사회가 올 것이라는 기대가 커졌다. 국무총리 최규하가 통일 주체 국민 회의를 통해 대통령이 되었지만, 1979년 12월 12일 전두환이 이끄는 일부 군인들이 군사 반란을 일으켜 군사권을 장악하였다(12 · 12 사태).

• 1980년 봄부터 민주화 열기가 뜨거웠다. 학생들은 유신 헌법 철폐, 계엄 철폐, 신군부 퇴진을 요구하며 전국 각지에서 대규모 시위를 벌였다. 민주 인사와 대학 교수들도 시국 선언을 발표하였다. 특히 5월 15일에는 10만여 명이 서울역 광장에 모여 민주화의 조속한 실현을 요구하였다(서울의 봄).

02 5 · 17 비상계엄 확대

1. 1979년 10월 27일에 선포한 비상계엄이 계엄법 제8조 규정에 의하여 1980년 5월 17일 24시를 기하여 그 시행 지역을 대한민국 전 지역으로 변경함에 따라 현재 발효 중인 포고를 다음과 같이 변경한다.

2. 국가의 안전 보장과 공공의 안녕 질서를 유지하기 위하여

가. 모든 정치 활동을 중지하며 정치 목적의 옥내외 집회 및 시위를 일체 금한다. 정치 활동 목적이 아닌 옥내외 집회는 신고를 하여야 한다.

나. 언론, 출판, 보도 및 방송은 사전 검열을 받아야 한다.

다. 각 대학(전문 대학 포함)은 당분간 휴교 조치한다.

라. 정당한 이유 없는 직장 이탈이나 태업 및 파업 행위를 일체 금한다.

마. 유언비어의 날조 및 유포를 금한다. 유언비어가 아닐지라도 전 · 현직 국가 원수를 모독 비방하는 행위를 금한다.

바. 국민의 일상생활과 정상적인 경제 활동의 사유는 보장한다.

사. 외국인의 출입국과 국내 여행 등 활동의 자유는 최대한 보장한다.

본 포고를 위반한 자는 영장 없이 체포 · 구금 · 수색하며 엄중 처단한다.

– 계엄 포고령 제10호(1980. 5.17. 시행)

사료 독해

신군부 세력은 쿠데타의 합법성을 주장하기 위해 전군 주요 지휘관 회의 결정으로 최규하 대통령을 압박하여 1980년 5월 17일 비상 국무 회의를 소집하여 토론도 생략한 채 10분 만에 비상계엄 전국 확대안을 통과시켰다. 이에 따라 전국 31개 대학과 136개 시설에 계엄군이 배치되었다. 또한 계엄령 해제를 결의할 예정이던 국회의 기능도 정지시켰다. 그리고 나서 학생 운동 지도부와 김대중 등 주요 정치인을 구속하고 모든 정치 활동을 금지하였으며, 대학교에는 휴교령을 내렸다.

03 계엄 사령관 담화

지난 18일 수백 명의 대학생에 의해 제기된 평화 시위가 오늘의 엄청난 사태로 확산된 것은 상당수의 타 지역 불순 인물 및 고정 간첩들이 사태를 극한 상태로 유도하기 위하여 여러분의 고장에 잠입, 터무니없는 악성 유언비어의 유포와 공공시설 파괴, 방화, 장비 및 재산의 약탈 행위 등을 통하여 계획적으로 지역 감정을 자극, 선동하고 난동 행위를 선도한 데 기인한 것이다.

– 계엄 사령관의 광주 사태에 대한 담화(1980. 5. 21.)

04 광주 시민군 궐기문

우리는 왜 총을 들 수밖에 없었는가? 그 대답은 너무나 간단합니다. 너무나 무자비한 만행을 더 이상 보고 있을 수만 없어서 너도 나도 총을 들고 나섰던 것입니다. …… 정부 당국에서는 17일 야간에 계엄령을 확대 선포하고 일부 학생과 민주 인사, 정치인을 도무지 믿을 수 없는 구실로 불법 연행했습니다. …… 또한 18일 아침에 각 학교에 공수 부대를 투입하고 이에 반발하는 학생들에게 대검을 꽂고 '돌격 앞으로'를 감행하였고, 이에 우리 학생들은 다시 거리로 뛰쳐나와 정부 당국의 불법 처사를 규탄하였던 것입니다. 그러나 아! 이럴 수가 있단 말입니까? 계엄 당국은 18일 오후부터 공수 부대를 대량 투입하여 시내 곳곳에서 학생, 젊은이들에게 무차별 살상을 자행하였으니! …… 너무나 경악스런 또 하나의 사실은 20일 밤부터 계엄 당국은 발포 명령을 내려 무차별 발포를 시작했다는 것입니다. …… 그런 상황에서 우리가 할 수 있는 일이 무엇이겠습니까? …… 우리는 이 고장을 지키고 우리 부모 형제를 지키고자 손에 손에 총을 들었던 것입니다. …… 시민 여러분! 우리 시민군은 온갖 방해에도 불구하고 여러분의 안전을 끝까지 지킬 것입니다. 또한 협상이 올바른 방향대로 진행되면 즉각 총을 놓겠습니다.

– 광주 시민군 궐기문(1980. 5. 25.)

05 임을 위한 행진곡

사랑도 명예도 이름도 남김없이
한 평생 나가자던 뜨거운 맹세
동지는 간 데 없고 깃발만 나부껴
새 날이 올 때까지 흔들리지 말자.
세월은 흘러가도 산천은 안다.
깨어나서 외치는 끝없는 함성
앞서서 나가니 산 자여 따르라.
앞서서 나가니 산 자여 따르라.

06 삼청 교육대 설치

국보위(국가 보위 비상 대책 위원회)는 사회 개혁의 차원에서 모든 사회악을 근원적으로 제거하고 나아가서 국민 주변의 모순과 부조리 등 고질화된 제반 의식 구조를 단호히 개혁함으로써 밝고 정의로운 사회 건설에 기여하고자 우선 불량배의 일제 검거에 착수했습니다. 이번 조치는 과거와 같은 일시적인 조치가 아니고 폭력 행위를 위시한 각종 사회악이 우리나라에서 완전히 소멸될 때까지 군·관·민 협동하에 지속적으로 강력히 추진될 것입니다. 이번 조치는 폭력, 불량배, 사기배 등 사회 기강 문란범을 일제히 검거, 수용하여 사회로부터 격리시키는 데만 그 목적이 있는 것이 아니라 이들을 계몽·선도하여 정상적인 사회인으로 복귀하는 데 장애가 되는 여러 가지 요소를 제거하여 선량한 시민으로 재생할 수 있도록 제반 조치를 강구함으로써 다시는 이와 같은 사회악이 영원히 발붙이지 못하도록 건전한 사회를 정착시키는데 그 목적이 있습니다.

— 『경향신문』(1980. 8. 4.)

사료 독해

1980년 5월 31일 신군부는 '국가 보위 비상 대책 위원회'(국보위)를 설치하였다. 이후 위원장인 전두환은 사회악 일소를 내세워 불량배를 일제히 검거하도록 지시하였다. 하지만 삼청 교육대의 실제 목적은 정권 장악을 위한 '공포 분위기' 조성과 정치적인 보복 등이었다. 이에 군과 경찰은 법관의 영장 발부 없이 총 6만 7백 55명이 검거하고, 전후방 각 부대에 이들을 수용하여 순화 교육과 근로 봉사 등을 시행하였다.

07 제8차 개헌

제39조 ① 대통령은 대통령 선거인단에서 무기명 투표로 선거한다.

② 대통령에 입후보하려는 자는 정당의 추천 또는 법률이 정하는 수의 대통령 선거인의 추천을 받아야 한다.

③ 대통령 선거인단에서 재적 대통령 선거인 과반수의 찬성을 얻은 자를 대통령 당선자로 한다.

제45조 대통령의 임기는 7년으로 하며, 중임할 수 없다.

— 대한민국 헌법(1980. 10. 27. 시행)

사료 독해

5·18 민주화 운동을 무력으로 진압하면서 집권한 전두환은 통일 주제 국민회의에서 제11대 대통령으로 선출되었다. 이후 대통령 선거인단이 대통령을 선출하고, 대통령의 임기는 7년이며 중임할 수 없다는 내용을 담은 제8차 개헌을 추진하였다.

08 전두환 정부의 언론 통제 보도 지침

7월 17일

〈 부천경찰서 성고문 사건 〉

- 오늘 오후 4시 검찰이 발표한 조사 결과 내용만 보도할 것.
- 사회면에서 취급할 것(크기는 재량에 맡김).
- 검찰 발표문 전문은 꼭 실어 줄 것.
- 자료 중 "사건의 성격"에서 제목을 뽑아 줄 것.
- 이 사건의 명칭을 성추행이라 하지 말고 성 모욕 행위로 할 것.
- 발표 외에 독자적인 취재 보도 내용 불가.
- 시중에 나도는 반체제 측의 고소장 내용이나 기독교교회협의회(NCC), 여성 단체 등의 사건 관계 성명은 일체 보도하지 말 것.

— 이수기, 『보도 지침과 신문의 이해』

사료 독해

보도 지침은 전두환 정부 때 문화 공보부 홍보 정책실에서 언론 통제를 위해 작성한 가이드라인이다. 문화 공보부 홍보 정책실은 거의 매일 각 언론사에 기사 보도를 위한 보도 지침을 작성해 보냈고, 홍보 조정실은 각 언론사에 협조를 요청하였으나, 실제로는 보도 지침으로 작용하였다.

09 제5차 경제 사회 발전 5개년 계획

우리 경제에 어렵게 전개될 것으로 보이는 대내외 여건을 슬기롭게 극복하여 1980년대 제2의 도약을 이루어야 할 것이다. 이를 위하여 …… 첫째, 경제 안정 기반을 정착하여 국민 생활을 안정시키고 경쟁력 강화와 국제 수지 개선을 이룰 것이다. 둘째, 지속적인 성장 기반을 다져 고용 기회를 확대하고 소득을 증대시킬 것이다. 셋째, 소득 계층 간 · 지역 간 균형 발전으로 국민의 복지를 증진시킬 것이다.

- 물가 안정에 정책의 최우선 순위를 두어 운용함으로써 물가를 10% 이내에서 안정시킬 것이다.
- 7~8%의 지속적인 성장을 달성하기 위하여 투자 효율을 극대화하고 저축을 증대시킬 것이다.
- 수출 주도 전략을 지속하고 대외 개방 정책을 보다 적극화할 것이다.
- 국내외 시장에서 경쟁력 있는 비교 우위 산업을 육성할 것이다.
- 국토를 균형 개발하고 환경을 보전할 것이다.
- 국민의 기본 수요를 충족하고 사회 발전을 적극적으로 추진할 것이다.

– 대한민국 정부(1981), 「경제 사회 발전 5개년 계획(1982~1986)」

사료 독해

• 1980년대 초 정부는 '안정, 능률, 균형'이란 이념 아래 제5차 경제 개발 계획을 수립하고 그 명칭을 「경제 사회 발전 5개년 계획」으로 바꾸었다.

• 경제 사회 발전 5개년 계획은 처음에는 '물가 상승, 국제 수지 악화, 경기 침체'라는 1980년대 초반의 경제 여건을 고려하여 작성되었으나, 1980년대 고성장, 저물가 등의 현상이 나타남에 따라 처음의 계획을 수정하면서 목표치도 수정하였다. 이 계획의 특징은 종래 정부 주도의 경제 개발에서 민간 주도의 경제 운용으로 전환하였다는 점이다.

10 프로 스포츠 시대 개막

1981년 전두환 대통령의 제5공화국이 출범했다. 그리고 다음해인 1982년 프로 스포츠의 시대가 열렸다. 국민의 불만을 마비시키려는 3S(Sports, Screen, Sex) 정책이라는 사회의 비난 속에 프로 야구가 개막한 것이다. …… 서울 · 부산 · 대구 · 인천 · 대전 · 광주 등 지역 연고제로 시작된 프로 야구는 개막 전부터 열기를 뿜었고, 한국 최고의 스포츠로 자리 잡았다. …… 프로 야구가 출범하기 전에는 고교 야구가 최고 인기 스포츠였다. 고향과 모교를 응원하는 사람들로 고교 야구 대회는 항상 붐볐고, 이미 '오빠 부대'도 형성돼 있었다. 프로 야구의 성공 비결은 바로 이 고교 야구의 인기를 고스란히 옮겨 왔다는 것이다. …… 고교 야구 스타들이 다시 고향을 대표하는 프로 선수가 된 것이 지역 감정과 잘 맞아떨어졌다. …… 프로 야구의 성공은 이 땅에 프로 스포츠 시대의 화려한 개막을 알렸다. 씨름도 '민속 씨름'이라는 타이틀을 걸고 프로화를 선언했다. 이봉걸 · 이준희 · 홍현욱으로 대표되던 씨름판에 이만기라는 걸출한 스타가 등장하면서 민속 씨름 역시 엄청난 인기를 얻었다. 축구는 프로 야구 출범 다음 해인 1983년에 프로화가 됐다. 1986년까지 프로팀과 실업팀이 혼재한 형태로 운영되던 프로 축구는 1987년에 와서야 비로서 본격적인 프로의 모습을 갖췄다. 현재의 12개의 프로팀과 프로 선수로 구성된 상무팀이 K-리그에서 실력을 겨루고 있다.

– 중앙일보사, 「아! 대한민국」(2005)

사료 독해

제5공화국 출범 후 전두환 대통령은 "한국인은 스포츠를 좋아하니 야구와 축구의 프로화를 추진해 보라"고 지시했다. 1981년 11월에 열린 제1차 프로 야구 관계자 회의에서 서울의 MBC 청룡, 부산의 롯데 자이언츠, 대구의 삼성 라이온즈, 광주의 해태 타이거즈, 대전의 OB 베어즈, 인천의 삼미 슈퍼스타즈 등 6개 구단이 탄생하였다. 이어서 1982년 3월에는 동대문운동장에서 MBC 청룡과 삼성 라이온즈의 개막 경기가 열렸다. 이후 프로 야구는 1980년대에 대중의 사랑을 받았다. 프로 야구와 프로 축구 출범으로 한국에서도 프로 스포츠 시대가 시작되었고, 1990년대에는 프로 농구도 출범하였다.

5·18 내란 행위자들이 1980년 5월 17일 24:00시를 기하여 비상계엄을 전국으로 확대하는 등 헌법 기관인 대통령, 국무 위원들에 대하여 강압을 가하고 있는 상태에서, 이에 항의하기 위하여 일어난 광주 시민들의 시위는 국헌을 문란하게 하는 내란 행위가 아니라 헌정 질서를 수호하기 위한 정당한 행위였음에도 불구하고 이를 난폭하게 진압함으로써, 대통령과 국무 위원들에 대하여 보다 강한 위협을 가하여 그들을 체포하게 하였다면, 그 시위 진압 행위는 내란 행위자들이 헌법 기관인 대통령과 국무 위원들을 강압하여 그 권능 행사를 불가능하게 한 것으로 보아야 하므로 국헌 문란에 해당한다. ……

피고인들이 국헌을 문란할 목적으로 시국 수습 방안의 실행을 모의할 당시 그 실행에 대한 국민의 큰 반발과 저항을 예상하고, 이에 대비하여 '강력한 타격'의 방법으로 시위를 진압하도록 평소에 훈련된 공수 부대 투입을 계획한 후, …… 이와 같은 난폭한 계엄군의 과잉 진압에 분노한 시민들과 사이에 충돌이 일어나서 계엄군이 시민들에게 발포함으로써 다수의 사상자가 발생하였고, …… 계엄군에게 광주 재진입 작전을 강행하도록 함으로써 다수의 시민을 사망하게 한 사실을 인정하였는바, …… 피고인 전두환, 노태우, …… 정호영에 대한 각 상고를 모두 기각한다.　　– 12·12, 5·18 사건 대법원 판결문(1997)

사료 독해

5·18 민주화 운동은 5월 27일 새벽에 계엄군의 무력 진압으로 수많은 사상자를 낸 채 끝났다. 그러나 5·18 민주화 운동은 이후 전개된 민주화 운동의 원동력이 되었으며, 김영삼 정부는 12·12 사태와 5·18 민주화 운동의 무력 진압 책임을 물어 전두환, 노태우 두 전직 대통령을 구속하였다

한국사 Q&A　　유네스코는 왜 5·18 민주화 운동 기록물을 세계 기록 유산으로 등재하였을까?

2011년 유네스코는 국가 폭력에 대한 민중의 저항을 담은 5·18 민주화 운동 기록의 의미와 가치를 인정하여, 이와 관련된 정부 기록 문서, 시민군의 성명서, 시민들의 5월 일기, 피해자들의 병원 치료 기록 등 총 4,200여 권, 필름 2,000여 컷, 사진 1,700여 점 등을 세계 기록 유산에 등재하였다.

5·18 민주화 운동 기록물의 유네스코 세계 기록 유산 등재는 자신과 가족의 생명을 지키기 위해 불의한

▲ 5·18 민주화 운동 때 광주 여고생이 쓴 일기와 기록 사진

국가 권력에 저항한 광주 시민들의 고귀한 희생정신을 국제 사회가 인권과 민주주의에 대한 확고한 신념으로 이를 공인한 것이다. 이는 5·18 민주화 운동에서 나타난 인류의 보편적 가치인 인권, 민주주의, 평화 정신을 지구촌 사람들과 모두 공유할 수 있다는 의미이기도 하다.

유네스코는 5·18 민주화 운동이 한국의 민주화는 물론 필리핀, 타이, 베트남 등 아시아 여러 나라의 민주화 운동에 큰 영향을 주었다고 평가하였다. 이러한 역사성과 한국의 민주화 과정을 담고 있는 각종 기록물은 '유네스코 세계 기록 유산'으로 등재됨으로써 군사 정권의 폭압에 대항한 시민들의 분노, 눈물 그리고 용기 등이 세계 사람들에게 전해질 것이다. 이를 계기로 5·18 민주화 운동은 전 세계가 민주주의와 평화의 가치를 가슴에 새기고 정의를 지향하는 인권 교육의 중요한 도구가 될 것이다.

38 6월 민주 항쟁과 민주주의의 발전

KEY WORD

박종철 고문치사 사건
1987년 서울대학교 학생 박종철이 경찰 조사를 받다가 고문으로 사망한 사건이다. 정부의 은폐에도 불구하고 사건의 실체가 폭로되어 6월 민주 항쟁의 계기가 되었다.

4·13 호헌 조치
1987년 4월 13일에 전두환 정부가 대통령 직선제 개헌을 비롯하여 국민들의 민주화 요구를 묵살하고, 일체의 개헌 논의를 중단시킨 조치이다.

6·29 민주화 선언
1987년 6월 민주 항쟁에 굴복한 전두환 정부가 당시 민주 정의당 대표인 노태우를 통해 국민의 직선제 개헌 요구를 수용한다고 발표한 특별 선언이다.

주제 열기

1987년 박종철 고문치사 사건과 4·13 호헌 조치를 계기로 6월 민주 항쟁이 일어났다. 전두환 정부는 국민의 직선제 개헌 요구를 수용하는 6·29 민주화 선언을 발표하였다. 6월 민주 항쟁 이후 한국 민주주의는 어떻게 발전하였을까?

▼ **명동 성당**(서울 중구) 1987년 6·10국민 대회에 참여한 일부가 명동 성당에서 농성하였다.

시대 흐름 잡기	6월 민주 항쟁	노태우 정부	김영삼 정부
	○ 1987년 국민의 직선제 개헌 요구 확대 ○ 4·13 호헌 조치와 박종철 고문치사 사건 → 6월 민주 항쟁 ○ 6·10 국민 대회 개최 → 6·29 민주화 선언(직선제 개헌 수용)	○ 제9차 헌법 개정 → 민주 정의당 노태우 후보 대통령 당선 ○ 여소 야대 국회 → 3당 합당으로 민주 자유당 창당 ○ 88 서울 올림픽 대회 개최, 북방 외교 추진, 남북한 유엔 동시 가입	○ 제14대 대통령 선거 → 민주 자유당 김영삼 후보 당선 ○ '문민 정부' 표방 → 금융 실명제·부동산 실명제 실시, 지방 자치 확대, 역사 바로 세우기 ○ 경제 협력 개발 기구(OECD) 가입, 외환 위기(1997)

01 직선제 개헌 운동 선언문

현재의 군사 독재 정권은 지난 1980년 5월에 국회를 불법적으로 해산하고 민주 인사들을 대량 투옥하고 광주의 민중 항쟁을 무력으로 짓눌러 수천 명의 동포를 살상한 뒤에 국민의 주권을 유린하는 헌법을 제정하여 통치권을 장악했다. 그들이 국민의 민주적 합의도 없이 통과시킨 현행 헌법은 국민의 기본권을 박탈하고 있음은 물론이고 실질적으로 군사 독재 정권의 장기 집권을 제도적으로 보장하고 있다. …… 따라서 우리는 …… 군사 독재 정권의 퇴진을 전제로 한 민주 헌법 쟁취 범국민 서명 운동을 전개하고자 한다.

– 군사 독재 퇴진 촉구와 민주 헌법 쟁취를 위한 국민 서명 운동 선언(1986. 3. 5.)

사료 독해

1985년 12월에 민주화 추진 협의회를 중심으로 대통령 직선제 개헌 서명 운동이 전개되었다. 전두환 정부는 서명 운동을 주도한 김영삼, 김대중 등을 가택 연금하였으나 이러한 조치는 오히려 서명 운동이 확산되는 계기가 되었다.

02 박종철군 사망 사건

14일 낮 12시쯤 공안 사건과 관련, 치안 본부 대공 수사단에 연행돼 조사를 받던 서울대생 박종철 군(21세, 서울대학교 언어학과 3년)이 쓰러져 병원에 옮겨졌으나 숨졌다. 경찰은 박 군의 사인을 일단 쇼크사로 검찰에 보고했으나 검찰은 박 군이 경찰의 조사 과정에서 가혹 행위로 숨졌을 가능성에 대해서 자체 수사를 펴고 있다. 경찰이 발표한 박 군의 사망 경위에 따르면 …… 10시 50분쯤부터 수사관의 신문을 받기 시작, 11시 20분쯤 수사관이 수배된 박모군(서울대생)의 소재를 물으면서 책상을 세게 두드리는 순간 의자에 앉은 채 갑자기 '윽' 하는 소리를 지르며 쓰러졌다는 것이다.

– 『경향신문』(1987. 1. 16.)

사료 독해

1987년 1월 14일, 서울대 학생 박종철이 경찰의 수사 과정에서 고문으로 사망하는 사건이 발생하였다. 박종철 고문치사 사건은 공안 당국의 조직적인 은폐 시도에도 불구하고 그 진상이 폭로되어 6월 민주 항쟁의 주요한 계기가 되었다.

03 박종철 고문치사 사건의 진상

1. 박종철 군을 직접 고문하여 죽게 한 하수인은 따로 있다. …… 박종철 군을 직접 고문하여 죽음에 이르게 한 진짜 범인은 …… 현재도 경찰관 신분을 그대로 유지하고 있다.
2. 범인 조작의 각본은 경찰에 의해 짜였고, 또 현재도 진행 중에 있다. 경찰은 당초 박종철 군이 쇼크에 의해 심장 마비로 죽은 것으로 사건을 조작, 고문 사실을 은폐하고 조한경 경위에게만 지휘 책임을 묻는 것으로 그치려 하였다.
4. 검찰은 사건 조작의 내용을 알고 있으면서도 이를 밝히지 않고 있다.
5. 이 사건 및 범인의 조작 책임은 현 정권 전체에 있다.
11. 이 사건 범인 조작의 진실이 박종철 군의 고문 살인 진상과 함께 명쾌히 밝혀질 수 있느냐 없느냐에 따라 과연 우리나라에서 공권력의 도덕성이 회복되느냐 되지 않느냐 하는 결말이 날 것이다.

– 천주교 정의 구현 전국 사제단(1987. 5. 17.)

사료 독해

1987년 5·18 민주화 운동 7주기 추모 미사에서, 천주교 정의 구현 전국 사제단의 김승훈 신부는 박종철 고문치사와 관련하여 경찰의 은폐 조작을 폭로하였다. 치안 본부 5차장 박처원 등 대공 간부 세 명이 이 사건을 축소 조작하고, 고문 가담 경관이 두 명이 아니라 다섯 명이었다는 사실을 폭로하였다. 또 안기부, 법무부, 내무부, 검찰, 청와대 비서실 및 이들 기관의 기관장이 참여하는 관계 기관 대책 회의가 은폐 조작에 조직적으로 관여하였다는 사실이 드러났다.

04 4·13 호헌 조치

본인은 임기 중 개헌이 불가능하다고 판단하고 현행 헌법에 따라 내년 2월 25일 본인의 임기 만료와 더불어 후임자에게 정부를 이양할 것을 천명하는 바입니다. 이와 함께 본인은 평화적인 정부 이양과 서울 올림픽이라는 양대 국가 대사를 성공적으로 치르기 위해서 국론을 분열시키고 국력을 낭비하는 소모적인 개헌 논의를 지양할 것을 선언합니다. …… 대통령 선거인단 선거와 대통령 선거는 금년 안에 공정한 선거 관리를 통해 자유 경선의 분위기가 보장되는 가운데 차질 없이 실시되도록 모든 노력을 다할 것입니다. 민주 정의당의 후임 대통령 후보는 조속한 시일 내에 국민의 지지를 받을 수 있는 인물 중에서 당헌 절차와 민주 방식에 따라 전당 대회에서 선출되도록 할 것입니다.

－전두환 대통령 특별 담화문(1987. 4. 13.)

사료 독해

1987년 12월로 예정된 대통령 선거를 앞두고 1986년부터 직선제 개헌 요구가 본격적으로 일어나 1천만 명 서명 운동이 전개되는 등 대통령 직선제 개헌 요구가 전국으로 확산되었다. 그러자 전두환 대통령은 1987년 4월 13일에 시국 혼란을 이유로 직선제 개헌 논의 자체를 금지하는 특별 담화문을 발표하였다.

05 6·10 국민 대회 선언문

오늘 우리는 전 세계 이목이 우리를 주시하는 가운데 40년 독재 정치를 청산하고 희망찬 민주 국가를 건설하기 위한 거보를 전 국민과 함께 내딛는다. 국가의 미래요 소망인 꽃다운 젊은이를 야만적인 고문으로 죽여 놓고 그것도 모자라 뻔뻔스럽게 국민을 속이려 했던 현 정권에게 국민의 분노가 무엇인지를 분명히 보여주고, 국민적 여망인 개헌을 일방적으로 파기한 4·13 폭거를 철회시키기 위한 민주 장정을 시작한다. 오늘, 광주 학살에 참여한 정치 군인들 사이의 요식적인 자리바꿈을 위한 영구 집권의 시나리오가 수만 전투 경찰의 삼엄한 엄호 속에 치러졌다. 이번 민정당 전당 대회는 국민 전체의 뜻을 배반한 독재자의 결정 사항을 박수 소리로 통과시키려는 또 하나의 폭거요 요식적인 국민 기만 행위에 지나지 않는다. 따라서 우리는 그와 같은 민정당의 전당 대회는 독재 세력의 내부 행사일 뿐 국민의 민주적 여망과는 아무 관계가 없는 것임을 전 국민의 이름으로 선언한다. …… 평화적 정권 교체라는 것도 실은 현 대통령의 형식적 퇴임 이후 친정 체제와 수렴청정하에 광주 학살에 참여한 장성들 간의 자리바꿈에 지나지 않는다는 것을 지각 있는 국민이라면 상식으로 간주하고 있는 사실이다. …… 이제 우리 국민은 그 어떠한 이유나 명분으로도 더 이상 민주화의 실현이 지연되어서는 안 된다고 요구하고 있다. 분단을 이유로, 경제 개발을 이유로, 그리고 지금은 올림픽을 이유로 민주화를 유보하자는 역대 독재 정권의 거짓 논리에서 이제는 깨어나고 있다. …… 오늘 고 박종철 군을 고문 살인하고 은폐 조작한 거짓 정권을 규탄하고 국민의 여망을 배신한 4·13 폭거가 무효임을 선언하는 우리 국민의 행진은 이제 거스를 수 없는 역사의 대세가 되었다. …… 자! 이제 우리의 자리를 박차고 일어나 찬연한 민주 새벽의 그날을 앞당기자.

－ 신동아 편집실, 『선언으로 본 80년대 민족·민주 운동』

사료 독해

• 국민의 직선제 개헌 요구를 거부한 4·13 호헌 조치와 박종철 고문치사 사건의 진상이 알려지면서 전두환 정부의 비도덕성이 드러났다. 야당과 종교계, 학생 운동 조직 등 각계각층은 힘을 합쳐 민주 헌법 쟁취 국민운동 본부를 결성하고, 6월 10일 '박종철 고문 은폐 조작 및 호헌 선언 반대 범국민 대회'를 개최하였다. 한편, 6월 10일은 여당인 민주 정의당의 대통령 후보 지명 대회가 열리기로 예정된 날이기도 하였다. 이날 민주 정의당은 대통령 후보로 노태우를 선출하였으며, 공권력을 앞세워 시위를 진압하려 하였다.

• 6월 9일에는 연세대학교 시위에서 이한열이 최루탄에 맞아 쓰러지는 사건이 발생하였다. 이를 계기로 민주화 요구는 더욱 격렬해졌다.

– 오후 6시 국기 하기식에 맞춰 다 같이 애국가를 부릅시다.
– 애국가 후 자동차는 경적을 울리고 교회와 사찰은 타종합시다.
– 국민 대회 때 소형 태극기를 지참합시다.
– 국민 합의 배신하는 호헌 주장 철회하라!
– 민주 헌법 쟁취하여 민주 정부 수립하자!

– 민주 헌법 쟁취 국민운동 본부(1987. 6. 10.)

사료 독해

6월 10일 전국에서 '호헌 철폐, 독재 타도, 직선제 쟁취'를 요구하는 시위가 일어났다. 26일에는 전국에서 100만 명이 넘는 시민이 시위에 참가하였다.

07 6·29 민주화 선언

첫째, 여야 합의하에 조속히 대통령 직선제 개헌을 하고 새 헌법에 의한 대통령 선거를 통해 1988년 2월 평화적인 정부 이양을 실현토록 해야 하겠습니다. …… 오늘의 이 시점에서 저는, 사회 혼란을 극복하고, 국민적 화해를 이룩하기 위하여 대통령 직선제를 택하지 않을 수 없다는 결론에 이르렀습니다.

둘째, 직선제 개헌이라는 제도의 변경뿐만 아니라, 이의 민주적인 실천을 위하여는 자유로운 출마와 공정한 경쟁이 보장되어 국민의 올바른 심판을 받을 수 있는 내용으로 대통령 선거법을 개정하여야 한다고 봅니다. 또한 새로운 법에 따라 선거 운동, 투개표 과정 등에 있어서 최대한 공명정대한 선거 관리가 이루어져야 합니다.

셋째, 우리 정치권은 물론 모든 분야에 있어서 반목과 대결이 과감히 제거되어 국민 화해와 대단결을 도모하여야 합니다. 그러한 의미에서 저는 그 과거가 어떠하였든 간에 김대중 씨도 사면 복권되어야 한다고 생각합니다.

넷째, 인간의 존엄성은 더욱 존중되어야 하며, 국민 개개인의 기본적인 인권은 최대한 신장되어야 합니다.

다섯째, 언론 자유의 창달을 위해 관련 제도와 관행을 획기적으로 개선해야 합니다. …… 지방 주재 기자를 부활시키고, 프레스 카드 제도를 폐지하며, 지면의 증면 등 언론의 자율성을 최대한 보장하여야 합니다.

여섯째, 사회 각 부문의 자치와 자율은 최대한 보장되어야 합니다. …… 지방 의회 구성은 예정대로 순조롭게 진행되어야 하고 시, 도 단위 지방의회 구성도 곧이어 구체적으로 검토, 추진하여야 할 것으로 생각됩니다. 학문의 전당인 대학의 자율화와 교육 자치도 조속히 실현되어야 합니다.

일곱째, 정당의 건전한 활동이 보장되는 가운데 대화와 타협의 정치 풍토가 조속히 마련되어야 합니다.

– 민주 정의당 대표 노태우(1987. 6. 29.)

사료 독해

• 1987년 6월 29일 대통령 후보인 노태우 민주 정의당 대표 위원이 국민의 민주화와 직선제 개헌 요구를 받아들여 발표한 시국 수습을 위한 특별 선언이다.

• 6월 10일에 민주 헌법 쟁취 국민운동 본부가 주최하는 대규모 가두 집회가 전국 18개 도시에서 열리고, 학생과 시민들의 시위가 연일 계속되었다. 26일 전국 37개 도시에서 사상 최대 인원인 100만여 명이 밤늦게까지 격렬한 시위를 벌였다. 이에 1987년 6월 29일 민주 정의당 대통령 후보 노태우는 대통령 직선제 개헌, 국민 기본권 보장, 언론의 자유 보장, 정당 활동 인정 등을 약속하는 8개 항의 시국 수습을 위한 특별 선언을 발표하였다. 이는 전두환 정부가 국민의 강력한 민주화 요구에 굴복한 것으로, 시민들이 요구하던 개헌이 이 선언으로 이루어질 수 있게 되었다.

제9차 개정 헌법

제67조 ① 대통령은 국민의 보통·평등·직접·비밀 선거에 의하여 선출
　　　　　한다.

　　　　② 최고 득표자가 2인 이상인 경우 국회 재적 의원 과반수가 출석한
　　　　　공개 회의에서 당선자를 결정하도록 한다.

　　　　③ 대통령 후보자가 1인일 때에는 선거권자 총수의 3분의 1 이상 득
　　　　　표하여야 한다.

제70조 대통령의 임기는 5년으로 하며, 중임할 수 없다.

제111조 ① 헌법 재판소는 다음 사항을 관장한다.

　　　　　1. 법원의 제청에 의한 법률 위헌 여부 심판　2. 탄핵 심판　3. 정당
　　　　　해산 심판　4. 국가 기관 상호 간, 국가 기관과 지방 자치 단체 간,
　　　　　지방 자치 단체 상호 간 권한 쟁의에 관한 심판

사료 독해

1987년 6월 민주 항쟁으로 개정한 현행 헌법에는 대한민국 임시 정부의 법통과 4·19 민주 이념의 계승, 대통령 직선제 및 5년 단임제, 대통령의 비상조치권과 국회 해산권 폐지, 헌법 재판소 신설, 위헌 법률 심판·탄핵 심판·국가 기관 간의 권한 쟁의 심판·헌법 소원 등의 내용을 담고 있다.

09 **노태우 정부 – 북방 외교 추진**

　우리는 지난 2년 새 지난날 냉전 체제의 다른 한쪽 종주국이던 소련과 국교를 열고 우호 협력하는 관계를 이루었습니다. 우리는 동유럽 국가들과도 외교 관계를 수립하였으며, 이웃 중국과도 무역 대표부를 교환 설치하였습니다. 우리 겨레 앞에 세계는 하나가 되었으며, 온 지구촌이 우리 국민의 활동 무대가 되었습니다. …… 이러한 변화 속에서 이루어지는 남북한의 유엔 가입은 한국 전쟁 이후 남북 관계의 가장 큰 전환일 것입니다. 북한이 이제까지의 완강한 태도를 바꾸어 유엔에 들어오는 것은 개방된 세계로 나오는 시발일 것입니다.
　　　　　　　　　　　　　　– 노태우 대통령, 제46주년 광복절 경축사(1991. 8. 15.)

사료 독해

노태우 정부는 88 서울 올림픽 대회의 성공적 개최 이후에 높아진 국제적 위상과 냉전 체제가 해체되는 국제 정세에 발맞추어 공산권 국가들과 외교 관계를 확대하였다. 그 결과 소련, 중국과 국교를 맺었고, 1991년에는 남북한이 동시에 유엔에 가입하였다.

10 **김영삼 정부 – 지방 자치제 전면 실시**

　우리의 지역 살림을 이끌어 갈 일꾼들이 마침내 국민 여러분의 손으로 뽑혔습니다. 바야흐로 본격적인 지방 자치 시대의 막이 오른 것입니다. 5·16 군사 쿠데타로 중단되었던 지방 자치를 우리는 34년에 걸친 끈질긴 투쟁으로 되찾았습니다. 저는 임기 중에 지방 자치를 전면 부활시킨 데 대해 무한한 보람과 긍지를 느낍니다. …… 당선자 여러분은 오직 지역 발전과 주민을 위한 봉사에 총력을 기울여 주기 바랍니다. 저는 대통령으로서 정부와 자치 단체 간의 조화와 협력, 그리고 전국의 균형적 발전을 위해 최선의 노력을 기울이겠습니다. …… 지방 자치가 국민 통합의 든든한 바탕이 되게 합시다. 화합하고 우리 모두의 꿈을 펼쳐 나갑시다. 그리하여 1995년의 지방 자치 전면 실시가 선진과 민주의 통일 국가를 이루는 굳건한 초석이 되게 합시다.
　　　　　　　　　　　　　– 김영삼 대통령, 지방 선거 관련 특별 담화문(1995. 6. 29.)

사료 독해

1992년에 실시한 제14대 대통령 선거에서 민주 자유당 후보 김영삼이 당선되었다. 김영삼 정부는 '문민 정부'를 표방하고 여러 개혁 정책을 시행하였다. 먼저 그동안 유보하였던 지방 자치 단체장 선거를 실시하여 지방 자치 시대를 열었다. 또한 '역사 바로 세우기'를 내세워 전두환과 노태우 두 전직 대통령을 내란죄 등으로 기소하고, 일제 잔재 청산 작업도 벌였다.

11 김영삼 정부 - 금융 실명제 실시

친애하는 국민 여러분, 드디어 우리는 금융 실명제를 실시합니다. 이 시간 이후 모든 금융 거래는 실명으로만 이루어집니다. 금융 실명제가 이루어지지 않고는 이 땅의 부패를 원천적으로 봉쇄할 수가 없습니다. 정치와 경제의 검은 유착을 단절할 수가 없습니다. 금융 실명 거래의 정착이 없이는 이 땅에 진정한 분배 정의를 구현할 수가 없습니다. 우리 사회의 도덕성을 확립할 수가 없습니다. 금융 실명제 없이는 건강한 민주주의도, 활력이 넘치는 자본주의도 꽃피울 수가 없습니다. 정치와 경제의 선진화를 이룩할 수가 없습니다.

– 김영삼 대통령, 금융 실명제 실시 관련 특별 담화문(1993. 8. 12.)

사료 독해

김영삼 정부는 금융 실명제와 부동산 실명제를 도입하고, 공직자 윤리법을 개정하여 고위 공직자 재산을 공개하였다. 금융 실명제는 모든 금융 거래를 거래 당사자의 실제 이름으로 하여 탈세와 부정부패를 막는 제도이다.

12 김대중 정부 - 평화적인 정권 교체

오늘은 이 땅에서 처음으로 민주적인 정권 교체가 실현되는 자랑스러운 날입니다. 또한, 민주주의와 경제를 동시에 발전시키려는 정부가 마침내 탄생하는 역사적인 순간이기도 합니다. 이 정부는 국민의 힘에 의해 이루어진 참된 '국민의 정부'입니다. …… 민주주의와 시장 경제를 다 같이 받아들인 나라들은 한결같이 성공했습니다. …… 민주주의와 시장 경제가 조화를 이루면서 함께 발전하게 되면 정경 유착이나 관치 금융, 그리고 부정부패는 일어날 수 없습니다.

– 김대중 대통령, 취임사(1998. 2. 25.)

사료 독해

1997년 제15대 대통령 선거에서 헌정 사상 최초로 선거를 통해 여·야 간의 평화적인 정권 교체가 이루어졌다. 이후 김대중 정부는 '국민의 정부'를 표방하며, 기업 구조 조정과 금융 개혁 등을 통해 외환 위기를 극복하였다.

한국사 Q&A '1987년 6월 29일', 커피 값은 왜 공짜였을까?

▲ 1987년 6월 29일, 찻값 무료를 선언한 서울의 한 커피숍

"처음엔 놀랐죠. 그 많은 사람이 매일 거리로 쏟아져 나오는 것에 놀랐어요. 그런데 사람 수가 점점 늘어나더라고요. 최루탄이 그렇게 많이 쏟아지는데도 물러서지 않더라고요. 그때 알았어요. 이번엔 우리가 이길 수 있겠다는 걸 …… 물론 불안감이 다 사라졌던 건 아니에요. 이러다 사람들이 더 희생되는 건 아닌지 걱정이 들더라고요. 광주에서도 그렇게 많은 사람을 죽였는데, 서울에서 그러지 말란 법은 없잖아요. …… 아무리 생각해도 대통령 직선제를 받아들이지 않을 것 같았어요. …… 그래서 텔레비전으로 중계된 노태우의 발표 내용이 믿기지 않았어요. …… 정말 기뻤어요. 더 이상 사람들이 죽거나 다치지 않아도 될 것 같아 기뻤어요. 내 손으로 대통령을 뽑게 됐다는 사실도 믿어지지 않았고요. …… 오늘은 6월 29일이에요. 잊을 수 없는 정말 좋은 날이죠. 그래서 오늘 하루 커피가 공짜예요."

– 『오마이뉴스』, 6·10 민주 항쟁 30주년 기념, 1987 우리들의 이야기

KEY WORD

경제 개발 5개년 계획
박정희 정부가 경제 계획에서 제시한 국가 목표를 일정 기간 동안에 달성하기 위해 세운 종합 계획으로, 1962년부터 1981년까지 4차에 걸쳐 추진되었다.

새마을 운동
박정희 정부가 1970년대 초에 농촌 근대화, 지역 균형 발전, 의식 개혁을 목표로 추진한 운동이다. 이후 전 국민 운동으로 확산되고, 이후 도시와 공장으로도 확대되었다.

외환 위기
1997년에 국제 단기 자본이 한꺼번에 많은 자본을 회수하면서 외환 보유고가 급격히 줄어들자 정부가 국제 통화 기금(IMF)에 긴급 구제 금융을 신청한 사건이다.

주제 열기

한국은 1960년대 이후 눈부신 경제 성장을 이루었다. 그러나 급속한 산업화와 도시화를 추진하는 과정에서 여러 사회 문제가 발생하였다. '한강의 기적'이라고 불리는 급속한 경제 성장 이면에는 어떤 빛과 그림자가 있을까?

▶ 울산 정유 공장(울산광역시)

시대 흐름 잡기

1960~70년대 경제와 사회	1980년대 이후 경제와 사회	외환 위기 이후 경제와 사회
• 경제 개발 5개년 계획 추진 → 급속한 산업화와 도시화 • 수출 주도형 경제 정책 채택 → 100억 달러 수출 달성(1977) • 저임금·저곡가 정책 → 도·농 격차 심화, 노동 환경 악화	• 노동 집약적 산업 구조에서 기술 집약적 산업으로 전환 • 저유가·저금리·저달러 3저 호황 → 한국 경제 비약적인 성장 • 정경 유착과 각종 부정부패 → 노동 운동과 시민운동 성장	• 1996년 경제 협력 개발 기구(OECD) 가입 • 1997년 외환 위기 발생 → 국제 통화 기금(IMF)에 긴급 구제 금융 신청 • 노동 시장과 소득 양극화, 재벌 집중 → 빈부 격차 심화

01 한국 근대화의 과제

　한국 근대화의 과제는 첫째로, 반봉건적이며 반식민지적 잔재로부터 민족을 해방시켜야 한다. 오늘날 후진국의 민족주의는 '가난한 세계의 소리'요 그들의 생존을 위한 의지이기도 했다. …… 둘째로 가난으로부터 민족을 해방시켜 경제 자립을 이루는 길이다. 우리 민족은 소규모 농업 사회로서 항상 경제적인 영세화에 시달려 왔고 가난은 고질화하여 탈피할 수 없는 것이라고 하는 생각이 굳어져 있다. …… 셋째로 건전한 민주주의의 재건이다. …… 민주주의는 방종과 같은 자유가 아니라 자율적인 자유이므로 민주주의에도 지도성이 도입되어야 한다.

– 박정희, 「한국의 근대화를 위하여」, 『우리 민족의 나갈 길』

02 제1차 경제 개발 5개년 계획

기본 목표

1. 모든 사회 · 경제적인 악순환의 시정과 자립 경제 달성을 위한 기반 구축
2. 민간인의 자유와 창의를 존중하는 자유 기업의 원칙을 토대로 하되, 기간 부문과 그 밖의 중요 부문에 대하여서는 정부가 직접적으로 관여하거나 또는 간접적으로 유도 정책을 쓰는 「지도받는 자본주의 체제」 견지
3. 정부가 직접적인 정책 수단을 보유하는 공공 부문에 그 중심을 두고 민간 부문에 미치는 파급 효과와 민간 부문의 자발적인 활동을 자극

중점 방향

1. 전력, 석탄 등 에너지 공급원의 확보
2. 농업 생산력 증대, 농가 소득 상승과 국민 경제의 구조적인 불균형 시정
3. 기간산업의 확충과 사회 간접 자본의 충족
4. 유휴 자원의 활용, 특히 고용의 증가와 국토의 보전 및 개발
5. 수출 증대를 주축으로 하는 국제 수지 개선

– 경제 개발 계획 평가 교수단, 「제1차 경제 개발 5개년 계획 평가 보고서」

03 수출 주도형 경제 개발 전략

　우리나라는 천연자원은 아직 미개발 상태에 있으나 반면에 인적 자원은 풍부합니다. 그러므로 앞으로 …… 우리 국민이 선천적으로 타고난 재질과 저렴하고 풍부한 노동력을 최대한으로 활용하여 다각적인 생산 활동을 벌여 나가야 합니다. 특히 노동 집약적인 산업을 육성시키고 여기서 만들어지는 공산품 수출을 진흥하는데 더욱 노력할 것을 아울러 요망해 두고자 합니다. 끝으로 오늘 제1회 「수출의 날」 기념식에 즈음하여 …… 이 뜻깊은 날이 자립 경제를 촉성하는 또 하나의 계기가 될 것을 기원하는 바입니다.

– 『박정희 대통령 연설 문집』, 「제1회 수출의 날」 치사(1964. 12. 5.)

04 1970년대 중화학 공업 육성

우리나라 공업은 이제 바야흐로 '중화학 공업 시대'에 들어갔습니다. 따라서 정부는 이제부터 '중화학 공업 육성'의 시책에 중점을 두는 '중화학 공업 정책'을 선언하는 바입니다. …… 1980년대 초에 우리가 100억 달러의 수출 목표를 달성하려면, 전체 수출 상품 중에서 중화학 제품이 50%를 훨씬 더 넘게 차지해야 되는 것입니다. 그러기 위해서 정부는 지금부터 철강, 조선, 기계, 석유 화학 등 중화학 공업 육성에 박차를 가해서 이 분야의 제품 수출을 강화하려고 추진하고 있습니다. …… 첫째는, 포항과 같은 제2의 종합 제철 공장 건설을 앞으로 추진해야 하겠고, 또 대단위 기계 종합 공업 단지도 만들어야 되겠습니다. 지금 울산에 있는 석유 화학 공업 단지와 같은 제2의 종합 화학 공업 단지를 또 만들어야 되겠습니다.

– 박정희 대통령, 연두 기자 회견(1973)

사료 독해

· 1960년대 경공업 중심의 경제 성장에 한계를 느낀 박정희 정부는 중화학 공업 중심의 경제 발전을 추진하였다.

· 1972년에 시작된 제3차 경제 개발 5개년 계획에서는 수출 주도형 중화학 공업화를 추진하여 철강, 화학, 비철 금속, 기계, 조선, 전자 등을 6대 전략 업종으로 선정하여 집중적으로 육성하였다.

05 저임금·저곡가 정책과 농촌의 빈곤

지금 농촌은 돈에 걸신이 들린 것 같다. 열대여섯 살 고사리 손들이 돈을 벌겠다고 도시로, 도시로 나간다. 식모살이로 공장으로 말이다. 그런데 여기서 또 어처구니없는 일이 발생한다. 제 자식 놈들 값싼 노임 받으라고 제 아비는 농사지어 값싸게 내다 판다. 값싼 농산물로 값싼 노임 뒷받침하면 그렇잖아도 돈이 많은 기업가만 돈을 벌게 되지 않겠는가? 어린 자식은 돈 벌겠다고 도시로 나갔으니 일손은 모자랄 것이고 제 아비 값싼 곡가에 자식 놈 값싼 노임이니 죽어라 벌어본 들 가난할 수밖에, 이래도 농민은 게을러서 못하는 것일까? 곡가는 다른 물가에 영향이 크니 인상할 수 없고 농촌에서 사용하는 생활필수품은 날만 새면 올라가니 또 한 번 가난해질 수밖에 없지 않겠는가?

– 이태호, 「불꽃이여 이 어둠을 밝혀라」

사료 독해

1960년대 이후 정부가 수출 주도형 산업화 전략을 채택하면서 도시와 농촌 간의 경제 격차가 심화되었다. 농촌의 빈곤은 젊은이들을 도시로 밀어내는 요인으로 작용하였다. 그리고 수출 주도형 경제 성장 정책을 유지하기 위한 정부의 저임금·저곡가 정책으로 도시 노동자, 열악한 노동 환경, 농촌 빈곤이라는 악순환이 반복되었다.

06 새마을 운동 추진

오늘날 우리가 말하는 지역 사회 개발이 여기저기서 벌어지고 있기는 합니다만, 문제는 그 부락, 그 고장에 사는 사람이 자발적으로 우리 고장을 어떻게 하면 살기 좋은 고장을 만들까 하는 노력이나 열성이 없다는 것입니다. …… 좀 더 부지런히 일해서 사는 집도 깨끗이 하고, 결국 거기서 소득도 더 많이 올리도록 하고, 동시에 산이나 하천의 환경도 정리하고 경지도 정리하고 도로도 닦고, …… 모두 같이 일을 하자고 이끌어 나가며, 사람들의 의욕을 북돋우도록 해서 이런 의욕이 밑에서 끓어오르면 그 농촌은 불과 2, 3년 이내에 전부 일어설 수 있습니다. …… 그 운동을 '새마을 가꾸기 운동'이라고 해도 좋고 '알뜰한 마을 가꾸기'라고 해도 좋을 것입니다.

– 중앙일보사, 「광복 30주년 주요 자료집」

사료 독해

박정희 정부가 농촌 환경 개선에 중점을 두고 1970년대 초부터 추진한 새마을 운동은 이후 지도자 발굴과 훈련에도 역점을 두었고, 사업 내용도 의식 계발과 소득 사업을 포괄하는 종합적인 운동으로 확대되었다. 또 농촌에서 거둔 성과를 바탕으로 도시와 공장으로도 운동을 확대해 나갔다.

07 노동 조건 개선을 요구하는 전태일의 편지

존경하는 대통령 각하! …… 저희는 근로 기준법의 혜택을 조금도 못 받으며 …… 종업원의 90% 이상이 평균 연령 18세의 여성입니다. …… 또한, 3만여 명 중 40%를 차지하는 시다공은 평균 연령이 15세의 어린이들입니다. 이들은 전부가 다 영세민의 자제이며, 굶주림과 어려운 현실을 이기려고 하루에 70원 내지 100원의 급료를 받으며 1일 15시간씩 작업을 합니다. …… 1일 15시간의 작업 시간을 1일 10시간~12시간으로 단축해 주십시오. 휴일 2일을 늘려서 일요일마다 휴일로 쉬기를 희망합니다. 건강 진단을 정확하게 하여 주십시오. 시다공의 수당을 50% 이상 인상해 주십시오. 절대로 무리한 요구가 아님을 맹세합니다. 인간으로서 최소한의 요구입니다.

― 조영래, 「전태일 평전」

사료 독해

1960년대 이후 정부기 실시한 수출 주도형 성장 위주의 경제 정책으로 노동자들은 열악한 노동 환경 속에서 저임금과 장시간의 노동에 시달려야만 하였다. 이러한 상황에서 전태일은 노동자의 권리를 요구하며 분신하였다(1970). 이 사건으로 1970년대 이후 노동 운동이 활발히 전개되었다.

08 노동자 인권 선언서

1. 노동 3권인 단결권, 단체 교섭권, 단체 행동권은 보장되어야 한다.
2. 노사 간의 자율적인 교섭을 인정하고 그 결정권을 자유 의사에 맡겨야 한다. 1일 8시간 노동제를 무시하고 12시간 또는 그 이상의 노동을 강요하는 기업주와 경영인들의 불법적이며 비인도적 처사를 배격한다.
3. 우리는 근로 기준법에 명시한 노동 시간, 휴식 시간, 주휴, 월차 휴가, 연차 휴가, 생리 휴가를 엄격히 실시할 것을 강력히 요구하며 이를 거부하는 기업주와 경영인들을 배격한다.
4. 정부는 최저 임금법을 제정하여 저임금에 혹사되는 노동자의 생계를 보장하여야 한다.
5. 우리는 월 3만원(1일 8시간 기준) 이하의 노동 임금을 기아 임금으로 간주하며, 조속한 인상을 요구한다.
6. 우리는 임시공, 도급공이라는 이유로 잔업 수당, 특근 수당, 야간 수당, 상여금, 산재 보상금을 지불하지 않는 기업주를 강력히 규탄한다.

― 김삼웅 편, 「민족·민주·민중 선언」

사료 독해

1973년에 개정한 「노동법」은 노사 협의회를 노동조합의 기능과 분리시켜 노사 협조주의를 유도하였고, 산업별 노조 체제를 기업별 단위로 전환시켜 노동 운동을 약화시켰으며, 노동 3권의 제한을 강화하고 노동 쟁의 조정에 대한 행정 관청의 개입을 규정하여 노동 운동을 탄압하였다. 또한 노총을 어용화하여 노동 운동을 철저히 금지하는 정책을 취하였다. 하지만 이러한 탄압 속에서도 노동자들은 민주 노조를 결성하여 노동 운동을 더욱더 치열히 벌였다.

09 농민들의 농산물 수입 중단 요구

농민은 역사 발전의 주체요, 국가적 과제인 식량의 생산자로서 조국 방위와 국민의 의무를 충실히 이행해 왔다. 그런데도 불구하고 공업 우선, 수출 제일주의 경제 정책하에서 저임금을 위하여 생산비도 안 되는 낮은 농산물 가격 정책으로 오늘날 농민은 더욱 심화된 상대적 빈곤과 사회적 소외와 천시 속에 살아가고 있다. …… 따라서 국민 식량의 생산자인 우리는 임기 응변적인 무책임한 수입으로 농민 생존을 위협하는 농산물 수입 중단을 강력히 요구한다.

― 한국가톨릭농민회, 「민족, 민주, 민중 선언」

사료 독해

1979년에 박정희 정부가 농산물 시장을 개방하여 도시 노동자의 저임금을 유지하려고 하자, 한국가톨릭농민회가 "농산물 수입을 즉각 중단"하라고 촉구하는 성명서를 발표하였다.

10 경제 정의 실천 시민 연합 발기 선언문

우리 사회의 경제적인 불의는 더 이상 방치할 수 없는 상태에 이르렀다. 도시 빈민가와 농촌에 잔존하고 있는 빈곤은 인간다운 삶의 가능성을 원천적으로 박탈하고 있으며, 경제력을 독점하고 있는 소수 계층은 각계에 영향력을 행사하여 대다수 국민의 의사에 반하는 결정들을 관철시키고 있다. 만연된 사치와 향락은 근면과 저축 의욕을 감퇴시키고, 손쉬운 투기와 불로 소득은 기업들의 창의력과 투자 의욕을 감소시킴으로써 경제 성장의 토대가 와해되고 있다. 부익부 빈익빈의 극심한 양극화는 국민 간의 균열을 심화시킴으로써 사회 안정 기반이 동요되고 있으며, 공공연한 비윤리적 축적은 공동체의 기본 규범인 윤리 전반을 문란케 하여 우리와 자손들의 소중한 삶의 터전인 이 땅을 약육강식의 살벌한 세상으로 만들고 있다. …… 부동산 투기, 정경 유착, 불로 소득과 탈세를 공인하는 금융 가명제, 극심한 소득 차, 불공정한 노사 관계, 농촌과 중소기업의 피폐 및 이 모든 것들의 결과인 부와 소득의 불공정한 분배, 그리고 재벌로의 경제 집중, 사치와 향락, 공해 등 이 사회에 범람하고 있는 경제적인 불의를 척결하고 경제 정의를 실천함은 이 시대 우리 사회의 역사적인 과제이다.   – 경실련 누리집, 경제 정의 실천 시민 연합 발기 선언문

사료 독해

• 1989년에 출범한 시민운동 단체 '경제 정의 실천 시민 연합'(경실련)의 발기 선언문이다.

• 경실련은 양심적이고 의식 있는 시민들이 자주적이고 자발적으로 참여함으로써 합법적·비폭력적인 평화 운동 형태로 경제적 민주주의를 실현하려고 노력하고 있다. 특히 사회적으로 생산한 경제적 부가 민주적인 절차를 거쳐 공정히 분배되는 데 역점을 두고 있으며, 부정부패 근절, 건전한 시민 의식 고양, 빈부 격차 해소, 건전한 생산 활동 활성화를 위해 활동하고 있다.

11 녹색 연합 강령

우리는 지구와 생태계, 그 안에 살고 있는 모든 생명체를 존중하고 소중히 여긴다. …… 우리는 삶과 삶터를 녹색으로 바꾸기 위해 노력한다. 더불어 시민 참여와 생활 자치를 통해 녹색 정치의 기틀을 만든다. 우리는 평화를 사랑하며 모든 형태의 폭력과 전쟁에 반대한다. 나아가 자연과 인간, 인간과 인간이 공존하는 녹색 세상을 만들고자 우리의 지혜와 땀을 모은다. 우리는 사회 약자와 미래 세대의 권익을 실현하기 위해 연대한다. 또한 모든 생명을 섬기며 평화의 뜻을 나누며, 삶의 터전인 지구를 지키기 위해 헌신한다.
                    – 녹색 연합 누리집, 녹색 연합 강령

사료 독해

1987년 6월 민주 항쟁을 계기로 환경에 대한 관심이 확산되고 다양한 환경 운동 단체가 생겨나 전국 조직으로 확대 개편되었다. 특히 녹색 연합은 생명 존중, 생태 순환형 사회 건설, 비폭력 평화 실현, 녹색 자치의 실현에 힘을 쏟고 있다.

12 경제 협력 개발 기구(OECD) 가입

국회는 (11월) 26일 오후 본회의를 열어 경제 협력 개발 기구(OECD) 협약 가입 동의안을 통과시켰다. 국회는 이날 기립 방식으로 행해진 본회의 표결에서 신한국당과 민주당은 찬성, 국민회의와 자민련은 반대에 나섰다. 가입 동의안은 출석 의원 2백 62명 가운데 찬성 1백 59표, 반대 1백 1표, 기권 2표로 본회의에서 가결됐다. OECD 협약 가입 동의안은 15일 이내에 대통령이 비준한 뒤 관례에 따라 OECD 본부가 있는 프랑스 정부에 가입서를 기탁하면 발효된다.
                    – 『매일경제』(1996. 11. 27.)

사료 독해

1995년 김영삼 정부는 경제 협력 개발 기구(OECD)에 가입 신청서를 제출하였고, OECD 이사회는 1996년 한국의 가입 초청을 의결하였다. 이후 경제 협력 개발 기구 가입 비준안이 국회에서 통과됨에 따라 한국은 경제 협력 개발 기구의 29번째 회원국이 되었다.

13 외환 위기와 금 모으기 운동

정부는 최근에 겪고 있는 금융, 외환 시장의 어려움을 극복하기 위하여 IMF 에 유동성 조절 자금을 지원해 줄 것을 요청하기로 결정했습니다. …… 최근 한국 경제는 성장, 물가, 국제 수지 등 기본 경제 여건이 비교적 건실하고, 특히 작년에 비해 크게 개선되고 있음에도 불구하고, 대기업 연쇄 부도에 따른 대외 신인도 하락으로 국제 금융 시장에서 단기 자금 만기 연장의 어려움 등 외화 차입의 곤란으로 일시적인 유동성 부족 사태에 직면하게 됐습니다. 그간 정부는 대외 신인도를 제고하기 위하여 다각적인 노력을 기울여왔으며 특히 11월 19일에는 부실 채권의 일제 정리와 금융 산업의 구조 조정을 골자로 하는 종합 대책을 마련하는 한편, 환율 변동 허용 폭을 대폭 확대하여 외환 시장의 안정을 도모한 바 있습니다. 정부는 이 같은 노력이 최종 결실을 맺어 금융 시장의 불안이 확고히 정착되게 하기 위해서 국제 통화 기금(IMF)의 지원이 필요하다는 여러 우방 국가와 국제 통화 기금의 권고를 받아 들여 국제 통화 기금 자금 지원을 요청하기로 했습니다.
　　　　　　　　　　　　　　　　－ 임창렬 경제 부총리 IMF 공식화 선언(1997. 11. 21.)

이런 백척간두의 위기에서 국민들은 '금모으기 운동'으로 부족한 외환을 메우고자 했다. 제2의 국채 보상 운동이라 불렸던 '금모으기 운동'에 서민들은 장롱 속에 있는 금을 기꺼이 내놓으면서 동참했다. …… 모은 금은 20억 달러가 넘었으며, 이런 노력에 힘입어 우리나라는 2001년 8월 IMF 관리 체제에서 완전히 졸업했다. 그러나 외환 위기는 극복했지만, 그때의 상흔은 국민들의 가슴속에 계속 남아 있다.
　　　　　　　　　　　　　　　　　　　　　　　－ 『주간경향』(2007. 12. 4.)

사료 독해

• 1997년, 외환 위기로 한국의 대기업이 연이어 도산하였다. 정부는 국제 통화 기금(IMF)에 도움을 요청하였고, 이에 따라 국제 통화 기금의 관리를 받게 되었다. 정부는 국제 통화 기금으로부터 외화를 차입하고, 은행과 기업의 강도 높은 구조 조정을 추진하였다. 또 기업 경쟁력 강화를 위해 정리 해고제를 본격적으로 도입하면서 실직자와 비정규직이 급증하였다. 그 결과 재벌의 경제력 집중, 소득의 양극화로 빈부 격차 심화 등 여러 사회 문제가 확산되었다.

• 외환 위기로 나라가 망할 것 같다는 언론 뉴스를 접한 국민들은 금을 모아 우리 힘으로 외환 위기에서 나라를 구하자는 운동을 벌였다. 이처럼 한국인들은 국가에 대한 사랑을 직접 실천하며 외환 위기를 극복하였다.

한국사 Q&A '국채 보상 운동'과 '금 모으기 운동'은 어떠한 공통점이 있을까?

▲ 금 모으기 운동에 참여하는 시민들

지금으로부터 약 110여 년 전에 일본은 제1차 한 · 일 협약 이후 1906년까지 네 차례에 걸쳐 1천 1백 50만 원의 차관을 제공하였다. 이러한 일본 측의 차관 공세는 대한 제국의 경제적 독립을 근본적으로 위협하는 것이었다. 그래서 국민의 힘으로 일본의 차관 굴레에서 벗어나려고 국채 보상 운동을 전개하였다. 이 운동에서 특기할 만한 것은 많은 여성이 참여하여 각종 패물을 보내 온 점이다. 그리고 노동자 · 인력거꾼 · 기생 · 백정 등 하층민들까지도 적극적으로 참여하여 이 운동은 그야말로 범국민운동으로 전개되어 나갔다.

1997년 우리나라가 국제 통화 기금(IMF)으로부터 구제 금융을 받는 국가 위기를 맞아하자 우리 국민은 이를 일제에 의하여 국권을 빼앗기는 역사적 상황과 동일시하였다. 그리하여 결혼 반지, 돌 반지를 비롯하여 집안에 있는 금붙이들을 모두 내놓아 외환 부족으로 위기에 빠진 나라를 구하고자 하였다. 이처럼 국재 보상 운동과 금 모으기 운동은 국가가 위기에 처하였을 때 국민이 보여 준 처절한 자기희생이었다.

주제 열기

제1, 2차 남북 정상 회담 이후에 남북 관계는 여러 차례 위기를 맞았으나, 2018년에 제3차 남북 정상 회담으로 새로운 전환점을 맞았다. 남북 화해와 동아시아 평화를 위해 어떤 노력의 필요할까?

▶ 판문점에서 마주선 남북 정상
(2018. 4. 27.)

시대 흐름 잡기

남북 화해와 협력	동아시아 평화 정착	세계 시민으로서의 기여
◦ 남북 분단 고착화와 전쟁 위협 → 남북 대화를 통한 해결 ◦ 7 · 4 남북 공동 성명(1972) → 남북 기본 합의서 채택(1991) ◦ 세 차례에 걸친 남북 정상 회담 → 화해와 협력 방안 실천	◦ 한반도 평화 체제 → 동아시아 지역 평화 정착에 기여 ◦ 동아시아 3국 간 역사 갈등과 영토 분쟁 해결에 노력 ◦ 진실과 화해를 위한 노력 지속, 역사 문제 공동 대응	◦ 지구촌 다문화 사회: 세계의 다양한 문화를 이해하고 존중하며, 함께 더불어 사는 공동체 의식 필요 ◦ 대한민국의 국제적인 위상에 걸맞은 역할과 자세 필요

01 6·23 평화 통일 외교 정책 선언

1. 조국의 평화적 통일은 우리 민족의 지상 과업이다.
2. 한반도의 평화는 반드시 유지되어야 하며, 남북한은 서로 내정에 간섭하지 않으며 침략을 하지 않아야 한다.
3. 우리는 남북 공동 성명의 정신에 입각한 남북 대화의 구체적 성과를 위하여 성실과 인내로써 계속 노력한다.
5. 국제 연합 다수 회원국의 뜻이려면 통일에 장애가 되지 않는다는 전제 하에 우리는 북한과 함께 국제 연합에 가입하는 것을 반대하지 않는다.
6. 대한민국은 호혜 평등의 원칙하에 모든 국가에게 문호를 개방하고, 우리와 이념과 체제를 달리하는 국가들도 문호를 개방할 것을 촉진한다.
7. 대한민국의 대외 정책은 평화 선린에 그 기본을 두고 있으며, 우방들과의 기존 유대 관계는 이를 더욱 공고히 해 나갈 것임을 재천명한다.

– 『조선일보』(1973. 6. 23.)

사료 독해

1973년 6월 23일에 박정희 대통령이 발표한 「평화 통일 외교 정책에 관한 특별 성명」이다. 이 성명 발표는 남북 관계를 실천 가능한 문제부터 하나씩 해결해 나간다는 입장으로, 박정희 대통령은 남북한이 대화를 통해서 구체적인 실적을 쌓아 나가면 남북 사이에 가로 놓인 불신의 벽을 허물 수 있고, 궁극적으로 평화 통일을 성취할 수 있다고 주장하였다.

02 남북 화해와 불가침 및 교류 협력에 관한 합의서

남과 북은 …… '7·4 남북 공동 성명'에서 천명된 조국 통일 3대 원칙을 재확인하고, 정치적, 군사적 대결 상태를 해소하여 민족 화해를 이룩하고 무력에 의한 침략적 충돌을 막고 긴장 완화와 평화를 보장하며 다각적인 교류 협력을 실천하여 민족의 공동 이익과 번영을 도모하며, 쌍방 사이의 관계가 나라와 나라 사이의 관계가 아닌 통일을 지향하는 과정에서 잠정적으로 형성되는 특수한 관계라는 것을 인정하고, 평화 통일을 성취하기 위한 공동의 노력을 경주할 것을 다짐하면서 다음과 같이 합의하였다.

제1조 남과 북은 서로 상대방의 체제를 인정하고 존중한다.
제2조 남과 북은 상대방의 내부 문제에 간섭하지 아니한다.
제3조 남과 북은 상대방에 대한 비방 중상을 하지 아니한다.
제4조 남과 북은 상대방을 파괴·전복하려는 일체 행위를 하지 아니한다.
제5조 남과 북은 현 정전 상태를 평화 상태로 전환하기 위해 공동으로 노력하며 평화 상태가 이룩될 때까지 현 군사 정전 협정을 준수한다.
제6조 남과 북은 국제 무대에서 대결과 경쟁을 중지하고 서로 협력하며 민족의 존엄과 이익을 위하여 공동으로 노력한다.
제7조 남과 북은 서로 긴밀한 연락과 협의를 위하여 이 합의서 발효 후 3개월 안에 판문점에 남북 연락 사무소를 설치 운영한다.
제8조 남과 북은 이 합의서 발효 후 1개월 안에 본 회담 테두리 안에서 남북 정치 분과 위원회를 구성하여 남북 화해에 관한 합의의 이행과 준수를 위한 구체적인 대책을 협의한다.

– 『조선일보』(1991. 12. 14.)

사료 독해

• 남북 기본 합의서는 남북한이 상호 인정하고 공존·협력한다는 의지를 보여 준 통일 장전으로서 모든 분야에서 화해·협력할 수 있는 방도를 제시하였다.

• 남북 기본 합의서에는 남북 관계를 '통일을 향해 나아가는 잠정적인 특수 관계'로 규정하고 서로를 '북측'과 '남측'이라 부르기로 합의하였다. 즉, 남북한은 대화와 타협을 통해 합의서를 채택함으로써 남북한 간에는 평화 공존의 시대가 열렸다. 이후 남북한은 1992년에 화해, 불가침, 교류 협력의 3개 부속 합의서를 채택하면서 구체적인 이행 조치를 협의하였다.

03 한반도 비핵화에 관한 남북한 공동 선언

남과 북은 한반도를 비핵화함으로써 핵전쟁의 위험을 제거하고 우리나라의 평화와 통일에 유리한 조건과 환경을 조성하며 아시아와 세계의 평화와 안전에 이바지하기 위하여 다음과 같이 선언한다.

1. 남과 북은 핵무기의 시험 · 제조 · 생산 · 접수 · 보유 · 저장 · 배치 · 사용을 하지 아니한다.

2. 남과 북은 핵에너지를 오직 평화적 목적에만 이용한다.

3. 남과 북은 핵 재처리 시설과 우라늄 농축 시설을 보유하지 아니한다.

4. 남과 북은 한반도의 비핵화를 검증하기 위하여 상대측이 선정하고 쌍방이 합의하는 대상들에 대하여 남북 핵 통제 공동 위원회가 규정하는 절차와 방법으로 사찰을 실시한다.

5. 남과 북은 이 공동 선언의 이행을 위하여 공동 선언이 발효된 후 1개월 동안 남북 핵 통제 공동 위원회를 구성 · 운영한다.

– 신동아 편집실, 『선언으로 본 80년대 민족 · 민주 운동』

사료 독해

한반도를 비핵화하여 핵전쟁의 위험을 제거하고 평화와 통일에 유리한 조건과 환경을 조성하기 위해 남북한이 공동으로 채택한 선언문이다. 1992년 2월 19일 평양에서 열린 6차 남북 고위급 회담에서 발효되었다. 이와 동시에 남북한은 상대방이 선정하고 쌍방이 합의하는 대상에 대해 남북 핵 통제 공동 위원회가 규정하는 절차와 방법으로 사찰을 실시하기로 합의하였으나, 그 뒤 상호 사찰 문제는 제대로 이행되지 않았다.

04 6 · 15 남북 공동 선언

조국의 평화적 통일을 염원하는 온 겨레의 숭고한 뜻에 따라 대한민국 김대중 대통령과 조선 민주주의 인민 공화국 김정일 국방 위원장은 2000년 6월 13일부터 6월 15일까지 평양에서 역사적인 상봉을 하였으며 정상 회담을 가졌다. 남북 정상들은 분단 역사상 처음으로 열린 이번 상봉과 회담이 서로 이해를 증진시키고 남북 관계를 발전시키며 평화 통일을 실현하는 데 중대한 의의를 가진다고 평가하고 다음과 같이 선언한다.

1. 남과 북은 나라의 통일 문제를 그 주인인 우리 민족끼리 서로 힘을 합쳐 자주적으로 해결해 나가기로 하였다.

2. 남과 북은 나라의 통일을 위한 남측의 연합제 안과 북측의 낮은 단계의 연방제 안이 서로 공통성이 있다고 인정하고 앞으로 이 방향에서 통일을 지향시켜 나가기로 하였다.

3. 남과 북은 올해 8 · 15에 즈음하여 흩어진 가족, 친척 방문단을 교환하며, 비전향 장기수 문제를 해결하는 등 인도적 문제를 조속히 풀어 나가기로 하였다.

4. 남과 북은 경제 협력을 통하여 민족 경제를 균형적으로 발전시키고, 사회, 문화, 체육, 보건, 환경 등 제반 분야의 협력과 교류를 활성화하여 서로 신뢰를 다져 나가기로 하였다.

5. 남과 북은 이상과 같은 합의 사항을 조속히 실천에 옮기기 위하여 빠른 시일 안에 당국 사이의 대화를 개최하기로 하였다. – 대한민국 『관보』 제14546호

사료 독해

• 2000년 6월 15일에 남한의 김대중 대통령과 북한의 김정일 국방 위원장이 합의하여 발표한 남북 공동 선언이다.

• 6 · 15 남북 공동 선언은 5개 항의 내용으로 되어 있다. 첫째, 통일 문제의 자주적인 해결, 둘째, 1국가 2체제의 통일 방안 협의, 셋째, 이산가족 문제의 조속한 해결, 넷째, 경제 협력 등을 비롯한 남북 간 교류의 활성화, 다섯째, 합의 사항을 조속히 실천에 옮기기 위한 당국 사이의 대화 개최 등이다. 6 · 15 남북 공동 선언은 남북 정상이 분단 이후 처음으로 열린 정상 회담에서 공동 선언문을 만들어 냄으로써 상호 이해 증진과 남북 관계 발전 및 평화 통일을 실현하는 데 기틀을 마련하였다는 평가를 받고 있다.

05 남북 관계 발전과 평화 번영을 위한 선언

1. 남과 북은 6 · 15 공동 선언을 고수하고 적극 구현해 나간다.
2. 남과 북은 사상과 제도의 차이를 초월하여 남북 관계를 상호 존중과 신뢰 관계로 확고히 전환시켜 나가기로 하였다.
3. 남과 북은 군사적인 적대 관계를 종식시키고 한반도에서 긴장 완화와 평화를 보장하기 위해 긴밀히 협력하기로 하였다.
4. 남과 북은 현 정전 체제를 종식시키고 항구적인 평화 체제를 구축해 나가야 한다는 데 인식을 같이하고 직접 관련된 3자 또는 4자 정상들이 한반도 지역에서 만나 종전을 선언하는 문제를 추진하기 위해 협력해 나가기로 하였다.
5. 남과 북은 민족 경제의 균형적인 발전과 공동의 번영을 위해 경제 협력 사업을 공리, 공영과 유무상통의 원칙에서 적극적으로 활성화하고, 지속적으로 확대 발전시켜 나가기로 하였다.
6. 남과 북은 민족의 유구한 역사와 우수한 문화를 빛내기 위해 역사, 언어, 교육, 과학 기술, 문화 예술, 체육 등 사회 문화 분야의 교류와 협력을 발전시켜 나가기로 하였다.
7. 남과 북은 인도주의 협력 사업을 적극적으로 추진해 나가기로 하였다.
8. 남과 북은 국제 무대에서 민족의 이익과 해외 동포들의 권리와 이익을 위한 협력을 강화해 나가기로 하였다.

— 남북 회담 본부, 「남북 관계 발전과 평화 번영을 위한 선언」

사료 독해

- 2007년 10월 2일부터 4일까지 평양에서 개최한 제2차 남북 성상 회담에서 합의한 내용을 공표하는 선언문으로, 이를 '10 · 4 선언'이라고도 한다.

- 10 · 4 선언은 제1차 남북 정상 회담에서 합의된 6 · 15 남북 공동 선언을 바탕으로 구체적인 실천 방안을 제시하고 있다. 구체적으로는 통일 지향적인 법률적 · 제도적 정비, 적대 관계 종식과 상호 불가침 의무 준수, 항구적인 평화 체제 구축을 위한 3자 또는 4자 정상과의 협력, 개성 공단을 비롯한 경제 협력 사업의 지속, 역사 · 언어 · 교육 · 과학 기술 · 문화 예술 · 체육 등 사회 문화 분야의 교류 협력, 이산가족 교류 등의 인도주의 협력 사업을 적극적으로 추진, 해외 동포의 권리 · 이익을 위한 협력 강화 등의 내용이 포함되어 있다.

06 한반도의 평화와 번영, 통일을 위한 판문점 선언

대한민국 문재인 대통령과 조선 민주주의 인민 공화국 김정은 국무위원장은 평화와 번영, 통일을 염원하는 온 겨레의 한결같은 지향을 담아 한반도에서 역사적인 전환이 일어나고 있는 뜻깊은 시기에 2018년 4월 27일 판문점 평화의 집에서 남북 정상 회담을 진행하였다. …… 양 정상은 냉전의 산물인 오랜 분단과 대결을 하루빨리 종식시키고 민족 화해와 평화 번영의 새로운 시대를 과감히 이루어 나가며 남북 관계를 보다 적극적으로 개선하고 발전시켜 나가야 한다는 확고한 의지를 담아 다음과 같이 선언하였다.

1. 남과 북은 남북 관계의 전면적이며 획기적인 개선과 발전을 이룩함으로써 끊어진 민족의 혈맥을 잇고 공동 번영과 자주 통일의 미래를 앞당겨 나갈 것이다.
2. 남과 북은 한반도에서 첨예한 군사적인 긴장 상태를 완화하고 전쟁 위험을 실질적으로 해소하기 위하여 공동으로 노력해 나갈 것이다.
3. 남과 북은 한반도의 항구적이며 공고한 평화 체제 구축을 위하여 적극 협력해 나갈 것이다.

— 「통일부」(2018. 4. 28.)

사료 독해

- 2018년 4월 27일, 문재인 대통령과 김정은 국무 위원장이 판문점에서 정상 회담을 갖고 합의 사항을 발표하였는데, 이를 '판문점 선언'이라고도 한다.

- '판문점 선언'의 주요 합의 사항은 완전한 비핵화와 핵 없는 한반도 실현, 종전 선언과 항구적인 평화 체제 구축을 위한 다자 회담 추진, 남북 정상 회담 정례화, 남북 공동 연락 사무소 개성 지역 설치, 모든 적대 행위 중지, 비무장 지대의 평화 지대화, 8 · 15 이산가족 상봉과 각계 교류 활성화, 동해선 · 경의선 철도와 도로 연결 등이다.

07 중국의 고대사 왜곡 – 동북 공정

동북 지역은 중국의 중요한 변경 지역이다. 자원이 풍부하고 인구가 밀집해 있으며, 문화가 발달한 데다 중요한 전략적 지위를 보유하고 있다. …… 특히 최근 수십 년 동안 동북아시아의 정치적 경제적 지위가 상승하여 동북아시아는 세인의 주목을 받는 뜨거운 지역으로 떠올랐다. …… 동북 변경 지역의 역사와 현황에 대한 연구를 건설하고 발전시키기 위하여, 또 동북 변경 지역의 안정을 더 한층 굳게 하기 위하여, 중국사회과학원과 동북 3성이 연합하여 대형 학술 프로젝트인 '동북 변경 역사와 현황 시리즈 연구 공정'을 조직하여 2002년 2월에 정식으로 시작하였다. '동북 변경 역사와 현황 시리즈 연구 공정'은 기간이 5년이며 분과 학문, 지역, 부서를 넘은 대공정이다. 이 프로젝트는 동북 변경 지역의 역사와 현황에 대한 연구를 학술 연구에 귀속시키고 기초 연구와 응용 연구를 유기적으로 결합해서 …… 국제적인 도전에 대응할 수 있도록 준비를 갖추고 높은 수준의 연구 성과를 내려고 하고 있다.

– 『한겨레』(2004. 8. 6.)

08 일본의 역사 교과서 왜곡 – '아시아 평화와 역사 교육 연대'의 성명서

독도 문제는 일본의 주권 침해 문제이자 왜곡된 역사 인식의 반영이다. 독도는 일본 제국주의가 러·일 전쟁 이후 대한 제국을 식민지화하는 과정에서 1905년 2월 22일 강제로 자국 영토로 편입시킨 섬이다. 일본의 고유한 영토가 아니라 일본 제국주의의 영토 팽창 과정에서 무력에 기초하여 편입된 영토라는 사실을 우리는 환기시키고 싶다. 일본의 독도 영유권 주장은 이러한 사실을 인정하지 않는 것일 뿐만 아니라 일본 제국주의의 대한 제국 침략을 인정하지 않는 것과 같은 주장이다. …… 더구나 내년은 일본이 한국을 강제 병합한 지 100년이 되는 해이다. 그런 만큼 제국주의가 남긴 아픈 상처를 치유하고, 극복하기 위한 노력이 절실히 필요할 때이다. 이러한 노력이 있을 때 비로소 한·일 간의 진정한 우호도, 동아시아의 평화도 더 빨리 성취될 수 있을 것이다. 올바른 역사 인식과 역사 교육을 강화하고, 한·일 간의 과거사 문제를 해결할 수 있는 전반적인 정책을 수립할 것을 촉구하며 다음과 같이 요구한다.

1. 한국 정부는 일본 정부가 독도 영유권 주장을 당장 철회하도록 강력히 요구하라!
2. 한국 정부는 일본 정부가 중학교 학습 지도 요령 해설서에서 독도 관련 사항을 삭제하도록 모든 외교적 노력을 다하라!
3. 한국 정부는 2010년 일본의 한국 강제 병합 100년을 맞아 한·일 간의 미청산 문제를 해결하기 위한 종합적인 대일 외교 정책을 수립하라!

– 아시아 평화와 역사 교육 연대(2009. 12. 28.)

유엔 인종 차별 철폐 위원회(CERD)는 한국 사회의 다민족적 성격을 인정하고, 한국이 실제와는 다른 '단일 민족 국가'라는 이미지를 극복해야 한다고 지적하였다. 이를 위해 위원회는 교육, 문화, 정보 등의 분야에서 적절한 조치를 취해야 한다면서, 특히 한국 내에 사는 모든 인종·민족·국가 그룹들 간의 이해와 관용, 우의 증진을 위한 인권 인식 프로그램뿐 아니라 서로 다른 민족·국가 그룹들의 역사와 문화에 관한 정보들을 초·중등학교 교과목에 포함시킬 것을 한국 정부에 권고하고 나섰다. …… 보고서에서 위원회는 "당사국(한국)이 민족 단일성을 강조하는 것은 그 영토 내에 사는 서로 다른 민족·국가 그룹들 간의 이해와 관용, 우의 증진에 장애가 될 수 있다."라고 우려를 표시한 뒤, '순수 혈통'과 '혼혈'과 같은 용어와 그에 담겨 있을 수 있는 인종적 우월성의 관념이 "한국 사회에 여전히 널리 퍼져 있다는 데 유의한다."라고 덧붙였다. 위원회는 또 인종 차별의 정의를 조약의 관련 규정에 맞게 헌법이나 법률에 포함시킬 것을 권고하고, 이주 노동자와 혼혈아 등 외국인에 대한 모든 형태의 차별을 금지·제거하는 한편 다른 민족이나 국가 출신자들이 조약에 명시된 권리들을 동등하고 효과적으로 향유할 수 있도록 관련법 제정을 포함한 추가적인 조치를 취할 것을 주문하였다.

– 『연합뉴스』(2007. 8. 19.)

사료 독해

- 2007년 8월에 '유엔 인종 차별 철폐 위원회(CERD)'가 한국 정부에 보내온 권고문이다.

- 유엔 인종 차별 위원회는 단일 민족성을 강조하는 한국 정부의 태도, 이주 노동자와 타 인종 간 결혼으로 태어난 아이 등에 대한 폭넓은 사회적 차별, 시민권자에 비해 비시민권자에게 동일하지 않은 권리 보장, 적은 수의 난민 지위 인정, 계속되는 여성 노동자의 성매매, 외국인 여성 배우자에 대한 충분하지 못한 권리 보장, 이주 노동자의 고용 허가제에 따른 심각한 권리 제한 등에 대해 우려를 표하고, 한국 정부가 차별 근절에 앞장서야 한다고 주장하였다.

한국사 Q&A **남북 화해와 평화 통일을 어떻게 이룰 수 있을까?**

약 70만 명이라는 엄청난 살육이 벌어진 미국의 남북 전쟁이 막바지에 이르렀을 때의 이야기다. 리치먼드가 함락되어 도주하는 남부군과 리 장군이 포위되었고, 이제 마지막 결전을 남겨둔 때였다. 링컨과 그랜트 장군은 회의를 하여 어떻게 할 것인가를 논의하였다. 적군의 보급로를 완전히 차단하여 격멸해야 한다는 의견이 비등하였다. 그런데 이미 적군의 사기는 땅에 떨어졌고 도주하는 남부군이 식량 부족으로 영양실조에 걸렸다는 소식이 들렸다. 이 소식을 들은 링컨은 놀랍게도 포위된 남부군에게 식량을 공급하라고 명령한다. 물론 참모진들은 격렬히 반대하였다. "지금은 전쟁 중이고 그들은 우리의 적입니다. 적에게 식량을 공급하는 전쟁이 어디 있습니까?"라며 항의하였다. 그러나 링컨의 결심은 단호하였다. "그들은 우리의 적이 아니라 미합중국 시민입니다."라며 식량 지원을 명령하였다. 식량을 지원한다는 소식을 들은 리 장군은 항복 문서에 서명하였고 남북 전쟁은 끝이 났다. 물론 링컨의 이러한 결정은 쉬운 일이 아니었다. 이 결정이 있은 뒤 5일 만에 링컨이 암살되었다는 사실은 그 결정이 얼마나 어렵고 위험한 일이었는지 실감케 한다. 링컨의 그 결단으로 미국은 평화적인 남북 통일을 실현할 수 있었다.

– 김병로, 『다시 통일을 꿈꾸다』

역사 연표

한국사

약 **70만년 전** 구석기 시대 시작
기원전 8000년경 신석기 시대 시작
기원전 2333 고조선 건국
기원전 2000년경 청동기 문화 시작
기원전 400년경 철기 문화 보급
기원전 194 위만, 고조선의 왕이 됨
기원전 108 고조선 멸망
기원전 57 신라 건국(『삼국사기』)
기원전 37 고구려 건국(『삼국사기』)
기원전 18 백제 건국(『삼국사기』)
194 고구려, 진대법 실시
384 백제, 불교 전래

427 고구려, 평양 천도
433 나·제 동맹 결성
475 백제, 웅진 천도
494 고구려, 부여 복속
503 신라, 국호와 왕호 정함
520 신라, 율령 반포
527 신라, 불교 공인
532 금관가야, 신라에 복속
538 백제, 사비 천도
562 대가야 멸망
612 고구려, 살수 대첩
645 고구려, 안시성 전투 승리
660 백제 멸망
668 고구려 멸망
676 신라, 삼국 통일
685 9주 5소경 설치
698 발해 건국
732 발해 장문휴, 등주 공격
751 불국사와 석굴암 창건
780 신라, 하대 시작(선덕왕 즉위)
788 신라, 독서삼품과 시행

822 김헌창의 난
828 장보고, 청해진 설치
900 견훤, 후백제 건국
901 궁예, 후고구려 건국
918 왕건, 고려 건국
926 발해 멸망
935 신라 멸망
936 고려, 후삼국 통일
956 노비안검법 시행
958 과거제 시행
992 국자감 설치
1019 귀주 대첩
1076 전시과 개정(경정 전시과)
1102 해동통보 주조
1107 윤관, 여진 정벌
1126 이자겸의 난
1135 묘청, 서경 천도 운동
1145 김부식, 『삼국사기』 편찬
1170 무신 정변
1196 최충헌 집권
1198 만적의 난

1231 몽골의 제1차 침입
1234 금속 활자로 『상정고금예문』 간행
1236 팔만대장경 제작(~1251)
1270 삼별초의 대몽 항쟁(~1273)
1274 여·원의 제1차 일본 정벌
1285 일연, 『삼국유사』 편찬
1359 홍건적 침입(~1362)
1377 『직지심체요절』 간행
1388 이성계, 위화도 회군
1391 과전법 시행
1392 고려 멸망, 조선 건국
1394 조선, 한양 천도
1416 4군 설치(~1443)
1418 세종 즉위
1443 훈민정음 창제
1446 훈민정음 반포
1455 세조 즉위
1466 직전법 시행
1485 『경국대전』 반포
1510 3포 왜란
1543 백운동 서원 설립
1592 임진왜란

기원전~기원후 | 400 | 800 | 1200

기원전 3500년경 메소포타미아 문명 시작
기원전 3000년경 이집트 문명 시작
기원전 2500년경 인더스 문명, 중국 문명 시작
기원전 770 중국, 춘추 시대 시작
기원전 753년경 로미 건국
기원전 600년경 석가모니 탄생
기원전 221 진(秦), 중국 통일
기원전 202 한(漢) 건국
기원전 4 그리스도 탄생
25 후한 건국
220 후한 멸망, 삼국 시대 시작
280 진(晉), 중국 통일
375 게르만족 이동 시작
395 로마 제국의 동서 분열

439 중국, 남북조 성립
476 서로마 제국 멸망
486 프랑크 왕국 건국
529 『유스티니아누스 법전』 편찬
552 돌궐 제국 성립(~774)
589 수, 중국 통일
610 이슬람교 정립
618 당 건국
622 헤지라(이슬람력 원년)
645 일본, 다이카 개신
651 사산 왕조 페르시아 멸망
661 우마이야 왕조 수립
710 일본, 나라 천도
726 비잔티움 제국, 성상 숭배 금지령
750 아바스 왕조 성립(~1258)
755 당, 안·사의 난
771 카롤루스 대제, 프랑크 왕국 통일

829 잉글랜드 왕국 성립
843 프랑크 왕국 분열(베르됭 조약)
870 메르센 조약
875 당, 황소의 난
907 당 멸망, 거란 태조 즉위
910 클뤼니 수도원 선립
911 노르망디 공국 성립
960 송 건국
962 오토 1세, 신성 로마 황제 대관
987 프랑스, 카페 왕조 시작
1037 셀주크 튀르크 건국
1054 크리스트교, 동서 교회로 분리
1077 카노사의 굴욕
1095 클레르몽 공의회
1096 십자군 전쟁 시작(~1270)
1115 금, 요를 멸망시킴
1127 북송 멸망, 남송 건국
1185 일본, 가마쿠라 막부 성립

1206 테무친, 칭기즈 칸으로 즉위
1215 영국, 대헌장 제정
1234 몽골, 금을 멸망시킴
1258 아바스 왕조 멸망
1271 원 제국 성립
1279 남송 멸망, 원의 중국 정복
1302 프랑스, 삼부회 소집
1309 아비뇽 유수
1337 백년 전쟁(~1453)
1351 원, 홍건적의 난
1368 명 건국
1378 교회의 대분열
1405 명, 정화의 대항해(~1433)
1453 비잔틴 제국 멸망
1467 일본, 전국 시대 시작
1492 콜럼버스, 서인도 제도 도착
1517 루터, 종교 개혁
1536 칼뱅, 종교 개혁
1588 영국, 무적함대 격파

세계사

1608	경기도에 대동법 시행
1623	인조반정
1636	병자호란
1696	안용복, 독도에서 일본인 축출
1708	대동법 전국 시행
1712	백두산정계비 건립
1742	탕평비 건립
1776	규장각 설치
1785	『대전통편』 간행
1791	신해통공
1811	홍경래의 난
1818	정약용, 『목민심서』 완성
1866	병인박해, 병인양요
1871	신미양요
1876	강화도 조약 체결
1882	임오군란
1884	갑신정변
1886	육영 공원 설립, 이화 학당 설립
1894	동학 농민 운동, 갑오개혁
1895	삼국 간섭, 을미개혁
1896	아관 파천, 독립 협회 설립
1897	대한 제국 수립

1905	을사늑약
1907	헤이그 특사 파견
	고종 강제 퇴위, 군대 해산
1908	의병, 서울 진공 작전
1909	안중근 의거
1910	국권 피탈, 토지 조사 사업 시작
1911	105인 사건
1919	3·1 운동,
	대한민국 임시 정부 수립
1920	봉오동 전투, 청산리 대첩
1926	6·10 만세 운동
1927	신간회 조직
1929	광주 학생 항일 운동
1932	이봉창, 윤봉길 의거
1940	한국광복군 결성
1942	조선어 학회 사건
1945	8·15 광복
1948	대한민국 정부 수립

1950	6·25 전쟁(~1953)
1953	정전 협정 조인
1960	4·19 혁명
1961	5·16 군사 정변
1962	제1차 경제 개발 5개년 계획
	(~1966)
1963	박정희 정부 출범
1972	7·4 남북 공동 성명
1980	5·18 민주화 운동
1981	전두환 정부 출범
1987	6월 민주 항쟁
1988	노태우 정부 출범,
	제24회 서울 올림픽 대회 개최
1991	남북한 유엔 동시 가입
1993	김영삼 정부 출범,
	금융 실명제 실시
1994	북한, 김일성 사망
1996	경제 협력 개발 기구(OECD)
	가입
1997	외환 위기
1998	김대중 정부 출범

2000	남북 정상 회담,
	6·15 남북 공동 선언
2002	한·일 공동 월드컵 대회 개최
2003	노무현 정부 출범
2005	동아시아 정상 회의(EAS)
2007	제2차 남북 정상 회담
2008	이명박 정부 출범
2010	G20 정상 회의 개최
2011	북한, 김정일 사망
2013	박근혜 정부 출범
2017	문재인 정부 출범
2018	판문점 선언

▶ 1600

1603	일본, 에도 막부 성립
1616	누르하치, 후금 건국
1636	후금, 국호를 청으로 고침
1688	영국, 명예혁명
1689	영국, 권리 장전 발표
1765	와트, 증기 기관 발명
1776	미국, 독립 선언
1789	프랑스 혁명 시작
1804	나폴레옹, 황제 즉위
1814	빈 회의(~1815)
1830	프랑스, 7월 혁명
1840	제1차 아편 전쟁
1861	청, 양무운동 시작
1863	링컨, 노예 해방 선언
1868	일본, 메이지 유신
1871	독일 통일
1882	삼국 동맹 성립
1896	제1회 올림픽 대회 개최

▶ 1900

1902	영·일 동맹 성립
1904	러·일 전쟁(~1905)
1905	쑨원, 중국 동맹회 결성
1907	영·프·러, 삼국 협상 성립
1912	중화민국 성립, 청 멸망
1914	제1차 세계 대전 발발
1917	러시아 혁명
1919	베르사유 조약 체결
1922	소비에트 사회주의 공화국
	연방 수립
1929	대공황
1931	만주 사변
1933	미국, 뉴딜 정책
1937	중·일 전쟁, 난징 대학살
1939	제2차 세계 대전(~1945)
1945	유엔 성립
1948	세계 인권 선언 채택
1949	북대서양 조약 기구(NATO) 성립

▶ 1950

1955	바르샤바 조약 기구(WTO) 결성
1956	이집트, 수에즈 운하 접수
1957	소련, 세계 최초로
	인공위성 발사,
	유럽 경제 공동체(EEC) 발족
1962	쿠바 봉쇄
1966	중국, 문화 대혁명(~1976)
1969	미국, 아폴로 11호 달 착륙
1975	베트남 전쟁 종식
1978	미국·중국, 국교 정상화
1980	이란·이라크 전쟁(~1988)
1984	영국·중국, 홍콩
	반환 협정 조인
1989	독일 통일
1992	소련 해체
1993	유럽 연합(EU) 결성
1995	세계 무역 기구(WTO) 출범

▶ 2000

2001	미국, 9·11 사건 발생
	미국, 아프가니스탄 침공
2003	미국·이라크 전쟁
2005	도쿄 의정서 발효
2009	오바마, 미국 대통령 취임
2010	중·일 영토 분쟁,
	튀니지 재스민 혁명
2015	파리 기후 협약 개최

자료 출처

◆ 참고 문헌

- 강만길,『고쳐 쓴 한국 현대사』, 창비, 2006
- 고동환 외,『경강: 강나루에서 양화진까지』, 서울역사박물관, 2017
- 고동환,『조선 시대 시전 상업 연구』, 지식산업사, 2013
- 고미숙,『계몽의 시대, 근대적 시공간과 민족의 탄생』, 북드라망, 2014
- 교육과학기술부,『사료로 보는 동아시아사』, 2011
- 교육과학기술부,『사료로 보는 세계사』, 2011
- 국립중앙박물관, 대한 제국의 역사를 읽다, 2016
- 김기흥,『삼국 및 통일 신라 세제의 연구』, 역사와비평, 1991
- 김문식,『일제의 경제 침탈사』, 고려대아세아문제연구소, 1976
- 김성보 외,『사진과 그림으로 보는 북한 현대사』, 웅진지식하우스, 2014
- 김승 외,『부산대관: 사진으로 보는 부산변천사』, 선인, 2010
- 김용만 외,『지도로 보는 한국사』, 수막새, 2005
- 김원모 외,『사진으로 본 백년 전의 한국 – 근대 한국(1871~1910)』, 가톨릭출판사, 1997
- 김육훈,『살아있는 한국 근현대사 교과서』, 휴머니스트, 2007
- 김종서,『고려사절요』상, 신서원, 2004
- 김태식,『미완의 문명 7백년 가야사』, 푸른역사, 2002
- 김현영,『조선 시대의 양반과 향촌사회』, 집문당, 1999
- 노명호 외,『한국 고대 중세 고문서 연구』, 서울대출판부, 2000
- 노중국,『백제 정치사』, 일조각, 2018
- 노태돈,『고구려사 연구』, 사계절, 1999
- 노태돈,『한국 고대사』, 경세원, 2014
- 도진순 외,『백범 어록』, 돌베개, 2007
- 민족문제연구소,『식민지 조선과 전쟁미술』, 2006
- 박도,『미군정 3년사』, 눈빛, 2017
- 박도,『한국 독립 운동사』, 눈빛, 2005
- 박은봉,『한국사 편지』1~5, 책과함께어린이, 2010
- 삼균학회,『소앙 선생 문집』, 횃불사, 1979
- 서중석,『사진과 그림으로 보는 한국 현대사』, 웅진지식하우스, 2014
- 송기호,『발해 정치사』, 일조각, 1995
- 신라 천년의 역사와 문화 편찬위원회,『신라의 불교 수용과 확산』, 경상북도문화재연구원, 2016
- 아틀라스한국사편찬위원회,『아틀라스 한국사』, 사계절, 2004
- 역사문제연구소,『한국의 역사』1~5, 웅진지식하우스, 2011
- 이광린,『사료로 본 한국 문화사』(근대편), 일지사, 1984
- 이덕원 외,『한 · 일 공문서를 통해 본 독도』, 동북아역사재단, 2013
- 이정식 외,『혁명가들의 항일 회상: 김성숙, 장건상, 정화암, 이강훈의 독립 투쟁』, 민음사, 2005
- 이정철,『대동법: 조선 최고의 개혁』, 역사와비평, 2010

- 전국역사교사모임,『살아있는 한국사 교과서』1~2, 휴머니스트, 2012
- 전호태,『고구려 생활 문화사 연구』, 서울대학교출판문화원, 2016
- 정수인 외, 정동 1900: 서울역사박물관 개관 10주년 기념, 서울역사박물관, 2012
- 조지훈,『한국 민족 운동사』, 나남, 1993
- 한국생활사박물관편찬위원회,『한국 생활사 박물관』1~12, 사계절, 2004
- 한홍구,『대한민국사』1~4, 한겨레출판, 2006
- 홍순민 외,『조선 시대사』1~2, 푸른역사, 2015

◆사진 자료

Ⅰ 전근대 한국사의 이해

22 경주 석굴암 본존불 − 경주시청 | 27 선각국사 도선 진영 − 문화재청 | 28 태조 왕건릉 − 경기문화재단 | 33 태조 왕건상 − 경기문화재단 | 34 처인성 전투 − 국사편찬위원회 | 40 아집도대련 − 국사편찬위원회 | 45 안향의 초상 − 문화재청 | 46 근정전 − 문화재청 | 51 태조 이성계의 어진 − 문화재청 | 52 노상알현 − 국사편찬위원회 | 57 미인도 − 문화재청 | 63 복원된 어람본 곤여만국전도 − 위키피디아 | 64 자리짜기 − 국립중앙박물관 | 71 연암 박지원 − 실학박물관

Ⅱ 근대 국민 국가 수립 운동

72 이양선 − 국사편찬위원회 | 77 해미 순교 성지 − 위키피디아 | 78 연무당 − 국사편찬위원회 | 84 미국에 외교 사절단으로 파견된 보빙사 일행 − 국사편찬위원회 | 89 기기국 번사창 − 위키피디아 | 90 갑신정변의 주역들 − 국사편찬위원회 | 96 재판을 받기 위해 이송되는 전봉준 − 국사편찬위원회 | 101 청·일 전쟁 기록화 − 위키피디아 | 107 만민 공동회 − 국사편찬위원회 | 108 한성으로 돌아오는 일본군 − 국사편찬위원회 | 113 러·일 전쟁 풍자화 − 국사편찬위원회 | 114 항일 의병 모습 − 국사편찬위원회 | 120 국채 보상 운동 기념비 − 독립기념관 | 125 삶의 터전을 찾아 만주와 간도로 이주하는 한인들 − 독립기념관 | 131 대종교 총본사 환국 기념사진 − 독립기념관

Ⅲ 일제 식민지 지배와 민족 운동의 전개

128 1926년에 완공된 조선 총독부 청사 − 위키피디아 | 137 한국의 토지를 조사하는 일본인 − 국사편찬위원회 | 138 경운궁(덕수궁) 앞 도로에서 벌인 만세 시위 − 독립기념관 | 140 군산항 − 국사편찬위원회 | 156 방정환 동상 − 대한민국역사박물관 | 신간회 울산 지회 설립 1주년 기념 사진 − 독립기념관 | 신간회 해소를 주장하는 팸플릿 − 위키피디아 | 조선어 학회 회원들 − 국가보훈처 | 태극기 앞에서 선서하는 이봉창 − 국사편찬위원회 | 174 1925년 완공된 서울역 − 서울역사박물관 | 179 '모던 걸'과 '모던 보이' − 국사편찬위원회 | 185 자발적 친일 행위로 비난 받은 이광수 − 민족문제연구소 | 186 한국광복군 제2지대 − 국사편찬위원회

Ⅳ 대한민국의 발전

192 38도선을 넘어 남한으로 넘어오는 북한 주민들 − 국사편찬위원회 | 197 국제 연합 본부 − 위키피디아, 국제 연합 로고 − 위키피디아 | 203 북한의 토지 개혁 포스터 − 국사편찬위원회, 1950년 3월에 개정되어 공포된 남한의 농지 개혁 법안 − 위키피디아 | 204 6·25 전쟁 중 아기를 업은 소녀 − 위키피디아 | 215 장면 총리와 윤보선 대통령 − 위키피디아 | 216 한·일 회담에 반대하는 경기고등학교 학생들의 시위 − 대한민국역사박물관 | 221 3선 개헌 반대하는 학생들의 시위 − 한국민족문화대백과사전 | 222 통일 주체 국민회의의 대통령 선출 − 민주화운동기념사업회 | 227 통기타 가수 양희은의 노래「아침 이슬」을 담은 앨범 − 대한민국역사박물관 | 국립 5·18 민주 묘지 − 위키피디아 | 234 명동 성당 − 민주화운동기념사업회 | 239 1987년 6월 29일, 찻값 무료를 선언한 서울의 한 커피숍 − 중앙선거관리위원회 | 245 금 모으기 운동에 참여하는 시민들 − 위키피디아

*집필진이 직접 집필한 경우 출처를 밝히지 않았음.
*출처 표시를 안 한 사진 및 삽화 등은 저작자 및 발행사에서 저작권을 가지고 있는 경우임.

40주제로
이해하는
한 국 사
사료 독해

2019년 5월 30일 초판 1쇄 발행
2022년 3월 2일 초판 3쇄 발행

저　　자　신수백, 김보름, 김정현, 노성태, 류형진, 원종환, 이순일, 정경호, 조철호
발 행 인　이미래

발 행 처　(주)씨마스
등록번호　제301-2011-214호
주　　소　서울특별시 강서구 강서로33가길 78 씨마스빌딩
전　　화　(02)2274-1590
팩　　스　(02)2278-6702
홈페이지　www.cmass21.co.kr

편 집 자　성시용, 양성식
디 자 인　이기복, 박상군